Frank-Michael Goebel   Das Beschwerderecht im Zivilprozess

D1617741

A N W A L T S P R A X I S

Deutscher**Anwalt**Verlag

Das Beschwerderecht im Zivilprozess

von
Richter am Oberlandesgericht
Frank-Michael Goebel,
Koblenz

Deutscher**Anwalt**Verlag

Zitiervorschlag:
Goebel, Beschwerderecht, Rn 1

Copyright 2007 by Deutscher Anwaltverlag, Bonn
Satz: media-dp gbr, Bonn
Druck: Westermann Druck Zwickau GmbH, Zwickau

Bibliografische Information der Deutschen Bibliothek
Die Deutsche Bibliothek verzeichnet diese Publikation in der Deutschen Nationalbibliografie;
detaillierte bibliografische Daten sind im Internet über http://dnb.ddb.de abrufbar.

ISBN 10:   3-8240-0855-1
ISBN 13: 978-3-8240-0855-1

Vorwort

Die ZPO kennt drei Säulen im Rechtsmittelsystem: Die Berufung, die Revision und das Beschwerderecht. Während die Berufung und die Revision Gegenstand einer Vielzahl von Abhandlungen sind, führt die Beschwerde hier ein Schattendasein, obwohl sie für die tägliche Arbeit des Rechtsanwenders eine nicht zu unterschätzende Bedeutung hat. So ist es beispielsweise bei der Ablehnung eines Richters oder eines Sachverständigen, in Prozesskostenhilfeverfahren oder auch im sonstigen Kostenrecht meist erst im Beschwerdeverfahren möglich, die Interessen des Mandanten zur Geltung zu bringen.

Der Verfasser weiß dabei aufgrund seiner Erfahrungen in einem mit Beschwerdeverfahren, insbesondere auch der Richter- und Sachverständigenablehnung befassten Senates um die Schwierigkeiten, den berechtigten Belangen des Mandanten zum Durchbruch zu verhelfen. Dabei mag der Rechtsanwalt im Einzelfall auch erwägen, dass der Verzicht auf eine – offensichtlich aussichtslose – Beschwerde dem Mandanten mehr helfen kann.

Die Prozessführung ist natürlich auch taktisch bestimmt. So kann es im Interesse des Beklagten liegen ein Verfahren zu verzögern.[1] Als Teil dieser Verzögerungstaktik werden auch Nebenverfahren, insbesondere wieder die Verfahren zur Ablehnung eines Richters oder eines Sachverständigen, Beschwerdeverfahren gegen die Ablehnung von Terminsverlegungen, Akteneinsichtsgesuchen oder gegen die Ablehnung der Aussetzung des Verfahrens genutzt. Während der Bevollmächtigte des Beklagten das Beschwerderecht kennen muss, um die optimale Verzögerung tatsächlich zu realisieren, ist die Kenntnis des Bevollmächtigten auf Seiten des Klägers notwendig, um seinerseits einen Beitrag dazu zu leisten, dass das Verfahren schnell und konsequent betrieben und entschieden wird.

Mit dem vorliegenden Werk soll in diesem Sinne eine Lücke vor allem für den Praktiker geschlossen werden. Nicht nur wegen des Verfahrensgegenstandes, sondern auch aus betriebswirtschaftlichen Gründen bedarf es in der Praxis eines schnellen Überblicks über die einschlägigen Beschwerdearten, die Rechtsgrundlagen und insbesondere die zu beachtenden Fristen und Formen zugleich mit einem schnellen Zugriff auf die aktuelle und wesentliche Rechtsprechung zur jeweiligen Beschwerdeart und ihren Gegenstand. Letztlich will der Praktiker nicht auf die erforderlichen Muster verzichten, um die Beschwerde formgerecht anbringen zu können.

Das Beschwerderecht ist mit der ZPO-Reform einer umfassenden Umstrukturierung unterzogen worden. Aus dem System der einfachen, der sofortigen und der weiteren Beschwerde und der nur in Teilbereichen bekannten Rechtsbeschwerde, sind im

---

1 Zu solchen taktischen Überlegungen bei der Klageerwiderung siehe *Goebel*, AnwF Zivilprozessrecht, § 5 Rn 12 ff., zur Verzögerung des Verfahrens insbesondere Rn 65 ff.

Kernbereich der ZPO die sofortige Beschwerde und die Rechtsbeschwerde verblieben. Lediglich im Kostenrecht sowie in der Freiwilligen Gerichtsbarkeit ist teilweise auch die einfache und die weitere Beschwerde noch anzutreffen. Die auf den Neuregelungen fußende Darstellung berücksichtigt insbesondere auch die hierzu inzwischen ergangene Rechtsprechung.

Das vorliegende Werk erläutert in der für die Praxis gebotenen Kürze den Zweck und die Strukturen des Beschwerderechtes, um dann in einem ausführlichen zweiten Teil das allgemeine Beschwerderecht der ZPO entsprechend den Regelungen der §§ 567 bis 573 ZPO insbesondere unter dem anwenderorientierten Blickwinkel abzuhandeln.

In einem dritten Teil wird dann ein Überblick zum Rechtsbeschwerdeverfahren gegeben. Da die Rechtsbeschwerde nur von einem beim BGH zugelassenen Rechtsanwalt eingelegt werden kann, sind die diesbezüglichen Regelungen in §§ 574 ff. ZPO vor allem für die aktuell beim Bundesgerichtshof zugelassenen Rechtsanwälte erheblich. Gleichwohl muss auch der beim Amtsgericht, Landgericht und Oberlandesgericht zugelassene Rechtsanwalt um die Voraussetzungen wissen, damit er einerseits dazu beitragen kann, dass seinem Mandanten bei nachteiligen Entscheidungen die Rechtsbeschwerde als weiteres Rechtsmittel zur Verfügung steht, er den Mandanten aber auch über die Möglichkeiten der Rechtsbeschwerden, deren Voraussetzungen und Formalien, den Ablauf des Verfahrens und nicht zuletzt die Kosten beraten kann. In jedem Fall muss auch sichergestellt sein, dass die Übergabe des Verfahrens an den beim Bundesgerichtshof zugelassenen Rechtsanwalt in der Weise gelingt, dass Formen und Fristen gewahrt werden können.

Da das Beschwerderecht in einer Vielzahl zivilprozessualer Fallgestaltungen bis zur Hauptsacheentscheidung und dieser nachfolgend sowie in Nebenverfahren zur Anwendung kommen kann, sollen dann in einem vierten Teil die Grundregeln wichtiger Nebenverfahren erläutert und in den verfahrensrechtlichen Zusammenhang der sofortigen Beschwerde in der täglichen Praxis einer eigenen Darstellung zugeführt werden.

Dabei werden zunächst die Grundlagen des jeweiligen Nebenverfahrens, etwa die Anforderungen an eine Ablehnung eines Richters oder Sachverständigen, der Kostenentscheidung nach der Erledigung der Hauptsache, einem Anerkenntnis oder einer Klagerücknahme vor Urteilszustellung aber auch das Beschwerderecht innerhalb des Prozesskostenhilfeprüfungsverfahrens dargelegt, um sodann die Besonderheiten des Beschwerdeverfahrens gerade in diesem Nebenverfahren zu erläutern. Dabei wird zugleich ein aktueller Überblick zu den grundlegenden und den aktuellen Entscheidungen der Beschwerdegerichte gegeben. Letztlich soll mit einem oder mehreren Mustern die Durchführung des Beschwerdeverfahrens in der täglichen Praxis des jeweiligen Nebenverfahrens erleichtert werden.

Das Beschwerderecht bietet dem Rechtsanwalt auch viele taktische Möglichkeiten in der Prozessführung, die es im Sinne des Mandanten zu nutzen gilt. Darum wurde darauf geachtet, die Gesamtdarstellung immer auch um Hinweise auf taktische Möglichkeiten, Chancen aber auch Risiken zu ergänzen. Dabei erhebt der Autor keinen Anspruch auf Vollständigkeit und ist für jeden Hinweis auf weitere taktische Möglichkeiten dankbar.

Die Gesamtdarstellung wird in allen Teilen, um die notwendigen Muster für die Praxis ergänzt. Muster können dabei immer nur eine Arbeitshilfe sein und harren der Ausfüllung und Anpassung im konkreten Einzelfall unter Berücksichtigung der sachlichen Ausführungen. Insoweit bedarf es in jedem Einzelfall der individuellen Anpassung. –

Die Ausführungen entsprechen dem Stand der im August 2006 veröffentlichten Rechtsprechung und Literatur.

Rhens im Herbst 2006

Frank-Michael Goebel

Inhaltsverzeichnis

Literaturverzeichnis

Abramenko, Sofortige Beschwerde – Folgen einer übergangenen Rücknahme, MDR 2004, 860;

App, Jetzt Rechtsbeschwerde statt weiterer sofortiger Beschwerde, zfs 2002, 327;

Baumbach/Lauterbach/Albers/Hartmann, Zivilprozessordnung, Kommentar, 65. Auflage 2007;

Becker, Die Rechtsbeschwerde in der Zwangsvollstreckung – vom LG unmittelbar zum BGH, JuS 2004, 574;

Bloching/Kettinger, Verfahrensgrundrechte im Zivilprozess Nun endlich das Comeback der außerordentlichen Beschwerde?, NJW 2005, 860;

Brox/Walker, Zwangsvollstreckungsrecht, 7. Auflage 2003;

Feskorn, Die Zuständigkeit des Einzelrichters gemäß § 568 ZPO, NJW 2003, 856;

Gehrlein, Erste Erfahrungen mit der reformierten ZPO – Revision und Beschwerde, MDR 2003, 547;

Gehrlein, Neue höchstrichterliche Rechtsprechung zur ZPO – Revisions- und Beschwerdeverfahren, MDR 2004, 912;

Goebel, AnwaltFormulare Zivilprozessrecht, 2. Auflage 2006;

Goebel, AnwaltFormulare Zwangsvollstreckung, 2. Auflage 2005;

Goebel, Das Beschwerderecht nach der ZPO-Reform, PA 2002, 99;

Goebel, Ein Jahr Rechtsbeschwerde: Die 13 wichtigsten Entscheidungen des BGH zum neuen Rechtsmittel, PA 2003, 18;

Goebel, Die Rechtsbeschwerde als neues Rechtsmittel in der ZPO, PA 2002, 118;

Günther, Entfällt das Rechtsschutzbedürfnis an der Richterablehnung mit Entscheidung der Hauptsache?, MDR 1989, 691;

Hirtz, Zur sofortigen Beschwerde gegen die Ablehnung der Prozesstrennung, EWiR 2005, 327;

Jauernig, Zivilprozessrecht, 28. Auflage 2003;

v. König, Die Änderung der Beschwerdevorschriften durch das ZPO-RG insbesondere am Beispiel der Anfechtung des Kostenfestsetzungsbeschlusses; AGS 2002, 50

Münchener Kommentar zur Zivilprozessordnung, 3 Bände, 2. Auflage 2000/2001;

Münchener Kommentar zur Zivilprozessordnung, Aktualisierungsband ZPO-Reform, 2. Auflage 2002;

Musielak, Kommentar zur Zivilprozessordnung, 5. Auflage 2007;

Onderka, Die Rechtsmittel in Kostensachen, RVG-Berater 2005, 90;

Rummel, Die Beschwerderechtsprechung des BAG nach Einführung der Rechtsbeschwerde, NZA 2004, 418;

Schnauder, Berufung und Beschwerde nach dem Zivilprozessreformgesetz, JuS 2002, 68 und JuS 2002, 162;

Schneider/Wolf, AnwaltKommentar RVG, 3. Auflage 2006;

Schneider, E., ZPO-Reform: Abhilfe im Beschwerderecht, MDR 2003, 253;

Schneider, E., Zur Frage der Besetzung des Beschwerdegerichts in Kostenfestsetzungssachen, AGS 2004, 494;

Schoreit/Dehn, Kommentar zum BerHG und zur Prozesskostenhilfe, 8. Auflage 2004;

Schuschke/Walker, Zwangsvollstreckung, 3. Auflage 2002;

Schütt, Die Rechtsbeschwerde gegen den Berufungsverwerfungsbeschluss, MDR 2002, 1447;

Stackmann, Die Neugestaltung des Berufungs- und Beschwerdeverfahrens in Zivilsachen durch das Zivilprozessreformgesetz, NJW 2002, 781;

Stein/Jonas, ZPO, 22. Auflage 2002;

Thomas/Putzo, Zivilprozessordnung, Kommentar, 26. Auflage 2004;

Treber, Neuerungen durch das Anhörungsrügengesetz, NJW 2005, 97;

Woitkewitsch, Verbot der reformatio in peius im Beschwerdeverfahren?, FuR 2005, 210;

Zimmer, Die Beschwerdefrist der armen Partei im Prozesskostenhilfeverfahren, FamRZ 2005, 1145;

Zöller, Zivilprozessordnung, Kommentar, 26. Auflage 2007.

§ 1 Die Struktur des Beschwerderechtes – Eine Kurzübersicht

Das Beschwerderecht ist mit der ZPO-Reform zum 1.1.2002 einer Neuordnung unterzogen worden. **1**

Ziel des Beschwerderechtes ist es einerseits, wesentliche Streitfragen in Nebenverfahren zur Hauptsache einer zeitnahen Entscheidung auch im Rechtsmittelzug zuzuführen, um hier Unsicherheiten zu vermeiden. So ist es prozessökonomisch nicht sinnvoll zunächst das gesamte Hauptsacheverfahren in 1. Instanz ggf. mit einer Beweisaufnahme zum Anspruchsgrund und zur Anspruchshöhe durchzuführen, um dann in der Berufung das Urteil aufzuheben, weil der Richter oder der Sachverständige die Besorgnis der Befangenheit in sich trugen. **2**

Zum anderen dient das Beschwerderecht der Eröffnung eines vereinfachten, insbesondere weniger formalisierten Rechtsmittelverfahrens, ohne den Zwang zur mündlichen Verhandlung, wenn in der Hauptsache kein umfassendes Verfahren mehr stattfindet, etwa nach der Erledigung der Hauptsache, einem Anerkenntnis oder einer Klagerücknahme. **3**

Mit der ZPO-Reform ist die Unterscheidung zwischen der nicht fristgebundenen einfachen Beschwerde und der fristgebundenen **sofortigen Beschwerde** entfallen. Alle zivilprozessualen Beschwerden sind nunmehr als sofortige Beschwerden ausgestaltet, während die einfache Beschwerde in der ZPO nicht mehr zu finden ist. Grundsätzlich beträgt die Notfrist zwei Wochen. Die Ausgestaltung als Notfrist nach § 224 ZPO hat zur Folge, dass das Gericht – unabhängig von der Frage, ob der Gegner einverstanden ist oder nicht – diese Frist weder verlängern noch verkürzen kann. Dies verlangt von dem Rechtsanwalt, dass er einerseits für eine sorgfältige Fristenüberwachung durch allgemeine Weisungen und Weisungen im Einzelfall sorgen muss. Wird gleichwohl eine Frist versäumt, hat er lediglich die Möglichkeit der Wiedereinsetzung in den vorigen Stand.[1] **4**

> *Hinweis* **5**
>
> Erhalten geblieben ist die einfache Beschwerde dagegen im Kostenrecht zum Angriff gegen Wertfestsetzungen und Kostenansätze nach den §§ 68, 66 GKG, §§ 14, 31 KostO und § 33 RVG. Auch in der Freiwilligen Gerichtsbarkeit findet sich weiterhin die einfache unbefristete Beschwerde.

Sodann wurden die Zuständigkeitsregelungen systemkonform aus der ZPO herausgelöst und im GVG platziert. Sie finden sich nunmehr in den §§ 72, 119 und 133 GVG. **6**

---

1 Hierzu ausführlich *Goebel*, AnwF Zivilprozessrecht, § 19.

7   Die allgemeinen Regelungen über die sofortige Beschwerde befinden sich in den §§ 567 bis 573 ZPO, die sodann um die Bestimmungen zur Rechtsbeschwerde in den §§ 574 bis 577 ZPO ergänzt werden.

8   Soweit das Gesetz gegen eine Entscheidung das Rechtsmittel der sofortigen Beschwerde zulässt, sind grundsätzlich die §§ 567 ff. ZPO ergänzend heranzuziehen, soweit die konkrete Regelung keine abweichende Bestimmung trifft.

9   Entsprechend können sich bei den jeweiligen Regelungen über das konkrete zivilprozessuale Verfahren weitere Bestimmungen zum Beschwerdeverfahren befinden. Auch können sich aus der Natur des Nebenverfahrens Beschränkungen ergeben. Als abweichende gesetzliche Regelung ist etwa die längere Beschwerdefrist nach § 127 ZPO von einem Monat im Prozesskostenhilfeverfahren zu nennen und als Beispiel für eine Beschränkung aus der Natur des Nebenverfahrens die Einschränkung neuen Vorbringens nach Ablauf der Wiedereinsetzungsfrist nach § 236 ZPO.

10   In der Zivilprozessordnung ist mit der ZPO-Reform die weitere Beschwerde zum Oberlandesgericht zur Stärkung einer einheitlichen Rechtsprechung entfallen und durch das neue Rechtsinstitut der Rechtsbeschwerde nach § 574 ZPO ersetzt worden. Dabei wurde zugleich eine Zuständigkeitsverlagerung für die letztinstanzlichen Entscheidungen im Beschwerderecht vorgenommen. Hatte über die weitere Beschwerde bis zur ZPO-Reform das Oberlandesgericht zu entscheiden, wurde diese Kompetenz im Sinne der Sicherung einer einheitlichen Rechtsprechung auf den Bundesgerichtshof übertragen. Dies hat zu einer erheblichen Neuorientierung in vielen Streitfragen geführt. Die ersten Jahre mit dem neuen Rechtsinstitut zeigen dies bereits deutlich. So hat der BGH etwa im Zwangsvollstreckungsrecht eine Vielzahl von Streitfragen entschieden.[2]

11   Die Besonderheit des Beschwerderechtes gegenüber den Rechtsmitteln der Berufung und der Revision liegt darin, dass im Beschwerderecht zugleich eine Selbstkontrolle des Ausgangsgerichtes stattfindet, in dem auf die sofortige Beschwerde das Ausgangsgericht grundsätzlich zu prüfen hat, ob der Beschwerde abgeholfen werden soll. Nur in Ausnahmefällen entfällt ein solches Abhilfeverfahren.

---

2 Ausführlich zum Zwangsvollstreckungsrecht *Goebel*, AnwF Zwangsvollstreckung, 2. Aufl.

§ 2 Die allgemeinen Regelungen zur sofortigen Beschwerde

A. Die Statthaftigkeit der sofortigen Beschwerde

Die sofortige Beschwerde findet nach § 567 Abs. 1 ZPO statt gegen die **im ersten** 12 **Rechtszug ergangenen Entscheidungen** der Amts- oder Landgerichte, wenn

- ■ dies im Gesetz ausdrücklich bestimmt ist oder
- ■ es sich um eine Entscheidung handelt, die ohne mündliche Verhandlung ergehen kann (vgl. hierzu § 128 Abs. 4 ZPO) und durch die ein das Verfahren betreffendes Gesuch zurückgewiesen wurde.

Damit richtet sich die sofortige Beschwerde zwar regelmäßig gegen Entscheidungen, 13 die nicht als Urteile, sondern als **Beschlüsse** ergehen. Allerdings gibt es hiervon **Ausnahmen** in:

- ■ § 71 Abs. 2 ZPO für den Streit über die Zulassung der Nebenintervention,
- ■ §§ 89 Abs. 1 S. 3, 99 Abs. 2 ZPO analog für die Anfechtung der Kostentragungspflicht des vollmachtlosen Vertreters,[3]
- ■ § 99 Abs. 2 ZPO für die Anfechtung der Kostenentscheidung in einem Anerkenntnisurteil,
- ■ § 135 Abs. 3 ZPO für die Anfechtung der Entscheidung über die Urkundenherausgabepflicht eines Rechtsanwalts,
- ■ § 387 Abs. 3 ZPO für die Anfechtung einer Entscheidung über ein Zeugnisverweigerungsrecht.

In all diesen Fällen ist Gegenstand der sofortigen Beschwerde ein Zwischenurteil. 14

Hierauf muss der Rechtsanwalt in besonderer Weise achten. Geht er von der Mög- 15 lichkeit der Berufung und deshalb von einer Notfrist von einem Monat aus, wird sich dieser Fehler regelmäßig nicht mehr korrigieren lassen, da dann bei der Vorbereitung der Fertigung der Rechtsmittelschrift die Beschwerdefrist von nur zwei Wochen abgelaufen sein dürfte. Eine Wiedereinsetzung in den vorigen Stand wird nicht in Betracht kommen, da ein solcher Fehler grundsätzlich auf einem Verschulden beruht.

I. Die Zulassung der sofortigen Beschwerde im Gesetz

In einer Vielzahl von Fällen spricht das Gesetz ausdrücklich aus, dass die sofortige 16 Beschwerde statthaft ist. Einer gesonderten Prüfung, ob ein das Verfahren betreffendes Gesuch zurückgewiesen wurde, bedarf es dann nicht mehr. Dabei handelt es sich um die folgenden Fälle:

---

3 Musielak-*Weth*, § 89 Rn 10; Zöller-*Vollkommer*, § 89 Rn 8.

- Die sofortige Beschwerde gegen den Beschluss über die Zurückweisung eines Befangenheitsgesuches gegen einen Richter nach § 46 Abs. 2 ZPO, während der Beschluss, mit dem ein Befangenheitsgesuch gegen einen Richter für begründet erklärt wird, nach § 46 Abs. 2 ZPO unanfechtbar ist;
- die sofortige Beschwerde gegen ein Zwischenurteil über die Zurückweisung der Nebenintervention nach § 71 Abs. 2 ZPO;
- die sofortige Beschwerde gegen den Kostenbeschluss nach Erledigung des Rechtsstreits in der Hauptsache nach § 91a Abs. 2 S. 1 ZPO;

  > Schon hier soll allerdings darauf hingewiesen werden, dass der Streitwert in der Hauptsache nach §§ 91a Abs. 2 S. 2, 511 ZPO den Betrag von 600 EUR übersteigen muss. Anderenfalls würden den Parteien nämlich in der weniger bedeutenden Kostensache zwei Instanzen zur Verfügung stehen, während in der Hauptsache eine Berufungsmöglichkeit nicht gegeben gewesen wäre.

- die sofortige Beschwerde gegen die Kostenentscheidung im Anerkenntnisurteil, § 99 Abs. 2 ZPO, soweit der Streitwert den Betrag von 600 EUR übersteigt;
- die sofortige Beschwerde gegen den Kostenfestsetzungsbeschluss nach § 104 Abs. 3 ZPO;
- die sofortige Beschwerde gegen den Beschluss über die Ablehnung einer Fristsetzung nach § 109 Abs. 1 ZPO oder den Beschluss über die Anordnung oder Ablehnung des Ausspruchs über die Verpflichtung zur Rückgabe einer Sicherheit nach § 109 Abs. 2 und 4 ZPO;
- die sofortige Beschwerde gegen den Beschluss über die Ablehnung der Bewilligung der Prozesskostenhilfe, § 127 Abs. 2 S. 2 ZPO;
- die sofortige Beschwerde gegen ein Zwischenurteil über die Rückgabeverpflichtung von Urkunden durch den Rechtsanwalt, § 135 Abs. 3 ZPO;
- die sofortige Beschwerde gegen den Ordnungsgeldbeschluss gegen die nicht erschienene, jedoch persönlich zum Termin geladene Partei nach §§ 141 Abs. 3, 380 Abs. 3 ZPO;
- die sofortige Beschwerde gegen den Beschluss des Gerichts nach § 142 ZPO zur Vorlage von Urkunden durch einen Dritten, gem. §§ 142 Abs. 2 S. 2, 387 Abs. 3 ZPO;
- die sofortige Beschwerde gegen den Beschluss über die Aussetzung des Verfahrens nach den §§ 239 ff. ZPO gem. § 252 ZPO;
- die sofortige Beschwerde gegen den Beschluss über die Kostentragung nach Klagerücknahme nach § 269 Abs. 3 S. 2 und 3 ZPO, soweit der Streitwert in der Hauptsache den Betrag von 600 EUR (§ 511 ZPO) übersteigt, § 269 Abs. 5 ZPO;
- die sofortige Beschwerde gegen den Berichtigungsbeschluss wegen offenbarer Unrichtigkeiten nach § 319 Abs. 3 ZPO. Gegen den Beschluss, mit dem eine Berichtigung des Urteils abgelehnt wird, ist nach § 319 Abs. 3 ZPO kein Rechtsmittel gegeben. Der Beschwerdeführer ist in diesem Fall auf die Berufung oder Revision angewiesen, soweit diese statthaft sind;
- die sofortige Beschwerde gegen den Beschluss, mit dem der Erlass eines Versäumnisurteils abgelehnt wurde, § 336 Abs. 1 ZPO;

- die sofortige Beschwerde gem. §§ 372a Abs. 2, 387 Abs. 3 ZPO gegen ein Zwischenurteil über die Verpflichtung zur Duldung von Untersuchungen zur Feststellung der Vaterschaft nach § 372a Abs. 1 ZPO;
- die sofortige Beschwerde gegen den Ordnungsmittelbeschluss gegen einen Zeugen, § 380 Abs. 3 ZPO; die sofortige Beschwerde gegen das Zwischenurteil über die Berechtigung zur Zeugnisverweigerung, § 387 Abs. 3 ZPO;
- die sofortige Beschwerde gegen den Beschluss über die Festsetzung eines Ordnungsgeldes oder einer Ordnungshaft nach der unberechtigten Zeugnisverweigerung gem. § 390 Abs. 3 ZPO;
- die sofortige Beschwerde gegen den Beschluss über die Zurückweisung eines Befangenheitsgesuches gegen einen Sachverständigen, § 406 Abs. 5 ZPO. Der Beschluss, mit dem ein Befangenheitsgesuch gegen einen Sachverständigen für begründet erklärt wird, ist dagegen nach § 406 Abs. 5 S. 1 ZPO unanfechtbar.
- die sofortige Beschwerde gegen den Kostenbeschluss nach Abschluss des Beweissicherungsverfahrens und nicht fristgerechter Klageerhebung nach § 494a Abs. 2 S. 2 ZPO;
- die sofortige Beschwerde gegen die Entscheidung des Prozessgerichts über die Erinnerung gegen die Verweigerung der einfachen Vollstreckungsklausel durch den Urkundsbeamten der Geschäftsstelle nach § 573 ZPO;
- die sofortige Beschwerde gegen die Entscheidung des Prozessgerichts über die Erinnerung gegen eine Entscheidung des beauftragten oder des ersuchten Richters nach § 573 ZPO.

> *Hinweis*
>
> Beachtet werden muss also, dass gegen Entscheidungen des beauftragten oder ersuchten Richters oder des Urkundsbeamten der Geschäftsstelle zunächst die ebenfalls in einer Notfrist von zwei Wochen zu erhebende Erinnerung nach § 573 ZPO an das Prozessgericht gegeben ist und insoweit bei solchen Entscheidungen kein Fall von § 567 Abs. 1 Nr. 2 ZPO vorliegt, der unmittelbar den Weg zur sofortigen Beschwerde eröffnet. Beide Rechtsmittel sind notfristgebunden!

- die sofortige Beschwerde gegen die Verweigerung einer qualifizierten Vollstreckungsklausel nach den §§ 726 ff. ZPO durch den Rechtspfleger nach § 11 Abs. 1 RPflG;
- die sofortige Beschwerde gegen Entscheidungen im Zwangsvollstreckungsverfahren nach § 793 ZPO;[4]
- die sofortige Beschwerde gegen die ganze oder teilweise Zurückweisung des Antrags auf Erlass eines Ausschlussurteils nach § 952 Abs. 4 ZPO;
- die sofortige Beschwerde gegen die Entscheidung über die einstweilige Einstellung des Zwangsversteigerungsverfahrens nach § 30b Abs. 3 ZVG;

---

4 Zur Abgrenzung von Entscheidungen und Maßnahmen im Zwangsvollstreckungsverfahren vgl. Goebel – *Goebel*, Anwaltformulare Zwangsvollstreckung, § 14.

- die sofortige Beschwerde gegen Entscheidungen über die einstweilige Einstellung des Verfahrens zur Aufhebung einer Gemeinschaft nach § 180 Abs. 2 S. 3 ZVG i.V.m. § 30b Abs. 3 ZVG;
- die sofortige Beschwerde gegen den Zuschlagsbeschluss in der Zwangsversteigerung nach den §§ 95 ff. ZVG;
- die sofortige Beschwerde gegen den Beschluss über die Zulässigkeit des Rechtswegs nach § 17a Abs. 4 GVG.

II.   Die Statthaftigkeit der sofortigen Beschwerde wegen der Zurückweisung eines das Verfahren betreffenden Gesuches

17   Wird „ein das Verfahren betreffendes Gesuch" mit einer Entscheidung zurückgewiesen, die keine mündliche Verhandlung erfordert, kann auch dies nach § 567 Abs. 1 Nr. 2 ZPO zur Statthaftigkeit der sofortigen Beschwerde führen. Auf diese Alternative braucht allerdings nur zurückgegriffen werden, soweit die sofortige Beschwerde nicht schon kraft Gesetzes statthaft ist.

18   Ein das Verfahren betreffendes Gesuch, dessen Ablehnung ein Beschwerderecht nach § 567 Abs. 1 Nr. 2 ZPO begründen kann, setzt voraus, dass der Partei tatsächlich ein Antragsrecht außerhalb der von Amts wegen vorzunehmenden Handlungen des Gerichts zukommt. Dort, wo lediglich Anregungen der Parteien möglich sind, wie etwa bei den Beweisanordnungen des Gerichts, ist kein Beschwerderecht gegeben, wenn das Gericht diesen Anregungen nicht folgt.

19   Die Hauptanwendungsfälle von § 567 Abs. 1 Nr. 2 ZPO sind die Ablehnung der Klagezustellung und die Ablehnung des Antrags auf Terminsverlegung.[5]

20   Als Gesuche im Sinne des § 567 Abs. 1 Nr. 2 ZPO wurden bisher anerkannt:

- die Ablehnung der Zustellung einer Streitverkündungsschrift an den gerichtlich bestellten Sachverständigen;[6]
- die Ablehnung einer Rechtskraftbescheinigung;[7]
- die Ablehnung nach einem Grundurteil erneut über die Höhe zu verhandeln;[8]
- die Ablehnung des Antrages auf Abkürzung einer gesetzlichen oder richterlichen Frist;[9]
- die Terminsbestimmung entgegen § 216 Abs. 2 ZPO;[10]
- die Ablehnung, Protokollabschriften einer Beweisaufnahme auszuhändigen;[11]

---

5 OLG Schleswig SchlHA 1984, 56.
6 OLG Celle OLGR 2006, 103 = BauR 2006, 722 = NZBau 2006, 379.
7 OLG Celle FamRZ 1978, 920.
8 KG MDR 1971, 588.
9 Zöller-*Gummer*, § 567 Rn 34.
10 OLG Schleswig JW 1982, 246.
11 OLG Köln NJW 1967, 1473.

- die Beiordnung eines Rechtsanwaltes nach § 625 ZPO gegen den Willen der Partei;[12]
- die Bestimmung des Terminsortes außerhalb der Gerichtsstelle durch den Vorsitzenden im arbeitsgerichtlichen Verfahren gegen den ausdrücklichen Widerspruch einer Partei;[13]
- die Verfügung, die Akte sei wegen Unzulässigkeit eines Einspruches – wegen der fehlenden Versicherung der Vollmacht – wegzulegen, es sei nichts zu veranlassen.[14]

Dagegen wird ein Beschwerderecht verneint, wenn das Gericht die Anordnung der   21
Vorlage einer Urkunde durch die andere Partei oder einen Dritten nach § 142 ZPO ablehnt.[15] Die Entscheidung hierüber habe das Gericht von Amts wegen in Ausübung pflichtgemäßen Ermessens zu treffen. Soweit das Gericht die Anordnung unterlässt, kann dies also nur im Rahmen der Berufung als unzureichende Feststellung des Sachverhalts im Berufungsverfahren mittelbar gerügt werden.

Mit der sofortigen Beschwerde können darüber hinaus folgende Maßnahmen, Verfü-   22
gungen und Entscheidungen nicht angegriffen werden:

- die Ablehnung in der mündlichen Verhandlung, das Sitzungsprotokoll zu berichtigen;[16]
- der Beschluss über die getrennte Verhandlung von Klage und Widerklage;[17]
- der Erlass eines Beweisbeschlusses, § 355 Abs. 2 ZPO;
- die Änderung eines Beweisbeschlusses;
- die Anordnung der nachträglichen Beeidigung eines Zeugen;
- die Anordnung eines Auslagenvorschusses für Zeugen oder Sachverständige, §§ 379, 402 ZPO;
- die vorläufige Festsetzung des Streitwertes im selbständigen Beweisverfahren durch den Verfahrensbevollmächtigten im eigenen Interesse (§ 32 Abs. 2 RVG);[18]
- die Auswahl des Sachverständigen im selbständigen Beweisverfahren, zumindest für den Antragsgegner;[19]

---

12 OLG Oldenburg NdfRpfl 1980, 32.
13 LAG Thüringen Beschl. v. 30.3.2005 – 4 Ta 41/05.
14 LG Bonn Beschl. v. 23.12.2004, 6 T 361/04.
15 OLG Frankfurt/M. OLGR 2005, 594; Musielak-*Stadler*, § 142 Rn 13. OLG Karlsruhe OLGR 2005, 484; OLG Frankfurt OLGR 2005, 594.
16 LAG Rheinland-Pfalz, Beschl. v. 27.12.2005 – 2 Ta 250/05; OLG Hamm AnwBl 1989, 347; a.A. OLG Koblenz MDR 1986, 593.
17 OLG München JW 1984, 2227.
18 OLG Köln OLGR 2005, 556.
19 KG Berlin KGR 2005, 557.

■ die Ablehnung des Antrages auf Abtrennung der Folgesache Versorgungsausgleich im Verbundverfahren der Scheidung;[20]

■ die erlassene einstweilige Anordnung nach § 769 Abs. 1 ZPO.[21]

23 Die Beschwerde kann sich dagegen niemals gegen eine Entscheidung richten, die den Streitgegenstand selbst betrifft.[22]

24 Ein Beschwerderecht aufgrund von § 567 Abs. 1 Nr. 2 ZPO scheidet auch immer dann aus, wenn dies im Gesetz ausdrücklich ausgeschlossen ist. In diesen Fällen kann die Statthaftigkeit der sofortigen Beschwerde auch nicht über § 567 Abs. 1 Nr. 2 ZPO begründet werden.

25 Ausgeschlossen ist die Beschwerde nach dem eindeutigen Wortlaut der Vorschrift auch dann, wenn einem Gesuch stattgegeben wurde. Dies gilt auch für den Gegner, soweit dieser dem Gesuch widersprochen hat.[23]

26 Wie bereits eingangs ausgeführt, findet die sofortige Beschwerde nur gegen die im ersten Rechtszug ergangenen Entscheidungen statt. Werden also das Landgericht oder das Oberlandesgericht als Berufungsgericht tätig, scheidet eine sofortige Beschwerde aus. In der Praxis besonders bedeutsam ist dies bei der Ablehnung eines Richters oder eines Sachverständigen im Berufungsrechtsstreit. Hier ist die Entscheidung nicht mehr weiter anfechtbar,[24] wenn nicht das Berufungsgericht die Rechtsbeschwerde zugelassen hat, was in der Praxis die Ausnahme bilden dürfte.

27 | *Hinweis*

Schon aus Gründen der anwaltlichen Fürsorge sollte der Rechtsanwalt im Berufungsverfahren darum bitten, dass das Gericht bei einer ablehnenden Entscheidung in einem Nebenverfahren, etwa der Ablehnung eines Richters oder eines Sachverständigen die Rechtsbeschwerde zulässt. So zwingt er das Gericht zumindest, sich mit dieser Frage auseinanderzusetzen.

III.   Die Statthaftigkeit einer Untätigkeitsbeschwerde

28 Eine besondere Problematik stellt die Frage der Statthaftigkeit einer **Untätigkeitbeschwerde** dar, wenn das Gericht keine Entscheidung trifft.

---

20 OLG Rostock FamRZ 2005, 1499 = OLGR 2005, 583; OLG Hamm FamRZ 2005, 731 = OLGR 2005, 17; OLG Köln FamRZ 2003, 1197; OLG Zweibrücken OLGR 2003, 150.
21 BGH InVo 2004, 368 = NJW 2004, 2224 = MDR 2004, 1137 = FamRZ 2004, 1191; ausdrücklich gegen den BGH: OLG Hamm InVo 2005, 460.
22 *Jauernig*, Zivilprozessrecht, § 75 II.1.
23 OLG Karlsruhe MDR 1983, 943.
24 OLG Celle OLGR 2002, 228; *Gehrlein*, MDR 2003, 547, 551.

Grundsätzlich geht § 567 ZPO davon aus, dass eine Entscheidung vorliegt, gegen die   29
im Wege der sofortigen Beschwerde vorgegangen werden soll. Keiner gesetzlichen
Regelung zugeführt ist dagegen die Problematik, dass eine solche anzufechtende
Entscheidung verweigert oder jedenfalls zumutbar verzögert wird.

Um auf eine unzumutbare Verzögerung oder gar Verweigerung einer Entscheidung   30
reagieren zu können, werden unterschiedliche Wege vorgeschlagen:

■ Einerseits wird vertreten, dass dem Rechtssuchenden lediglich die Dienstauf-
  sichtsbeschwerde zur Verfügung steht.[25] Im Hinblick darauf, dass richterliche
  Entscheidungen nach § 26 DRiG nur bedingt im Wege der Dienstaufsicht zu erzwingen sind, wird dieser Weg in der Praxis jedoch selten zum Erfolg führen.

■ Als weitere Möglichkeit bietet sich an, aus der Verweigerung oder der unzumutbaren Verzögerung einer solchen Entscheidung einen Grund herzuleiten, der die
  Besorgnis der Befangenheit des Richters rechtfertigt, so dass der Rechtsschutz
  über die Möglichkeit der Richterablehnung gewährt werden kann.[26]

■ Als dritte Möglichkeit wird vorgeschlagen den Beschwerdeweg zu eröffnen, da die
  Nichtentscheidung einer Ablehnung der Entscheidung gleich stehe, die dann mit
  der Beschwerde angefochten werden könne.[27] Voraussetzung der Untätigkeitsbeschwerde sei in diesem Fall, dass es zu einer unzumutbaren Verzögerung gekommen ist. Eine feste Zeitgrenze wird sich hierfür nicht nennen lassen, vielmehr
  wird unter Beachtung der richterlichen Unabhängigkeit und des konkreten Ver-
  fahrensverlaufes, sowie der sonstigen Belastung des Gerichtes festzustellen sein,
  wann mit einer Entscheidung unter üblichen Abläufen gerechnet werden konnte.
  Ausgehend hiervon wird zu fordern sein, dass das Gericht auf Sachstandsanfragen
  und die Aufforderung zur Entscheidung nicht oder ablehnend reagiert hat. Letztlich muss die Verweigerung einer Entscheidung willkürlich sein.

Die Untätigkeitbeschwerde kann im Ergebnis nur darauf gerichtet sein, dass das Be-   31
schwerdegericht dem Ausgangsgericht aufgibt, in einer im Einzelnen zu bestimmenden Frist dem Verfahren Fortgang zu geben[28] und die verweigerte oder verzögerte
Entscheidung zu treffen. Eine Entscheidung des Beschwerdegerichtes in der Sache
wird nur dann in Betracht kommen, wenn das Ausgangsgericht eine entsprechende
Entscheidung über eine erste Untätigkeitsbeschwerde auch in der Folge unbeachtet
lässt.

---

25 Stein/Jonas-*Grunsky*, vor § 567 Rn 19.
26 BGH NJW-RR 1995, 887; BayObLGZ 98, 35; OLG Karlsruhe FamRZ 1994, 46; OLG Düsseldorf
   OLGR 1998, 224.
27 OLG Sachsen-Anhalt FamRZ 2006, 967; OLG Karlsruhe JW 1984, 985; OLG Köln OLGZ 85,122;
   OLG Köln OLGR 1998, 96; OLG Köln NJW-RR 1999, 290; KG OLGR 97,251; OLG Saarbrücken
   MDR 1997, 1062; NJW-RR 1999, 1090; OLG Zweibrücken NJW-RR 2003, 1653; Schneider MDR
   1998, 252; Zöller-*Gummer*, § 567 Rn 21.
28 BVerfG FamRZ 2005, 173; OLG Naumburg (2. Familiensenat) FamRZ 2006, 967; a.A. OLG Naumburg (3. Familiensenat) FGPrax 2005, 26.

32 Am 26.8.2005 hat das Bundesministerium der Justiz einen Gesetzentwurf zur Einführung einer Untätigkeitsbeschwerde vorgelegt. Nach der Bundestagswahl hat die
Bundesregierung den Gesetzentwurf aber bisher nicht erneut beschlossen. Auch sonst
ist derzeit nicht ersichtlich, dass dieser weiterverfolgt wird.

IV. Die Statthaftigkeit einer außerordentlichen Beschwerde wegen greifbarer Gesetzwidrigkeit

33 Ist die sofortige Beschwerde im Einzelfall ausgeschlossen, kann der Rechtsanwalt vor
der Problematik stehen, dass er eine offensichtlich falsche Entscheidung erhält, ohne
diese mit ordentlichen Rechtsmitteln angreifen zu können. Bis zur ZPO-Reform war
anerkannt, dass in Fällen greifbarer Gesetzwidrigkeit die Möglichkeit besteht eine
außerordentliche Beschwerde zu erheben.

34 Vor dem Hintergrund der Reform des Beschwerderechtes und der hier vom Gesetzgeber nicht normierten außerordentlichen Beschwerde stellt sich dann die Frage, ob
die außerordentliche Beschwerde weiterhin möglich bleibt. Der BGH hat dies verneint.[29] Ein außerordentliches Rechtsmittel zum Bundesgerichtshof sei auch dann
nicht statthaft, wenn die Entscheidung ein Verfahrensgrundrecht des Beschwerdeführers verletzt oder aus sonstigen Gründen „greifbar gesetzwidrig" ist. Dem haben
sich die übrigen Obergerichte weitgehend angeschlossen.[30] In einem solchen Fall sei
die angefochtene Entscheidung durch das Gericht, das sie erlassen hat, auf (fristge-
bundene) Gegenvorstellung zu korrigieren.

35 *Hinweis*

Der Rechtsanwalt wird zu prüfen haben, ob im konkreten Verfahren die Möglichkeit
der Gehörsrüge entsprechend der Regelung in § 321a ZPO besteht. Zu beachten ist,
dass auch diese in einer Notfrist von zwei Wochen erhoben werden muss. Ist diese
Möglichkeit verbaut, kann eine Gegenvorstellung erhoben werden, wobei in entsprechender Anwendung des § 321a ZPO von der Rechtsprechung hier zunehmend
verlangt wird, dass auch die Gegenvorstellung binnen zwei Wochen einzulegen ist.
Wird ein Verfassungsverstoß in diesen Verfahren nicht beseitigt, kommt allein noch
eine Verfassungsbeschwerde zum Bundesverfassungsgericht in Betracht.

36 Die Zulassung einer außerordentlichen Beschwerde im Wege der Analogie zum Revisionsrecht kommt aus Sicht des Bundesgerichtshofes nicht in Betracht, weil es an
einer planwidrigen Regelungslücke fehlt. Im Gesetzgebungsverfahren zur ZPO-
Reform sei die Problematik der Verletzung von Verfahrensgrundrechten gesehen wor-

---

29 BGH NJW 2002, 1577 = InVo 2002, 336; BGH NJW 2003, 3137 = InVo 2004, 22.
30 BAG v. 8.8.2005 – 5 AZB 31/05 = NJW 2005, 3231; BSG v. 15.8.05 – B 1 A 1/04 S; BVerwG v.
21.7.2005 – 9 B 9/05; BFH v. 30.11.2005 – VIII B 181/05 = BFHE 211, 37 = NJW 2006, 861; a.A.
aber wohl der IV. Senat des BFH v. 13.10.2005 – IV S 10/05 = NJW 2006, 861.

den. Vor diesem Hintergrund sei auch die Gehörsrüge nach § 321a ZPO erstmals als eine Abhilfemöglichkeit für Verfahren vorgesehen, in denen eine Überprüfung des erstinstanzlichen Urteils bislang nicht möglich war. Ferner habe der Gesetzgeber für das Revisionsrecht mit § 543 Abs. 2 Nr. 1 ZPO einen Grund für die Zulassung der Revision eingeführt, der nach der Gesetzesbegründung auch die Verletzung von Verfahrensgrundrechten umfassen soll.[31] Für das Verfahren der Rechtsbeschwerde hat der Gesetzgeber demgegenüber unter Hinweis auf die regelmäßig geringere Bedeutung des Beschwerdeverfahrens für die Parteien und aus Gründen der Entlastung des Bundesgerichtshofs bewusst[32] davon abgesehen, eine dem Revisionsrecht vergleichbare Regelung zur Korrektur auch der Verletzung von Verfahrensgrundrechten zu schaffen, obwohl die Zulassungsgründe sich bei Revision und Rechtsbeschwerde nicht unterscheiden.

Der Auffassung des Bundesgerichtshofes ist zuzustimmen, wenngleich dies in der 37 Praxis zu gewissen Härten führen kann. Die Fachgerichtsbarkeit sollte sich grundsätzlich auf die Rechtsmittel beschränken, die der Gesetzgeber ihr als ordentliche Rechtsmittel zur Verfügung stellt. Soweit es zu greifbarer Gesetzwidrigkeit kommt, wird hierin zugleich ein Verfassungsverstoß zu sehen sein, so dass letztlich die Verfassungsbeschwerde als letzte Alternative verbleibt. Für die Auffassung des Bundesgerichtshofes spricht inzwischen auch, dass der Gesetzgeber in Kenntnis der Entscheidungen des BGH weder mit dem 1. Justizmodernisierungsgesetz als erster Nachsteuerung der ZPO-Reform zum 1.9.2004 noch mit dem Anhörungsrügengesetz zum 1.1.2005 eine (ordentliche) Beschwerdemöglichkeit bei greifbarer Gesetzeswidrigkeit geschaffen hat.

Damit ergibt sich für die Rüge der Verletzung von Verfahrensgrundrechten und bei 38 greifbarer Gesetzwidrigkeit von Entscheidungen folgender **Rechtsweg**:

- In Klageverfahren ist zunächst der ordentliche Rechtsweg mit Klage, Berufung und Revision auszuschöpfen, wobei auf den Revisionsgrund des § 543 Abs. 2 Nr. 1 ZPO besonders hinzuweisen ist. Ist auch letztinstanzlich kein Erfolg zu verzeichnen gewesen, bleibt nur die Verfassungsbeschwerde, da gegen Urteile eine Gegenvorstellung nicht möglich ist.
- Soweit eine Berufung nicht statthaft ist, ist zunächst das Fortsetzungsverfahren nach § 321a ZPO zu betreiben. Anschließend kann im Wege der Verfassungsbeschwerde vorgegangen werden. Hier ist das Gegenvorstellungsverfahren durch das Fortsetzungsverfahren beim gleichen Gericht ersetzt. Ein weiteres Überdenken der gleichen Fragen nach einer Gegenvorstellung ist nicht erforderlich.
- In Beschwerdeverfahren ist zunächst die sofortige Beschwerde und – soweit zugelassen – die Rechtsbeschwerde zu erheben. Ist die Rechtsbeschwerde nicht zugelassen worden, ist die Gehörsrüge bzw. Gegenvorstellung in der Frist des § 321a

---

31 BT-Drucks 14/4722 S. 104 re. Sp.
32 BT-Drucks 14/4722, S. 116 re. Sp.

ZPO zu erheben. Wird diese zurückgewiesen, ist der Weg für die Verfassungsbeschwerde eröffnet.

39   Dabei ist zu beachten, dass das Ausgangsgericht trotz § 318 ZPO nicht gehindert ist, seine Entscheidung auf die Gegenvorstellung hin zu ändern, wenn die Entscheidung anderenfalls auf eine Verfassungsbeschwerde hin aufzuheben wäre und damit ohnehin keine Bestandskraft entfalten könnte.[33]

V. Die Gehörsrüge nach § 321a ZPO als Alternative

40   Erstmals mit dem ZPO-Reformgesetz wurde mit § 321a ZPO ein formeller Rechtsbehelf gegen Verletzungen des Anspruchs auf rechtliches Gehör durch das Gericht eingeführt. Zweck dieser formellen Regelung war eine Entlastung des Bundesverfassungsgerichtes, um Verfassungsbeschwerden wegen der Verletzung des rechtlichen Gehörs zu vermeiden.

41   *Hinweis*

Vor einer vorschnellen Verfassungsbeschwerde muss ohnehin gewarnt werden. Das Bundesverfassungsgericht ist zuletzt dazu übergegangen, eine Missbrauchsgebühr gegen den Betroffenen aber auch den Bevollmächtigten persönlich zu verhängen, wenn die Verfassungsbeschwerde erkennbar unbegründet ist.[34]

42   Die Gehörsrüge nach § 321a Abs. 1 Nr. 1 ZPO ist gegen alle Entscheidungen der Amtsgerichte und der Landgerichte statthaft, gegen die ein Rechtsmittel oder ein anderer Rechtsbehelf nicht gegeben ist, § 321a Abs. 1 Nr. 1 ZPO. Bei Endurteilen darf die Rechtsmittelbeschwer 600 EUR nicht übersteigen und das Gericht darf die Berufung nicht zugelassen haben.

Die Beschränkung des § 321a ZPO a.F. auf Urteile, die mit der Berufung nicht angegriffen werden konnten, wurde mit dem 1. Justizmodernisierungsgesetz und dem Anhörungsrügengesetz zum 1.1.2005 beseitigt. Danach ist die Gehörsrüge grundsätzlich gegen alle Entscheidungen, also sowohl Urteile als auch Beschlüsse statthaft. Dabei bleibt unerheblich, in welcher Verfahrensart und in welcher Instanz eine gerichtliche Entscheidung gefällt wurde.[35] So kann die Gehörsrüge nunmehr auch im Verfahren des einstweiligen Rechtsschutzes erhoben werden.[36] Nur Zwischenentscheidungen, denen eine Endentscheidung folgt, können nicht mit der Gehörsrüge angegriffen werden.

---

33 BGHZ 130, 97 = NJW 1995, 2497; BGH NJW 1998, 82; NJW 2000, 590; NJW 2002, 754.
34 Vgl. nur BVerfG Beschl. v. 4.5.2006 – 2 BvR 1435/06 = Prozessrecht aktiv 2006, 122.
35 *Treber*, NJW 2005, 97, 98.
36 Zöller-*Vollkommer*, § 321a Rn 3.

Hinweis 43

War mit der Einführung der Gehörsrüge zum 1.1.2002 zunächst streitig, ob gegen einen die Berufung zurückweisenden Beschluss nach § 522 Abs. 2 ZPO eine Gehörsrüge erhoben werden kann, ist dies nach der Gesetzeserweiterung jetzt unzweifelhaft möglich.[37]

Nachdem seit der Einführung von § 321a ZPO eine Erweiterung des Anwendungs- 44 bereiches über die Rüge des Verstoßes gegen den Grundsatz des rechtlichen Gehörs erwogen wurde,[38] insbesondere auf die Verletzung anderer verfassungsrechtlicher Verfahrensrechte, muss diese Diskussion nach dem 1. Justizmodernisierungsgesetz und dem Anhörungsrügengesetz als entschieden gelten. Der Gesetzgeber hat mit diesen Korrekturen an § 321a ZPO die Möglichkeit einer Erweiterung der Rügemöglichkeiten auch auf die Verletzung anderer Verfahrensgrundsätze trotz der bereits bestehenden Diskussion über eine analoge Anwendung des § 321a ZPO a.F. nicht genutzt.[39]

Die Begründetheit der Gehörsrüge hat zwei Voraussetzungen. Zum einen muss der 45 Anspruch auf rechtliches Gehör verletzt sein. Zum anderen muss diese Verletzung entscheidungserheblich sein.[40]

Die Verletzung des Anspruchs auf rechtliches Gehörs ist entscheidungserheblich ge- 46 worden, wenn das Gericht ohne den Verstoß zu einer anderen Entscheidung gekommen wäre, wobei es ausreicht, dass allein die nicht gänzlich fernliegende Möglichkeit einer anderen Entscheidung besteht, d.h. eine solche nicht ernsthaft ausgeschlossen ist.[41]

Wird die Gehörsrüge als unzulässig verworfen oder als unbegründet abgewiesen, ist 47 diese Entscheidung mit Ausnahme der Verfassungsbeschwerde nicht anfechtbar, § 321a Abs. 4 S. 3 ZPO. Hält das Gericht die Gehörsrüge dagegen für begründet, so wird der Prozess fortgeführt, § 321a Abs. 4 S. 1 ZPO. Dabei wird der Prozess an der Stelle aufgenommen, an der er sich zum Schluss der letzten mündlichen Verhandlung befand, § 321a Abs. 5 S. 2 ZPO.

Wird die Gehörsrüge als unzulässig oder unbegründet zurückgewiesen, so löst dies 48 eine Gerichtsgebühr nach Nr. 1700 KVGKG in Höhe von 50 EUR aus. Für den Anwalt, der bereits das Ausgangsverfahren betrieben hat, löst die Gehörsrüge keinen weiteren Gebührentatbestand aus (§ 19 Abs. 1 S. 2 Nr. 5 RVG). Wenn der Anwalt nur für das Rügeverfahren beauftragt wird, kann er eine 0,5-Gebühr nach Nr. 3330 VV liquidieren. Der Gegenstandswert richtet sich nach § 23 Abs. 2 S. 3 RVG.

---

37 *Treber*, NJW 2005, 97, 98.
38 *Müller*, NJW 2002, 2743, 2747.
39 So auch Goebel – *Mönnig*, AnwF Zivilprozessrecht, 2. Aufl. 2006 § 13 Rn 116.
40 B/L/A/H-*Hartmann*, § 321a Rn 16.
41 Zöller-*Vollkommer*, § 321a Rn 12.

VI. Die Gegenvorstellung als Alternative

49   Ergeht eine den Mandanten belastende Entscheidung, so ist zunächst zu prüfen, ob dagegen ein Rechtsmittel, insbesondere die Berufung, die Revision oder auch die Beschwerde statthaft ist. Ist dies nicht Fall, ist zu prüfen, ob eine Gehörsrüge nach § 321a ZPO oder einer anderen durch das Anhörungsrügengesetz eingefügten Norm in den übrigen Verordnungen möglich ist.[42]

50   Ist auch dies nicht der Fall, blieb dem Rechtsanwalt in der Vergangenheit lediglich die Anbringung eines außerordentlichen Rechtsbehelfes, mithin der Gegenvorstellung oder der außerordentlichen Beschwerde. Wie gezeigt, muss davon ausgegangen werden, dass die außerordentliche Beschwerde keine Anerkennung mehr findet, d.h. eine Entscheidung des Gerichtes der nächsthöheren Instanz nicht mehr erreicht werden kann.

51   Damit bleibt dem Rechtsanwalt lediglich die Möglichkeit, gegen eine seinen Mandanten belastende Entscheidung Gegenvorstellung zu erheben. Da die sofortige Beschwerde im Zivilprozess nach § 567 Abs. 1 ZPO nur gegen erstinstanzliche Entscheidungen der Amts- und Landgerichte statthaft ist, ist die Gegenvorstellung insbesondere bei Entscheidungen der Oberlandesgerichte einschlägig.

52   Aus der Tatsache, dass der Gesetzgeber die Selbstkorrektur lediglich für den Verstoß gegen den Anspruch auf rechtliches Gehör vorgesehen hat, könnte im Umkehrschluss abgeleitet werden, dass für andere Verfahrensverstöße eine Selbstkorrektur im Wege der Gegenvorstellung nicht mehr möglich ist, sondern allein die Verfassungsbeschwerde bliebe. Für die Gegenvorstellung bleibt dann allein der Bereich der nicht der Rechtskraft fähigen Entscheidungen d.h. der Verfahrensleidenden Beschlüsse und Verfügungen. Ein solches Verständnis, dass die belastende Partei jeweils auf die Verfassungsbeschwerde verweist, scheint jedoch nicht praxisgerecht und prozessökonomisch. Das Gericht, dass die beanstandeten Entscheidungen erlassen hat, ist mit der Sache vertraut und kann auf die Einwendungen der die Gegenvorstellung anbringenden Partei in der Regel schnell und sachgerecht reagieren und so jedenfalls eine Vorprüfung veranlassen. Damit wird vermieden dass das Bundesverfassungsgericht indirekt zu einem weiteren Fachgericht des Zivilprozesses wird. Eine unangemessene Benachteiligung der anderen Partei ist damit nicht verbunden, da dieser auf den Bestand einer unter Verfassungsverstößen zu Stande gekommenen Entscheidung nicht vertrauen kann.

53   Auch wenn die Gegenvorstellung einerseits allgemein anerkannt ist, muss andererseits doch beachtet werden, dass die Änderung einer Entscheidung auf eine Gegenvorstellung im Hinblick auf die formelle Rechtskraft der beanstandeten Entscheidung nicht unproblematisch ist. Eine Korrektur der Entscheidung wird jedenfalls dann in Betracht kommen, wenn ein Verstoß gegen Verfahrensgrundrechte vorliegt, da in die-

---

42 Zum Anhörungsrügengesetz siehe *Goebel*, Prozessrecht aktiv 2005, 39, 63 und 78.

sem Fall die Entscheidung auch auf eine Verfassungsbeschwerde hin aufzuheben wäre, ohne dass die formelle Rechtskraft dem entgegensteht. Dies ist insbesondere dann der Fall, wenn nicht der gesetzliche Richter entschieden hat oder die Entscheidung derart grob verfahrensfehlerhaft ist, dass dieser als willkürlich bezeichnet werden muss. Es wird inzwischen allerdings auch vertreten, dass die Durchbrechung der formellen Rechtskraft nach der Schaffung von § 321a ZPO nicht mehr möglich ist.[43]

War die Gegenvorstellung in der Vergangenheit weder form- noch fristgebunden, hat schon der BGH,[44] insbesondere nach der Schaffung der Gehörsrüge nach § 321a ZPO mit der ZPO-Reform, den formlosen Rechtsbehelf der Gegenvorstellung zuletzt in entsprechender Anwendung von § 321a ZPO einer Frist von zwei Wochen unterworfen.[45] Nach Ablauf dieser Frist kann das Gericht die Gegenvorstellung noch bescheiden, muss es aber nicht.[46]   **54**

Hinweis   **55**

Allerdings wird das Ermessen des Gerichtes dann auf Null reduziert sein, wenn die Fristversäumung nicht auf ein Verschulden des Betroffenen oder seiner Bevollmächtigten zurückgeht, so dass ihm bei der Annahme einer Notfrist Wiedereinsetzung in den vorigen Stand gewährt würde.

Auf die fristgerecht erhobene Gegenvorstellung hat das Gericht sich grundsätzlich mit den Einwendungen gegen die beanstandete Entscheidung auseinanderzusetzen. Die Gegenvorstellung ist dementsprechend auch zu bescheiden.   **56**

Hinweis   **57**

Auch wenn in der Praxis darüber gestritten werden kann, ob der Bescheidung eine mehr oder minder ausführliche Begründung rechtlich zwingend beizufügen ist, sollte dies jedenfalls in der Regel in der Weise geschehen, dass dem Beschwerdeführer die tragenden Gründe mitgeteilt werden, warum der Gegenvorstellung nicht abgeholfen wird.

Soweit der Gegenvorstellung abgeholfen und die angefochtene Entscheidung geändert werden soll, ist zu beachten, dass dem Gegner grundsätzlich Gelegenheit zu geben ist, zu den Ausführungen des Beschwerdeführers Stellung zu nehmen.   **58**

---

43 Zöller-*Gummer* § 567 Rn 25.
44 BGH NJW 2001, 2262.
45 BGH NJW 2002, 1577.
46 OLG Dresden NJW 2006, 851; OLG Rostock MDR 2003, 120.

B.   Die Zuständigkeit für die Entscheidung über die sofortige Beschwerde

I.   Die grundsätzliche Struktur der Zuständigkeitsregelung

59   Die Zuständigkeit für die Entscheidung über die sofortige Beschwerde ist seit der ZPO-Reform nicht mehr in der ZPO selbst geregelt, sondern ergibt sich systemkonform aus den §§ 72, 119 Abs. 1 Nr. 2 GVG. Dabei sind die Zuständigkeiten nicht nur systematisch neu eingeordnet, sondern auch inhaltlich in Abweichung von den früheren Bestimmungen geregelt worden.

60   Für Beschwerden gegen Entscheidungen der Amtsgerichte sind grundsätzlich die Landgerichte, für Beschwerden gegen Entscheidungen der Landgerichte die Oberlandesgerichte zuständig.

61   Wie bisher bleibt das Oberlandesgericht nach § 119 Abs. 1 Nr. 1a) GVG weiterhin auch für Beschwerden gegen erstinstanzliche Entscheidungen des Amtsgerichts – Familiengerichts – zuständig, da das Landgericht auch nach der ZPO-Reform nicht für Familiensachen zuständig ist. Jedoch ist der Gesetzgeber hier nicht stehen geblieben, sondern hat diese Regelung im Hinblick auf die zunehmende Internationalisierung des Rechtes in § 119 Abs. 1 Nr. 1b) und c) GVG ausgeweitet.

62   Die Zuständigkeitsregelung für die Rechtsbeschwerde findet sich dann in § 133 GVG. Danach entscheidet über die zugelassene oder kraft Gesetzes zulässige Rechtsbeschwerde der Bundesgerichtshof. Damit wollte der Gesetzgeber sicherstellen, dass die feststellbare Rechtszersplitterung einer einheitlichen Rechtsprechung auch in Beschwerdesachen weicht.

II.   Die besondere Zuständigkeit des Oberlandesgerichtes in Beschwerdesachen gegen Entscheidungen der Amtsgerichte

63   Das Oberlandesgericht ist nach § 119 Abs. 1 Nr. 1 GVG für Beschwerden gegen Entscheidungen der Amtsgerichte zuständig, wenn

- es sich um eine Entscheidung des Amtsgerichts – Familiengerichts – handelt, was schon der Rechtslage bis zum Inkrafttreten der ZPO-Reform entsprochen hat, § 119 Abs. 1 Nr. 1a) GVG;
- eine Partei zum Zeitpunkt der Rechtshängigkeit der ersten Instanz ihren allgemeinen Gerichtsstand im Ausland hatte, § 119 Abs. 1 Nr. 1b) GVG
  Entscheidend für die Beurteilung, ob eine Partei ihren allgemeinen Gerichtsstand im Ausland hat, ist der Wohnsitz bzw. der Sitz **zum Zeitpunkt der Rechtshängigkeit** in erster Instanz. Nachträgliche Änderungen des Wohnsitzes bleiben damit irrelevant.

Der Bundesgerichtshof ist der Auffassung, dass auch dann auf den Sitz einer juristischen ausländischen Person im Ausland abzustellen ist, wenn diese im Inland eine Niederlassung unterhält.[47] Auch sei irrelevant, ob es im Einzelfall auf ausländisches Recht ankomme.[48] Auf die Frage, ob sich aufgrund der inländischen Niederlassung eine Angleichung an das nationale Recht ergebe, komme es gleichfalls nicht an. Der Gesetzgeber habe bewusst auf eine formale Abgrenzung Wert gelegt.

Der Rechtsanwalt muss weiter beachten, dass die besondere Zuständigkeit des Oberlandesgerichts im Beschwerdeverfahren nach § 119b Abs. 1 Nr. 1b GVG schon dann begründet ist, wenn auch nur eine von mehreren Parteien des Rechtsstreits ihren Wohnsitz im Ausland hat. Dies wird insbesondere in Verkehrsunfallsachen immer wieder übersehen, wenn zur Regulierung im Wesentlichen mit einem inländischen Versicherer als Regulierer gestritten wird, aus prozessualen Gründen aber auch die im Ausland wohnenden Halter und Fahrer in Anspruch genommen werden.

Hinweis

Hinweis In diesem Fall kann die fälschliche Einlegung der Beschwerde beim Landgericht auch nicht dadurch geheilt werden, dass die Beschwerde unmittelbar oder im Beschwerdeverfahren auf die Partei beschränkt wird, die im Inland ihren Wohnsitz bzw. Sitz hat. Nach Ansicht des OLG Köln[49] wird das Rechtsmittel nämlich nicht dadurch nachträglich zulässig, dass es auf die im Inland lebende Partei beschränkt wird. Nach Auffassung des OLG Köln begründet auch der Umstand, dass die Klageschrift einer ständig im Ausland wohnenden Partei im Inland anlässlich eines Besuches zulässigerweise zugestellt werden konnte, keinen Wohnsitz dieser Partei im Inland, so dass es auch in diesem Fall bei der Grundregel des § 119 Abs. 1 Nr. 1b) GVG verbleibt, dass die Beschwerde gegen eine amtsgerichtliche Entscheidung beim Oberlandesgericht einzulegen ist.[50]

§ 119 Abs. 1 Nr. 1b) GVG ist auch im selbständigen Beweisverfahren einschlägig, wenn bei Einleitung des Verfahrens eine der Parteien ihren allgemeinen Gerichtsstand im Ausland hat.[51]

In Zwangsvollstreckungssachen soll nach Ansicht der Oberlandesgerichte Stuttgart und Oldenburg grundsätzlich das Landgericht für die Entscheidung über die sofortige Beschwerde zuständig sein. Auch wenn der Schuldner seinen Wohnsitz im Ausland habe, bestimme sich in Zwangsvollstreckungsverfahren das Be-

---

47 BGH, Beschl. v. 19.2.2003 IV ZB 31/02 = NJW 2003, 1672 = MDR 2003, 707 = VersR 2004, 355, für die insoweit gleiche Regelung im Berufungsverfahren.
48 BGH JurBüro 2004, 456.
49 OLG Köln NJW-RR 2003, 283 = OLGR 2003, 109.
50 OLG Köln OLGR 2003, 125.
51 OLG Köln OLGR Köln 2004, 316.

schwerdegericht nicht nach § 119 Abs. 1 Nr. 1b) GVG, weil die deutschen Vollstreckungsorgane deutsches Zwangsvollstreckungsrecht anwendeten und deshalb in Zwangsvollstreckungsverfahren generell ein rechtlicher Auslandsbezug fehle.[52] Diese Auffassung überzeugt jedoch nicht, weil zwischen der Regelung nach § 119 Abs. 1 Nr. 1b) und 1c) GVG streng zu unterscheiden ist. Deshalb haben die Oberlandesgerichte Braunschweig,[53] Köln[54] und Frankfurt/M.[55] sich in entsprechenden Fällen für zuständig gehalten.

■ ausländisches Recht angewendet und dies in der Begründung durch das Gericht ausdrücklich festgehalten wird, § 119 Abs. 1 Nr. 1c) GVG;

Ausländisches Recht ist nur das Recht eines ausländischen Staates. Die Anwendung von **europäischem Recht** ist kein ausländisches Recht. Soweit europarechtliche Regelungen unmittelbar gelten, wie etwa EU-Verordnungen, stellen sie nationales Recht dar. Soweit es sich um EU-Richtlinien handelt, stellen diese internationales Recht dar, da die EU kein Staat ist.

Auch das UN-Kaufrecht ist kein ausländisches Recht, sondern internationales Recht. Dies gilt auch für alle anderen vergleichbaren internationalen Handelsabkommen.

64 Ungeachtet dieser Zuständigkeitsregelung kann die sofortige Beschwerde nach § 569 Abs. 1 S. 1 ZPO allerdings sowohl beim Ausgangsgericht (iudex a quo) als auch beim Beschwerdegericht (iudex ad quem) eingelegt werden. Wo die Beschwerde eingelegt wird, ist im Wesentlichen eine taktische Frage. Hiermit kann das Verfahren beschleunigt oder verzögert werden.

65 *Tipp*

Die sofortige Beschwerde sollte bei der Möglichkeit einer Sonderzuständigkeit nach § 119 Abs. 1 GVG grundsätzlich beim Ausgangsgericht eingelegt werden. Dies beschleunigt das Gesamtverfahren, da das Ausgangsgericht nunmehr nach § 572 ZPO der sofortigen Beschwerde nach Anhörung des Gegners aufgrund des Anspruchs auf rechtliches Gehör nach Art. 103 GG abhelfen kann. Die zeitliche Verzögerung durch die Versendung der Sache vom Beschwerdegericht an das Ausgangsgericht zur Vornahme einer Abhilfeentscheidung bleibt so erspart. In Fällen mit Auslandsberührung muss dann auch das Amtsgericht prüfen, ob das Landgericht oder das Oberlandesgericht das zuständige Beschwerdegericht ist. Legt das Ausgangsgericht die sofortige Beschwerde dem falschen Gericht vor, so lässt dies die Einhaltung der Beschwerdefrist unberührt. Ein Haftungsfall des Rechtsanwaltes scheidet dann aus. Das Verfahren wird von Amts wegen an das richtige Beschwerdegericht abgegeben.

---

52 OLG Stuttgart v. 23.6.2005 8 W 246/05 n.v.; OLG Oldenburg OLGR 2004, 47 = NJW-RR 2004, 499 = InVo 2004, 158 = MDR 2004, 534.
53 OLG Braunschweig InVo 2005, 239 = Rpfleger 2005, 150.
54 OLG Köln OLGR Köln 2004, 293 = InVo 2004, 512.
55 OLG Frankfurt/M. DGVZ 2004, 92.

III. Die Zuständigkeit des Einzelrichters

1. Die originäre Zuständigkeit des Einzelrichters

Innerhalb des so zu bestimmenden Beschwerdegerichts entscheidet nach § 568 ZPO **66** das Beschwerdegericht durch eines seiner Mitglieder als Einzelrichter, wenn – wie regelmäßig – auch die anzufechtende Entscheidung von einem Einzelrichter oder einem Rechtspfleger erlassen wurde. In allen anderen Fällen, d.h. wenn die Ausgangsentscheidung von einer Kammer des Landgerichts getroffen wurde, entscheidet auch das Oberlandesgericht als Beschwerdegericht in der vollen Senatsbesetzung.

Streitig war bisher allein, ob der Vorsitzende einer Kammer für Handelssachen, sofern **67** er nach § 349 Abs. 2 und 3 ZPO alleine entscheidet, als Einzelrichter oder als Kollegialgericht tätig wird. Die Rechtsprechung hat inzwischen geklärt, dass der Vorsitzende einer Kammer für Handelssachen grundsätzlich die gesamte Kammer repräsentiert, wenn er nach § 349 Abs. 2 und 3 ZPO alleine entscheidet.[56] Dies gilt in gleicher Weise für den Vorsitzenden der Zivilkammer, soweit er im Verfahren nach Art. 36 ff. EUGVÜ bzw. EUGVVO entscheidet.[57] Eine Ausnahme von § 568 S. 1 ZPO ist auch nicht für das PKH-Verfahren zu machen, ungeachtet der Tatsache, dass dadurch im PKH-Verfahren in der Ausgangs- wie in der Beschwerdeinstanz ein Einzelrichter entscheidet, obwohl gegebenenfalls nach Vorlage der Klageerwiderung im Ausgangs- wie im Berufungsverfahren das Kollegialgericht entscheiden würde.[58]

Im Beschwerdeverfahren findet die Vorschrift des § 348 Abs. 1 S. 2 Nr. 1 ZPO, die **68** den Einsatz des Richters auf Probe als so genannter originärer Einzelrichter beschränkt, keine entsprechende Anwendung.[59]

Ist nicht sicher feststellbar, ob die Entscheidung von einem Einzelrichter oder einem **69** Kollegialgericht getroffen wurde, so entscheidet in der Beschwerdeinstanz das Kollegialgericht. § 568 S. 1 ZPO setzt voraus, dass die Ausgangsentscheidung zweifelsfrei von einem Einzelrichter oder einem Rechtspfleger erlassen wurde. Im Übrigen gilt § 348 Abs. 2 ZPO entsprechend.[60]

Sonderregelungen zu § 568 S. 1 ZPO enthalten im Verfahren über den Kostenansatz **70** und die Wertfestsetzung § 66 Abs. 6 GKG, für den Anwendungsbereich des JEVG § 4 Abs. 7 JVEG und für die Wertfestsetzung bei den Rechtsanwaltsgebühren § 33 Abs. 8 RVG.

---

56 BGH NJW 2004, 856.
57 OLG Köln OLGR 2002, 344 = InVo 2003, 29; OLG Nürnberg OLGR 2004, 182; OLG Stuttgart OLGR 2003, 102.
58 OLG Celle NJW 2002, 2329; OLG Köln JNBLNRW 2003, 126; a.A. OLG Köln NJW 2002, 1436.
59 BGH NJW 2003, 1875 = MDR 2003, 645.
60 BGH NJW 2003, 3636.

2. Die Übertragung vom Einzelrichter auf die Kammer oder den Senat

71 Weist die Sache besondere Schwierigkeiten tatsächlicher oder rechtlicher Art auf oder hat sie grundsätzliche Bedeutung, so überträgt der Einzelrichter bei dem Beschwerdegericht das Verfahren als Ganzes auf die Kammer oder den Senat, auch wenn in der Ausgangsinstanz ein Einzelrichter oder ein Rechtspfleger entschieden hat. Unter den genannten Voraussetzungen steht dem Einzelrichter kein Ermessen zu.[61]

72 Die Zulassungsgründe entsprechen den Gründen, die für die Zulassung der Rechtsbeschwerde maßgeblich sind, § 574 Abs. 2 ZPO, sowie den Gründen zur Übertragung der Hauptsache vom originären Einzelrichter auf die Kammer nach § 348 Abs. 3 ZPO. Dieser Gleichlauf hat zur Folge, dass der Einzelrichter die Rechtsbeschwerde nicht zulassen kann, da er unter deren Voraussetzungen gezwungen gewesen wäre, die Sache der Kammer oder dem Senat vorzulegen, er mithin nicht der gesetzliche Richter war.[62] Lässt der Einzelrichter die Rechtsbeschwerde gleichwohl zu, unterliegt diese – von Amts wegen – wegen fehlerhafter Besetzung des Beschwerdegerichtes der Aufhebung.[63]

73   *Hinweis*

> Der Bevollmächtigte sollte also die Übertragung des Beschwerdeverfahrens auf die Kammer oder den Senat immer dann anregen, wenn bereits absehbar ist, dass aufgrund der bisherigen Rechtsprechung der Kammer oder des Senats eine endgültige Durchsetzung der eigenen Rechtsposition nur im Wege der Rechtsbeschwerde zu erwarten ist. Der Einzelrichter ist nämlich grundsätzlich gehindert, die Rechtsbeschwerde zuzulassen. Lässt der Einzelrichter in einer Sache, der er rechtsgrundsätzliche Bedeutung beimisst, die Rechtsbeschwerde zu, so führt die auf die Rechtsbeschwerde von Amts wegen gebotene Aufhebung der Entscheidung zur Zurückverweisung der Sache an den Einzelrichter, der diese dann der Kammer oder dem Senat vorlegen muss.[64] Nach der eindeutigen Stellungnahme des BGH zu dieser Frage in einer Vielzahl gleichlautender Entscheidungen ist zu erwarten, dass Einzelrichter in Beschwerdeverfahren die Rechtsbeschwerde nicht mehr zulassen. Missachten Sie diese Entscheidungen, ist mit einer nicht unerheblichen zeitlichen Verzögerung der abschließenden Entscheidung zu rechnen.

74 Erfolgt eine Übertragung des Beschwerdeverfahrens auf die Kammer oder den Senat oder wird die Übertragung fehlerhaft unterlassen, so kann dieser Umstand nach der ausdrücklichen gesetzlichen Regelung in § 568 S. 3 ZPO nicht angefochten werden.

---

61 BGH NJW-RR 2006, 286.
62 BGH NJW 2003, 1254 = InVo 2003, 281 = FamRZ 2003, 669 sodann in st. Rspr.
63 BGH NJW-RR 2003, 936; BGH NJW 2003, 3712.
64 BGH BGHReport 2004, 1114 = RVGreport 2005, 40; BGH NJW 2003, 1254 = MDR 2003, 588 (9. Senat) und BGH, Beschl. v. 7.4. 2003 VII ZB 17/02.

§ 568 S. 3 ZPO soll dagegen nicht einschlägig sein, wenn die Kammer oder der Senat   75
entschieden hat, obwohl nach § 568 S. 1 ZPO der Einzelrichter zur Entscheidung berufen war. In diesem Fall sollen die §§ 576 Abs. 3, 547 Nr. 1 ZPO zur Anwendung
kommen.[65] Ist also die Rechtsbeschwerde zugelassen worden, so kann die nicht vor-
schriftsmäßige Besetzung des Gerichtes als Verfahrensmangel gerügt werden, auf dem
nach § 547 Nr. 1 ZPO die Entscheidung auch immer beruht. Die angefochtene Entscheidung ist danach aufzuheben und an den gesetzlichen Richter zurück zu verweisen.

C. Die Frist der sofortigen Beschwerde

I. Allgemeines

Besondere Vorsicht des Bevollmächtigten verlangt die Fristenkontrolle im neuen Be-   76
schwerderecht. Die Beschwerde ist als sofortige Beschwerde grundsätzlich an eine
Notfrist gebunden. § 569 Abs. 1 S. 1 ZPO bestimmt, dass die sofortige Beschwerde
nur innerhalb einer Notfrist von zwei Wochen ab der Zustellung der anzufechtenden
Entscheidung eingelegt werden kann. Wird die Entscheidung nicht zugestellt, sondern
lediglich verkündet, beginnt die Frist fünf Monate nach der Verkündung der Entscheidung. Das Gesetz lässt dagegen die Frage unbeantwortet, wie zu verfahren ist,
wenn die Entscheidung weder zugestellt noch verkündet wurde, etwa ohne Zu-
stellungswillen formlos übersandt wurde (siehe hierzu Rn 86 ff.).

Die Ausgestaltung der Frist als Notfrist führt nach § 224 ZPO dazu, dass diese durch   77
das Gericht nicht verlängert werden kann. Dies gilt auch dann, wenn der Gegner mit
einer Fristverlängerung einverstanden ist. Wird die Frist versäumt, bleibt dem Bevollmächtigten lediglich der Antrag auf Wiedereinsetzung in den vorigen Stand nach
§ 233 ff. ZPO, wenn die Fristversäumung unverschuldet war.

Der Bevollmächtigte muss beachten, dass eine gemäß § 319 ZPO ausgesprochene   78
Berichtigung einer beschwerdefähigen Entscheidung grundsätzlich keinen Einfluss
auf die Notfrist des § 569 Abs. 1 S. 1 hat. Eine gemäß § 319 ZPO ausgesprochene
Berichtigung des Kostenfestsetzungsbeschlusses hat nur dann einen Einfluss auf den
Lauf der Rechtsmittelfrist, wenn die Entscheidung vor ihrer Berichtigung nicht klar
genug war, um die Grundlage für die Entschließung und das weitere Handeln der
Parteien und für die Entscheidung des Rechtsmittelgerichts zu bilden.[66]

---

65 BGH MDR 2003, 645; MDR 2003, 588.
66 OLG Naumburg v. 4.8.2004 12 W 68/04 = OLGR 2005, 202.

II. Der Beginn der Beschwerdefrist

1. Fristbeginn bei richtiger oder fehlerhafter Zustellung

79   Die Beschwerdefrist beginnt nach § 569 Abs. 1 S. 2, 1. Alt. ZPO mit der Zustellung der Entscheidung von Amts wegen nach §§ 329 Abs. 3, 270 ZPO zu laufen. Grundsätzlich ist jede der sofortigen Beschwerde zugängliche Entscheidung zuzustellen. Dies ergibt sich aus § 329 Abs. 3 ZPO. Dies gilt nach der eindeutigen gesetzlichen Regelung auch dann, wenn ein Beschluss zunächst verkündet, dann aber zugestellt wird.

80   Für den Beginn der Frist ist grundsätzlich auf das Zustellungsdatum abzustellen, so wie es sich aus dem Zustellungsnachweis, bei einem Rechtsanwalt damit aus dem Empfangsbekenntnis ergibt. Beachtet werden muss allerdings, dass das Gericht das Datum auf einem Empfangsbekenntnis als unrichtig bewerten kann. Dies wurde für den Fall angenommen, dass ein Empfangsdatum um drei Wochen und einen Tag vom Empfangsbekenntnis des gegnerischen Prozessbevollmächtigten abweicht, obwohl die Entscheidung an beide Prozessbevollmächtigten am gleichen Tag abgesandt wurde. Hinzu kam, dass sich der betroffene Rechtsanwalt einer Mitwirkung an den Feststellungen des Zustellungsdatums entzogen und darauf gerichtete Fragen des Gerichtes nicht beantwortet hat.[67]

81   Hat lediglich eine fehlerhafte Zustellung stattgefunden, so ist § 189 ZPO zu beachten, wonach Zustellungsfehler geheilt werden können, wenn die Zustellung eine Notfrist in Lauf setzt. Insoweit hat sich die Rechtslage mit dem Zustellreformgesetz geändert. Besondere Vorsicht ist also geboten, wenn das Ausgangsgericht einen grundsätzlich mit der sofortigen Beschwerde angreifbaren Beschluss trotz der anderweitigen Anordnung des Richters, der eine Zustellung verfügt hat, formlos mitteilt. Auch in diesem Fall ist vertretbar, den Beschluss nach § 189 ZPO mit dem tatsächlichen Zugang als zugestellt zu betrachten. Der mit dem Zustellungsreformgesetz zum 1.7.2003 eingeführte § 189 ZPO lässt im Gegensatz zum früheren § 187 ZPO a.F. insoweit nämlich auch die Heilung von Zustellungsmängeln bei Notfristen zu.

82   Vieles spricht allerdings dafür, dass die Anwendung von § 189 ZPO voraussetzt, dass zumindest eine Zustellung veranlasst wurde. § 189 ZPO beabsichtigt nämlich nur die Heilung mangelhafter und fehlerhafter Zustellungen, nicht aber den Ersatz einer nicht einmal veranlassten, d.h. einer unterlassenen Zustellung.[68] Allerdings fehlt es hier bislang noch an Rechtsprechung der Zivilgerichte,[69] so dass diese Frage noch mit einem hohen Haftungsrisiko verbunden ist. Auch vermag der Bevollmächtigte regelmäßig nicht zu erkennen, ob eine Zustellung zumindest veranlasst wurde, dann aber feh-

---

67 LAG Nürnberg NZA-RR 2005, 208.

68 Musielak-*Ball*, § 569 Rn 4, geht ohne Differenzierung und ohne Hinweis auf § 189 ZPO bei einer formlosen Mitteilung davon aus, dass die Notfrist nicht in Gang gesetzt wird.

69 Vgl. aber OVG Sachsen Beschl. v. 8.5.2006 – 5 E 329/05. Anderseits stellt der Bay. VGH in seinem Beschl. v. 13.12.2005 – 12 B 03.1957 allein auf den tatsächlichen Zugang ab.

lerhaft unterblieben ist, oder ob es schon an einer Veranlassung der Zustellung fehlt. Hiervon kann er sich allenfalls nachträglich durch Akteneinsicht nach § 299 Abs. 1 ZPO Kenntnis verschaffen.

Dem Grundsatz des sichersten Weges folgend, sollte auch bei einer formlosen Über- **83** sendung der beschwerdefähigen Entscheidung die Notfrist von zwei Wochen eingetragen und beachtet werden. Erst wenn dies unterlassen und die Frist versäumt wurde, sollten die anderen Möglichkeiten herangezogen, d.h. geltend gemacht werden, dass die Notfrist von zwei Wochen mangels Zustellung nicht zu laufen begonnen habe.

Hinweis **84**

Weisen Sie Ihr Büropersonal generell an, bei einer Entscheidung des Gerichts den Ablauf einer Notfrist von zwei Wochen nebst einer Vorfrist einzutragen und Ihnen zur Kontrolle und Abzeichnung vorzulegen. Halten Sie diese Anweisung im Rahmen der Gesamtanweisungen zu Fristenkontrolle schriftlich fest und wiederholen sie die Belehrung regelmäßig. Dokumentieren Sie auch dies schriftlich, indem die Dokumentation von den betroffenen Mitarbeitern durch Unterschrift abgezeichnet wird. Kommt es dann gleichwohl zu einem Fristversäumnis, bleibt Ihnen die Möglichkeit der Wiedereinsetzung in den vorigen Stand nach §§ 233 ff. ZPO.[70]

2. Fristbeginn bei Verkündung

Unterbleibt die Zustellung, so beginnt die Beschwerdefrist nach § 569 Abs. 1 S. 2, 2. **85** Alt. ZPO mit dem Ablauf von fünf Monaten nach der Verkündung des anzufechtenden Beschlusses. Zu beachten ist, dass diese Regelung nur zur Anwendung kommt, wenn ein verkündeter Beschluss überhaupt nicht zugestellt wurde. Wurde der Beschluss also zunächst verkündet, dann aber auch noch nach § 329 Abs. 3 ZPO zugestellt, so verkürzt sich die Notfrist von fünf Monaten mit der Zustellung auf eine Notfrist von zwei Wochen, beginnend mit dem Zustellungsdatum. Es gelten dann die obigen Ausführungen zur Zustellung.

3. Fristbeginn bei sonstiger Bekanntgabe

§ 569 Abs. 1 S. 2 ZPO enthält insofern eine Lücke, als bei nicht zugestellten und nicht **86** verkündeten Beschlüssen nie eine Frist zu laufen beginnen würde. Diese Problematik bestand schon zu § 577 Abs. 2 ZPO a.F. Danach entsprach es der herrschenden Meinung, dass die Bekanntgabe der Entscheidung deren Verkündung gleichzusetzen ist, d.h. mit der Bekanntgabe die fünfmonatige Beschwerdefrist zu laufen beginnt.[71] Voraussetzung für den Fristbeginn soll danach in jedem Fall sein, dass es entweder zu

---

70 Hierzu ausführlich *Goebel* , AnwF Zivilprozessrecht, § 19.
71 OLG Koblenz OLGR 2003, 163; BayObIG NJW-RR 1992, 597.

einer Zustellung, einer Verkündung oder einer sonstigen Bekanntgabe gekommen ist. Ist die anzufechtende Entscheidung allein nur zur Geschäftsstelle gelangt, so kann dies den Fristbeginn nicht auslösen. Erforderlich ist in jedem Fall auch, dass der Beschluss selbst und nicht nur eine Kopie durch einen Dritten bekannt gemacht wurde.[72]

87 Nach der ZPO-Reform wird einerseits vertreten, dass allein die formlose Übermittlung weder die Notfrist von zwei Wochen noch die von fünf Monaten in Lauf setzt.[73] Die Beschwerde ist dann unbefristet statthaft.

88 Nach a.A. soll die Beschwerdefrist für einen anzufechtenden Beschluss, der weder verkündet noch förmlich zugestellt wurde, entsprechend der bisher herrschenden Auffassung ebenfalls fünf Monate nach Erlass des Beschlusses beginnen.[74]

89 Letztlich erscheint vertretbar – entsprechend der Streitfrage zu § 189 ZPO, ob dieser eine zumindest gewollte, dann aber fehlerhafte Zustellung voraussetzt oder allein der tatsächliche Zugang schon die Anwendung ermöglicht – die sonstige Bekanntgabe der Regelung des § 189 ZPO zu unterwerfen, d.h. auch in diesem Fall die zweiwöchige Notfrist in dem Zeitpunkt beginnen zu lassen, in dem der tatsächliche Zugang nachweisbar ist.[75]

90 Voraussetzung für den Fristbeginn ist also in jedem Fall, dass es entweder zu einer Zustellung, einer Verkündung oder einer sonstigen Bekanntgabe gekommen ist. Ist die anzufechtende Entscheidung allein nur zur Geschäftsstelle gelangt, so kann dies den Fristbeginn nicht auslösen.

4. Fristbeginn bei falscher gerichtlicher Belehrung über die Beschwerdefrist

91 Soweit die anzufechtende Entscheidung, ohne dass dies erforderlich ist, eine Belehrung über den Fristbeginn enthält, die jedoch unrichtig ist, ist problematisch, ob die gesetzliche Notfrist oder – im Sinne des Meistbegünstigungsprinzips – die gerichtlich mitgeteilte Frist gilt.

92 Die höchstrichterliche Rechtsprechung geht davon aus, dass auch in diesem Fall die gesetzliche Frist und nicht etwa die vom Gericht fälschlich genannte Frist gilt.[76] Jede andere Verfahrensweise würde die Ausgestaltung der Frist als Notfrist unterlaufen und letztlich zu einer gerichtlichen Frist führen. Dies widerspräche eindeutig dem Wortlaut. Im Hinblick auf die Möglichkeit der Wiedereinsetzung in den vorigen Stand erscheint eine Korrektur in dieser Form auch nicht erforderlich.

---

72 OLG Zweibrücken FamRZ 2006, 128 = OLGR 2005, 822.
73 OLG Brandenburg Rpfleger 2004, 53.
74 OLG Koblenz NJW-RR 2003, 1079 = FamRZ 2004, 208 = OLGR 2003, 163.
75 In diesem Sinne wohl der Bay. VGH in seinem Beschl. v. 13.12.2005 – 12 B 03.1957.
76 BGH NJW-RR 2004, 408 = InVo 2004, 216 = MDR 2004, 348 = BGHReport 2004, 184.

Streitig ist weiter, ob bei einer fehlerhaften Belehrung über die Beschwerdefrist – entgegen dem Wortlaut – eine Wiedereinsetzung in den vorigen Stand **von Amts wegen** zu gewähren ist, oder **nur auf Antrag** unter den weiteren Voraussetzungen der §§ 233 ff. ZPO gewährt werden kann. Der BGH hat diese Frage offen gelassen.[77] Da die Gewährung der Wiedereinsetzung in den vorigen Stand von Amts wegen jedenfalls im Ergebnis dazu führen würde, dass doch die gerichtliche Frist und nicht die Notfrist nach § 569 Abs. 1 S. 1 zur Anwendung kommt, ist dies abzulehnen. Es ist auch kein überzeugender Grund ersichtlich, nicht einen entsprechenden Antrag zu verlangen. Auch muss in der Sache grundsätzlich die Frage des Verschuldens ernsthaft geprüft werden. Verlässt sich die Partei persönlich auf die mitgeteilte Frist und sucht deshalb etwa erst nach Ablauf der zweiwöchigen Notfrist einen Rechtsanwalt auf, wird man von einer unverschuldeten Fristversäumung ausgehen können. Soweit der Rechtsanwalt allerdings noch innerhalb der Notfrist beauftragt wird, wird von dem Grundsatz auszugehen sein, dass mangelnde Rechtskenntnis grundsätzlich ein schuldhaftes Verhalten des Rechtsanwaltes darstellt, welches zur Verweigerung der Wiedereinsetzung führt. Nur wenn die verbleibende Zeit innerhalb der Notfrist nicht ausreichte, um diese Rechtsfrage zu prüfen, wird ein Verschulden zu verneinen sein.

93

5. Die besondere Beschwerdefrist im Prozesskostenhilfeverfahren

Die Regelung zur Beschwerdefrist gilt nur, soweit im Gesetz nichts anderes bestimmt ist. Eine wesentliche Ausnahme findet sich insoweit im Prozesskostenhilfeverfahren in § 127 Abs. 2 und 3 S. 3 ZPO. Soweit die Gewährung von Prozesskostenhilfe ganz oder teilweise verweigert wurde, kann die Entscheidung nach § 127 Abs. 2 ZPO mit der sofortigen Beschwerde angegriffen werden, wenn der Streitwert in der Hauptsache die Berufungssumme übersteigt, es sei denn es sind lediglich die Voraussetzungen der wirtschaftlichen und persönlichen Verhältnisse für die Prozesskostenhilfegewährung verneint worden. In diesem Fall gilt nicht die Beschwerdefrist des § 569 S. 1 ZPO von zwei Wochen, sondern die auf einen Monat verlängerte Notfrist nach § 127 Abs. 2 S. 3 ZPO. Die Frist ist nach § 224 Abs. 1 ZPO nicht verlängerbar. Allerdings kann als Alternative ein erneutes Prozesskostenhilfegesuch in Betracht kommen, soweit die Frist versäumt wurde.

94

Hinweis

95

Das Gleiche gilt, wenn der Antragsteller im Prozesskostenhilfeverfahren innerhalb einer von dem Gericht gesetzten Frist nach § 118 Abs. 2 S. 4 ZPO Angaben über seine persönlichen wirtschaftlichen Verhältnisse nicht glaubhaft gemacht oder bestimmte Fragen nicht oder nur ungenügend beantwortet hat. In diesem Fall lehnt das Gericht die Bewilligung von Prozesskostenhilfe ab, ohne dass die fehlenden Angaben dann im

---

77 BGH NJW-RR 2004, 408 = InVo 2004, 216 = MDR 2004, 348 = BGHReport 2004, 184.

Beschwerdeverfahren nachgeholt werden können. § 118 Abs. 2 S. 4 ZPO geht insoweit § 571 Abs. 2 S. 1 ZPO vor.[78]

6. Die Beschwerdefrist bei der Nichtigkeits- oder Restitutionsbeschwerde, § 569 Abs. 1 S. 3 ZPO

96   Ist die anzufechtende Entscheidung zunächst formell rechtskräftig geworden, d.h. die Notfrist von zwei Wochen abgelaufen, so kann die sofortige Beschwerde nach § 569 Abs. 1 S. 3 ZPO ungeachtet dieser Frist eingelegt werden, wenn bezüglich der Beschwerdeentscheidung einer der Gründe nach § 579 ZPO vorliegt, der gegen ein Urteil die Nichtigkeitsklage begründen würde, oder einer der Restitutionsgründe nach § 580 ZPO festgestellt werden kann. Dem dürfte allerdings nur selten praktische Bedeutung zukommen.

97   *Hinweis*

Allerdings hatte der BGH im Jahre 2005 den Fall zu entscheiden,[79] dass in der Zwangsversteigerung ein Zuschlagbeschluss gegen einen – zunächst unerkannt – prozessunfähigen Schuldner angefochten wurde. Hier lag der Nichtigkeitsgrund nach § 579 Abs. 1 Nr. 4 ZPO vor. Der BGH hat zunächst entschieden, dass die sog. Nichtigkeitsbeschwerde gegen den Zuschlagsbeschluss grundsätzlich statthaft ist. Der absolute Versagungsgrund der fehlenden ordnungsgemäßen Vertretung des unerkannt prozessunfähigen Schuldners könne durch dessen Betreuer dann auch nicht nachträglich durch Genehmigung des Zuschlagsbeschlusses ausgeräumt werden. Der Zuschlagbeschluss war mithin aufzuheben. Das Gleiche soll gelten, wenn bei der Erteilung eines Zuschlages in der Zwangsversteigerung ein Richter mitgewirkt hat, der von der Ausübung des Richteramtes kraft Gesetzes ausgeschlossen war.[80]

98   In den Fällen der §§ 579, 580 ZPO kann die Beschwerde binnen einer Notfrist von einem Monat nach §§ 569 Abs. 1 S. 3, 586 Abs. 1 ZPO beginnend mit der Kenntnis von dem Nichtigkeits- oder Restitutionsgrund, jedoch nicht vor der formellen Rechtskraft der anzufechtenden Entscheidung und spätestens fünf Jahre nach der formellen Rechtskraft der anzufechtenden Entscheidung erhoben werden, §§ 569 Abs. 1 S. 3, 586 Abs. 2 ZPO.

99   *Hinweis*

Ob und inwieweit § 569 Abs. 1 S. 3 ZPO i.V.m. §§ 578 und 579 ZPO auch eine nachträgliche Anfechtung einer Beschwerdeentscheidung des Landgerichts oder Oberlandesgerichts erlaubt, die – mangels Zulassung der Rechtsbeschwerde kraft

---

78 OLG Naumburg, Beschl. v. 23.8.2005 – 2 W 47/05.
79 BGH FamRZ 2005, 200 = BGH-Report 2005, 401.
80 RGZ 73, 196.

Gesetzes oder richterlicher Entscheidung – eigentlich nicht mehr anfechtbar ist, bleibt nach der bisherigen Rechtsprechung offen. Der Mandant müsste vor Erhebung einer solchen Beschwerde jedenfalls auf das diesbezügliche Risiko hingewiesen werden.

Wird die Nichtigkeitsbeschwerde in der Frist des § 569 Abs. 1 S. 3 ZPO erhoben, so **100** muss mit der Beschwerdeschrift der jeweilige Nichtigkeitsgrund dargelegt und durch entsprechende Beweisangebote einer Beweiserhebung zugänglich gemacht werden. Werden im Weiteren die Nichtigkeitsgründe nicht bewiesen, ist die Nichtigkeitsbeschwerde wegen Versäumung der Beschwerdefrist als unzulässig und nicht nur als unbegründet zurückzuweisen.

7. Fristberechnung

Die Fristberechnung erfolgt gem. § 222 Abs. 1 ZPO nach den §§ 187 Abs. 1, 188 **101** Abs. 2 BGB. Damit läuft die Beschwerdefrist mit dem Ablauf desjenigen Tages ab, der zwei Wochen später dem Tag entspricht, auf den die Zustellung der anzufechtenden Entscheidung gefallen ist. Handelt es sich hierbei um einen Samstag, einen Sonntag oder einen gesetzlichen Feiertag,[81] so läuft die Frist erst am darauf folgenden Werktag ab.

D. Die Form der sofortigen Beschwerde

I. Die gesetzliche Regelung des notwendigen Inhalts

Die Form der Beschwerde ist in § 569 Abs. 2 und Abs. 3 ZPO geregelt. Die Be- **102** schwerdeschrift muss danach zumindest enthalten:

- die Bezeichnung des Beschwerdeführers;

> *Hinweis*
>
> Hinweis Es ist grundsätzlich der vollständige Name und die vollständige Anschrift mitzuteilen. Dies ist nur insoweit entbehrlich als sich dies aus dem Gesamtzusammenhang der Beschwerde zweifelsfrei ergibt, etwa auch aus dem Zusammenspiel mit der beigefügten Entscheidung, die angefochten wird. Im Ergebnis muss innerhalb der Notfrist für die Beschwerde zweifelsfrei feststehen, wer Beschwerdeführer ist.

- die Bezeichnung der angefochtene Entscheidung nach Gericht, Datum und Aktenzeichen

---

81 Hierzu www.feiertage.net.

> *Hinweis*
>
> Es kann ausreichen, wenn die angefochtene Entscheidung der Beschwerde-schrift in Abschrift beigefügt wird und sich aus der Beschwerdeschrift entneh-men lässt, dass dies die anzufechtende Entscheidung ist. Dem Grundsatz des sichersten Weges folgend, sollte der Bevollmächtigte dies aber nur als zweite Sicherheit nutzen, d.h. er sollte einerseits die anzufechtende Entscheidung in der Beschwerdeschrift in der dargelegten Art und Weise zur eindeutigen Iden-tifizierung bezeichnen und zusätzlich eine Abschrift der Entscheidung beifü-gen.

- die Erklärung, dass Beschwerde eingelegt wird.

> *Hinweis*
>
> Dabei muss die Erklärung, dass Beschwerde eingelegt wird, nicht zwingend ausdrücklich erfolgen.[82] Es ist ausreichend, dass sich aus den Ausführungen insgesamt ergibt, dass die genannte Entscheidung angegriffen und im Ziel ge-ändert werden soll. Es muss also zum Ausdruck kommen, dass die sachliche Überprüfung der angefochtenen Entscheidung begehrt wird.[83] Wenngleich der Rechtsanwalt grundsätzlich das Rechtsmittel eindeutig bezeichnen sollte, soll auch eine schriftliche „Bitte" eines Rechtsanwaltes um Überprüfung eines ge-richtlichen Beschlusses noch als Erklärung gewertet werden können, dass ge-gen die angefochtene Entscheidung sofortige **Beschwerde erhoben werden soll**.[84] Die Erklärung ist insbesondere dort eindeutig zu fassen, wo statt der Beschwerde auch ein neuer Antrag in Betracht kommt, etwa im Prozesskosten-hilfeverfahren.[85]

II. Grundsatz der schriftlichen Beschwerde

103   Nach § 569 Abs. 2 ZPO wird die sofortige Beschwerde durch eine **Beschwerde-schrift**, d.h. grundsätzlich schriftlich,[86] eingereicht.

104   Über die nach § 569 Abs. 2 ZPO verpflichtend zu machenden Angaben hinaus, wird in der Praxis von einem Rechtsanwalt regelmäßig ein Beschwerdeantrag zu erwarten sein, rechtlich erforderlich ist er nicht.[87]

105   Soweit der Mandant die Entscheidung nur teilweise anfechten will, muss dies vom Be-vollmächtigten möglichst im Beschwerdeantrag, jedenfalls aber in einer Beschwerde-

---

82 BGH NJW 1992, 243.
83 BGH MDR 2004, 348.
84 OGHZ 2, 235.
85 Vgl. insoweit etwa LAG Rheinland-Pfalz Beschl. v. 4.10.2005 – 4 Ta 207/05.
86 Grundmuster von sofortigen Beschwerden unter Rn 213 ff.
87 BGHZ 1991, 154.

begründung zum Ausdruck gebracht werden. Anderenfalls drohen dem Mandanten Nachteile bei einer Kostenentscheidung zu seinen Lasten, wenn das erkennende Gericht über die angefochtene Entscheidung als Ganzes entscheidet, der Beschwerde nur teilweise stattgibt und sich entsprechend dem Streitwert das Verhältnis des Obsiegens und Unterliegens berechnet.

Soweit die Beschwerdeschrift von einem Rechtsanwalt eingereicht wird, ist diese   106
grundsätzlich zu unterzeichnen. Dies gilt unabhängig davon, ob dass konkrete Beschwerdeverfahren dem Anwaltszwang unterliegt oder nicht. Die Unterschrift belegt, dass sich der Rechtsanwalt der sofortigen Beschwerde in dieser Form und mit diesem Inhalt entledigen wollte. Nur durch die Unterschrift kann die sofortige Beschwerde dem Bevollmächtigten und damit auch dem Beschwerdeführer zugerechnet werden.

Hinweis   107

Soweit die Unterschrift zunächst vergessen wurde, kann diese innerhalb der Notfrist nachgeholt werden. Gelingt dies nicht, ist die Beschwerde verfristet und damit als unzulässig zu verwerfen, wenn nicht die Wiedereinsetzung in den vorigen Stand beantragt wird und die Voraussetzungen hierfür vorliegen. Zentrale Voraussetzung ist eine ordnungsgemäße Anweisung zur Ausgangskontrolle. Der Rechtsanwalt muss die allgemeine Anweisung erteilt haben, dass kein Schriftsatz ohne Unterschrift versandt wird.

Legt die Partei selbst schriftlich die Beschwerde ein, so sollte die Unterschrift die   108
Regel sein, ohne dass dies zwingend ist. Bei juristischen Personen ist zu beachten, dass es nicht ausreicht, dass die juristische Person als Aussteller erkennbar wird, sondern dass darüber hinaus erkennbar werden muss, ob und dass eine vertretungsberechtigte Person die Beschwerdeschrift unterzeichnet hat.[88]

Die Beschwerdeschrift kann auch als Telefax oder mit den Mitteln der elektronischen   109
Kommunikation wie auch im ordentlichen Erkenntnisverfahren erhoben werden. Letzteres wird zunehmend durch die von den Ländern geschaffenen Möglichkeiten interessant, weil es Zeit- und Kostenvorteile schafft.[89] Bei den Bundesgerichten ist der elektronische Zugang bereits möglich.

III. Die Beschwerde zu Protokoll der Geschäftsstelle

Ausnahmsweise kann die sofortige Beschwerde nach § 569 Abs. 3 Nr. 1 ZPO auch zu   110
Protokoll der Geschäftsstelle erhoben werden, wenn der Rechtsstreit im ersten Rechtszug nicht als Anwaltsprozess zu führen ist oder war und die Beschwerde durch

---

88 BGH NJW 1966, 1077.
89 Bei welchen Gerichten bereits die Teilnahme am elektronischen Rechtsverkehr möglich ist, erschließt sich über die Internetseite www.gerichtsbriefkasten.de sowie über die Seite www.justiz.de/ERV/index.php.

oder für eine Partei eingelegt werden soll. Die Erklärung der sofortigen Beschwerde zu Protokoll der Geschäftsstelle wird zwar für den Rechtsanwalt nicht in Betracht kommen, er hat seinen Mandanten hierüber aber zu belehren, soweit er nur mit der Beratung des Mandanten beauftragt ist.

111   *Hinweis*

Nach § 129a ZPO ist dabei die Erklärung zu Protokoll eines jeden Amtsgerichts möglich, wobei beachtet werden muss, dass die Einlegung erst dann als bewirkt gilt, wenn die protokollierte Erklärung bei dem tatsächlich zuständigen Gericht eingegangen ist, § 129a Abs. 2 S. 2 ZPO. Dies ist insbesondere vor dem Hintergrund der kurzen Notfrist beachtlich.

112   In gleicher Weise kann die Beschwerde zu Protokoll der Geschäftsstelle eingelegt werden, wenn die Beschwerde die Prozesskostenhilfe betrifft oder sie von einem Zeugen, einem Sachverständigen oder einem zur Vorlage von Urkunden oder Augenscheinsobjekten nach den §§ 142, 144 ZPO verpflichteten Dritten erhoben werden soll.

113   In den maßgeblichen Fälle ist der Beschwerdeführer im Hauptsacheverfahren vom Anwaltszwang bereit, so dass ihm die Möglichkeit gegeben werden soll, auch das Beschwerdeverfahren ohne Rechtsanwalt durchzuführen Kann die sofortige Beschwerde zu Protokoll der Geschäftsstelle erhoben werden, führt dies nämlich nach § 78 Abs. 5 ZPO dazu, dass das Beschwerdeverfahren vor dem Landgericht und in den Fällen des § 119 Abs. 1 Nr. 1 GVG auch vor dem Oberlandesgericht ohne einen dort zugelassenen Rechtsanwalt durchgeführt werden kann. In allen Fällen bedarf es dann also keiner anwaltlichen Vertretung, wenngleich diese möglich ist.

114   Die Beschwerde ist in diesem Fall vom Urkundsbeamten der Geschäftsstelle aufzunehmen. Beachtet werden muss, dass dies nicht für das Rechtsbeschwerdeverfahren gilt, § 575 Abs. 1 ZPO.[90]

115   Hiervon zu unterscheiden ist die Frage, ob die Beschwerde auch zu richterlichen Sitzungsprotokoll eingelegt werden kann. Dies wird anzunehmen sein.[91] Nachdem das richterliche Protokoll sogar die notarielle Form ersetzt, ist kein Grund ersichtlich, im Wege des Erst-Recht-Schlusses neben der schriftlichen Einlegung der Beschwerdeschrift und der Einlegung zu Protokoll der Geschäftsstelle diese auch zu Protokoll des Richters zu zulassen.

116   Von dieser Frage wiederum zu trennen ist die Frage, ob der Richter auch verpflichtet ist, eine Beschwerde unmittelbar zu Protokoll zu nehmen. Eine solche Verpflichtung wird mangels gesetzlicher Grundlage nicht anzunehmen sein. Aus der Weigerung des

---

90 BGH Beschl. v. 14.11.2002 – IX ZB 442/02 = BRAGOreport 2003, 122.
91 Stein/Jonas-*Grunsky,* § 69 Rn 9; *Schneider,* JurBüro 1974, 705; a.A. OLG Hamm OLGZ 1966, 433; LG Berlin Rpfleger 1974, 407.

Richters die sofortige Beschwerde zu Protokoll zu nehmen, kann auch keine Besorgnis der Befangenheit hergeleitet werden.

> *Hinweis* **117**
>
> Für den Bevollmächtigten und die Partei bedeutet die Einlegung der sofortigen Beschwerde zum richterlichen Sitzungsprotokoll eine Verfahrensbeschleunigung. Andererseits muss die Gefahr übereilter und kostenträchtiger Rechtsmittelverfahren ohne hinreichende Prüfung der Erfolgsaussichten bedacht werden.

IV. Die Begründung der Beschwerde

Nach § 571 Abs. 1 ZPO soll die Beschwerde auch begründet werden. Dies geht über **118** das frühere Recht hinaus, ohne dass allerdings eine fehlende Begründung zur Unzulässigkeit der Beschwerde führt. Es ist allerdings davon auszugehen, dass die Beschwerde ohne weiteres mit der Begründung als unbegründet zurückgewiesen wird, dass der Beschwerdeführer keine konkreten Einwände gegen die angefochtene Entscheidung vorgetragen habe und solche auch von Amts wegen nicht zu erkennen seien, wenn sich der Mangel nicht förmlich aufdrängt, also offensichtlich ist. Insoweit sollte immer eine Begründung vorgelegt, zumindest aber angekündigt werden, so dass das Beschwerdegericht im Sinne einer Fehlerkontrolle und Fehlerkorrektur die Entscheidung des Ausgangsgerichts überprüfen kann.

Besondere Bestimmungen zur Beschwerdebegründung enthält § 620d ZPO für die **119** Fälle der §§ 620b, 620c ZPO, d.h. insbesondere für die Entscheidungen über die elterliche Sorge für ein Kind, über die Herausgabe eines Kindes, über Anträge nach den §§ 1, 2 Gewaltschutzgesetz oder einen Antrag auf Zuweisung der Ehewohnung. Hier ist eine Begründung zwingend vorgesehen, die dann auch innerhalb der Beschwerdefrist von zwei Wochen vorzulegen ist.

E. Der Anwaltszwang im Beschwerdeverfahren

I. Die Grundregelung zum Anwaltszwang

Soweit über die sofortige Beschwerde das Landgericht oder das Oberlandesgericht zu **120** entscheiden haben, unterliegt diese nach § 78 Abs. 1 ZPO dem Anwaltszwang. Dabei ordnet § 571 Abs. 4 ZPO an, dass die Beteiligten sich im Beschwerdeverfahren auch durch einen bei einem Amts- oder Landgericht zugelassenen Rechtsanwalt vertreten lassen können. Dies betrifft also die Frage der Postulationsfähigkeit.

Nach § 78 Abs. 5 ZPO besteht der Anwaltszwang dort nicht, wo eine Erklärung zu **121** Protokoll der Geschäftsstelle eingelegt werden kann. Diese Fälle markiert § 569 Abs. 3 ZPO. Danach besteht der Anwaltszwang für die sofortige Beschwerde dann nicht, wenn der Rechtsstreit im ersten Rechtszug nicht als Anwaltsprozess zu führen ist oder war. Damit unterliegen sofortige Beschwerden gegen Entscheidungen des Rechtspflegers und des Amtsrichter grundsätzlich nicht dem Anwaltszwang. Ausgenommen sind sofortige Beschwerden in Familiensachen, da dort der Anwaltszwang auch im amtsgerichtlichen Verfahren nach § 78 Abs. 2 Nr. 1 ZPO besteht. Demgegenüber unterliegen sofortige Beschwerden gegen Entscheidungen des Richters am Landgericht mit Ausnahme der in § 569 Abs. 3 Nr. 2 und 3 ZPO genannten Verfahren sowie der Verfahren die auch beim Landgericht ohne Anwaltszwang geführt werden können, dem Anwaltszwang. Vom Anwaltszwang befreit sind auch alle sofortigen Beschwerden gegen eine Entscheidung des Rechtspflegers beim Landgericht.[92] Hierzu gehört insbesondere auch die Beschwerde gegen Entscheidungen des Rechtspflegers im Kostenfestsetzungsverfahren.[93] Streitig ist, ob der Anwaltszwang für die sofortige Beschwerde gegen die Ablehnung eines Arrests oder einer einstweiligen Verfügung besteht (vgl. hierzu § 922).

II. Die Postulationsfähigkeit

122   Soweit ein Anwaltszwang für das Verfahren über die sofortige Beschwerde besteht, müssten sich die Beteiligten nach der Grundregel des § 78 Abs. 1 ZPO grundsätzlich durch einen bei dem jeweiligem Land- oder Oberlandesgericht zugelassenen Rechtsanwalt vertreten lassen.

123   Dies ändert § 571 Abs. 4 ZPO, wonach bei Beschwerdeverfahren vor dem Oberlandesgericht auch eine Vertretung durch einen beim Amts- oder Landgericht zugelassenen Rechtsanwalt möglich ist.

124   Das Gesetz gibt dabei keinen Anhaltspunkt für eine Differenzierung zwischen dem schriftlichen Verfahren und der – nach § 128 Abs. 4 ZPO allerdings auch nicht erforderlichen – mündlichen Verhandlung, so dass auch ein vor dem Amts- oder Landgericht zugelassener Rechtsanwalt in der mündlichen Verhandlung vor dem Oberlandesgericht auftreten kann.[94]

125   § 571 Abs. 4 ZPO ist allerdings nicht auf das Rechtsbeschwerdeverfahren anwendbar.[95] Für die Einlegung der Rechtsbeschwerde ist daher in jedem Fall die Vertretung durch einen beim Bundesgerichtshof zugelassenen Rechtsanwalt erforderlich, auch dann, wenn im Ausgangsverfahren kein Anwaltszwang bestanden hat.

---

92 *Hansens*, Rpfleger, 2001 574.
93 OLG Köln OLGR Köln 2005, 406 = JMBl NW 2005, 251.
94 Die Entscheidung des BGH in NJW 2000, 3356 ist durch die gesetzliche Neuregelung damit nicht mehr anwendbar.
95 BGH NJW 2002, 2181 = AGS 2002, 151 = AnwBl 2003, 123.

III. Einzelfälle zum Anwaltszwang

Ob Anwaltszwang im Verfahren über die sofortige Beschwerde besteht, ist immer   126
wieder Gegenstand gerichtlicher Auseinandersetzungen und Entscheidungen. Auf
folgende Entscheidungen ist hinzuweisen:

1. Anwaltszwang bejaht

Der Anwaltszwang ist in folgenden Streitfällen bejaht worden: 127

- Nach Einspruch gegen einen Vollstreckungsbescheid hat das Amtsgericht den
  Rechtsstreit nach § 700 Abs. 3 ZPO an das Landgericht abgegeben;[96]
- das Amtsgericht hat den Rechtsstreit an das sachlich zuständige Landgericht verwiesen;
- sofortige Beschwerde gegen die Kostengrundentscheidung nach § 269 Abs. 3, 4
  ZPO.[97]

2. Anwaltszwang abgelehnt

Der Anwaltszwang ist dagegen in folgenden Fällen abgelehnt worden: 128

- Sofortige Beschwerde eines Zeugen, Sachverständigen oder Dritten im Sinne der
  §§ 142, 144 ZPO;
- Sofortige Beschwerde gegen eine Entscheidung des Amtsgerichtes als ersuchtes
  Gericht, § 78 Abs. 2 ZPO;
- Sofortige Beschwerde einer Partei oder einer dritten Person die bestraft wird weil
  sie zu einem Termin zur Blutentnahme nicht erscheint, §§ 372a, 390 ZPO;[98]
- Erinnerung und sofortige Beschwerde des Schuldners gegen den Kostenansatz,
  § 66 Abs. 5 GKG;
- Erinnerung gegen Entscheidungen des Rechtspflegers im Kostenfestsetzungs-
  verfahren.[99]

Nach § 26 Nr. 1 EGZPO können diejenigen Beschwerden gegen amtsgerichtliche   129
Entscheidungen, über die das Oberlandesgericht als Beschwerdegericht entscheidet,
bis zum 31.12.2008 auch von einem nur beim Landgericht zugelassenen Rechtsanwalt
eingelegt werden, soweit es sich nicht um eine familienrechtliche Entscheidung handelt.

---

96 BGH VersR 1983, 785.
97 OLG Köln OLGR 1994, 167.
98 OLG Düsseldorf FamRZ 1971, 666.
99 OLG Köln OLGR Köln 2005, 406 = JMBl NW 2005, 251.

F. Die Beschwer als Zulässigkeitsvoraussetzung der sofortigen Beschwerde

I. Die allgemeine Beschwer

130 Grundsätzlich setzt die Einlegung der Beschwerde eine **Beschwer** voraus. Diese liegt dann vor, wenn der Beschwerdeführer durch die Entscheidung rechtlich nachteilig betroffen sein kann.

131 Der materielle Inhalt der Entscheidung muss den Beschwerdeführer mithin nachteilig betreffen. Daran fehlt es, wenn lediglich die Begründung der Entscheidung nicht aber das Ergebnis selbst angegriffen wird.[100]

132 Soweit in der Rechtsprechung die Beschwer für eine sofortige Beschwerde gegen eine Entscheidung über einen Versorgungsausgleich verweigert wurde, weil die Beanstandung nur wenige Cent betrug,[101] ist dies abzulehnen. Das Gesetz kennt außerhalb der Regelung von § 567 Abs. 2 für die Anfechtung von Kostenentscheidung keine Wertgrenze. Der von einer Entscheidung nachteilig Betroffene hat unmittelbar aus Art. 14 GG sowie aus Art. 19 Abs. 4 GG einen verfassungsrechtlichen Anspruch auf Korrektur der ihn nachteilig betreffenden fehlerhaften Entscheidung.

133 Allein das wirtschaftliche Interesse eines am Verfahren nicht beteiligten Dritten kann dagegen die Beschwer nicht begründen.[102] Die danach unzulässige Beschwerde eines Dritten kann auch nicht von einem am Verfahren Beteiligten genehmigt werden.[103] Allerdings kann der am Verfahren Beteiligte im Rahmen der Notfrist des § 569 Abs. 1 S. 1 selbst Beschwerde einlegen, sofern er durch die angefochtene Entscheidung ebenfalls nachteilig betroffen ist. Eine Genehmigungserklärung der Beschwerde eines Dritten innerhalb der Notfrist kann insoweit in eine eigene Beschwerde umgedeutet werden. Wird ein Dritter, ohne an einem Verfahren beteiligt zu sein, als Beteiligter behandelt und als solcher nachteilig in seinen Rechten betroffen, so ist er selbst zur Einlegung der sofortigen Beschwerde berechtigt.[104] Dies ist etwa der Fall, wenn der am Verfahren nicht Beteiligte mit Verfahrenskosten belastet wird[105] oder er als vermeintlicher Geschäftsführer zur Abgabe der eidesstattlichen Versicherung herangezogen wird.[106]

---

100 OLG Köln Rpfleger 1986, 184.
101 OLG München FamRZ 1982, 187; OLG Dresden FamRZ 1996, 742; BGH NJW 1981, 1274; OLG Bamberg FamRZ 1998, 305.
102 OLG Köln Rpfleger 1975, 29.
103 OLG Hamm NJW 1986, 1147.
104 BGH MDR 1978, 307.
105 OLG Düsseldorf NJW-RR 1993, 828.
106 OLG Hamm WM 1984, 1343.

Die Beschwer muss dann allerdings auch bis zum Zeitpunkt der Entscheidung über die   134
sofortige Beschwerde fortbestehen.[107] Entfällt die Beschwer im Laufe des Beschwerdeverfahrens, so muss der Beschwerdeführer die sofortige Beschwerde in der Hauptsache für erledigt erklären, um eine Verwerfung als unzulässig zu vermeiden.[108] Ein
solcher Wegfall der Beschwer kommt etwa durch Zeitablauf oder durch eine prozessuale Überholung in Betracht. So kann die Beschwer wegen der Ablehnung der
einstweiligen Einstellung der Zwangsvollstreckung entfallen, wenn während des sofortigen Beschwerdeverfahrens die abschließende Entscheidung in der Hauptsache
ergeht.

II. Die besondere Beschwer in Kostensachen

1. Grundsatz der Gebühren- und Auslagendifferenz von 200 EUR

Bei Kostenbeschwerden enthält § 567 Abs. 2 ZPO eine besondere Normierung der   135
Schwelle für die Beschwer. Nur wenn die Schwelle von 200 EUR überschritten wird,
ist die sofortige Beschwerde zulässig. Richtet sich die sofortige Beschwerde gegen
eine Entscheidung über die Verpflichtung, die Prozesskosten dem Grunde nach zu
tragen, muss der Beschwerdewert nach § 567 Abs. 2 ZPO ebenfalls den Betrag von
200 EUR übersteigen, d.h. zumindest 200,01 EUR betragen. Der Beschwerdewert von
200 EUR entspricht den Regelungen in §§ 66 Abs. 2 S. 1, 68 Abs. 1 S. 1 GKG, § 4
Abs. 3 S. 1 JVEG und § 33 Abs. 3 S. 1 RVG.

> *Hinweis*   136
>
> Die Entscheidung über die Gewährung oder Ablehnung von Prozesskostenhilfe ist
> dabei keine Entscheidung im Sinne von § 567 Abs. 2 ZPO.[109]

Die ursprüngliche Unterscheidung zwischen der besonderen Beschwer zwischen   137
Kostengrundentscheidungen und Entscheidungen über die Höhe der Kosten ist mit der
ZPO-Reform entfallen. Auch wenn sich die sofortige Beschwerde gegen die der Höhe
nach angesetzten Kosten, Gebühren und Auslagen richtet, so muss der Beschwerdewert 200 EUR übersteigen, d.h. mindestens 200,01 EUR betragen. Der früher abge-
senkte Beschwerdewert von 50 EUR existiert nicht mehr.

Erfasst werden von dieser Regelung: 138

- die Kosten im Mahnverfahren,
- die Bestimmung der Kosten im Rahmen der Kostenfestsetzung nach § 104 ZPO,
- die Änderung der Kosten nach Streitwertfestsetzung nach § 107 Abs. 3 ZPO,
- die Festsetzung der Vollstreckungskosten nach §§ 788, 104 ZPO,

---

107 OLG Köln NJW-RR 1989, 1406.
108 BGH MDR 1982, 473; OLG Hamburg FamRZ 1979, 532.
109 Musielak-*Ball*, § 567 Rn 20; Zöller-*Gummer*, § 567 Rn 49.

- die Weigerung des Gerichtsvollziehers, die Kosten der Zwangsvollstreckung mit beizutreiben, §§ 766 Abs. 2, 567 Abs. 2 ZPO analog.

139   Der Beschwerdewert bemisst sich nach der Differenz zwischen der Entscheidung über die Kosten in der angefochtenen Entscheidung und der Kostenentscheidung, die der Beschwerdeführer bestrebt. Zur Darlegung der Zulässigkeit der sofortigen Beschwerde muss der Bevollmächtigte also eine Vergleichsrechnung anstellen, wenn die Berechnung nicht offensichtlich ist, etwa weil nur über eine einzige Gebühr gestritten wird.

140   Eine Streitwertbeschwerde ist nur zulässig, wenn das Kosteninteresse des Beschwerdeführers 200 EUR übersteigt, § 68 Abs. 1 S. 1 GKG; es reicht nicht aus, dass der vom Beschwerdeführer geltend gemachte Streitwert um mehr als 200 EUR vom festgesetzten Streitwert abweicht.[110] Vielmehr müssen die sich aus dem erhöhten Streitwert ergebenden Gebühren und Auslagen des Gerichtes und des Bevollmächtigten um mehr als 200 EUR von den Gebühren und Auslagen, die sich aus dem angefochtenen Streitwert ergeben, abweichen. Zur Begründung der Beschwer muss der Rechtsanwalt also eine Vergleichsberechnung anstellen.

141 | *Hinweis*

| Gegen die Weigerung des Gerichtsvollziehers die Kosten der Zwangsvollstreckung mangels deren Notwendigkeit im Sinne von §§ 788, 91 ZPO beizutreiben, ist nicht die sofortige Beschwerde nach § 567 ZPO, sondern die Erinnerung nach § 766 Abs. 2 gegeben.[111] Insoweit ist eine besondere Beschwer nicht vorgesehen.

142   Die Entscheidung über die Verweigerung der Prozesskostenhilfe fällt nicht unter § 567 Abs. 2 ZPO.[112] Das Gleiche gilt für Kostenentscheidungen aufgrund anderer Kostengesetze wie dem GKG, dem RVG, und dem JVEG. Hier ist das Beschwerderecht jeweils gesondert geregelt und enthält eigene Wertgrenzen zur Bestimmung der Beschwer.

143   Keine Anwendung findet § 567 Abs. 2 ZPO auch bei der unselbstständigen Anschlussbeschwerde, so dass die Beschwerde des Gegners in Kostensachen auch die Beschwerdemöglichkeit der anderen Partei eröffnet, wenn die Wertgrenzen nicht überschritten werden.[113]

144   Letztlich gilt § 567 Abs. 2 ZPO auch nicht für die Rechtsbeschwerde.[114] Gibt also das Beschwerdegericht der Beschwerde teilweise statt und weist diese im Übrigen zurück,

---

110 OLG Karlsruhe AGS 2006, 30 = OLGR 2005, 562 = JurBüro 2005, 542.
111 A.A. Zöller-*Gummer* § 567 Rn 45; OLG Stuttgart JurBüro 1989, 1740; LG Frankenthal Rpfleger 1976, 367.
112 Zu den Besonderheiten des Prozesskostenhilfeverfahrens siehe nachfolgend Rn 536 ff.
113 OLG Köln NJW-RR 1994, 767; KG NJW-RR 1987, 134.
114 BGH Rpfleger 2005, 114 = AGS 2005, 26 = NJW-RR 2005, 939 = MDR 2005, 237.

so ist die Rechtsbeschwerde auch dann statthaft, wenn aufgrund der teilweisen Stattgabe die verbleibende Beschwer nicht zumindest 200,01 EUR beträgt.

Die Zulässigkeit der sofortigen Beschwerde kann durch eine offensichtlich überhöhte   145
Kostenforderung allein zum Zweck der Erreichung des besonderen Beschwerdewertes
nicht erzwungen werden.[115] Vielmehr kann sie in diesem Fall als unzulässig verworfen werden.

> *Hinweis*   146
>
> Soweit der Beschwerdewert von 200 EUR nicht erreicht wird und die angefochtene
> Entscheidung von einem Rechtspfleger erlassen wurde, ist die Erinnerung nach § 11
> Abs. 2 RPflG einschlägig. Über diesen ebenfalls in der Notfrist von zwei Wochen
> einzulegenden Rechtsbehelf entscheidet der Richter.

Entscheidend ist der Wert zum Zeitpunkt der Beschwerdeeinlegung,[116] wobei erst mit   147
der Beschwerde geltend gemachte Kosten, d.h. nachgeschobene Kostenpositionen,
außer Betracht bleiben.[117] Zum Beschwerdewert hinzuzurechnen ist allerdings die
Umsatzsteuer bei Rechtsanwaltsgebühren, auch wenn es sich hierbei für den Rechtsanwalt nur um einen durchlaufenden Posten handelt.[118]

2. Die Kostenbeschwer bei teilweiser Abhilfe

Streitig ist, wie zu verfahren ist, wenn der sofortigen Beschwerde gem. § 572 Abs. 1   148
S. 1 ZPO teilweise abgeholfen wird und nach dieser teilweisen Abhilfe der Beschwerdewert des § 567 Abs. 2 ZPO nicht mehr erreicht wird.

Die überwiegende Auffassung[119] hält die Beschwerde dann für unzulässig, so dass   149
diese in der Hauptsache für erledigt zu erklären bzw. in das Verfahren nach § 11
Abs. 2 RPflG überzuleiten sei. Die Gegenmeinung stellt allein auf das Erreichen des
Beschwerdewerts bei Einlegung der sofortigen Beschwerde ab.[120] Der herrschenden
Auffassung ist zu folgen. Es ist sachlich nicht zu begründen, dass der Rechtsschutz
weitergehender sein soll, wenn das Gericht eine ursprünglich größere Fehlberechnung
korrigiert, als wenn der vermeintliche Berechnungsfehler von Anfang an geringer ist.
Es hat bei dem Grundsatz zu verbleiben, dass die Zulässigkeit und damit auch die
besondere Beschwer im Sinne des § 567 Abs. 2 ZPO noch zum Zeitpunkt der Entscheidung über die sofortige Beschwerde vorliegen muss.

---

115 OLG Düsseldorf JurBüro1983, 590.
116 OLG Hamm MDR 1971, 1019; Musielak-*Ball*, § 567 Rn 21.
117 MüKo-*Braun*, ZPO-Reform, § 567 Rn 20; OLG Düsseldorf JurBüro 1983, 590.
118 OLG Koblenz MDR 1992, 196.
119 BayObLG OLGZ 1994, 374; OLG Nürnberg FamRZ 1988, 1079; OLG Hamm JurBüro 1982, 582;
     OLG Koblenz RPfleger 1976, 302; OLG Düsseldorf JurBüro 1972, 261.
120 KG Berlin RPfleger 1991, 409, in Bestätigung der vorausgehenden Rechtsprechung.

150 Scheidet die sofortige Beschwerde aus, weil der Beschwerdewert nicht erreicht wird, ergibt sich für die beschwerte Partei jedoch die Möglichkeit der befristeten Erinnerung nach § 11 Abs. 2 RPflG, soweit der Rechtspfleger die beanstandete Entscheidung erlassen hat. Über diese Erinnerung entscheidet dann der zuständige Richter des Ausgangsgerichts, soweit der Rechtspfleger der sofortigen Erinnerung nicht abhilft.

151 *Hinweis*

Ungeachtet dessen kann der Rechtsanwalt auch Gegenvorstellung erheben, die dann allein von dem Gericht, welches die angefochtene Entscheidung erlassen hat, zu bescheiden ist.

III. Die Beschwer bei Beschränkung der Rechtsmittel in der Hauptsache

152 Gegen Kostengrundentscheidungen, die im Beschlusswege ergehen, d.h.

■ nach der Erledigung der Hauptsache im Sinne von § 91a ZPO
■ nach der Klagerücknahme entsprechend § 269 ZPO
■ bei einer Kostenentscheidung in einem Anerkenntnisurteil nach § 99 Abs. 2 ZPO sowie
■ bei der die Prozesskostenhilfe versagenden Entscheidung,

ist nicht nur der besondere Beschwerdewert von § 567 Abs. 2 ZPO mit 200,01 EUR beachtlich. Vielmehr muss auch noch der Berufungswert nach § 511 ZPO mit 600,01 EUR in der Hauptsache überschritten sein. Dies soll sicherstellen, dass dem Beschwerdeführer in einem Nebenverfahren über die Kosten nicht ein weitergehendes Rechtsmittel offen steht, als es ihm in der Hauptsache offen gestanden hätte.

G. Das Rechtsschutzbedürfnis für die Beschwerde

153 Das Rechtsschutzbedürfnis als Voraussetzung der Zulässigkeit der sofortigen Beschwerde ist nicht unmittelbar gesetzlich geregelt. Wie jedes Rechtsmittel setzt aber auch die sofortige Beschwerde ein Rechtsschutzbedürfnis voraus, welches allerdings durch das Vorhandensein einer formalen Beschwer indiziert ist.

154 Ausnahmsweise kann das Rechtsschutzbedürfnis entfallen, wenn die Entscheidung überholt ist, etwa zum Zeitpunkt der Beschwerdeeinlegung die Zwangsvollstreckung bereits beendet ist oder das Hauptsacheverfahren vor Entscheidung über die Beschwerde bei der Richterablehnung beendet ist.[121] Die sofortige Beschwerde muss in diesem Fall für erledigt erklärt werden, so dass allein noch über die Kosten nach § 91a

---

121 OLG Frankfurt MDR 1985, 1032; allerdings strittig. A.A. KG MDR 1988, 237; vermittelnd: OLG Koblenz NJW-RR 1992, 1464 jedenfalls soweit in der Hauptsache kein Rechtsmittel statthaft ist;

ZPO zu entscheiden ist. Darüber hinaus kann das Rechtsschutzbedürfnis verwirkt sein, insbesondere wenn die Beschwerde ohne sachlichen Grund so spät eingelegt wird, dass vor der Auswirkung der angefochtenen Ausgangsentscheidung keine hinreichende Prüfung durch das Beschwerdegericht mehr möglich ist. Angesichts der durchgängigen Befristung der sofortigen Beschwerde nach § 569 Abs. 1 S. 1 ZPO wird die Verwirkung jedoch nur in krassen Ausnahmefällen noch anzunehmen sein.

In Kostensachen muss § 63 Abs. 3 S. 2 GKG beachtet werden, wonach der Streitwert 155 nicht mehr geändert werden darf, wenn die Hauptsache seit sechs Monaten rechtskräftig erledigt ist. Nach Ablauf dieser Frist fehlt es am Rechtsschutzbedürfnis für eine sofortige Beschwerde.

Das Rechtsschutzbedürfnis kann auch bei querulatorischen Eingaben, insbesondere 156 verletzenden Äußerungen in Schriftsätzen, systematisch wiederholten Ablehnungs- und Beschwerdeanträgen als Ausdruck der Missachtung des Gerichtes[122] oder Beschimpfungen[123] verneint werden. Bei weiteren Eingaben genügt sodann der Hinweis, dass mangels Rechtsschutzbedürfnis keine weitere Bescheidung erfolgt.[124]

H.   Das Beschwerdeverfahren

I.   Das Abhilfeverfahren

1.   Zuständigkeit

Nach § 572 Abs. 1 S. 1 Hs. 1 ZPO hat das Gericht oder der Vorsitzende, dessen Ent- 157 scheidung angefochten wird, der Beschwerde abzuhelfen, sofern diese für begründet erachtet wird. Anderenfalls ist die Beschwerde unverzüglich dem Beschwerdegericht vorzulegen. § 572 Abs. 1 ZPO gilt auch, wenn der Rechtspfleger die Ausgangsentscheidung getroffen hat, d.h. ein Fall des § 11 Abs. 1 RPflG vorliegt. Zur Abhilfe ist in diesem Fall der Rechtspfleger berufen.[125]

Demgegenüber steht, dass die sofortige Beschwerde nach § 569 Abs. 1 S. 1 ZPO so- 158 wohl beim Ausgangsgericht (iudex a quo) als auch beim Beschwerdegericht (iudex ad quem) eingelegt wird.

> *Hinweis*   159
>
> Bei welchem Gericht die sofortige Beschwerde eingelegt wird, ist damit im Wesentlichen von taktischen Erwägungen bestimmt. Soll das Verfahren beschleunigt werden

ebenso jetzt KG Berlin KGR 2005, 139 = MDR 2005, 890; zum Streitstand: *Günther*, MDR 1989, 691.
122 OLG Koblenz MDR 1977, 425.
123 OLG Hamm NJW 1976, 978; OLG Koblenz MDR 1987, 433.
124 BVerfGE 2, 231.
125 *Schütt*, MDR 2001, 1279.

und/oder dem Ausgangsgericht die Prüfung der Frage überlassen werden, welches Gericht für die Entscheidung über die Beschwerde in den Fällen des § 119 Abs. 1 Nr. 1b) und c) GVG berufen ist, so sollte die sofortige Beschwerde beim Ausgangsgericht erhoben werden. Soll das Verfahren dagegen eher verzögert werden, ist die Einlegung beim Beschwerdegericht angezeigt.

Diese zeitliche Verzögerung kann von allen Beteiligten taktisch eingesetzt werden. Auch wenn die Entscheidung keine aufschiebende Wirkung hat, ergibt sich rein faktisch durch das Beschwerdeverfahren eine zeitliche Verzögerung des Hauptsacheverfahrens, da die Akten dem Beschwerdegericht vorzulegen sind. Kaum ein Gericht fertigt Zweitakten, so dass das Hauptverfahren während des Beschwerdeverfahrens jedenfalls faktisch ruht. Mit einer Einlegung der Beschwerde beim Beschwerdegericht kann die Verzögerung verlängert werden, da die Akten zunächst dem Ausgangsgericht wieder zur Abhilfeentscheidung vorzulegen sind. Mit einer Einlegung beim Ausgangsgericht kann die Verzögerung dagegen möglichst knapp gehalten werden, da dieses unmittelbar den Beschwerdegegner beteiligen und über die Abhilfe entscheiden kann.

160 Zuständig für das Abhilfeverfahren ist grundsätzlich das Gericht, welches die angefochtene Entscheidung erlassen hat.[126] Dies kann das Kollegialgericht, der Einzelrichter aber auch der Rechtspfleger[127] sein. Etwas anderes gilt nur dann, wenn die Hauptsache an ein anderes Gericht verwiesen wurde. In diesem Fall ist das den Rechtsstreit übernehmende Gericht auch für die Abhilfeentscheidung zuständig.[128] Die Nichtabhilfeprüfung muss bei Einlegung einer sofortigen Beschwerde gegen Entscheidungen nach § 48 ArbGG (Rechtsweg und Zuständigkeit) über die sachliche Zuständigkeit der Arbeitsgerichtsbarkeit durch die vollbesetzte Kammer (Vorsitzender und ehrenamtliche Richter) erfolgen.[129]

161 Die Zuständigkeit für das Abhilfeverfahren besteht auch und insbesondere für den Fall, dass das Beschwerdegericht die sofortige Beschwerde für begründet erachtet. Anderenfalls würde dem Beschwerdegegner nämlich seinerseits eine Instanz entzogen.[130] Auch bei Einlegung der Beschwerde beim Beschwerdegericht ist diese also ohne Prüfung der Zulässigkeit und Begründetheit an das Ausgangsgericht zurückzureichen. Teilweise wird allerdings eine unmittelbare Entscheidung des Beschwerdegerichts für möglich gehalten, wenn nach dessen Prüfung feststeht, dass die angefochtene Entscheidung rechtmäßig ist, d.h. auch im Abhilfeverfahren keine andere

126 OLG Stuttgart MDR 2003, 110.
127 *Schütt,* MDR 2001, 1279.
128 KG NJW 1969, 1816.
129 LAG Bremen v. 5.1.2006 – 3 Ta 69/05.
130 *Jauernig,* Zivilprozessrecht, § 75 II 2.

Entscheidung hätte getroffen werden dürfen.[131] Dies mag allerdings nur für den Fall gelten, dass die Beschwerde allein eine Rechtsfrage betrifft.

2. Der Umfang der (Nicht-)Abhilfeprüfung

Das Abhilfeverfahren entspricht seiner Struktur nach einem Gegenvorstellungs- 162
verfahren oder einer Gehörsrüge, die jedoch inhaltlich nicht beschränkt ist. Im Abhilfeverfahren kann die Ausgangsentscheidung mithin umfänglich überprüft werden. Die Abhilfeentscheidung ist auf der Grundlage des Beschwerdevorbringens zu treffen.[132] Das Ausgangsgericht muss also neue Angriffs- und Verteidigungsmittel berücksichtigen, § 571 Abs. 2 S. 1 ZPO und der hieraus ggf. resultierenden Notwendigkeit einer weitergehenden Sachverhaltsaufklärung auch in Form einer Beweisaufnahme Rechnung tragen.

Hat der Beschwerdeführer die Beschwerde ohne Begründung eingereicht, eine solche 163
jedoch angekündigt, so muss das Ausgangsgericht eine angemessene Frist zuwarten, bevor es über die Abhilfe entscheidet. Jedenfalls ist der Ablauf der Beschwerdefrist abzuwarten,[133] es sei denn, eine weitere Begründung ist nicht zu erwarten.

Soweit der Beschwerdeführer selbst eine Frist mitteilt, binnen derer er die Begründung 164
vorlegt, ist diese abzuwarten. Widerspricht dies dem Beschleunigungsgebot, hat das Ausgangsgericht dem Beschwerdeführer eine angemessene Frist zur Vorlage der Beschwerdebegründung zu setzen.

Durch den Verweis auf § 318 ist klargestellt, dass eine Abhilfeentscheidung unter- 165
bleibt, wenn die anzufechtende Entscheidung ausnahmsweise ein Urteil darstellt, d.h. bei sofortigen Beschwerden gegen Zwischenurteile nach § 378 Abs. 3 ZPO oder der Kostenentscheidung im Anerkenntnisurteil nach § 99 Abs. 2 ZPO. Nach Abs. 1 S. 2 i.V.m. § 318 ZPO ist das Ausgangsgericht in diesen Fällen an seine Ausgangsentscheidung gebunden.

Keiner Abhilfeentscheidung in der Sache bedarf es, wenn die Beschwerde offensicht- 166
lich unstatthaft ist oder der Beschwerdeführer keine Beschwerdebegründung (§ 571 Abs. 1 ZPO) vorlegt. Das Ausgangsgericht kann die angefochtene Entscheidung dann dem Beschwerdegericht mit dem Hinweis vorlegen, dass der Beschwerde nicht abgeholfen werde, weil diese unzulässig sei.

Ist die Beschwerde offensichtlich unzulässig, soll der Erstrichter diese auch selbst 167
verwerfen dürfen.[134] Verlangt der Beschwerdeführer trotz eines Hinweises auf die

---

131 OLG Frankfurt/M. MDR 2002, 1391; zustimmend, ohne jedoch die verschiedenen Fallgestaltungen zu differenzieren, *Gehrlein*, MDR 2003, 547, 552.
132 OLG Frankfurt NJW-RR 2003, 141; OLG Brandenburg FamRZ 2003, 48.
133 OLG Naumburg Beschl. v. 10.8.2005 – 8 WF 158/05 = OLGR Naumburg 2006, 327.
134 BGH NJW 1953, 1262; OLG Zweibrücken FamRZ 1984, 1031.

Unzulässigkeit der Beschwerde deren Vorlage an das Beschwerdegericht, so soll jedoch eine Pflicht bestehen, diese dem Beschwerdegericht vorzulegen.[135] Dieser Verfahrensweise ist jedoch entgegenzutreten. Zu bevorzugen ist der beschriebene Weg, der Beschwerde aufgrund ihrer Unzulässigkeit nicht abzuhelfen und diese dann dem Beschwerdegericht vorzulegen, sofern der Beschwerdeführer auf einen entsprechenden Hinweis die Beschwerde nicht zurücknimmt. Dies entspricht der gesetzlichen Zuständigkeitsregelung, ohne dass im Regelfall Anlass besteht, hiervon abzuweichen. Anderes sollte nur dann in Betracht gezogen werden, wenn die offensichtlich unzulässige Beschwerde allein zur Verfahrensverzögerung eingelegt wurde, d.h. ein Fall des Rechtsmissbrauchs vorliegt.[136] Auch hier scheint allerdings der vorzugwürdigere Weg, Zweitakten für das Beschwerdegericht zu fertigen und diesem die Beschwerde mit einer Nichtabhilfeentscheidung vorzulegen. Auf dieser Grundlage kann dem Hauptverfahren Fortgang gegeben werden.

168   Ist die Beschwerde nach Auffassung des Erstgerichtes unzulässig, jedoch begründet, so ist das Erstgericht grundsätzlich befugt der Beschwerde abzuhelfen.[137] Etwas anderes gilt nur dann, wenn das Erstgericht an seine Entscheidungen gemäß § 318 ZPO gebunden ist.

169   Das Ausgangsgericht muss in jedem Fall eine Abhilfeprüfung durchführen. Die Zurückweisung einer Abhilfeentscheidung mit dem Hinweis, dass eine sofortige Beschwerde unstatthaft oder sonst unzulässig sei, ist nicht möglich, da in diesem Fall die Beschwerde in eine ebenfalls zu bescheidende Gegenvorstellung, eine nach § 321a ZPO zu behandelnde Gehörsrüge oder aber auch eine Rechtspflegererinnerung nach § 11 Abs. 2 RPflG umzudeuten sein kann.[138]

170   *Hinweis*

Ist die sofortige Beschwerde allein deshalb nicht statthaft, weil der Beschwerdewert nach § 567 Abs. 2 ZPO nicht erreicht wird, muss diese nach § 11 Abs. 2 RPflG dem Abteilungsrichter zur Entscheidung vorgelegt werden, wenn ein Rechtspfleger die angefochtene Ausgangsentscheidung erlassen hat.

171   Ist die sofortige Beschwerde zulässig, ist unter Berücksichtigung des Beschwerdevorbringens in tatsächlicher und rechtlicher Hinsicht zu prüfen, ob die Ausgangsentscheidung zu Recht ergangen ist. Dabei ist auch neues tatsächliches Vorbringen zu berücksichtigen, § 571 Abs. 2 S. 1 ZPO. Zu prüfen ist also, ob die Gründe der angefochtenen Entscheidung fortbestehen und diese weiter tragen.[139] Auch kann (und

135 OLG Köln Rpfleger 1975, 67.
136 OLG Köln Beschl. v. 10.4.1980 – 2 W 31/1980 und 2 W 32/1980 = OLGZ 1980, 350.
137 *Lipp,* NJW 2002, 1702.
138 Musielak-*Ball,* § 572 Rn 4 m.w.N. aus der Literatur.
139 OLGR Schleswig 2005, 806 = SchlHA 2006, 205.

muss) eine unzureichende Begründung der Ausgangsentscheidung mit der Nichtabhilfeentscheidung nachgeholt werden.[140]

> *Hinweis* 172
>
> Trägt diese Begründung die Entscheidung, so muss der Beschwerdeführer zur Vermeidung von Kostennachteilen die Beschwerde für erledigt erklären.

Soweit die Ausgangsentscheidung danach Bestand hat, wird der Beschwerde nicht 173
abgeholfen, und die Sache dem Beschwerdegericht zur abschließenden Entscheidung vorlegt.

Erachtet das Ausgangsgericht die Beschwerde für begründet, wird diese nicht dem 174
Beschwerdegericht vorgelegt. Vielmehr hilft das Ausgangsgericht ihr durch Beschluss ab, indem es die angefochtene Entscheidung aufhebt und ggf. entsprechend dem Gesuch des Beschwerdeführers befindet. Damit ist die Beschwerde erledigt. Dabei hat das Ausgangsgericht auch über die Kosten zu entscheiden. Ergibt sich die Begründetheit der Beschwerde erst aus dem neuen tatsächlichen Vorbringen des Beschwerdeführers, können diesem trotz seines Obsiegens nach § 97 Abs. 2 ZPO die Kosten des Verfahrens auferlegt werden. Der Abhilfebeschluss ist wegen der Beschwerdemöglichkeit des Gegners zu begründen und von Amts wegen nach § 329 Abs. 3 ZPO zuzustellen. Der nunmehr beschwerte Gegner kann seinerseits gegen die neu getroffene Entscheidung sofortige Beschwerde unter den Voraussetzungen der §§ 567, 569 ZPO, ggf. auch Erinnerung nach § 11 Abs. 2 RPflG einlegen.

> *Hinweis* 175
>
> Beachtet werden muss, dass auch das Ausgangsgericht dem Beschwerdegegner rechtliches Gehör gewähren muss, wenn es beabsichtigt, der angefochtenen Entscheidung ganz oder teilweise abzuhelfen.

Ist die Beschwerde nur teilweise begründet, so hilft hier das Ausgangsgericht in die- 176
sem Umfang ab. Im Übrigen legt es die Akten dem Beschwerdegericht mit einer entsprechenden Nichtabhilfeentscheidung vor.

> *Hinweis* 177
>
> Dabei muss beachtet werden, dass durch die teilweise Abhilfe die sofortige Beschwerde mangels hinreichender Beschwer nach § 567 Abs. 2 ZPO gerade in Kostensachen unzulässig werden kann. Siehe hierzu die Ausführungen in § 2, Kapitel E 2.b)

Hinsichtlich des Teils der Beschwerde, wegen dem abgeholfen wurde, hat der Be- 178
schwerdegegner ebenfalls seinerseits die Möglichkeit unter den Voraussetzungen der §§ 567 ff. ZPO sofortige Beschwerde einzulegen. Dem Beschwerdeführer ist wie-

---

140 OLG Hamm InVo 2005, 460; OLG Köln FamRZ 1986, 456.

derum Gelegenheit zu geben, die verbliebene Beschwerde zurückzunehmen. Aus diesem Grunde ist auch die teilweise Abhilfeentscheidung den Parteien vor der Vorlage an das Beschwerdegericht grundsätzlich zur Kenntnis zu geben.

179 Hilft das Ausgangsgericht der Beschwerde teilweise ab und legt der Beschwerdegegner daraufhin gegen die Abhilfeentscheidung seinerseits Beschwerde ein, so ist über diese Beschwerde eine eigenständige Abhilfeentscheidung zu treffen und bei Nichtabhilfe diese dem Beschwerdegericht gesondert vorzulegen. Das Beschwerdegericht hat sich in diesem Fall mit zwei Beschwerden zu befassen. Für die Praxis wird sich empfehlen, die Beschwerdeverfahren zu verbinden und sodann eine einheitliche Entscheidung zu treffen.

3. Die Form der Nichtabhilfeentscheidung

180 Über die Nichtabhilfe ist grundsätzlich durch Beschluss zu entscheiden.[141] Einer Begründung bedarf es auch dann, wenn der Beschwerdeführer neue Angriffs- oder Verteidigungsmittel vorgebracht hat, deren Erheblichkeit verneint wird.[142] Insoweit muss sich aus der Nichtabhilfeentscheidung ergeben, dass das Ausgangsgericht seiner Prüfungspflicht nachgekommen ist, d.h. sich mit dem Beschwerdevorbringen vollumfänglich auseinandergesetzt hat, ohne dass eine „zweite Erstentscheidung" zu treffen ist.[143] Erforderlich ist also, dass sich das Ausgangsgericht mit der Beschwerde im Rahmen des Abhilfeverfahrens auch tatsächlich auseinandersetzt. Insbesondere wenn eine begründete Entscheidung angefochten und der Beschwerdeführer sich mit den Beschlussgründen ausführlich auseinandersetzt und ergänzende Tatsachen vorträgt, ist es nicht ausreichend, die Nichtabhilfe mit dem einfachen formelhaften Hinweis auf die Gründe der angefochtenen Entscheidung zu begründen.[144] Erfolgt dies gleichwohl, so muss das Beschwerdegericht die Sache an das Ausgangsgericht zurückverweisen, damit eine substanzielle Abhilfeentscheidung getroffen wird.[145] Hierauf kann der Bevollmächtigte des Beschwerdeführers selbstverständlich hinweisen.

181 Der Abhilfebeschluss ist auch dann zu begründen, wenn das Ausgangsgericht seine Entscheidung zwar im Ergebnis bestätigt, das Ergebnis jedoch auf eine weitere Begründung stützt. Hierauf sollte das Ausgangsgericht dem Beschwerdeführer hinweisen, um ihm Gelegenheit zu geben, seine Beschwerde unter Anerkenntnis der ergänzenden Begründung zurückzunehmen.

---

141 OLG Koblenz Rpfleger 1978, 104; OLG Stuttgart MDR 2003, 110.
142 OLG Brandenburg FamRZ 2003, 48; OLG Frankfurt OLGR 2004, 116; OLG München MDR 2004, 291; OLG Karlsruhe OLGR 2004, 313.
143 OLG Naumburg, Beschl. v. 29.1.2006 – 8 WF 14/06 (PKH); ArbG Berlin, Beschl. v. 28.3.2006 – 30 Ca 1905/05.
144 OLG Sachsen-Anhalt, Beschl. v. 21.1.2001 – 8 EF 13/02 = EzFamR aktuell 2002, 202.
145 OLG Jena OLGR 2005, 203.

4. Die Vorlage an das Beschwerdegericht

Wie sich mittelbar aus § 572 Abs. 1 S. 1 Hs. 2 ZPO ergibt, ist das Abhilfeverfahren **182** zügig zu betreiben. Soweit der sofortigen Beschwerde nicht abgeholfen wird, ist die Sache unverzüglich dem Beschwerdegericht vorzulegen. Dies stellt allerdings weder ein Hindernis für die Anhörung des Beschwerdegegners noch für die Durchführung einer durch das Beschwerdevorbringen oder die Stellungnahme des Beschwerdegegners erforderlichen Beweisaufnahme dar. Wesentlich ist allein, dass auch diese Maßnahmen dem Beschleunigungsgebot in Beschwerdesachen entsprechend zeitnah veranlasst und durchgeführt werden.

Über die ergangene Abhilfeentscheidung sind die Beteiligten des Beschwerde- **183** verfahrens durch die Mitteilung der Entscheidung zu informieren. Dies dient einerseits dem Beschleunigungsgebot, da die Parteien sich mit ihren Ausführungen nunmehr unmittelbar an das Beschwerdegericht wenden können. Andererseits muss den Beteiligten Gelegenheit gegeben werden, zum Inhalt der Abhilfeentscheidung gegenüber dem Beschwerdegericht Stellung zu nehmen.

Die ordnungsgemäße Durchführung des Abhilfeverfahrens ist keine Zulässigkeits- **184** voraussetzung des Beschwerdeverfahrens.[146] Für das Beschwerdegericht ergeben sich zwei unterschiedliche Möglichkeiten das Verfahren fortzusetzen, wenn die Abhilfeentscheidung den vorstehenden Grundsätzen nicht genügt:

- ■ Zunächst kann das Beschwerdegericht in der Sache selbst entscheiden, was insbesondere im Hinblick auf die häufig anzutreffende Eilbedürftigkeit von Beschwerdeverfahren angezeigt sein kann.[147]
- ■ Andererseits kann das Beschwerdegericht das Verfahren aber auch unter Aufhebung der Abhilfeentscheidung an das Ausgangsgericht zurücksenden und um Vorlage einer ordnungsgemäßen Abhilfeentscheidung nachsuchen.[148] Dies kann insbesondere geboten sein, wenn der Rechtspfleger oder das Ausgangsgericht die Ausgangsentscheidung aufgrund einer offensichtlich nicht haltbaren Begründung getroffen haben und die Beschwerde gleichwohl ohne weitere Ausführungen dem Beschwerdegericht vorgelegt wurde,[149] oder über die Nichtabhilfe gar in Unkenntnis der Beschwerdebegründung entschieden wurde, weil diese beim Beschwerdegericht eingelegt wurde.[150] Auch wenn im Verfahren über die Richterablehnung über die Nichtabhilfe der Einzelrichter statt des Kollegiums entschieden hat, kommt die Zurückverweisung in Betracht, um eine Nichtabhilfeentscheidung des gesetzlichen Richters, d.h. des Kollegiums herbeizuführen.[151] Ebenso, wenn

146 OLG Frankfurt MDR 2002, 1391; OLG Stuttgart MDR 2003, 110.
147 *Gehrlein* MDR 2003, 552; a.A. *Schneider* MDR 2003, 253.
148 OLG Nürnberg MDR 2004, 169; OLG Hamm OLGR 2003, 391; OLG Karlsruhe FamRZ 2004, 653.
149 OLGZ Frankfurt Rpfleger 1980, 276.
150 OLG Köln OLGR 2005, 582.
151 OLG Köln OLGR 2005, 481.

die Nichtabhilfeentscheidung in keiner Weise auf das Beschwerdevorbringen eingeht.[152]

II. Die Prüfung des Beschwerdegerichts

1. Allgemeines

185   Legt das Ausgangsgericht nach der Abhilfeentscheidung entsprechend § 572 Abs. 1 S. 1 Hs. 2 ZPO die Verfahrensakten dem Beschwerdegericht mit der ganzen oder teilweisen Nichtabhilfeentscheidung vor, steht nunmehr allein dem Beschwerdegericht die weitere Entscheidung zu. Das Ausgangsgericht ist ab diesem Zeitpunkt nicht mehr befugt aus eigener Zuständigkeit eine Abhilfeentscheidung zu treffen.

186   Erst wenn das Beschwerdegericht wegen einer nicht ordnungsgemäßen Nichtabhilfeentscheidung die Akten dem Ausgangsgericht erneut vorlegt, darf es ergänzend über die Abhilfe entscheiden.

187   Das Beschwerdegericht hat allen Vortrag zu berücksichtigen, der bis zur Hinausgabe des Beschlusses durch die Geschäftsstelle eingeht,[153] es sei denn der Vortrag ist nach § 571 Abs. 3 ZPO präkludiert. § 571 Abs. 2 S. 1 ZPO erklärt dabei auch neue Angriffs- und Verteidigungsmittel für beachtlich. Anders als im Berufungsverfahren ist die Beschwerdeinstanz also eine volle zweite Tatsacheninstanz.

2. Die Rücknahme der Beschwerde – Entscheidung trotz Rücknahme

188   Auch wenn es – weiterhin – an einer gesetzlichen Regelung zur Rücknahme der sofortigen Beschwerde fehlt, kann sie jederzeit zurückgenommen werden. Insoweit unterliegt das Beschwerdeverfahren ebenso der Dispositionsbefugnis des Beschwerdeführers wie andere Rechtsmittelverfahren auch, bei denen allerdings mit § 516 ZPO für das Berufungsverfahren und § 565 ZPO für das Revisionsverfahren die Rücknahme des Rechtsmittels einer gesetzlichen Regelung zugeführt wurde.

189   Aus dem Vorstehenden ergibt sich, dass es auch an einer Regelung fehlt, wem gegenüber die Rücknahme der Berufung zu erklären ist. Es ist naheliegend, dass die Rücknahme gegenüber dem Ausgangsgericht zu erklären ist, sofern die Beschwerde dort eingelegt wurde und das Abhilfeverfahren noch anhängig ist. Mit der Vorlage an das Beschwerdegericht ist die Rücknahme der Beschwerde diesem gegenüber zu erklären.[154] Hat das Beschwerdegericht entschieden, ist keine Rücknahme der Beschwerde mehr möglich. Wird die sofortige Beschwerde nach Abgabe der Sache an das Beschwerdegericht zurückgenommen, die Rücknahme jedoch noch gegenüber dem Ausgangsgericht erklärt, weil der Beschwerdeführer von der Abgabe noch keine

---

152 OLG Jena OLGR 2005, 203; LG München I Rpfleger 2004, 716.
153 BGH NJW-RR 2004, 1574.
154 MüKO-*Lipp*, ZPO, § 569 Rn 19; *Abramenko*, MDR 2004, 860.

Kenntnis hatte, so hat das Ausgangsgericht die Rücknahmeerklärung ohne schuldhaftes Zögern an das Beschwerdegericht weiterzuleiten.

In der Praxis lässt sich durchaus feststellen, dass die gegenüber dem Ausgangsgericht   190
erklärte Rücknahme der Beschwerde nur verzögert weitergeleitet wird, was zu der
Situation führen kann, dass über die Beschwerde trotz der Rücknahme entschieden
wird. Es stellt sich dann die Frage, welche Folgen diese übergangene Rücknahme hat.
Abramenko[155] hat hierzu Fallgruppen gebildet und eine differenzierte Behandlung
vorgeschlagen, der zugestimmt werden kann:

- Soweit das Abhilfeverfahren bereits abgeschlossen und die Akten dem Beschwerdegericht übersandt wurden, ist mit dem Eingang der Akten beim Beschwerdegericht alleine dieses für das Beschwerdeverfahren zuständig. Geht die Rücknahme der Beschwerde dann noch beim Ausgangsgericht ein, entfaltet sie zunächst keine Wirkung. Die Wirkung tritt erst mit dem Eingang beim Beschwerdegericht ein.[156] Ist zu diesem Zeitpunkt über die Beschwerde bereits entschieden und die Entscheidung bekannt gemacht, bleibt die Rücknahme in entsprechender Anwendung von § 516 ZPO wirkungslos, da die Rücknahme nur bis zur Bekanntgabe der Entscheidung erfolgen kann.
- Ist die Rücknahme vor der Bekanntgabe der Entscheidung beim Beschwerdegericht eingegangen, ohne dass die Bekanntgabe unterlassen wurde, so muss differenziert werden, ob die Rechtsbeschwerde zugelassen wurde oder nicht.
  - Wurde die Rechtsbeschwerde zugelassen, führt die Rücknahme der Beschwerde mangels Rechtskraft der Entscheidung zu deren Wirkungslosigkeit.
  - Wurde die Rechtsbeschwerde nicht zugelassen, ist die Entscheidung dagegen rechtskräftig, so dass die Rücknahmeerklärung unbeachtlich bleibt. Die Beschwerdeentscheidung entfaltet also Wirksamkeit.

Hinweis   191

Beruht die Rücknahme auf einer außergerichtlichen Einigung mit dem Gegner, etwa über die Kostentragungspflicht nach § 91a ZPO, so kann dem Gegner allerdings verwehrt sein, aus der Entscheidung Rechte herzuleiten.

Soweit die Rücknahme zur Wirkungslosigkeit der Beschwerdeentscheidung geführt   192
hat, wird unmittelbar aus Art 19 Abs. 4 GG ein Anspruch abzuleiten sein, dass das
Beschwerdegericht dies durch deklaratorischen Beschluss feststellt. Auch können
§ 269 Abs. 3 und 4 ZPO entsprechend herangezogen werden, wonach eine bereits ergangene Entscheidung nach Klagerücknahme wirkungslos wird und das Gericht dies
nach Abs. 4 durch Beschluss ausspricht.

---

155 Vgl. zur Gesamtproblematik eingehend *Abramenko*, MDR 2004, 860.
156 *Abramenko*, MDR 2004, 860.

193   Soweit die Beschwerdeentscheidung durch die Rücknahme nicht wirkungslos geworden ist, kann diese allenfalls noch mit der Gegenvorstellung angegriffen werden, soweit der Beschwerdeführer durch die Entscheidung beschwert ist. Dies kann insbesondere in der Belastung mit Gerichtskosten liegen. Eine Aufhebung kommt
insbesondere dann in Betracht, wenn die Nichtbeachtung der Beschwerderücknahme
auf einer Verletzung des rechtlichen Gehörs beruht, weil die rechtzeitige Rücknahme
vom Ausgangsgericht nicht unverzüglich an das Beschwerdegericht weitergereicht
wurde oder aber die rechtzeitig eingegangene Rücknahme beim Beschwerdegericht
aufgrund einer verzögerten Bearbeitung bei der Eingangsgeschäftsstelle oder einem
sonstigen fehlerhaften internen Verfahrensablauf zunächst unberücksichtigt geblieben
ist.

194   *Hinweis*

Um die Gesamtproblematik zu vermeiden, sollte der Rechtsanwalt die Beschwerderücknahme einerseits an das nach seinem Kenntnisstand mit der Sache noch oder schon
befasste Gericht gerichtet werden. Soweit die Beschwerderücknahme gegenüber dem
Ausgangsgericht erfolgt, sollte das Beschwerdegericht hierüber per Telefax vorab un-
terrichtet werden. Soweit zu befürchten ist, dass das Beschwerdegericht unmittelbar
entscheidet, kann es sich auch empfehlen die Rücknahme telefonisch anzukündigen.

195   Dem Beschwerdegegner steht keine Möglichkeit zu, die Rücknahme der Beschwerde
zur Geltung zu bringen.

3.   Die Prüfung der Zulässigkeit der Beschwerde

196   Nach § 572 Abs. 2 hat das Beschwerdegericht von Amts wegen zu prüfen ob die Beschwerde statthaft ist und ob sie in der gesetzlichen Form und Frist eingelegt wurde.
Über den Wortlaut hinaus sind auch alle weiteren Zulässigkeitsvoraussetzungen von
Amts wegen zu prüfen d.h. neben der Statthaftigkeit zur ordnungsgemäßen Anbringung der Beschwerde auch die Frage nach der Zuständigkeit des Beschwerdegerichts, der Beschwerdebefugnis sowie dem Rechtsschutzbedürfnis. Mangelt es an einer der Zulässigkeitsvoraussetzungen, so ist die Beschwerde mit der sich aus § 97
Abs. 1 ZPO ergebenden Kostenfolge als unzulässig zu verwerfen.

197   Nach § 571 Abs. 2 S. 2 ZPO ist dagegen nicht die ursprüngliche Zuständigkeit des
Ausgangsgerichtes für die Entscheidung über das Ausgangsgesuch oder den Aus-
gangssachverhalt zu prüfen.

198   Maßgeblicher Zeitpunkt für die Prüfung des Zulässigkeitsvoraussetzungen ist der
Zeitpunkt der Beschwerdeentscheidung, so dass sowohl eine zunächst unzulässige
Beschwerde zulässig, eine zulässige Beschwerde aber auch, insbesondere durch prozessuale Überholung, unzulässig werden kann. Die Unzulässigkeit kann sich gerade
bei Kostenbeschwerden auch aus der teilweisen Abhilfe des Ausgangsgerichtes er-

geben, wenn die nach der Abhilfe verbleibende Beschwer den besonderen Beschwerdebetrag des § 567 Abs. 2 ZPO nicht mehr übersteigt.

Hinweis 199

Eine Verwerfung als unzulässig kann dann nur dadurch vermieden werden, dass die sofortige Beschwerde in der Hauptsache für erledigt erklärt oder aber zurückgenommen wird.[157]

Wird die Erstbeschwerde als unzulässig verworfen, ist dagegen nicht schon von Gesetzes wegen die Rechtsbeschwerde zulässig. Insoweit unterscheidet sich das Beschwerderecht vom Berufungsrecht (§ 522 Abs. 1 S. 4 ZPO) und vom Recht der befristeten Beschwerde gegen Endentscheidungen in Familiensachen der freiwilligen Gerichtsbarkeit (§ 621e Abs. 3 S. 2 ZPO). Auch in diesen Fällen ist über die Zulassung der Rechtsbeschwerde zu entscheiden. Grundsätzlich wird diese jedenfalls in den Fällen, in denen sich die Unzulässigkeit aus der mangelnden Statthaftigkeit der Beschwerde ergibt, mangels der Eröffnung des Beschwerdeweges nicht zuzulassen sein. War schon die Erstbeschwerde unzulässig, wird die Rechtsbeschwerde auch nicht durch ihre Zulassung statthaft. Das Rechtsbeschwerdegericht ist dann entgegen § 574 Abs. 3 S. 2 ZPO nicht an die Zulassung gebunden.[158] 200

4. Die Begründetheitsprüfung einschließlich neuen Vorbringens

a) Gesetzmäßigkeit der Ausgangsentscheidung

Das Beschwerdegericht hat den Sachverhalt zunächst unter Anwendung der einschlägigen Rechtsnormen anhand des auch dem Ausgangsgericht unterbreiteten oder von diesem festgestellten Sachverhalts zu prüfen. Insoweit kann auf die Einzelausführungen in § 4 zu den einzelnen Beschwerdeverfahren verwiesen werden. 201

Dabei wird sich das Beschwerdegericht im Wesentlichen mit den Einwendungen des Beschwerdeführers auseinandersetzen, sofern die Entscheidung nicht an einem Rechtsanwendungsfehler leidet, der auch von Amts wegen zu berücksichtigen ist. 202

Nach § 571 Abs. 2 S. 2 ZPO kann die Beschwerde nicht darauf gestützt werden, dass das Ausgangsgericht seine Unzuständigkeit zu Unrecht angenommen hat. Die Regelung entspricht dem Verfahren in Berufungssachen nach § 513 Abs. 2 ZPO. 203

b) Neue Angriffs- und Verteidigungsmittel

Anders als im Berufungsverfahren können im Verfahren über die Entscheidung der sofortigen Beschwerde nach § 571 Abs. 2 S. 1 ZPO auch auf **neue Angriffs- und** 204

---

157 Vgl. zur Problematik auch MüKo/*Wolst*, § 91a Rn 8.
158 BGH NJW-RR 2005, 1009 = MDR 2005, 927 = BGHReport 2005, 1134 = FamRZ 2005, 1481.

Verteidigungsmittel gestützt werden. Auf den Beschwerdeführer zurückgehende Mängel, die zu der angefochtenen Entscheidung geführt haben, können also auf diesem Wege geheilt werden.

205   Dabei ist unerheblich, ob es sich um Angriffs- oder Verteidigungsmittel handelt, die im Ausgangsverfahren schon hätten geltend gemacht werden können, oder ob sie erst nach dem Erlass der anzufechtenden Entscheidung entstanden sind.

206   *Beispiel*

Der Gläubiger möchte den Titel gegen den verstorbenen Schuldner auf dessen einzigen Sohn A nach § 727 ZPO umschreiben lassen. Der Gläubiger behauptet, dass der Schuldner bereits verwitwet gewesen sei, und verweist im Übrigen auf die gesetzliche Erbfolge. Einen Erbschein legt er nicht vor. Der Rechtspfleger verweigert deshalb die qualifizierte Klausel, weil die Erbfolge nicht durch öffentliche oder öffentlich beglaubigte Urkunde nachgewiesen ist. Der Gläubiger kann nunmehr einen Erbschein beantragen und diesen dann im sofortigen Beschwerdeverfahren nach § 11 Abs. 1 RPflG, § 567 ZPO vorlegen. Daraufhin ist dann die begehrte Titelumschreibende Klausel nach § 727 ZPO zu erteilen.

207   An dieser Regelung zeigt sich, dass die Beschwerdeinstanz anders als die Berufungsinstanz vom Ansatz her zunächst eine vollwertige zweite Tatsacheninstanz bleibt.

208   § 571 Abs. 2 S. 1 ZPO beschreibt aber nur die Grundregel des allgemeinen Beschwerderechtes, die durch spezialgesetzliche Bestimmungen verdrängt werden kann. Ausnahmsweise sind damit in folgenden Fällen keine neuen Angriffs- und Verteidigungsmittel zulässig:

■ Bei der Zuschlagbeschwerde nach § 595 ZVG ist neuer Vortrag unzulässig, soweit er nach Ablauf der Antragsfrist erfolgt.[159]

■ Bei der Beschwerde gegen die Ablehnung eines Wiedereinsetzungsantrages ist neuer Vortrag unzulässig, soweit er nach Ablauf der Antragsfrist erfolgt.[160]

■ Im Verfahren über die sofortige Beschwerde gegen Kostenentscheidungen nach der Erledigung der Hauptsache nach § 91a Abs. 2 ZPO sind nur solche neuen Tatsachen und Beweismittel zu berücksichtigen, die auch vom Ausgangsgericht nach der übereinstimmenden Erledigung der Hauptsache hätten berücksichtigt werden müssen.[161]

■ Das Gleiche gilt, wenn der Antragsteller im Prozesskostenhilfeverfahren innerhalb einer von dem Gericht gesetzten Frist (§ 118 Abs. 2 S. 4 ZPO) Angaben über seine

---

159 BGH NJW 1965, 2107.
160 BGH NJW 1997, 2120; BGH NJW 1998, 2678; BGH NJW 2001, 576; dabei sehr großzügig: BGH NJW 2000, 365.
161 OLG Düsseldorf JR 1995, 205; Musielak-*Wolst*, § 91a Rn 25.

persönlichen wirtschaftlichen Verhältnissen nicht glaubhaft gemacht oder bestimmte Fragen nicht oder nur ungenügend beantwortet hat. In diesem Fall lehnt das Gericht die Bewilligung von Prozesskostenhilfe ab. § 118 Abs. 2 S. 4 ZPO geht insoweit § 571 Abs. 2 S. 1 ZPO vor.[162] Neues Vorbringen kann dann auch im Beschwerdeverfahren nicht mehr berücksichtigt werden.[163]

■ Soweit weitere Ablehnungsgründe gegen einen Richter erst im Beschwerdeverfahren vorgetragen werden, wird dies als eine unzulässige Änderung des Verfahrensgegenstandes angesehen, mit der Folge, dass die weiteren Ablehnungsgründe trotz § 571 Abs. 2 S. 1 als unzulässig angesehen werden.[164] Gleiches wird für die Ablehnung des Sachverständigen vertreten.[165] Allerdings ist dies nicht gänzlich unbestritten.[166] Tatsächlich wird hier nach dem Zeitpunkt des Entstehens des Ablehnungsgrundes zu differenzieren sein, da die vorgegebenen Fristen nicht durch das Beschwerdeverfahren unterlaufen werden können.[167]

Auch in den vorbezeichneten Fällen ist rein klarstellender und erläuternder Vortrag allerdings weiter zulässig.

c) Fristsetzung für neuen Vortrag

Nach § 571 Abs. 3 S. 1 ZPO haben der Vorsitzende oder das Beschwerdegericht die Möglichkeit für das Vorbringen neuer Angriffs- und Verteidigungsmittel eine Frist zu setzen und nach Fristablauf neues tatsächliches Vorbringen nur noch insoweit zuzulassen, wie es nach der freien Überzeugung des Gerichtes die Erledigung des Verfahrens nicht verzögert oder aber die Verspätung genügend entschuldigt wird. Eine solche Fristsetzung liegt bereits in der allgemeinen Aufforderung binnen einer bestimmten Frist die Beschwerde zu begründen. **209**

Eine Präklusion nach § 571 Abs. 3 S. 2 ZPO ist nur möglich, wenn die Frist angemessen war. Anderenfalls kann die Unangemessenheit der Frist mit der Gehörsrüge nach § 321a geltend gemacht werden. Eine Pflicht des Gerichtes, die Beteiligten des Beschwerdeverfahrens über die Möglichkeit der Präklusion zu belehren, lässt sich dem Wortlaut des Gesetzes nicht entnehmen. **210**

Weder aus § 571 Abs. 3 ZPO noch aus anderen Bestimmungen folgt allerdings die Verpflichtung des Gerichtes, in jedem Fall eine Erklärungsfrist zu setzen. Soweit das Gericht hierauf verzichtet, muss es lediglich eine angemessene Äußerungsfrist abwarten.[168] Diese Äußerungsfrist ist im Einzelfall zu bestimmen, wobei regelmäßig **211**

---

162 OLG Naumburg, Beschl. v. 23.8.2005 – 2 W 47/05.
163 OLG Naumburg FamRZ 2006, 216 = OLGR 2005, 885.
164 BayObLG MDR 1986, 60 = FamRZ 1986, 291; siehe hierzu auch die Ausführungen in § 4 Rn 427.
165 OLG Düsseldorf NJW-RR 2001, 1434 = OLGR Düsseldorf 2000, 455 = MDR 2000, 1335.
166 MüKo-*Lipp*, ZPO-Reform § 571 Rn 18.
167 Siehe hierzu § 4 Rn 427.
168 OLG Köln NJW-RR 1996, 1022.

eine Frist von zwei Wochen genügen sollte. Kündigt der Rechtsanwalt eine Stellungnahme binnen einer konkret benannten Frist an, – was sich grundsätzlich empfiehlt – so ist das Gericht verpflichtet, diese Frist abzuwarten, oder aber dem Bevollmächtigten eine abweichende Frist zu setzen. Dies gebietet der Anspruch auf ein faires Verfahren.

212 *Hinweis*

Um eine Verzögerung des Hauptverfahrens zu vermeiden, sollte der Beschwerdegegner in entsprechenden Fällen das Beschwerdegericht auffordern, dem Beschwerdeführer eine entsprechende Frist zu setzen.

213 Aus § 571 Abs. 3 ZPO ergibt sich, dass die Möglichkeit der Fristsetzung nicht nur für den Beschwerdeführer, sondern auch für den grundsätzlich anzuhörenden Beschwerdegegner gilt. Die Anhörung des Gegners ist allerdings nur dann notwendig, wenn die Beschwerde nicht schon auf Grund des Vorbringens des Beschwerdeführers als unzulässig zu verwerfen oder als unbegründet zurückzuweisen ist.[169] Dies ist auch im Sinne des Beschwerdeführers, da ihm insoweit die Kosten des Beschwerdegegners erspart bleiben können.

d) Die Folgen der Fristversäumung – Die Präklusion

214 Soweit eine nach § 571 Abs. 3 S. 1 ZPO gesetzte Frist versäumt wurde, ist das neue tatsächliche Vorbringen gleichwohl zu berücksichtigen, wenn dieses die Entscheidung einerseits nicht verzögert oder aber die Verspätung genügend entschuldigt werden kann. Insoweit gilt nichts anderes als bei § 296 ZPO.

215 Soweit die Frist versäumt wurde und die Zulassung der Einwendungen den Verfahrensfortgang verzögert, können die neuen Angriffs- und Verteidigungsmittel also nur Berücksichtigung finden, wenn die Verspätung genügend entschuldigt wird. Das Beschwerdegericht kann dabei die Glaubhaftmachung des Beschwerdegrundes verlangen. Die Glaubhaftmachung hat nach § 294 ZPO zu erfolgen.

216 *Hinweis*

Dabei muss beachtet werden, dass die Glaubhaftmachung grundsätzlich voraussetzt, dass der gesamte tatsächliche Sachverhalt, der die Verspätung entschuldigt, in der eidesstattlichen Versicherung selbst enthalten sein muss.[170]

217 Eine Verspätung liegt insbesondere dann nicht vor, wenn das Ausgangsgericht im Abhilfeverfahren eine Frist gesetzt hat und der Beschwerdeführer erst nach Fristablauf

---

169 OLG Frankfurt Rpfleger 1980, 396.
170 BGH VersR 1988, 860; BGH JurBüro 2004, 457.

Stellung nimmt. Der Vortrag ist auch dann noch zu berücksichtigen.[171] Anderenfalls ist das neue Vorbringen zwingend zurückzuweisen. Ein Ermessensspielraum steht dem Beschwerdegericht hier nicht zu. Die §§ 530 bis 532 sind wegen der unterschiedlichen Struktur von Beschwerde- und Berufungsrecht an dieser Stelle nicht ergänzend heranzuziehen.

5. Die Entscheidung über die Zulässigkeit der Rechtsbeschwerde

Über die Zulässigkeit der Rechtsbeschwerde hat das Beschwerdegericht von Amts wegen zu entscheiden. Dabei muss beachtet werden, dass der Einzelrichter die Rechtsbeschwerde nicht zulassen kann. Insoweit stimmen nämlich die Gründe, die die Zulassung der Rechtsbeschwerde begründen, mit den Fallgruppen überein, in denen der Einzelrichter der Kammer oder dem Senat die Sache zur Übernahme vorzulegen hat. Für die Zulassung der Rechtsbeschwerde ist es also von entscheidender Bedeutung, ob der Einzelrichter oder die Kammer bzw. der Senat entscheidet.   218

§ 568 ZPO postuliert den Grundsatz, dass der originäre Einzelrichter nunmehr grundsätzlich über die sofortige Beschwerde entscheidet, wenn die angefochtene Entscheidung von einem Einzelrichter oder einem Rechtspfleger erlassen wurde.   219

Hinweis   220

Wird die sofortige Beschwerde gegen eine Entscheidung des Amtsgerichts eingelegt, entscheidet beim Landgericht auch dann der Einzelrichter, wenn es sich hierbei um einen Proberichter im ersten Jahr handelt. § 348 Abs. 1 Nr. 1 ZPO ist im Beschwerdeverfahren insoweit nicht anwendbar.[172]

Wird eine Entscheidung des Einzelrichters beim Landgericht angegriffen, so entscheidet auch beim Oberlandesgericht der originäre Einzelrichter.[173]

Tipp   221

Will der Bevollmächtigte seinem Mandanten die Option der Rechtsbeschwerde erhalten oder eröffnen, so muss er darauf hinwirken, dass das Beschwerdeverfahren auf die Kammer oder den Senat übertragen wird, d.h. er sollte einen entsprechenden Antrag stellen. Nur so kann der Weg zur Rechtsbeschwerde eröffnet werden.[174] Entscheidet der Einzelrichter, ist damit also zugleich entschieden, dass die Prüfung der Zulassung der Rechtsbeschwerde unterbleibt.

---

171 OLG Naumburg OLGR 2006, 459; OLG Düsseldorf, MDR 2004, 410 = ProzRB 2004, 150; LAG Hamm, Beschl. v. 4.8.2005 – 4 Ta 434/05; LAG Nürnberg MDR 2003, 1022.
172 BGH, Beschl. v. 11.2.2003 VIII ZB 56/02.
173 OLG Köln OLGR 2003, 107.
174 BGH BGHReport 2004, 1114 = RVGreport 2005, 40; BGH NJW 2003, 1254 = MDR 2003, 588 (9. Senat) und BGH, Beschl. v. 7.4.2003 VII ZB 17/02.

222   Hat in erster Instanz die Kammer des Landgerichts als Gericht im Sinne des § 573 ZPO entschieden, so entscheidet auch in der Beschwerdeinstanz das gesamte Richterkollegium,[175] also der Senat beim Oberlandesgericht. Zu beachten ist, dass der Vorsitzende der Kammer für Handelssachen, soweit er befugt ist Entscheidungen alleine zu treffen, nicht als Einzelrichter, sondern weiterhin als Kammer tätig wird. Über die sofortige Beschwerde gegen Entscheidungen des Vorsitzenden der Kammer für Handelssachen entscheidet deshalb der gesamte Senat beim Oberlandesgericht.[176]

223   Über die Zulassung der Rechtsbeschwerde ist grundsätzlich von Amts wegen zu entscheiden. Einer solchen Entscheidung bedarf es nur dann nicht, wenn die Beschwerde bereits kraft Gesetzes zugelassen ist. Die ausdrückliche Zulassung der Rechtsbeschwerde findet sich derzeit nur in § 522 Abs. 1 S. 4 ZPO nach der Verwerfung der Berufung als unzulässig, in bestimmten Familiensachen nach § 621e Abs. 2 und 4 ZPO, im schiedsgerichtlichen Verfahren nach § 1065 ZPO, im Insolvenzverfahren nach § 7 InsO, sowie in § 17a Abs. 4 S. 4 GVG hinsichtlich des Beschlusses über die Bestimmung des Rechtswegs.[177]

224   Soweit die Rechtsbeschwerde nicht bereits kraft Gesetzes zulässig ist, ist die Rechtsbeschwerde kraft Gesetzes durch das Beschwerdegericht zuzulassen, wenn die Rechtssache grundsätzliche Bedeutung hat oder zur Fortbildung des Rechts bzw. der Sicherung einer einheitlichen Rechtsprechung eine Entscheidung des Rechtsbeschwerdegerichts (BGH) erforderlich ist. Einzelheiten hierzu in § 4.

225   *Tipp*

> In der Mehrzahl der Beschwerdeentscheidungen finden sich keine Ausführungen oder nur ein formelhafter Satz über die Frage, ob die Rechtsbeschwerde zuzulassen war oder warum eine Zulassung nicht in Betracht kommt. Dies ist auch nicht zu beanstanden, soweit auch die Beteiligten diese Frage nicht vertiefend aufgeworfen haben. Allerdings lässt sich damit von außen auch nicht erkennen, ob sich das Gericht mit der Frage der Zulassung der Rechtsbeschwerde tatsächlich auseinandergesetzt hat. In den Fällen, in denen der Mandant mit seinem Bevollmächtigten eine höchstrichterliche Klärung anstrebt und die Gründe für die Zulassung der Rechtsbeschwerde vorliegen, sollte ungeachtet der Prüfung von Amts wegen ein „Antrag auf Zulassung der Rechtsbeschwerde" gestellt werden. Zugleich sollte dargelegt werden, dass bei einer von der Rechtsauffassung des Antragstellers abweichenden Entscheidung die Voraussetzung für die Zulassung der Rechtsbeschwerde gegeben sind.

---

175 OLG Schleswig SchlHA 2005, 123.
176 OLG Karlsruhe MDR 2002, 1147; OLG Zweibrücken MDR 2002, 1152; OLG Hamm MDR 2003, 116; OLG Frankfurt/M. MDR 2002, 1391.
177 BGH WM 2002, 2503; BAG NZA 2002, 1302.

I. Die Folgen der sofortigen Beschwerde und die Stellungnahme des Gegners

I. Die aufschiebende Wirkung der Beschwerde

1. Grundsatz

Die Beschwerde hat grundsätzlich keine aufschiebende Wirkung, d.h. die angefochtene Entscheidung ist bis zu deren Aufhebung oder Abänderung uneingeschränkt zu befolgen. Dies ergibt sich aus § 570 Abs. 1 ZPO. **226**

Soweit der sofortigen Beschwerde damit im Regelfall keine aufschiebende Wirkung zukommt, bedeutet dies, dass das Verfahren in der Hauptsache ungeachtet der angefochtenen Entscheidung fortgesetzt werden kann. In der Praxis wird dies regelmäßig schon deshalb nicht der Fall sein, weil die Verfahrensakte mit der sofortigen Beschwerde dem Beschwerdegericht vorgelegt wird. Wird allerdings eine Zweitakte angelegt und das Hauptsacheverfahren fortgesetzt, kann dies zur Überholung der Beschwerde führen. Lässt sich dies nicht vermeiden, muss das Beschwerdeverfahren nach der prozessualen Überholung für erledigt erklärt werden. **227**

> *Hinweis* **228**
>
> In diesem Fall ist zu prüfen, ob die sonst im Beschwerdeverfahren geltend zu machenden Einwände nunmehr mit dem Rechtsmittel in der Hauptsache geltend gemacht werden können.

Daneben kann aber auch die angefochtene Entscheidung als solche vollzogen, insbesondere vollstreckt werden. **229**

2. Ausnahmen

Ausnahmsweise hat die Beschwerde aufschiebende Wirkung, soweit sie sich gegen die Festsetzung von Ordnungs- oder Zwangsmitteln richtet. Hierunter fallen die Ordnungs- und Zwangsmittel nach den §§ 141, 273 Abs. 4, 380, 390, 409, 411 Abs. 2, 613 und 640 ZPO. **230**

Neben dem eigentlichen Zwangs- oder Ordnungsmittelbeschluss kommt auch dem in unmittelbarem Zusammenhang mit der angefochtenen Entscheidung stehenden Kostenbeschluss nach der Gesetzesbegründung aufschiebende Wirkung zu. Dies trifft die Beschlüsse aus §§ 180 Abs. 1 S. 1, 390 Abs. 1 S. 1 und 409 Abs. 1 S. 1 ZPO. **231**

Die aufschiebende Wirkung beginnt mit der Einlegung der Beschwerde und endet mit der Bekanntgabe der Beschwerdeentscheidung. Soweit die Vollstreckung des Zwangs- oder Ordnungsmittels bereits begonnen hat, wird teilweise die Vorlage einer – deklaratorischen Entscheidung nach § 775 Nr. 2 ZPO verlangt.[178] Dies erscheint angesichts **232**

---

178 Musielak-*Ball*, § 570 Rn 2 m.w.N.

der eindeutigen gesetzlichen Regelung jedoch nicht gerechtfertigt. Es ist allenfalls eine Bescheinigung über den Eingang der Beschwerde zu erteilen und vom Schuldner vorzulegen.

233   Unter diese Ausnahmeregelung fällt auch die Entscheidung über ein Zeugnisverweigerungsrecht nach § 387 ZPO.[179] Wird also ein Zeugnisverweigerungsrecht verneint, so hindert die Einlegung der sofortigen Beschwerde die Vernehmung des Zeugen bis zur abschließenden Entscheidung über dessen Beschwerde. Das Gleiche gilt nach § 900 Abs. 4 S. 2 ZPO, wenn der Schuldner der Verpflichtung zur Vorlage eines Vermögensverzeichnisses und der Abgabe der eidesstattlichen Versicherung widerspricht.

234   Umstritten ist, ob die aufschiebende Wirkung auch für sofortige Beschwerden gegen die Festsetzung eines Zwangsgeldes oder von Zwangshaft nach § 888 ZPO bzw. von Ordnungsgeld bzw. Ordnungshaft nach § 890 ZPO gilt. Während die Kommentarliteratur hier weitgehend auf den eindeutigen Wortlaut verweist und auch solchen Beschwerden die aufschiebende Wirkung zuschreibt[180] sieht das OLG Köln unter Verweis darauf, dass einerseits § 570 ZPO auf Beschwerden im Erkenntnisverfahren und nicht auf solche in der Zwangsvollstreckung zugeschnitten sei und andererseits der Gesetzgeber den bisherigen Regelungsumfang von § 572 ZPO a.F. nicht habe ändern wollen, für eine Anwendung von § 570 Abs. 1 ZPO auf die §§ 888, 890 ZPO keinen Raum.[181] Wenngleich für diese Ansicht sachliche Argumente sprechen, dürfte ihr doch der eindeutige Wortlaut entgegenstehen.

3. Die Aussetzung der Vollziehung durch das Ausgangsgericht

235   Das Gericht, dessen Entscheidung angefochten wird, kann die Vollziehung allerdings nach § 570 Abs. 2 ZPO aussetzen. Voraussetzung für die Aussetzung der Vollziehung ist, dass

- durch die weitere Vollziehung des angefochtenen Beschlusses dem Beschwerdeführer größere Nachteile drohen als den anderen Beteiligten im Fall der Aussetzung, d.h. es ist eine Interessenabwägung vorzunehmen, wobei die Nachteile des Beschwerdeführers bei einer Vollziehung mit den Nachteilen der übrigen Beteiligten bei einer Aussetzung abzuwägen sind,[182]
- die Rechtslage zumindest zweifelhaft ist.

236   *Tipp*

Auch wenn die Entscheidung über die Aussetzung der Vollziehung nach § 570 Abs. 2 und 3 ZPO grundsätzlich von Amts wegen zu erfolgen hat, sollte der Bevollmächtigte

---

179 Musielak-*Ball*, § 570 Rn 3.
180 Musielak-*Lackmann* § 888 Rn 14; *Saenger/Kayser*, § 570 Rn 3; *Zöller*, ZPO, 25. Aufl. 2006, § 570 Rn 2, anders aber ab der 26. Aufl. 2007, § 570 Rn 2.
181 OLG Köln InVo 2003, 115 = NJW-RR 2003, 716 = OLGR Köln 2003, 158 = FamRZ 2005, 223.
182 BGH InVo 2002, 358 = NJW 2002, 1658 = MDR 2002, 1084 = Rpfleger 2002, 374.

eine entsprechende Entscheidung anregen. Dies gilt insbesondere in Zwangsvollstreckungssachen, da der Wegfall der Beschlagnahmewirkung der Praxis nicht immer berücksichtigt wird. Zugleich sollte vorgetragen werden, welche Nachteile ohne eine Aussetzung der Vollziehung oder bei einer Aussetzung der Vollziehung dem Mandanten drohen, damit das Gericht über das maßgebliche Abwägungsmaterial bei der zeitnah zu treffenden Entscheidung nach § 570 Abs. 2 und 3 ZPO verfügt.

4. Die Aussetzung der Vollziehung durch das Beschwerdegericht

Wird die Aussetzung der Vollziehung der angefochtenen Entscheidung durch das   237
Ausgangsgericht abgelehnt, kann das Beschwerdegericht auf Antrag nach § 570 Abs. 3 ZPO unter den gleichen vorbezeichneten Voraussetzungen eine einstweilige Anordnung erlassen und dabei insbesondere die Vollziehung der Entscheidung aussetzen. Auch hier gilt wie allgemein im einstweiligen Rechtsschutz, dass die die Beschwerde tragenden Tatsachen durch den Beschwerdeführer im Sinne von § 294 ZPO glaubhaft zu machen sind, wobei alle Tatsachen, die glaubhaft zu machen sind, in der eidesstattlichen Versicherung selbst aufgeführt werden müssen.[183]

5. Die zeitliche Abgrenzung für die Zuständigkeit für die Aussetzung der Vollziehung

Die Befugnisse nach § 570 Abs. 2 und 3 ZPO stehen zeitlich teilweise nebeneinander.   238
Das Ausgangsgericht kann bereits mit dem Erlass einer Entscheidung deren Vollziehung bis zur Rechtskraft aussetzen. Darüber hinaus ist das Ausgangsgericht nach § 570 Abs. 2 ZPO für Entscheidungen über die Aussetzung der Vollziehung bis zur Vorlage der Beschwerde an das Beschwerdegericht zuständig, sofern die Beschwerde bei ihm eingelegt wurde.

Wurde die Beschwerde unmittelbar bei dem Beschwerdegericht eingelegt und ist eine   239
unmittelbare Entscheidung geboten, so kann das Beschwerdegericht noch vor der Abhilfeentscheidung des Ausgangsgerichtes und stattdessen eine Entscheidung nach § 570 Abs. 3 ZPO treffen. Fehlte es an einer solchen Dringlichkeit, hat das Beschwerdegericht die Beschwerde dem Ausgangsgericht auch zur Entscheidung über die Aussetzung der Vollziehung vorzulegen.

Mit der Vorlage der sofortigen Beschwerde beim Beschwerdegericht ist dann allein   240
dieses für die Entscheidung über die Aussetzung der Vollziehung und weiterer Anordnungen zuständig.

---

183 BGH MDR 1988, 479; OLG Karlsruhe OLGR 1998, 95; Zöller-*Greger*, § 294 Rn 4.

6. Rechtsmittel gegen die Aussetzung der Vollziehung

241   Gegen Entscheidung nach § 570 Abs. 2 und 3 ZPO sind grundsätzlich keine Rechtsmittel gegeben. Allerdings ist das Beschwerdegericht berechtigt, eine Entscheidung des Ausgangsgerichtes über die Aussetzung oder Nichtaussetzung der Vollziehung zu korrigieren. Weitergehend ist sogar allgemein anerkannt, dass die Entscheidung jederzeit durch das Gericht von Amts wegen – und damit auch auf Anregung der Bevollmächtigten – geändert oder aufgehoben werden kann. In diesem Sinne kommt der formalen Unanfechtbarkeit[184] nur insoweit Bedeutung zu, dass kein Devolutiveffekt erreichbar ist.

242   Dem Rechtsanwalt bleibt ansonsten die – befristete – Gegenvorstellung, um Belange, die das Gericht seines Erachtens nicht berücksichtigt hat, anzubringen. Wurde die Aussetzung der Vollziehung vom Ausgangsgericht abgelehnt, so bedarf es nach der Vorlage der Sache beim Beschwerdegericht keiner Gegenvorstellung, sondern allein eines erneuten Antrages (im Sinne einer Anregung) auf Aussetzung der Vollziehung an das Beschwerdegericht.

II. Die Stellungnahme des Beschwerdegegners

243   Dem Beschwerdegegner ist zur sofortigen Beschwerde grundsätzlich nach Art. 103 Abs. 1 GG rechtliches Gehör zu gewähren.

244   Zu diesem Zweck ist ihm die sofortige Beschwerde und deren Begründung zu übersenden, und ihm eine im Verhältnis zur Sache angemessene Stellungnahmefrist einzuräumen, vor deren Ablauf nicht entschieden werden kann. Der Beschwerdegegner sollte die Gelegenheit des rechtlichen Gehörs grundsätzlich wahrnehmen und darlegen, aus welchen Gründen die sofortige Beschwerde keinen Erfolg haben kann.

245   *Hinweis*

> Im Rahmen dieser Stellungnahme sollte auch auf mögliche Befürchtungen hingewiesen werden, das Hauptsacheverfahren werde durch die sofortige Beschwerde bewusst verschleppt. In diesen Fällen sollte angeregt werden, für das Hauptsacheverfahren Zweitakten anzulegen und dieses weiter zu fördern. So ist etwa nichts dagegen einzuwenden, wenn nach der Ablehnung eines Sachverständigen das Ausgangsgericht zeitgleich zum Beschwerdeverfahren gegen die Zurückweisung der Ablehnung des Sachverständigen Zeugen vernimmt oder eine Ortsbesichtigung durchführt, soweit der Sachverständige hierfür nicht zwingend benötigt wird.

246   Eine gesonderte Stellungnahme sollte auch dann erfolgen, wenn das Ausgangsgericht die Prozesskostenhilfe deshalb verweigert hat, weil es der Auffassung ist, dass der Beschwerdeführer aufgrund seiner wirtschaftlichen und persönlichen Verhältnisse in

---

184 OLG Köln ZMR 1990, 419.

der Lage ist, die Prozesskosten ganz oder teilweise zu tragen, und der Beschwerdegegner hierzu nichts sagen kann. Es bleibt dem Beschwerdegegner unbenommen, auch in diesem Fall mit der Beschwerdeerwiderung darzulegen, dass die wirtschaftlichen und persönlichen Verhältnisse dahinstehen können, weil die Rechtsverfolgung oder die Rechtsverteidigung jedenfalls keine hinreichende Aussicht auf Erfolg bietet oder mutwillig ist.

Das Beschwerdegericht wird danach gezwungen, zu dieser Frage Stellung zu beziehen, wenn die Einwendungen des Beschwerdeführers im Übrigen durchgreifen. Hieraus können dann möglicherweise Anhaltspunkte für weiteren tatsächlichen oder rechtlichen Vortrag im Hauptsacheverfahren gewonnen werden, weil das über die PKH-Beschwerde entscheidende Beschwerdegericht in vielen Fällen mit dem möglichen Berufungsgericht identisch sein wird.   247

Neben der Stellungnahme zur Beschwerde hat der Gegner, insbesondere auch bei Kostenbeschwerden, wenn für ihn selbst der besondere Beschwerdewert des § 567 Abs. 2 ZPO nicht erreicht ist, die Möglichkeit Anschlussbeschwerde zu erheben. Dazu nachfolgend.   248

J. Die Anschlussbeschwerde

Nach § 567 Abs. 3 ZPO kann sich der Beschwerdegegner der Beschwerde des Beschwerdeführers anschließen,[185] auch wenn die Beschwerdefrist, d.h. die Notfrist des § 569 Abs. 1 S. 1 ZPO von zwei Wochen, für ihn bereits verstrichen ist oder er sogar auf die Beschwerde verzichtet hat. Die Anschlussbeschwerde ist auch dann statthaft, wenn für den Anschlussbeschwerdeführer der besondere Beschwerdewert nach § 567 Abs. 2 ZPO nicht erreicht wird.[186]   249

Insoweit können auch taktische Erwägungen zum Tragen kommen. Wird einem Antrag des Gegners nur teilweise stattgegeben, so mag der Mandant und Beschwerdegegner dies zunächst akzeptieren, wenn die Angelegenheit damit ihr Bewenden hat. Verfolgt der Gegner und Beschwerdeführer sein Begehren nun aber mit der sofortigen Beschwerde weiter, gibt es keinen Grund, dass nicht auch der Beschwerdegegner die vollständige Abweisung des Ausgangsantrags weiter betreibt. Hier gibt ihm die Anschlussbeschwerde die entsprechenden Möglichkeiten, da die eigene Beschwerdefrist regelmäßig abgelaufen sein wird, wenn er Kenntnis von der sofortigen Beschwerde des Gegners im Rahmen seiner Anhörung erhält.   250

Die Anschlussbeschwerde kommt aber insbesondere auch im Kostenrecht zur Anwendung, wenn für den eigenen Mandanten die eigene und originäre Beschwerdemöglichkeit mangels Erreichen des besonderen Beschwerdewertes nach § 567 Abs. 2   251

---

185 Muster unter Rn 283.
186 MüKo-*Lipp*, ZPO-Reform, § 567 Rn 26.

ZPO von mehr als 200 EUR nicht erreicht wird. Die Kostenbeschwerde des Gegners kann dann auch dem eigenen Mandanten die Möglichkeit geben, insbesondere die Kostenfestsetzung zu überprüfen. Für die Anschlussbeschwerde greift § 567 Abs. 2 ZPO nämlich nicht. Es ergibt sich auch eine andere Zuständigkeit für die Entscheidung über die Kosteneinwendungen des Mandanten, da über die sofortige Erinnerung nach § 11 Abs. 2 RPflG als Ersatz für die nach § 567 Abs. 2 ZPO nicht mögliche sofortige Beschwerde der Richter des Ausgangsgerichts entscheidet, während über die Anschlussbeschwerde das nächsthöhere Gericht entscheidet.

252   *Hinweis*

Insoweit entsteht ein echtes Wahlrecht bei Einwendungen gegen die Kostenfestsetzung mit einer Beschwer bis 200 EUR zwischen der sofortigen Erinnerung nach § 11 Abs. 2 RPflG und der Anschlussbeschwerde.

253   Nimmt der Beschwerdeführer seine sofortige Beschwerde zurück oder wird diese vom Beschwerdegericht als unzulässig verworfen, verliert allerdings auch die Anschlussbeschwerde ihre Wirkung. Die ursprüngliche Entscheidung, die angefochten wurde, erwächst damit in formelle Rechtskraft.

254   Wird die Anschlussbeschwerde nur deshalb wirkungslos, weil die Hauptbeschwerde zurückgenommen oder als unzulässig verworfen wird, hat der Hauptbeschwerdeführer die gesamten Kosten des Beschwerdeverfahrens einschließlich der Kosten der Anschlussbeschwerde zu tragen.

255   Streitig ist das Schicksal der Anschlussbeschwerde, wenn die Anschließung noch innerhalb der Notfrist des § 569 Abs. 1 S. 1 ZPO erfolgt ist. Nach einer Ansicht wird die Anschlussbeschwerde als eigenständige sofortige Beschwerde auch dann weitergeführt, wenn die sofortige Beschwerde des Gegners zurückgenommen oder als unzulässig verworfen wird.[187] Nach anderer Ansicht hat der Gesetzgeber mit der Streichung von § 577a S. 3 ZPO a.F. dokumentiert, dass er die Anschlussbeschwerde ebenso wie die Anschlussberufung nur noch als unselbständiges Rechtsmittel hat konzipieren wollen.[188]

256   *Tipp*

Um die Fortführung der eigenen Beschwerde sicherzustellen, sollte diese nicht als Anschlussbeschwerde bezeichnet werden, wenn Sie noch im Rahmen der Notfrist des § 569 Abs. 1 S. 1 ZPO eingelegt wird.

---

187 Vorwerk-*Piekenbrock*, Prozessformularbuch, 8. Aufl. 2004, Kap. 69 Rn 45.
188 MüKo-*Lipp*, ZPO-Reform, § 567 Rn 28; so auch ausdrücklich die Gesetzesbegründung BT-Drucks 14/4722 in den allgemeinen Erwägungen, S. 70, und den Erläuterungen zu § 567 Abs. 3 n.F., S. 100.

Wirksam wird die Anschlussbeschwerde mit dem Eingang beim Beschwerdege-   257
richt,[189] so dass der Bevollmächtigte des Beschwerdegegners stets gehalten ist, die
Anschlussbeschwerde dort einzureichen. Eine erst nach Beendigung des Beschwerdeverfahrens eingereichte oder beim Beschwerdegericht eingehende Anschlussbeschwerde ist unzulässig.[190]

Soweit die Anschlussbeschwerde vor Abschluss des Abhilfeverfahrens eingelegt wird,   258
ist auch hinsichtlich der Anschlussbeschwerde über die Abhilfe zu entscheiden. Anderenfalls findet keine Abhilfeentscheidung statt, so dass die Anschlussbeschwerde
nicht als Möglichkeit zur Verfahrensverzögerung genutzt werden kann.

K. Die Kosten des Beschwerdeverfahrens

I. Allgemeines

Auch im Beschwerdeverfahren ist grundsätzlich eine Kostenentscheidung nach den   259
§§ 91 ff. ZPO zu treffen. Bei der Zurückweisung als unbegründet oder Verwerfung als
unzulässig sind dem Beschwerdeführer die Kosten nach § 97 Abs. 1 ZPO aufzuerlegen. Hat die Beschwerde dagegen ganz oder teilweise Erfolg, so ist die Kostenentscheidung nach §§ 91, 92 ZPO im Verhältnis zum jeweiligen Obsiegen und
Unterliegen zu treffen. Die Kostenentscheidung ist vom Ausgangsgericht zu treffen,
wenn es der Beschwerde vollständig abgeholfen hat,[191] anderenfalls ist diese vom
Beschwerdegericht zu treffen.

> *Hinweis*   260
>
> Ist die Kostenentscheidung versehentlich unterlassen worden, so kommt eine Be-
> schlussergänzung nach § 321 ZPO in Betracht.[192]

Voraussetzung einer jeden Kostenentscheidung ist, dass überhaupt erstattungsfähige   261
Kosten angefallen sind und sich die Kostenentscheidung nicht schon unmittelbar aus
dem Gesetz ergibt. So bedarf es bei Streitwertbeschwerden (§ 68 Abs. 3 S. 2 GKG)
und bei PKH-Beschwerden (§ 118 Abs. 1 S. 4 ZPO) keiner Kostenentscheidung.

Wird die Ausgangsentscheidung aufgehoben und das Verfahren zurückverwiesen, so   262
unterbleibt eine Kostenentscheidung bzw. diese ist dem Erstgericht zu übertragen, da
der Ausgang des Verfahrens und damit das jeweilige Obsiegen und Unterliegen noch
offen sind.

---

189 OLG Köln FamRZ 2000, 127.
190 OLG Bremen FamRZ 1989, 649.
191 KG DR 1940, 2190.
192 OLG Koblenz NJW-RR 1992, 892; OLG Koblenz Beschl. v. 28.3.2006 – 4 SmA 48/05.

263   Soweit die Beschwerde zurückgenommen wurde, ist über die Kosten nach § 516 Abs. 3 ZPO analog zu entscheiden. § 269 Abs. 3 ZPO ist nicht anwendbar.[193] Damit ist von Amts wegen über die Kostentragungspflicht des Beschwerdeführers und den Verlust des Beschwerderechtes zu entscheiden. Wird die Beschwerde noch vor dem Abschluss des Abhilfeverfahrens zurückgenommen, so hat das Ausgangsgericht die Entscheidung nach § 516 Abs. 3 ZPO analog zu treffen.[194] Dies gilt auch, wenn die Beschwerde zurückgenommen wird, nachdem das Ausgangsgericht dieser teilweise abgeholfen hat.

264   Soweit sich die sofortige Beschwerde vor einer Entscheidung hierüber erledigt, ist über die Kosten nach § 91a ZPO zu entscheiden. Soweit die Parteien hier eine Vereinbarung treffen können sie die Kostenprivilegierung nach Nr. 1211 KVGKG in Anspruch nehmen.

265   Werden in der gleichen Angelegenheit mehrere Beschwerden eingelegt, so ist zu unterscheiden, ob über die Beschwerden isoliert entschieden wird oder ob diese zu einer gemeinsamen Entscheidung verbunden wurden. Bei einer isolierten Entscheidung ist gesondert für die jeweilige Beschwerde über die Kosten zu entscheiden. Wurden die Beschwerden verbunden, so ist eine einheitliche Kostenentscheidung nach den §§ 91, 92, 97 ZPO zu treffen.

II.   Die Gerichtsgebühren

266   Soweit keine speziellere Vorschrift eingreift, fällt für das Beschwerdeverfahren eine Festgebühr in Höhe von 50 EUR nach Nr. 1811 KVGKG an, soweit die Beschwerde verworfen oder zurückgewiesen wird.

267   Eine Festgebühr von 75 EUR fällt bei Beschwerden nach den §§ 91a Abs. 2, 99 Abs. 2 und 269 Abs. 5 ZPO nach Nr. 1810 KVGKG an. Insoweit handelt es sich um eine speziellere Vorschrift zu Nr. 1811 KVGKG.

268   Zwar fehlt es für die Beschwerde – anders als bei einer Klage – bei einer Rücknahme der Beschwerde im Hinblick auf die Gerichtskosten an einem ausdrücklichen Begünstigungstatbestand. Dieser ergibt sich aber – jedoch nur im Anwendungsbereich von Nr. 1811 KVGKG, nicht dagegen bei den Beschwerden nach den §§ 91a Abs. 2, 99 Abs. 2 und 269 Abs. 5 ZPO – daraus, dass bei einer Rücknahme die Beschwerde eben nicht verworfen oder zurückgewiesen wurde. Damit fehlt es an einem Gebührentatbestand, so dass auch keine Gerichtsgebühr entsteht, § 1 GKG.

269   Ist die Beschwerde dagegen in vollem Umfang erfolgreich, so fällt keine Gebühr an. Ist die Beschwerde teilweise erfolgreich und teilweise erfolglos, so kann das Gericht nach Ermessen die Gebühr nach Nr. 1811 KVGKG ermäßigen.

---

193 BGH LM § 515 ZPO Nr. 1.
194 OLG Celle MDR 1960, 507; OLG Neustadt NJW 1965, 591.

Wird über mehrere Beschwerden gegen dieselbe Ausgangsentscheidung einheitlich **270** geschieden, so liegt gebührenrechtlich nur ein Verfahren vor. Werden in derselben Sache dagegen mehrere ergangene Entscheidungen jeweils mit einer selbstständigen Beschwerde angefochten, so ist jedes Beschwerdeverfahren gebührenrechtlich als neues Verfahren zu behandeln. Gerichtsgebührenfrei sind die Entscheidungen nach § 570 Abs. 2 und Abs. 3 ZPO über die Aussetzung der Vollziehung der angefochtenen Entscheidung.

III. Die Rechtsanwaltsgebühren

Die Rechtsanwaltsgebühren bemessen sich in Beschwerdeverfahren nunmehr nach **271** Abschnitt 5 der Anlage 1 zum RVG, d.h. Nr. 3500 ff. VV. Danach erhält der Rechtsanwalt nach Nr. 3500 VV eine 0,5-Verfahrensgebühr und ggf. nach Nr. 3513 VV eine weitere 0,5-Terminsgebühr.

In Arrest- und einstweilige Verfügungsverfahren erhöht sich die Terminsgebühr nach **272** Nr. 3513, 3514 RVG-VV auf 1,2.

Hinweis **273**

Für vor dem 1.7.2004 erteilte unbedingte Aufträge, die allerdings kaum noch vorliegen dürften, verbleibt es bei den Gebühren nach den §§ 61, 61a BRAGO, wonach der Rechtsanwalt 5/10 der in § 31 BRAGO vorgesehenen Gebühren, d.h. im Regelfall der Prozessgebühr, erhält. Kommt es zur mündlichen Verhandlung, erhält er weitere 5/10 der Verhandlungsgebühr und, soweit es hier auch zur Beweisaufnahme kommt, weitere 5/10 der Beweisgebühr.

Der Rechtsanwalt verdient die Gebühr auch dann, wenn er als Vertreter des Be- **274** schwerdegegners nach einer Sachprüfung auf die Einreichung eines Schriftsatzes verzichtet.[195]

Wird gegen verschiedene Entscheidungen im Rahmen eines Hauptsacheverfahrens **275** sofortige Beschwerde eingelegt, handelt es sich nach §§ 18, 19 RVG jeweils um eine eigene Angelegenheit.[196]

Die Tätigkeit des Rechtsanwalts im Rahmen eines Antrags auf Aussetzung der Voll- **276** ziehung nach § 570 Abs. 2 und 3 ZPO ist von der Verfahrensgebühr nach Nr. 3500 VV umfasst und wird nicht gesondert vergütet. Etwas anderes gilt nur dann, wenn der Rechtsanwalt nicht als Prozessbevollmächtigter bestellt war. In diesem Fall erhält er die 0,8-Verfahrensgebühr nach Nr. 3403 VV bzw. bei Abrechnungen nach der BRAGO gem. § 56 BRAGO eine halbe Gebühr für die Fertigung der Beschwerde und eine weitere halbe Gebühr für die Teilnahme an einem Termin.

---

195 *Schneider/Wolf*, RVG, VV 3500 Rn 28.
196 Musielak-*Ball*, § 567 Rn 29; *Schneider/Wolf*, RVG, VV 3500 Rn 17.

IV. Der Gegenstandswert in Beschwerdeverfahren

277   Der Gegenstandswert für die Beschwerde bestimmt sich grundsätzlich nach dem Interesse des Beschwerdeführers an der Aufhebung oder Abänderung der angefochtenen Entscheidung zum Zeitpunkt der Einreichung der Beschwerdeschrift, § 23 Abs. 2, 3 S. 2 RVG.[197] Dabei kann der Beschwerdewert niemals höher sein als der Wert der Hauptsache, § 23 Abs. 2 S. 2 RVG.

278   Soweit sich der Gegenstandswert danach nicht bestimmen lässt, greift der Regelwert von zumindest 4.000 EUR.

279   Die Rechtsprechung nimmt als Gegenstandswert regelmäßig einen Bruchteil der Hauptsache an:

- In Beschwerdeverfahren über die **Aussetzung der Hauptsache**: Etwa 1/5 des Wertes der Hauptsache.[198]
- In Beschwerdeverfahren über die **Kostengrundentscheidung** (insbesondere §§ 91a, 99 Abs. 2, 269 Abs. 3 ZPO): Entscheidend sind die Mehr- oder Minderkosten des Beschwerdeführers, wenn die Kostengrundentscheidung im begehrten Sinne geändert wird.
- In Beschwerdeverfahren über die **Kostenfestsetzung**: Entscheidend ist der Mehr- oder Minderbetrag, den der Beschwerdeführer zu tragen hat, wenn die Kostenfestsetzung im begehrten Sinne geändert wird.
- In Beschwerdeverfahren über die **Gewährung von Prozesskostenhilfe** ist die Sonderbestimmung über den Gegenstandswert nach Nr. 3335 Abs. 1 RVG-VV zu beachten. Danach ist der Gegenstandswert der Hauptsache auch dem Prozesskostenhilfeverfahren zugrundezulegen, soweit es um die grundsätzliche Frage der Bewilligung oder der Aufhebung der Bewilligung geht. Soweit es nur um Einzelentscheidungen, etwa die Höhe der Ratenzahlung, geht, ist der Wert nach billigem Ermessen zu schätzen.
- In Beschwerdeverfahren über die **Ablehnung eines Richters** zeigt sich eine uneinheitliche Rechtsprechung. Hier wird zum Teil ein Bruchteil des Wertes der Hauptsache angenommen,[199] andererseits aber auch auf den vollen Wert der Hauptsache abgestellt.[200] Richtigerweise wird davon auszugehen sein, dass es sich um eine nichtvermögensrechtliche Streitigkeit handelt, so dass der Gegenstandswert in entsprechender Anwendung von § 48 Abs. 2 GKG mit einem Bruchteil des Wertes der Hauptsache zu schätzen ist.[201]

---

197 Zu den Gegenstandswerten bei einzelnen Beschwerdeverfahren vgl. *Schneider/Wolf*, RVG, VV 3500 Rn 37 ff.
198 KG AGS 2003, 81; OLG Koblenz AGS 2005, 560.
199 OLG Koblenz RPfleger 1988, 507 und JurBüro 1991, 503 (10 % der Hauptsache); OLG Frankfurt MDR 1980, 145 (1/3 der Hauptsache); OLG Hamburg MDR 1990, 58 (1/3 der Hauptsache).
200 BGH NJW 1968, 796; OLG Hamm MDR 1978, 582; OLG München OLGR 1994, 263; OLG München AnwBl 1995, 572; OLG Düsseldorf NJW-RR 1994, 1086.
201 *Schneider/Wolf*, RVG, VV 3500 Rn 43 mit weiteren Nachweisen in Fn 38.

■ In Beschwerdeverfahren über die **Ablehnung eines Sachverständigen** gelten die gleichen Grundsätze wie bei der Ablehnung eines Richters. Soweit ein Bruchteil des Gegenstandswertes der Hauptsache herangezogen wird, ist allerdings zu berücksichtigen, dass der abgelehnte Richter über die Sache als Ganzes entscheidet, während der abgelehnte Sachverständige lediglich eine – wenn auch wesentliche – Grundlage für die Entscheidung des Richters schafft. Insoweit erscheint es gerechtfertigt, in der Regel einen geringeren Bruchteil anzusetzen. Auch hier zeigt sich die Rechtsprechung uneinheitlich, wenngleich eine überwiegende Auffassung wohl 1/3 des Gegenstandswertes der Hauptsache zugrunde legt.[202]

■ In Beschwerdeverfahren im **Zwangsvollstreckungsrecht** ist nach § 23 Abs. 2 i.V.m. § 25 RVG grundsätzlich auf den Wert der Vollstreckungsforderung zuzüglich Zinsen und Kosten abzustellen.[203]

L. Grundmuster für das Beschwerdeverfahren

I. Grundmuster einer sofortige Beschwerde gegen eine amtsgerichtliche Entscheidung zum Landgericht

An das   280
Landgericht
– Beschwerdekammer –
in ▓▓▓▓▓

über das
Amtsgericht[204]
in ▓▓▓▓▓

Sofortige Beschwerde nach § ▓▓▓▓▓

In der ▓▓▓▓▓sache
des ▓▓▓▓▓

– Beschwerdeführer –

Verfahrensbevollmächtigte: RAe ▓▓▓▓▓
gegen
den ▓▓▓▓▓

---

202 OLG Naumburg OLGR 1998, 323 (Wert der Hauptsache); OLG Celle OLGR 1994, 109 (1/3 der Hauptsache); OLG Düsseldorf MDR 2004, 1084 (1/3 der Hauptsache); OLG Frankfurt MDR 1980, 145 (1/3 der Hauptsache); OLG Hamburg MDR 1990, 58 (1/3 der Hauptsache); OLG Bamberg („ca." 1/3 der Hauptsache); OLG Dresden (1/10 der Hauptsache).
203 Hierzu ausführlich *Goebel*, AnwF Zwangsvollstreckungsrecht, § 15 Rn 128 ff.
204 Ausgangsgericht.

– Beschwerdegegner –

Verfahrensbevollmächtigte: RAe ▨▨▨▨▨▨

an der weiter beteiligt ist: ▨▨▨▨▨▨[205]

wird hiermit namens und in Vollmacht des Beschwerdeführers gegen die Entscheidung des AG vom ▨▨▨▨▨, Az: ▨▨▨▨▨, Beschwerde eingelegt.

Es wird beantragt:

Unter Abänderung der angefochtenen Entscheidung wird ▨▨▨▨▨▨.

Zur **Begründung** wird Folgendes ausgeführt:

I.

Mit der angefochtenen Entscheidung vom ▨▨▨▨▨ hat das Ausgangsgericht beschlossen, dass ▨▨▨▨▨.

Die Entscheidung ist unzutreffend und im Sinne des vorstehenden Antrags durch das Ausgangsgericht nach § 572 Abs. 1 S. 1 ZPO oder aber das angerufene Beschwerdegericht zu ändern.

Die Entscheidung ist nach § ▨▨▨▨▨ ZPO ergangen und dementsprechend nach § ▨▨▨▨▨ ZPO mit der sofortigen Beschwerde angreifbar.

Die angefochtene Entscheidung wurde dem Beschwerdeführer am ▨▨▨▨▨ zugestellt. Die Notfrist des § 569 Abs. 1 S. 1 ZPO endet damit am ▨▨▨▨▨ und wird durch den vorliegenden Schriftsatz gewahrt.

❏ Für die Entscheidung über die sofortige Beschwerde ist nach § 72 GVG das Landgericht berufen. Eine abweichende Fallkonstellation nach § 119 Abs. 1 Nr. 1 GVG liegt nicht vor.

❏ Soweit zunächst der originäre Einzelrichter beim zuständigen Beschwerdegericht nach § 568 ZPO zuständig ist, weil die angefochtene Entscheidung von einem
 ❏ Einzelrichter
 ❏ Rechtspfleger
erlassen wurde, wird gebeten, diese nach § 568 S. 2 ZPO
 ❏ der Kammer
 ❏ dem Senat
vorzulegen, da die Rechtssache
 ❏ besondere Schwierigkeiten tatsächlicher oder rechtlicher Art aufweist,
 ❏ grundsätzliche Bedeutung hat,
was sich daraus ergibt, dass ▨▨▨▨▨.

---

205 Soweit Dritte noch am Verfahren beteiligt sind.

II.

Die angefochtene Entscheidung erweist sich im Ergebnis als unzutreffend.

❏ Soweit das Ausgangsgericht ausführt, dass ▨▨▨▨▨, geht es von falschen tatsächlichen Voraussetzungen aus.
Richtig ist vielmehr, dass ▨▨▨▨▨.

Glaubhaftmachung: Eidesstattliche Versicherung des Beschwerdeführers vom ▨▨▨▨▨, anliegend im Original

❏ Die angefochtene Entscheidung beruht auf § ▨▨▨▨▨ ZPO. Danach ist ▨▨▨▨▨, wenn ▨▨▨▨▨. Diese Voraussetzungen liegen hier nicht vor, weil ▨▨▨▨▨.

❏ ▨▨▨▨▨

III.

Soweit das erkennende Beschwerdegericht der diesseitigen Auffassung nicht zu folgen vermag, wird schon jetzt beantragt,

die Entscheidung über die Beschwerde nach § 568 S. 2 ZPO auf die Kammer zu übertragen

und

die Rechtsbeschwerde zum Bundesgerichtshof zuzulassen.

Die vom Beschwerdeführer dargelegte Auffassung wird von der Rechtsprechung der Oberlandesgerichte in ▨▨▨▨▨ geteilt (vgl. ▨▨▨▨▨[206]). Soweit das angerufene Gericht dieser Auffassung nicht folgt, ist eine Entscheidung des Rechtsbeschwerdegerichts zur Fortbildung des Rechts und Sicherung einer einheitlichen Rechtsprechung erforderlich.

(Rechtsanwalt)

---

206 Fundstellen der abweichenden ober- oder höchstrichterlichen Rechtsprechung.

II. Grundmuster einer sofortige Beschwerde gegen eine landgerichtliche Entscheidung zum Oberlandesgericht

281 An das
Oberlandesgericht
– Beschwerdesenat –

in ▨
über das
Landgericht[207]
in ▨

Sofortige Beschwerde nach § ▨

In der ▨sache
des ▨

– Beschwerdeführer –

Verfahrensbevollmächtigte: RAe ▨
gegen
den ▨

– Beschwerdegegner –

Verfahrensbevollmächtigte: RAe ▨

an der weiter beteiligt ist: ▨[208]

wird hiermit namens und in Vollmacht des Beschwerdeführers gegen die Entscheidung des Landgerichts in ▨ vom ▨, Az: ▨, Beschwerde eingelegt.

Es wird beantragt:

Unter Abänderung der angefochtenen Entscheidung wird ▨.

Zur **Begründung** wird Folgendes ausgeführt:

I.

Mit der angefochtenen Entscheidung vom ▨ hat das Ausgangsgericht beschlossen, dass ▨.

Die Entscheidung ist unzutreffend und im Sinne des vorstehenden Antrags durch das Ausgangsgericht nach § 572 Abs. 1 S. 1 ZPO oder aber das angerufene Beschwerdegericht zu ändern.

---

207 Ausgangsgericht.
208 Soweit Dritte noch am Verfahren beteiligt sind.

Die Entscheidung ist nach § ▬▬ ZPO ergangen und dementsprechend nach § ▬▬ ZPO mit der sofortigen Beschwerde angreifbar.

Die angefochtene Entscheidung wurde dem Beschwerdeführer am ▬▬ zugestellt. Die Notfrist des § 569 Abs. 1 S. 1 ZPO endet damit am ▬▬ und wird durch den vorliegenden Schriftsatz gewahrt.

❏ Für die Entscheidung über die sofortige Beschwerde ist nach § 119 Abs. 1 Nr. 2 GVG das Oberlandesgericht berufen.

❏ Soweit zunächst der originäre Einzelrichter beim zuständigen Beschwerdegericht nach § 568 ZPO zuständig ist, weil die angefochtene Entscheidung von einem

    ❏ Einzelrichter

    ❏ Rechtspfleger

erlassen wurde, wird gebeten, diese nach § 568 S. 2 ZPO

    ❏ dem Senat

vorzulegen, da die Rechtssache

    ❏ besondere Schwierigkeiten tatsächlicher oder rechtlicher Art aufweist,

    ❏ grundsätzliche Bedeutung hat,

was sich daraus ergibt, dass ▬▬.

II.

Die angefochtene Entscheidung erweist sich im Ergebnis als unzutreffend.

■ Soweit das Ausgangsgericht ausführt, dass ▬▬, geht es von falschen tatsächlichen Voraussetzungen aus.

    Richtig ist vielmehr, dass ▬▬.

    Glaubhaftmachung: Eidesstattliche Versicherung des Beschwerdeführers vom ▬▬, anliegend im Original

■ Die angefochtene Entscheidung beruht auf § ▬▬ ZPO. Danach ist ▬▬, wenn ▬▬. Diese Voraussetzungen liegen hier nicht vor, weil ▬▬.

■ ▬▬

III.

Soweit das erkennende Beschwerdegericht der diesseitigen Auffassung nicht zu folgen vermag, wird schon jetzt beantragt,

    die Entscheidung über die Beschwerde nach § 568 S. 2 ZPO auf den Senat zu übertragen

und

    die Rechtsbeschwerde zum Bundesgerichtshof zuzulassen.

Die vom Beschwerdeführer dargelegte Auffassung wird von der Rechtsprechung der Oberlandesgerichte in ▬▬▬ geteilt (vgl. ▬▬▬[209]). Soweit das angerufene Gericht dieser Auffassung nicht folgt, ist eine Entscheidung des Rechtsbeschwerdegerichts zur Fortbildung des Rechts und Sicherung einer einheitlichen Rechtsprechung erforderlich.

(Rechtsanwalt)

III. Grundmuster einer sofortigen Beschwerde gegen eine amtsgerichtliche Entscheidung wegen Auslandsberührung an das Oberlandesgericht

282 An das
Oberlandesgericht
– Beschwerdesenat –

in ▬▬▬
über das
Amtsgericht[210]
in ▬▬▬

Sofortige Beschwerde nach ▬▬▬

In der ▬▬▬sache
des ▬▬▬

– Beschwerdeführer –

Verfahrensbevollmächtigte: RAe ▬▬▬
gegen
den ▬▬▬

– Beschwerdegegner –

Verfahrensbevollmächtigte: RAe ▬▬▬
an der weiter beteiligt ist: ▬▬▬[211]

wird hiermit namens und in Vollmacht des Beschwerdeführers gegen die Entscheidung des Landgerichts in ▬▬▬ vom ▬▬▬, Az: ▬▬▬, Beschwerde eingelegt.

Es wird beantragt:

Unter Abänderung der angefochtenen Entscheidung wird ▬▬▬.

---

209 Fundstellen der abweichenden ober- oder höchstrichterlichen Rechtsprechung.
210 Ausgangsgericht.
211 Soweit Dritte noch am Verfahren beteiligt sind.

Zur **Begründung** wird Folgendes ausgeführt:

I.

Mit der angefochtenen Entscheidung vom ▒▒▒▒▒ hat das Ausgangsgericht beschlossen, dass ▒▒▒▒▒.

Die Entscheidung ist unzutreffend und im Sinne des vorstehenden Antrags durch das Ausgangsgericht nach § 572 Abs. 1 S. 1 ZPO oder aber das angerufene Beschwerdegericht zu ändern.

Die Entscheidung ist nach § ▒▒▒▒▒ ZPO ergangen und dementsprechend nach § ▒▒▒▒▒ ZPO mit der sofortigen Beschwerde angreifbar.

Die angefochtene Entscheidung wurde dem Beschwerdeführer am ▒▒▒▒▒ zugestellt. Die Notfrist des § 569 Abs. 1 S. 1 ZPO endet damit am ▒▒▒▒▒ und wird durch den vorliegenden Schriftsatz gewahrt.

❏ Für die Entscheidung über die sofortige Beschwerde ist nach
  ❏ § 119 Abs. 1 Nr. 2 GVG
  ❏ § 119 Abs. 1 Nr. 3 GVG
  das Oberlandesgericht berufen.
  ❏ Der Beschwerdeführer
  ❏ Der Beschwerdegegner
  hat seinen allgemeinen Gerichtsstand zum Zeitpunkt der Rechtshängigkeit der Hauptsache in ▒▒▒▒▒ und damit im Ausland gehabt.

Der Unterzeichner geht davon aus, dass es insoweit keiner Glaubhaftmachung bedarf, weil diese Tatsache aufgrund des Rubrums der angegriffenen Entscheidung gerichtsbekannt sein dürfte. Anderenfalls wird um einen gerichtlichen Hinweis gebeten, damit die Glaubhaftmachung nachgeholt werden kann.

  ❏ Das Amtsgericht hat in seiner Entscheidung ausländisches Recht, nämlich § ▒▒▒▒▒ angewandt und dies ausweislich Seite ▒▒▒▒▒ der angefochtenen Entscheidung zum Ausdruck gebracht.
❏ Soweit zunächst der originäre Einzelrichter beim zuständigen Beschwerdegericht nach § 568 ZPO zuständig ist, weil die angefochtene Entscheidung von einem
  ❏ Einzelrichter
  ❏ Rechtspfleger
  erlassen wurde, wird gebeten, diese nach § 568 S. 2 ZPO
  ❏ dem Senat
  vorzulegen, da die Rechtssache
  ❏ besondere Schwierigkeiten tatsächlicher oder rechtlicher Art aufweist,
  ❏ grundsätzliche Bedeutung hat,
  was sich daraus ergibt, dass ▒▒▒▒▒.

II.

Die angefochtene Entscheidung erweist sich im Ergebnis als unzutreffend.

❑ Soweit das Ausgangsgericht ausführt, dass ▨▨▨▨, geht es von falschen tatsächlichen Voraussetzungen aus.

Richtig ist vielmehr, dass ▨▨▨▨.

Glaubhaftmachung: Eidesstattliche Versicherung des Beschwerdeführers vom ▨▨▨▨, anliegend im Original

❑ Die angefochtene Entscheidung beruht auf § ▨▨▨▨ ZPO. Danach ist ▨▨▨▨, wenn ▨▨▨▨. Diese Voraussetzungen liegen hier nicht vor, weil ▨▨▨▨.

❑ ▨▨▨▨

III.

Soweit das erkennende Beschwerdegericht der diesseitigen Auffassung nicht zu folgen vermag, wird schon jetzt beantragt,

die Entscheidung über die Beschwerde nach § 568 S. 2 ZPO auf den Senat zu übertragen

und

die Rechtsbeschwerde zum Bundesgerichtshof zuzulassen.

Die vom Beschwerdeführer dargelegte Auffassung wird von der Rechtsprechung der Oberlandesgerichte in ▨▨▨▨ geteilt (vgl. ▨▨▨▨[212]). Soweit das angerufene Gericht dieser Auffassung nicht folgt, ist eine Entscheidung des Rechtsbeschwerdegerichts zur Fortbildung des Rechts und Sicherung einer einheitlichen Rechtsprechung erforderlich.

(Rechtsanwalt)

---

212 Fundstellen der abweichenden ober- oder höchstrichterlichen Rechtsprechung.

IV. Grundmuster einer Anschlussbeschwerde des Beschwerdegegners

An das   283
Landgericht/Oberlandesgericht
– Beschwerdekammer/Beschwerdesenat –

in ▮▮▮▮▮
über das
Amtsgericht/Landgericht[213]
in ▮▮▮▮▮

Anschlussbeschwerde nach § 567 Abs. 3 ZPO

In der ▮▮▮▮▮sache
des ▮▮▮▮▮

– Beschwerdeführer –

Verfahrensbevollmächtigte: RAe ▮▮▮▮▮
gegen
den ▮▮▮▮▮

– Beschwerdegegner –

Verfahrensbevollmächtigte: RAe ▮▮▮▮▮
an der weiter beteiligt ist: ▮▮▮▮▮[214]

schließt sich der Beschwerdegegner der sofortigen Beschwerde des Beschwerdeführers vom ▮▮▮▮▮ nach § 567 Abs. 3 ZPO hiermit an.

Namens und in Vollmacht des Beschwerdegegners wird dementsprechend gegen die
Entscheidung des AG vom ▮▮▮▮▮, Az: ▮▮▮▮▮, Anschlussbeschwerde eingelegt
und beantragt:

Unter teilweiser Abänderung der angefochtenen Entscheidung wird ▮▮▮▮▮.

Zur **Begründung** wird Folgendes ausgeführt:

I.

Mit der angefochtenen Entscheidung vom ▮▮▮▮▮ hat das Ausgangsgericht beschlossen, dass ▮▮▮▮▮.

Soweit die Entscheidung den Ausspruch enthält, dass ▮▮▮▮▮, ist diese unzutreffend
und im Sinne des vorstehenden Antrags durch das Ausgangsgericht nach § 572 Abs. 1
S. 1 ZPO oder aber durch das angerufene Beschwerdegericht zu ändern.

---

213 Ausgangsgericht.
214 Soweit Dritte noch am Verfahren beteiligt sind.

Die Entscheidung ist nach § ZPO ergangen und dementsprechend nach § ZPO mit der sofortigen Beschwerde angreifbar. Dies hat der Beschwerdeführer mit seiner sofortigen Beschwerde vom getan.

Auch wenn die Beschwerdefrist des § 569 Abs. 1 S. 1 ZPO für den Beschwerdegegner inzwischen abgelaufen ist, kann sich dieser der Beschwerde des Beschwerdeführers nach § 567 Abs. 3 ZPO noch anschließen.

Für die Entscheidung über die sofortige Beschwerde ist nach § 72 GVG das Landgericht berufen. Eine abweichende Fallkonstellation nach § 119 Abs. 1 Nr. 1 GVG liegt nicht vor.

II.

Die angefochtene Entscheidung erweist sich im Ergebnis in dem aus dem Antrag ersichtlichen Umfange als unzutreffend.

❏ Soweit das Ausgangsgericht ausführt, dass , geht es von falschen tatsächlichen Voraussetzungen aus.

Richtig ist vielmehr, dass .

Glaubhaftmachung: Eidesstattliche Versicherung des Beschwerdeführers vom , anliegend im Original

❏ Die angefochtene Entscheidung beruht auf § ZPO. Danach ist , wenn . Diese Voraussetzungen liegen hier nicht vor, weil .

❏

III.

Soweit das erkennende Beschwerdegericht der diesseitigen Auffassung nicht zu folgen vermag, wird schon jetzt beantragt,

die Rechtsbeschwerde zum Bundesgerichtshof zuzulassen.

Die vom Beschwerdeführer dargelegte Auffassung wird von der Rechtsprechung der Oberlandesgerichte in geteilt (vgl. [215]). Soweit das angerufene Gericht dieser Auffassung nicht folgt, ist eine Entscheidung des Rechtsbeschwerdegerichts zur Fortbildung des Rechts und Sicherung einer einheitlichen Rechtsprechung erforderlich.

---

215 Fundstellen der abweichenden ober- oder höchstrichterlichen Rechtsprechung.

Aus diesem Grunde wird auch beantragt,

die Entscheidung über die sofortige Beschwerde und die Anschlussbeschwerde nach § 568 S. 2 ZPO auf die Kammer zu übertragen.

(Rechtsanwalt)

V. Muster eines Antrages auf Erlass einer einstweiligen Anordnung nach § 570 Abs. 3 ZPO

An das   284

❏ Landgericht
❏ Oberlandesgericht
in ▓▓▓▓▓

Antrag auf Erlass einer einstweiligen Anordnung nach § 570 Abs. 3 ZPO

In der ▓▓▓▓sache
des ▓▓▓▓▓

– Beschwerdeführer –

Verfahrensbevollmächtigte: RAe ▓▓▓▓▓
gegen
den ▓▓▓▓▓

– Beschwerdegegner –

Verfahrensbevollmächtigte: RAe ▓▓▓▓▓
an der weiter beteiligt ist: ▓▓▓▓▓ [216]

wird hiermit namens und in Vollmacht des Beschwerdeführers beantragt,

im Wege der einstweiligen Verfügung anzuordnen, dass die Vollziehung der angefochtenen Entscheidung des ▓▓▓▓▓ vom ▓▓▓▓▓, Az: ▓▓▓▓▓, bis zum rechtskräftigen Abschluss des Beschwerdeverfahrens ausgesetzt wird.

Zur **Begründung** wird Folgendes ausgeführt:

Der Beschwerdeführer hat gegen die Entscheidung des ▓▓▓▓▓ vom ▓▓▓▓▓, Az: ▓▓▓▓▓, sofortige Beschwerde eingelegt.

❏ Es ist bisher weder über die Abhilfe nach § 572 Abs. 1 S. 1 ZPO noch vom angerufenen Beschwerdegericht über die sofortige Beschwerde entschieden worden.
❏ Das Ausgangsgericht hat es abgelehnt, der sofortigen Beschwerde abzuhelfen, und hat diese nach der hier vorliegenden Abgabenachricht dem angerufenen Beschwerdegericht vorgelegt.

---

216 Soweit Dritte noch am Verfahren beteiligt sind.

Die sofortige Beschwerde hat nach § 570 Abs. 1 ZPO keine aufschiebende Wirkung, da es sich nicht um die Festsetzung eines Ordnungs- oder Zwangsmittels handelt.

Die Vollziehung der Beschwerde würde für den Beschwerdeführer besondere Nachteile mit sich bringen, weil ▨▨▨.

❏ Das Ausgangsgericht hat eine Aussetzung der Vollziehung der angefochtenen Entscheidung abgelehnt, weil ▨▨▨.

Diese Begründung vermag nicht zu überzeugen, weil ▨▨▨.

Aus diesem Grunde wird gebeten, antragsgemäß die Vollziehung des angefochtenen Beschlusses bis zum rechtskräftigen Abschluss des Beschwerdeverfahrens nach § 570 Abs. 3 ZPO auszusetzen.

❏ Das Beschwerdegericht kann nach § 570 Abs. 3 ZPO vor der Entscheidung über die Beschwerde eine einstweilige Anordnung erlassen, insbesondere die Vollziehung der angefochtenen Entscheidung aussetzen. Hierum wird gebeten.

(Rechtsanwalt)

VI. Muster einer sofortigen Beschwerde bei Vorliegen eines Nichtigkeits- oder Restitutionsgrundes

285   An das
Landgericht/Oberlandesgericht
– Beschwerdekammer/Beschwerdesenat –

in ▨▨
über das
Amtsgericht/Landgericht[217]
in ▨▨

Sofortige Beschwerde nach ▨▨▨

In der ▨▨sache
des ▨▨

– Beschwerdeführer –

Verfahrensbevollmächtigte: RAe ▨▨
gegen
den ▨▨

---

217 Ausgangsgericht.

– Beschwerdegegner –

Verfahrensbevollmächtigte: RAe ▨▨▨▨▨▨▨
an der weiter beteiligt ist:

▨▨▨▨▨▨[218]

wird hiermit namens und in Vollmacht des Beschwerdeführers gegen die Entscheidung des AG vom ▨▨▨▨▨▨, Az: ▨▨▨▨▨▨, Beschwerde eingelegt.

Es wird beantragt:

Unter Abänderung der angefochtenen Entscheidung wird ▨▨▨▨▨▨.

Zur **Begründung** wird Folgendes ausgeführt:

I.

Mit der angefochtenen Entscheidung vom ▨▨▨▨▨▨ hat das Ausgangsgericht beschlossen, dass ▨▨▨▨▨▨.

Die Entscheidung ist unzutreffend und im Sinne des vorstehenden Antrags durch das Ausgangsgericht nach § 572 Abs. 1 S. 1 ZPO oder aber das angerufene Beschwerdegericht zu ändern.

Die Entscheidung ist nach § ▨▨▨▨▨▨ ZPO ergangen und dementsprechend nach § ▨▨▨▨▨▨ ZPO mit der sofortigen Beschwerde angreifbar.

Die angefochtene Entscheidung wurde dem Beschwerdeführer am ▨▨▨▨▨▨ zugestellt. Die Notfrist des § 569 Abs. 1 S. 1 ZPO endete damit am ▨▨▨▨▨▨ und ist insoweit beim Zugang dieses Schriftsatzes bereits abgelaufen. Die Beschwerde ist jedoch nach § 569 Abs. 1 S. 3 i.V.m. § 586 Abs. 1 und 2 ZPO fristgerecht.

❏ Im Hinblick auf die anzufechtende Entscheidung liegt der Nichtigkeitsgrund nach §§ 569 Abs. 1 S. 3, 579 Nr. ▨▨▨▨▨▨ ZPO vor. Wie sich nunmehr herausgestellt hat,

   ❏ war das erkennende Gericht nicht vorschriftsmäßig besetzt, weil ▨▨▨▨▨▨.
   Die Nichtigkeit konnte nicht durch Rechtsmittel geltend gemacht werden, da dem Beschwerdeführer in der Rechtsmittelfrist nicht bekannt war, dass ▨▨▨▨▨▨.

   ❏ hat ein Richter bei der Entscheidung mitgewirkt, der von der Ausübung des Richteramts ausgeschlossen war, nämlich ▨▨▨▨▨▨. Der Ablehnungsgrund ist mangels Kenntnis hiervon weder mit einem Ablehnungsgesuch noch mit einem Rechtsmittel geltend gemacht worden.

   ❏ hat an der Entscheidung ein Richter mitgewirkt, nämlich ▨▨▨▨▨▨, obwohl er zuvor wegen Besorgnis der Befangenheit abgelehnt und dieses Gesuch auch für begründet erklärt worden war.

---

218 Soweit Dritte noch am Verfahren beteiligt sind.

Beweis: Beschluss des ▨▨▨▨ vom ▨▨▨▨ über das Befangenheitsgesuch vom ▨▨▨▨, in der Anlage in beglaubigter Abschrift.

Die Nichtigkeit konnte nicht durch Rechtsmittel geltend gemacht werden, da dem Beschwerdeführer in der Rechtsmittelfrist nicht bekannt war, dass der begründet abgelehnte Richter gleichwohl an der Beratung teilgenommen hat.

❑ war der Beschwerdeführer in dem Ausgangsverfahren nicht nach den Vorschriften dieses Gesetzes vertreten, weil ▨▨▨▨.

❑ Im Hinblick auf die anzufechtende Entscheidung liegt ein Restitutionsgrund nach §§ 569 Abs. 1 S. 3, 580 ZPO vor. Es hat sich zwischenzeitlich herausgestellt, dass

❑ der Gegner sich durch Beeidigung einer Aussage, auf die das Urteil gegründet ist, einer vorsätzlichen oder fahrlässigen Verletzung der Eidespflicht schuldig gemacht hat.

❑ eine Urkunde, auf die die Ausgangsentscheidung gegründet ist, fälschlich angefertigt oder verfälscht war.

❑ bei einem Zeugnis oder Gutachten, auf welches die anzufechtende Entscheidung gegründet ist, der Zeuge oder Sachverständige sich einer strafbaren Verletzung der Wahrheitspflicht schuldig gemacht hat.

❑ die Ausgangsentscheidung von dem Vertreter des Beschwerdeführers oder von dem Gegner oder dessen Vertreter durch eine in Beziehung auf den Rechtsstreit verübte Straftat erwirkt ist;

❑ ein Richter bei der Ausgangsentscheidung mitgewirkt hat, der sich in Bezug auf den Rechtsstreit einer strafbaren Verletzung seiner Amtspflichten gegen die Partei schuldig gemacht hat.

❑ das Urteil eines ordentlichen Gerichts, eines früheren Sondergerichts oder eines Verwaltungsgerichts, auf welches die Ausgangsentscheidung gegründet ist, durch ein anderes rechtskräftiges Urteil aufgehoben ist.

❑ die Partei
   1. ein in derselben Sache erlassenes, früher rechtskräftig gewordenes Urteil oder
   2. eine andere Urkunde aufgefunden hat oder zu benutzen in den Stand gesetzt wurde, die eine ihr günstigere Entscheidung herbeigeführt haben würde.

❑ Hinsichtlich des dargestellten Restitutionsgrundes ist gem. § 581 ZPO
   ❑ inzwischen das in der Anlage beigefügte rechtskräftige Strafurteil ergangen.
   ❑ die Einleitung bzw. Durchführung des Ermittlungsverfahrens aus einem anderen Grund als dem Mangel an Beweisen, nämlich ▨▨▨▨, unterblieben.

Der vorbezeichnete

❑ Nichtigkeitsgrund
❑ Restitutionsgrund

ist dem Beschwerdeführer am ▨▨▨▨ bekannt geworden, so dass die Notfrist von einem Monat nach §§ 569 Abs. 1 S. 3, 586 ZPO mit dem vorliegenden Schriftsatz der sofortigen Beschwerde gewahrt ist. Seit dem Ablauf der Frist der sofortigen Beschwerde nach § 569 Abs. 1 S. 1 ZPO sind auch nicht mehr als fünf Jahre vergangen.

Für die Entscheidung über die sofortige Beschwerde ist nach § 72 GVG das Landgericht berufen. Eine abweichende Fallkonstellation nach § 119 Abs. 1 Nr. 1 GVG liegt nicht vor.

II.

Die angefochtene Entscheidung erweist sich im Ergebnis als unzutreffend.

❏ Soweit das Ausgangsgericht ausführt, dass   , geht es von falschen tatsächlichen Voraussetzungen aus.

Richtig ist vielmehr, dass   .

    Glaubhaftmachung: Eidesstattliche Versicherung des Beschwerdeführers vom   , anliegend im Original.

❏ Die angefochtene Entscheidung beruht auf §   ZPO. Danach ist   , wenn   . Diese Voraussetzungen liegen hier nicht vor, weil   .

❏   .

III.

Soweit das erkennende Beschwerdegericht der diesseitigen Auffassung nicht zu folgen vermag, wird schon jetzt beantragt,

    die Rechtsbeschwerde zum Bundesgerichtshof zuzulassen.

Die vom Beschwerdeführer dargelegte Auffassung wird von der Rechtsprechung der Oberlandesgerichte in   geteilt (vgl.   [219]). Soweit das angerufene Gericht dieser Auffassung nicht folgt, ist eine Entscheidung des Rechtsbeschwerdegerichts zur Fortbildung des Rechts und Sicherung einer einheitlichen Rechtsprechung erforderlich.

(Rechtsanwalt)

---

219 Fundstellen der abweichenden ober- oder höchstrichterlichen Rechtsprechung.

VII. **Muster eines isolierten Antrags auf Übertragung der Beschwerde-entscheidung auf die Kammer oder den Senat nach § 568 S. 2 ZPO**

286   An das

❑ Landgericht – Beschwerdekammer –
❑ Oberlandesgericht – Beschwerdesenat –
in ▨▨▨▨▨

In der Beschwerdesache

▨▨▨▨▨ ./. ▨▨▨▨▨
Az: ▨▨▨▨ T ▨▨▨▨

ist zunächst der originäre Einzelrichter beim zuständigen Beschwerdegericht nach § 568 ZPO zuständig, weil die angefochtene Entscheidung von einem

❑ Einzelrichter
❑ Rechtspfleger
erlassen wurde. Es wird jedoch gebeten, diese Entscheidung über die sofortige Beschwerde nach § 568 S. 2 ZPO

❑ der Kammer
❑ dem Senat
vorzulegen, da die Rechtssache

❑ besondere Schwierigkeiten tatsächlicher oder rechtlicher Art aufweist,
❑ grundsätzliche Bedeutung hat,
was sich daraus ergibt, dass ▨▨▨▨.

Entsprechend den vorstehenden Ausführungen wird sodann beantragt, die Rechtsbeschwerde zuzulassen, soweit nicht im Sinne der diesseitigen Anträge entschieden wird. Eine solche Zulassung der Rechtsbeschwerde durch den Einzelrichter ist nicht möglich (BGH NJW 2003, 1254 = MDR 2003, 588 (9. Senat) und BGH, Beschl. v. 7.4.2003 VII ZB 17/02 = BGHReport 2003, 9001 = MDR 2003, 949 = BB 2003, 1200).

(Rechtsanwalt)

VIII. Muster eines isolierten Antrags auf Aussetzung der Vollziehung der angefochtenen Entscheidung nach § 570 Abs. 2 ZPO

An das   **287**

❑ Amtsgericht
❑ Landgericht

in �▓▓▓▓

Antrag auf Aussetzung der Vollziehung nach § 570 Abs. 2 ZPO

In der ▓▓▓▓▓sache
des ▓▓▓▓▓

— Beschwerdeführer —

Verfahrensbevollmächtigte: RAe ▓▓▓▓▓

gegen
den ▓▓▓▓▓

— Beschwerdegegner —

Verfahrensbevollmächtigte: RAe ▓▓▓▓▓

an der weiter beteiligt ist: ▓▓▓▓▓[220]

wird hiermit namens und in Vollmacht des Beschwerdeführers beantragt:

Die Vollziehung des Beschlusses des angerufenen Gerichts vom ▓▓▓▓▓ wird bis zur rechtskräftigen Entscheidung über die Beschwerde ausgesetzt.

Zur **Begründung** wird Folgendes ausgeführt:

Der Beschwerdeführer hat gegen die Entscheidung des angerufenen Gerichts vom ▓▓▓▓▓, Az: ▓▓▓▓▓, sofortige Beschwerde eingelegt.

Es ist bisher weder über die Abhilfe nach § 572 Abs. 1 S. 1 ZPO noch vom Beschwerdegericht über die sofortige Beschwerde entschieden.

Die sofortige Beschwerde hat nach § 570 Abs. 1 ZPO keine aufschiebende Wirkung, da es sich nicht um die Festsetzung eines Ordnungs- oder Zwangsmittels handelt.

Die Vollziehung der Beschwerde würde für den Beschwerdeführer besondere Nachteile mit sich bringen, weil ▓▓▓▓▓.

Aus diesem Grunde wird gebeten, antragsgemäß die Vollziehung des angefochtenen Beschlusses bis zum rechtskräftigen Abschluss des Beschwerdeverfahrens auszusetzen.

(Rechtsanwalt)

---

220 Soweit Dritte noch am Verfahren beteiligt sind.

§ 3 Die Rechtsbeschwerde

A. Allgemeines

288 Mit der ZPO-Reform ist zum 1.1.2002 die sofortige weitere Beschwerde abgeschafft und stattdessen die revisionsähnlich ausgestaltete Rechtsbeschwerde eingeführt worden. Die Rechtsbeschwerde ist also an die Stelle der sofortigen weiteren Beschwerde getreten, so dass die §§ 568 Abs. 2, 793 Abs. 2 ZPO a.F., §§ 30b Abs. 3 S. 2, 74a Abs. 5 S. 3, 101 Abs. 2, 102 ZVG a.F. und § 53g Abs. 2 FGG entsprechend angepasst wurden. Gleiches gilt für die Vielzahl der Verordnungen oder Gesetze über die Ausführung bilateraler Abkommen über die Anerkennung und Vollstreckung gerichtlicher Entscheidungen in Zivil- und Handelssachen.

289 Schon die ersten Jahre mit dem Rechtsinstitut der Rechtsbeschwerde zeigen deren erhebliche Bedeutung, weil erstmals ein Rechtsmittel in Beschwerdesachen zum BGH eröffnet ist.[221]

290 Damit leistet die Rechtsbeschwerde einen wichtigen Beitrag zur Auflösung einer Vielzahl von Streitfragen zwischen den Oberlandesgerichten und trägt insoweit maßgeblich zur Sicherung einer einheitlichen Rechtsprechung und Rechtsanwendung bei.

291 Die Rechtsbeschwerde beim BGH kann nur durch einen dort zugelassenen Rechtsanwalt eingelegt werden. Der Bevollmächtigte der Beteiligten des Beschwerdeverfahrens, der in der Regel auch der Bevollmächtigte im Hauptsacheverfahren ist, muss die Sache also abgeben. Gleichwohl ist es auch für diesen Bevollmächtigten wesentlich, mit den Fragen der Zulässigkeit der Rechtsbeschwerde vertraut zu sein, da er einerseits durch sein Verhalten im Ausgangsverfahren einen Beitrag dazu leisten kann, dass eine Rechtsbeschwerde zugelassen werden kann und dann auch tatsächlich zugelassen wird. Zum anderen muss er seinen Mandanten über die Möglichkeit der Rechtsbeschwerde belehren. Die nachfolgenden Ausführungen sollen den Bevollmächtigten des Ausgangsverfahrens in die Lage versetzen diesen Anforderungen gerecht zu werden. Zugleich soll dargelegt werden, mit welchen Angaben die Sache sodann übergeben wird.

---

221 *Goebel*, PA 2003, 18 und Sonderheft 1 Vollstreckung effektiv 2006.

B. Die Statthaftigkeit der Rechtsbeschwerde

I. Die Zulassung kraft Gesetzes oder aufgrund gerichtlicher Entscheidung

Die **Rechtsbeschwerde** ist nach **§ 574 Abs. 1 ZPO** in folgenden Fällen zulässig: 292

■ wenn sie im Gesetz zugelassen ist. Die ausdrückliche Zulassung der Rechtsbeschwerde findet sich derzeit nur in § 522 Abs. 1 S. 4 ZPO nach der Verwerfung der Berufung,

> *Hinweis*
>
> Die Beschwerde gegen den die Berufung als unzulässig verwerfenden Beschluss nach § 522 ZPO ist unabhängig vom Wert der Beschwer statthaft. Der Wert der Beschwer von 20.000 EUR, der nach § 26 Nr. 8 EGZPO für die Nichtzulassungsbeschwerde nach § 544 ZPO gilt, muss nicht übertroffen werden.[222]
>
> Die Rechtsbeschwerde gegen einen Beschluss, mit dem die Berufung nach § 522 ZPO als unzulässig verworfen und die Wiedereinsetzung in den vorigen Stand wegen Versäumung der Berufungsbegründungsfrist versagt wird, ist im Arrestverfahren und Verfahren der einstweiligen Verfügung nicht statthaft.[223] Auch wenn der Wortlaut des § 522 ZPO insoweit missverständlich ist, ergibt sich dies zwingend aus § 542 Abs. 2 ZPO. § 522 Abs. 1 S. 4 ZPO ist nicht entsprechend auf das Beschwerdeverfahren anwendbar. Wird also eine sofortige Beschwerde nach den §§ 567 ff. ZPO als unzulässig verworfen, so ist dagegen nicht kraft Gesetzes, d.h. nach § 522 Abs. 1 S. 4 ZPO analog die Rechtsbeschwerde statthaft.[224]

■ in bestimmten Familiensachen nach § 621e Abs. 2 und 4 ZPO,
■ im schiedsgerichtlichen Verfahren nach § 1065 ZPO,
■ im Insolvenzverfahren nach § 7 InsO,
■ in § 17a Abs. 4 S. 4 GVG hinsichtlich des Beschlusses über die Bestimmung des Rechtswegs;[225] und
■ wenn die Rechtssache grundsätzliche Bedeutung hat **oder** zur Fortbildung des Rechts bzw. der Sicherung einer einheitlichen Rechtsprechung erforderlich ist
oder
■ wenn die Rechtsbeschwerde durch das Beschwerdegericht, das Berufungsgericht oder das Oberlandesgericht im ersten Rechtszug zugelassen wurde.

---

222 BGH BGHR 2002, 1112; NJW 2002, 3783.
223 BGH NJW 2003, 69 = WM 2002, 2435 = BGHZ 152, 195 = BauR 2003, 130.
224 BGH NJW-RR 2005, 1009 = MDR 2005, 927 = BGHReport 2005, 1134 = FamRZ 2005, 1481.
225 BGH WM 2002, 2503; BAG NZA 2002, 1302.

293   Für die Mehrzahl der Praxisfälle wird es mithin darauf ankommen, ob das Beschwerdegericht mit dem Erlass der Beschwerdeentscheidung die Rechtsbeschwerde zulässt. Das Beschwerdegericht ist in der Frage der Zulassung der Rechtsbeschwerde dabei nicht frei. Die **Rechtsbeschwerde ist vielmehr zuzulassen**, wenn

- ■ die Rechtssache grundsätzliche Bedeutung hat oder
- ■ dies zur Sicherung der Einheitlichkeit des Rechts oder zu dessen Fortbildung erforderlich ist und
- ■ die Rechtsbeschwerde nicht kraft Gesetzes ausgeschlossen ist.[226]

294   *Hinweis*

Der BGH hebt in seinen Entscheidungen hervor, dass bei der Anwendung von § 574 ZPO der durch die Entstehungsgeschichte belegten Tatsache Rechnung zu tragen sei, dass es neben den beiden in § 574 Abs. 1 S. 1 Nr. 1 und 2 ZPO niedergelegten Fallgestaltungen einen unbenannten dritten Bereich gibt, in dem das Gesetz die Frage der Statthaftigkeit der Rechtsbeschwerde im negativen Sinne entschieden hat. Ein Beispiel ist der durch das Gesetz zur Unternehmensintegrität und Modernisierung des Anfechtungsrechts (UMAG) vom 22. September 2005 (BGBl I 2802) eingefügte § 148 Abs. 2 S. 6 AktG. In dieser Vorschrift wird die Rechtsbeschwerde in dem Verfahren auf Zulassung einer Aktionärsklage wegen der in § 147 Abs. 1 S. 1 AktG bezeichneten Ansprüche ausdrücklich ausgeschlossen.

295   Obwohl dies seit dem Beginn der Regelung zum 1.1.2002 schon zu vielen Vorlagen geführt hat, wird es auch weiterhin zu vielen solcher Vorlagen kommen müssen, da das heutige Beschwerderecht noch immer von einer Vielzahl voneinander abweichender Entscheidungen der Oberlandesgerichte gekennzeichnet ist. Nicht annähernd alle Fallkonstellationen, die Anlass zu Streit geben können, haben dem BGH schon zur Entscheidung vorgelegen. Zugleich werfen immer neue Regelungen des Gesetzgebers auch immer wieder neue – grundsätzliche – Rechtsfragen auf.

296   Ist die Zulassung der Rechtsbeschwerde in dem Beschluss des Beschwerdegerichts oder des Berufungsgerichts nicht ausgesprochen worden, kann der Ausspruch im Wege eines Berichtigungsbeschlusses nach § 319 ZPO nachgeholt werden, wenn das Gericht die Rechtsbeschwerde in dem Beschluss zulassen wollte und dies nur versehentlich unterblieben ist. Dieses Versehen muss sich aber aus dem Zusammenhang der Entscheidung selbst oder mindestens aus den Vorgängen bei der Beschlussfassung ergeben und auch für Dritte ohne weiteres deutlich sein.[227]

---

226 BGH in st. Rspr., vgl. zuletzt nur BGH BB 2006, 1584 = WM 2006, 1204 = NZG 2006, 553.
227 BGH AnwBl 2004, 729 = AGS 2004, 480 = NJW 2005, 156 = MDR 2005, 103.

Hinweis 297

Ansonsten ist aber auch eine ergänzende Zulassung der Rechtsbeschwerde analog § 321a ZPO möglich, wenn in der Beschwerdeentscheidung durch willkürliche Nichtzulassung Verfahrensgrundrechte des Beschwerdeführers verletzt worden sind.[228]

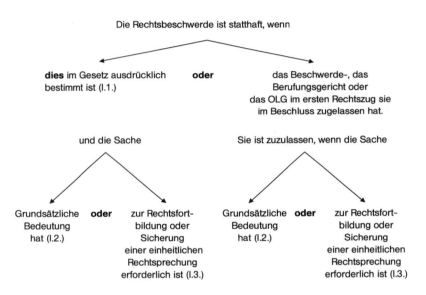

Die Rechtsbeschwerde ist statthaft, wenn

dies im Gesetz ausdrücklich bestimmt ist (I.1.) **oder** das Beschwerde-, das Berufungsgericht oder das OLG im ersten Rechtszug sie im Beschluss zugelassen hat.

und die Sache Sie ist zuzulassen, wenn die Sache

Grundsätzliche Bedeutung hat (I.2.) **oder** zur Rechtsfortbildung oder Sicherung einer einheitlichen Rechtsprechung erforderlich ist (I.3.)

Grundsätzliche Bedeutung hat (I.2.) **oder** zur Rechtsfortbildung oder Sicherung einer einheitlichen Rechtsprechung erforderlich ist (I.3.)

Hinsichtlich der Frage, wann eine Sache grundsätzliche Bedeutung hat oder eine Entscheidung des Rechtsbeschwerdegerichts zur Fortbildung des Rechts bzw. zur Sicherung einer einheitlichen Rechtsprechung erforderlich ist, kann neben der nachfolgenden Darstellung auf die entsprechenden Definitionen im Berufungsrecht und im Revisionsrecht und damit auch auf die dort ergangene Rechtsprechung Bezug genommen werden.[229] 298

II. Die grundsätzliche Bedeutung der Sache

Eine Rechtssache hat grundsätzliche Bedeutung, wenn: 299

■ eine klärungsbedürftige Rechtsfrage zu entscheiden ist, deren Auftreten in einer Vielzahl von Fällen denkbar ist,[230]

---

228 BGH NJW 2004, 2529 = MDR 2004, 1254 = InVo 2005, 15 = FamRZ 2004, 1278.
229 Siehe dazu Goebel-*Thielemann*, AnwF Zivilprozessrecht, § 16.
230 BGH NJW 2002, 3029.

■ die Entscheidung der Rechtsfrage im Einzelfall die Rechtsentwicklung fördert.

> *Hinweis*
>
> Insoweit ist es nicht ausreichend, dass allein die materiell-rechtliche Fehler-
> haftigkeit der Entscheidung des Beschwerdegerichts dargetan wird. Er-
> forderlich ist vielmehr, dass der Fehler über die Einzelfallentscheidung hinaus
> die Interessen der Allgemeinheit nachhaltig berührt.[231]

■ die Rechtsfrage bereits obergerichtlich entschieden ist, ohne dass die Instanzgerichte dem folgen wollen, oder wenn im Schrifttum ernstzunehmende Bedenken
hiergegen geltend gemacht werden.

300   Keine grundsätzliche Bedeutung im Sinne von § 574 Abs. 2 Nr. 1 ZPO hat die Frage,
in welchen Fällen die Rechtsbeschwerde statthaft ist.[232]

301   Der Einzelrichter ist nach Ansicht des BGH[233] gehindert, eine Rechtsbeschwerde
wegen grundsätzlicher Bedeutung der Sache zuzulassen, da er in diesem Fall die
Entscheidung über die sofortige Beschwerde nach § 568 S. 2 Nr. 2 ZPO auf die
Kammer oder den Senat hätte übertragen müssen. Die Gründe, aus denen der Einzel-
richter nicht mehr als gesetzlicher Richter tätig werden kann, decken sich also mit den
Zulassungsgründen der Rechtsbeschwerde.

302   Hat der Einzelrichter die Rechtsbeschwerde gleichwohl zugelassen, ist diese Zulassung an sich wirksam. Jedoch ist der BGH von Amts wegen gehalten, die Beschwerdeentscheidung aufzuheben und das Verfahren zurückzuverweisen, da ein Verstoß gegen das Verfassungsgebot des gesetzlichen Richters nach Art. 101 Abs. 1 S. 2
GG vorliegt. Dies kann für die Beteiligten zu zusätzlichen Kosten, vor allem aber auch
zu einem zusätzlichen und unnötigen Zeitverlust führen.

303
> *Tipp*
>
> Aus diesem Grunde sollte bereits mit der Einlegung der sofortigen Beschwerde der
> Antrag auf Übertragung der Entscheidung über die Beschwerde auf die Kammer ge-
> stellt werden, wenn nicht ausgeschlossen werden kann, dass die Zulassung der
> Rechtsbeschwerde in Betracht kommt. Dabei sollte unter Darstellung der unein-
> heitlichen Rechtsprechung die grundsätzliche Bedeutung der Sache begründet werden.

304
> *Hinweis*
>
> Fällt nach Stellung des Antrags auf Gewährung von Prozesskostenhilfe für eine
> Rechtsbeschwerde die grundsätzliche Bedeutung der Rechtssache weg, weil der
> BGH diese etwa in einem Parallelverfahren entschieden hat, so wird die Rechts-

---

231 BGH NJW 2002, 2473.
232 BGH NJW 2002, 2473.
233 BGH MDR 2003, 588.

beschwerde damit nicht immer unstatthaft. Vielmehr erfordert dann die Sicherung einer einheitlichen Rechtsprechung, dass eine der höchstrichterlichen Rechtsprechung widersprechende Beschwerdeentscheidung nicht rechtskräftig wird.[234]

III. Die Fortbildung des Rechts oder die Sicherung einer einheitlichen Rechtsprechung

Die Rechtsbeschwerde ist des Weiteren zuzulassen, wenn die Fortbildung des Rechts oder die Sicherung einer einheitlichen Rechtsprechung eine Entscheidung des Rechtsbeschwerdegerichts erfordert. **305**

Diese zweite Voraussetzung der Zulassung der Rechtsbeschwerde ist gegeben, wenn der Einzelfall Veranlassung gibt, Leitsätze für die Auslegung von Gesetzesbestimmungen des materiellen Rechts oder des Verfahrensrechts aufzustellen und Gesetzeslücken zu schließen.[235] **306**

Dazu werden die Fälle erfasst, in denen „schwer erträgliche Unterschiede in der Rechtsprechung bestehen oder fortbestehen".[236] Dies ist insbesondere dann der Fall, wenn die Instanzgerichte in einer bestimmten Rechtsfrage in ständiger Praxis eine höchstrichterliche Rechtsprechung nicht beachten. **307**

Soweit die angefochtene Entscheidung ein und dieselbe Rechtsfrage anders beantwortet als die übrige höchstrichterliche Rechtsprechung, ist eine Entscheidung des Rechtsbeschwerdegerichts zur Sicherung einer einheitlichen Rechtsprechung grundsätzlich geboten.[237] **308**

Da noch immer feststellbar ist, dass in vielen Fragen des Beschwerderechts unterschiedliche Auffassungen bei den einzelnen Oberlandesgerichten vorherrschen, wird unter diesem Aspekt häufig eine Rechtsbeschwerde zuzulassen sein. Wenn eine sofortige Beschwerde gegen die bisherige Rechtsprechung des „eigenen" Oberlandesgerichts erhoben wird, sollte deshalb auf die abweichende Rechtsprechung anderer Oberlandesgerichte hingewiesen und die Zulassung der Rechtsbeschwerde ausdrücklich beantragt werden, auch wenn die Entscheidung hierüber grundsätzlich von Amts wegen zu treffen ist. **309**

IV. Der Ausschluss der Zulassung der Rechtsbeschwerde

Wurde die Rechtsbeschwerde vom Beschwerdegericht zugelassen, bedeutet dies noch nicht in jedem Fall, dass sie auch tatsächlich statthaft ist. Die Rechtsbeschwerde muss **310**

---

234 BGH ZIP 2006, 920 = ZVI 2006, 250.
235 BGH NJW 2002, 3029.
236 BGH NJW 2002, 2473.
237 BGH NJW 2002, 2473; NJW 2002, 3029.

in diesen Fällen auch grundsätzlich zugelassen werden dürfen, d.h. sie darf nicht kraft Gesetzes ausgeschlossen sein.

311 Der BGH hat mehrfach entschieden, dass bei der Anwendung von § 574 ZPO der durch die Entstehungsgeschichte belegten Tatsache Rechnung zu tragen sei, dass es neben den beiden in § 574 Abs. 1 S. 1 Nr. 1 und 2 ZPO niedergelegten Fallgestaltungen einen unbenannten dritten Bereich gibt, in dem das Gesetz die Frage der Statthaftigkeit der Rechtsbeschwerde im negativen Sinne entschieden hat. Dabei könne der Ausschluss ausdrücklich im Gesetz geregelt sein, sich aber auch aus der Natur der Sache ergeben.[238]

312 Ein Beispiel für eine gesetzliche Regelung ist der durch das Gesetz zur Unternehmensintegrität und Modernisierung des Anfechtungsrechts (UMAG) vom 22. September 2005 (BGBl I 2802) eingefügte § 148 Abs. 2 S. 6 AktG. In dieser Vorschrift wird die Rechtsbeschwerde in dem Verfahren auf Zulassung einer Aktionärsklage wegen der in § 147 Abs. 1 S. 1 AktG bezeichneten Ansprüche ausdrücklich ausgeschlossen.

313 Die Rechtsbeschwerde ist aber aus Sicht des BGH nicht nur dann ausgeschlossen, wenn dies im Gesetz ausdrücklich angeordnet ist. Der Gesetzgeber des Zivilprozessreformgesetzes sei vielmehr – mag dies auch in dem Wortlaut des § 574 ZPO nicht in der im Interesse der Rechtssicherheit gebotenen Klarheit zum Ausdruck gekommen sein – als selbstverständlich, weil es sich aus der Natur der Sache ergibt, davon ausgegangen, dass in bestimmten Verfahrensarten ein Rechtsbeschwerdeverfahren nicht in Betracht kommen kann. Das zeige sich etwa an der Einfügung des § 574 Abs. 1 S. 2 ZPO durch das 1. Justizmodernisierungsgesetz vom 24. August 2004 (BGBl I 2198), in dem der Gesetzgeber im Anschluss an die Rechtsprechung des Bundesgerichtshofs (BGHZ 154, 102) nach seinen eigenen Worten „klargestellt" hat, dass in Verfahren auf Erlass einer einstweiligen Verfügung oder eines Arrestes eine Rechtsbeschwerde kraft Gesetzes unzulässig ist.[239] Das Gleiche gilt für das Klagezulassungsverfahren nach § 5 KschG, in dem nach der Rechtsprechung des Bundesarbeitsgerichts die Rechtsbeschwerde auch ohne ausdrückliche Anordnung im Gesetz ausgeschlossen ist.[240]

314 Der BGH[241] hat insoweit mehrfach entschieden, dass die Rechtsbeschwerde auch dann als unstatthaft und damit im Ergebnis als unzulässig zurückzuweisen ist, wenn das Beschwerdegericht die Rechtsbeschwerde trotz des gesetzlichen oder sich aus der Natur der Sache ergebenden Verbots einer Zulassung rechtsirrig zugelassen hat. Eine nach dem Gesetz unanfechtbare Entscheidung könne nicht durch Zulassung der Anfechtung unterworfen werden.[242]

---

238 BGH in st. Rspr., vgl. zuletzt nur BGH BB 2006, 1584 = WM 2006, 1204 = NZG 2006, 553.
239 Reg.Begr., BT-Drucks 15/1508, S. 22.
240 BAG NZA 2002, 1228.
241 BGH NJW 2002, 3554; NJW 2003, 211; NJW 2003, 70.
242 BGH BGHReport 2006, 113 = NJW-RR 2006, 286 = MDR 2006, 466.

Dies gilt insbesondere für folgende Fälle: 315

- Wird die vom Ausgangsgericht verweigerte Wiedereinsetzung in den vorigen Stand vom Beschwerdegericht bewilligt, ist dieser Beschluss unanfechtbar und die dagegen gerichtete zugelassene Rechtsbeschwerde unzulässig.[243]
- In Kostenansatzverfahren ist eine Rechtsbeschwerde nach § 66 Abs. 3 S. 3 GKG (bis zum 1.7.2004: § 5 Abs. 2 S. 3 GKG) auch dann nicht möglich, wenn sie zugelassen wurde.[244]
- Wird die ursprünglich vom Ausgangsgericht ganz oder teilweise versagte Prozesskostenhilfe vom Beschwerdegericht bewilligt, ist die Rechtsbeschwerde des Antragsgegners auch – soweit sie zugelassen wurde – nach § 127 Abs. 2 S. 1, Abs. 3 ZPO unzulässig.[245]
- Eine Zulassung der Rechtsbeschwerde im Verfahren nach § 36 ZPO kommt nicht in Betracht, da das Oberlandesgericht hier als übergeordnetes Gericht und nicht im ersten Rechtszug entscheidet.[246]
- In Verfahren über die nachträgliche Zulassung der Kündigungsschutzklage nach § 5 KSchG.[247]
- Im Freigabeverfahren nach § 16 Abs. 3 UmwG.[248]

Hinweis   316

Will der Rechtsanwalt Kostennachteile für seinen Mandanten und damit auch einen Haftungsfall für sich selbst vermeiden, wird er schon vor der Abgabe der Sache an einen der beim BGH zugelassenen Rechtsanwälte selbständig zu prüfen haben, ob die Rechtsbeschwerde nicht trotz ihrer Zulassung durch das Beschwerdegericht wegen der Unanfechtbarkeit der Entscheidung kraft Gesetzes ausgeschlossen ist. Fehler des Beschwerdegerichts bei der Zulassung der Rechtsbeschwerde gehen sonst – auch hier – zu Lasten des Mandanten.

Problematisch ist auch der Fall, dass nach Ansicht des BGH bereits die Ausgangs-   317
entscheidung unanfechtbar ist, d.h. schon keine statthafte sofortige Beschwerde zu begründen war, das Beschwerdegericht aber gleichwohl über die eigentlich unzulässige und in dieser Form zurückzuweisende sofortige Beschwerde in der Sache entschieden hat. Hier stellt sich die Frage, ob auf die – zugelassene – Rechtsbeschwerde der BGH zumindest die Beschwerdeentscheidung aufheben und die Ausgangsentscheidung wieder herstellen kann. Dies hat der BGH nunmehr verneint.[249] Dies führt zu dem dogmatisch wohl richtigen, in der Sache aber nicht befriedigenden

---

243 BGH NJW 2003, 211.
244 BGH NJW 2003, 70 = MDR 2003, 163.
245 BGH NJW 2002, 3554.
246 BayObLG NJW 2002, 2888.
247 BAG NJW 2002, 3650 = NZA 2002, 1228 = MDR 2003, 157.
248 BGH WM 2006, 1204 = DB 2006 1362 = ZIP 2006, 1151.
249 BGH MDR 2006, 466 = NJW-RR 2006, 286 = BGHReport 2006, 113.

Ergebnis, dass die eigentlich nicht zulässige, aber gleichwohl ergangene Entscheidung Bestand hat. Diese wäre wohl nur über eine Verfassungsbeschwerde zu beseitigen.

C. Die Zuständigkeit für die Entscheidung über die Rechtsbeschwerde

318 Die Rechtsbeschwerde ist beim Rechtsbeschwerdegericht einzureichen. Rechtsbeschwerdegericht ist nach § 133 GVG immer der **Bundesgerichtshof**. Hieraus folgt, dass den Oberlandesgerichten mit der ZPO-Reform jegliche Kompetenz genommen wurde, über eine Beschwerdeentscheidung des Landgerichts zu befinden.[250]

319 Wird die Rechtsbeschwerde gleichwohl beim Beschwerdegericht eingelegt, wird dieses gehalten sein, die Rechtsbeschwerde an den BGH weiterzuleiten, sofern diese nach § 574 ZPO grundsätzlich, d.h. entweder kraft Gesetzes oder kraft Zulassung, statthaft ist. Die Weiterleitungsverpflichtung ergibt sich aus einer nachwirkenden prozessualen Fürsorgepflicht des Gerichtes. Es besteht seitens des Beschwerdegerichts aber keine Verpflichtung, auf den bestehenden Anwaltszwang hinzuweisen.[251] Dies führt dazu, dass die Weiterleitung der Rechtsbeschwerde durch das Ausgangsgericht dem Rechtsbeschwerdeführer keinen Vorteil bringt, wenn diese nicht schon bei Landgericht bzw. Oberlandesgericht durch einen beim BGH zugelassenen Rechtsanwalt eingelegt wurde, was kaum geschehen wird. Der Bevollmächtigte muss also auf die Mitteilung der Weiterleitung mit der unverzüglichen Einreichung der Rechtsbeschwerdeschrift beim BGH durch einen dort zugelassenen Rechtsanwalt reagieren, soweit sich damit die Rechtsbeschwerdefrist noch wahren lässt.

320 Das Landgericht oder Oberlandesgericht als Beschwerdegericht kann die bei ihm eingelegte (weitere) Beschwerde allerdings in eine Gegenvorstellung umdeuten, sofern diese als Rechtsbeschwerde offensichtlich unstatthaft ist und auch nicht angenommen werden kann, dass diese als Rechtsbeschwerde erhoben werden sollte. Eine Vorlage an den BGH und eine Umdeutung in eine Rechtsbeschwerde ist also nicht möglich, wenn die Voraussetzungen der Statthaftigkeit der Rechtsbeschwerde nach § 574 ZPO erkennbar nicht vorliegen.[252] Dies ist aber nur dann möglich, wenn die (weitere) Beschwerde in der Notfrist von zwei Wochen nach § 321a ZPO eingelegt wurde und insoweit als befristete Gegenvorstellung zu einer Überprüfung der Beschwerdeentscheidung durch das Beschwerdegericht führt.[253]

---

250 OLG Hamm, OLGR 2002, 331.
251 BGH NJW 2002, 3410.
252 BGH NJW 2002, 1958.
253 BGH NJW 2002, 1577; OLG Naumburg, Beschl. v. 4.9.2002 – 10 W 7/02.

D. Form und Frist der Rechtsbeschwerde

Die Rechtsbeschwerde ist nach § 575 Abs. 1 ZPO binnen einer **Notfrist von einem** **321**
Monat einzulegen. Die Frist beginnt mit der Zustellung der angefochtenen Entscheidung.

In der gleichen Frist, d.h. **innerhalb eines Monats** nach Zustellung der angefochtenen **322**
Entscheidung, ist die Rechtsbeschwerde auch **zu begründen**. Hierbei handelt es sich
aber nicht um eine Notfrist. Vielmehr kann die Begründungsfrist wie bei der Revision
verlängert werden.

Die **Begründung muss enthalten**: **323**

- die Rechtsbeschwerdeanträge, aus denen hervorgeht, inwieweit die angegriffene
  Entscheidung angefochten wird und aufgehoben werden soll, § 575 Abs. 3 Nr. 1
  ZPO,
- die Begründung,
- warum die Beschwerdesache grundsätzliche Bedeutung hat oder
- eine Entscheidung des Rechtsbeschwerdegerichts zur Fortbildung des Rechts oder
  zur Sicherung einer einheitlichen Rechtsprechung erforderlich ist,
- dass die Rechtsbeschwerde kraft Gesetzes zulässig ist, § 575 Abs. 3 Nr. 2 ZPO;
  Wurde die Beschwerde zugelassen, bedarf es dieser Darlegung nicht, weil die Zulassung für das Rechtsbeschwerdegericht nach § 574 Abs. 3 S. 2 ZPO bindend ist,
  und zwar auch dann, wenn dies rechtsfehlerhaft geschehen ist.[254] Gleichwohl kann
  es sich hier empfehlen, dem Rechtsbeschwerdegericht die Bedeutung der Sache
  ausdrücklich vor Augen zu führen, um eine schnelle Zurückweisung zu vermeiden.

> *Hinweis*
>
> Soweit das Beschwerdegericht in einem Verfahren, in dem die Rechtsbeschwerde
> kraft Gesetzes statthaft ist, seine Entscheidungen auf mehrere Begründungen
> stützt, etwa eine sofortige Beschwerde gegen einen Insolvenzeröffnungsbeschluss
> (§ 7 InsO) sowohl als unzulässig als auch als unbegründet zurückweist, so muss
> für jede Begründung dargelegt werden, dass die Rechtssache insoweit grundsätzliche Bedeutung hat **oder** zur Fortbildung des Rechts bzw. der Sicherung einer einheitlichen Rechtsprechung erforderlich ist.[255]

- die Rechtsbeschwerdegründe, d.h.:
- die Umstände, aus denen sich eine Rechtsverletzung ergeben soll,
- die Umstände, die einen Verfahrensmangel begründen.

---

254 BGH FamRZ 2005, 28.
255 BGH ZInsO 2006, 549 = WM 2006, 1409 = ZIP 2006, 1417 für Haupt- und Hilfsbegründung;
BGH NJW-RR 2006, 142 = BGHReport 2006, 48 = MDR 2006, 346 = NZI 2006, 48 =
ZInsO 2005, 1213 für zwei selbstständig tragende Begründungen.

324   Die Rechtsbeschwerde kann nach § 78 Abs. 1 S. 4 ZPO nur durch einen beim Bundesgerichtshof zugelassenen Rechtsanwalt eingelegt werden. Der Rechtsanwalt im Ausgangsverfahren muss die Sache also abgeben. Wird dies nicht beachtet, ist die Rechtsbeschwerde als unzulässig zurückzuweisen.[256] Der Zwang, sich durch einen beim Bundesgerichtshof zugelassenen Rechtsanwalt vertreten zu lassen, gilt auch für öffentlich-rechtliche Körperschaften.[257]

325   Ist die Rechtsbeschwerde des Antragstellers in einem PKH-Verfahren zugelassen worden, so kann abweichend von dem Grundsatz, dass für das PKH-Verfahren selbst keine PKH bewilligt werden kann, **Prozesskostenhilfe** bewilligt werden, weil vor dem BGH alleine eine Vertretung durch beim BGH zugelassene Rechtsanwälte möglich ist, d.h. der Beschwerdeführer sich nicht selbst vertreten kann.[258]

E.   Das Rechtsbeschwerdeverfahren

326   § 576 ZPO stellt klar, dass die Rechtsbeschwerde nur auf die Verletzung von

- Bundesrecht,
- sonstigem, über den Bezirk eines Oberlandesgerichts hinausgehendem Recht

gestützt werden kann.

327   Im Übrigen wird auf Revisionsnormen verwiesen, so dass:

- die Feststellungen der Vorinstanz für das Rechtsbeschwerdegericht bindend sind (§ 560 ZPO),
- nicht gerügte Verfahrensmängel (§§ 295, 556 ZPO) nicht mehr geltend gemacht werden können,
- die absoluten Revisionsgründe auch hier zu beachten sind (§ 547 ZPO).

328   Eine Abhilfemöglichkeit der Vorinstanz gibt es hier, anders als im Verfahren über die sofortige Beschwerde, nicht mehr.

329   Der Bundesgerichtshof entscheidet durch **Beschluss**. Wird die Beschwerde nicht als unzulässig verworfen (§ 577 Abs. 1 ZPO) oder als unbegründet zurückgewiesen (§ 577 Abs. 3 ZPO), so kann der BGH – wenn der Sachverhalt geklärt ist und alle erforderlichen Feststellungen getroffen wurden – selbst entscheiden (§ 577 Abs. 5 ZPO), anderenfalls hat er die Sache an das Beschwerdegericht zurückzuverweisen (§ 577 Abs. 4 ZPO). Die Entscheidung des BGH ist grundsätzlich zu begründen. Hiervon kann er allerdings nach § 577 Abs. 6 ZPO absehen, wenn die Begründung nicht geeignet ist, zur Klärung von Rechtsfragen grundsätzlicher Bedeutung, zur Fortbildung des Rechts oder zur Sicherung einer einheitlichen Rechtsprechung bei-

---

256 BGH NJW 2002, 2181; NJW 2002, 2793.
257 BGH NJW 2003, 70.
258 BGH MDR 2003, 405 = NJW 2003, 1192 = BGHR 2003, 300 = RPfleger 2003, 199.

zutragen. Dies ist insbesondere dann der Fall, wenn beim BGH eine Vielzahl gleichartiger Rechtsbeschwerden eingehen. Es ist dann ausreichend, wenn er über eine Musterrechtsbeschwerde mit Begründung entscheidet und im Übrigen nur hierauf verweist.

Eine Zurückverweisung erfolgt nach §§ 576 Abs. 3, 547 Nr. 6 ZPO insbesondere 330 dann, wenn aus Sicht des BGH der maßgebliche Sachverhalt zur abschließenden Entscheidung aus der angefochtenen Entscheidung nicht ersichtlich ist. Nach Auffassung des BGH ist der angefochtene Beschluss dann nicht mit der notwendigen Begründung versehen.[259]

Wird die Sache an das Beschwerdegericht zur erneuten Verhandlung und Entschei 331 dung zurückverwiesen, kann der Ausgangsbevollmächtigte das Verfahren wieder übernehmen.

F. Einstweiliger Rechtsschutz im Rechtsbeschwerdeverfahren

Die Rechtsbeschwerde hat grundsätzlich nur **bei Ordnungs- und Zwangsmitteln** 332 **aufschiebende Wirkung**, wie sich aus der Verweisung von § 575 Abs. 5 auf § 570 Abs. 1 und 3 ZPO ergibt.

Allerdings kann auch das Rechtsbeschwerdegericht eine einstweilige Anordnung er 333 lassen, insbesondere die Vollziehung der angefochtenen Entscheidung mit oder ohne Sicherheitsleistung aussetzen.[260]

Voraussetzung einer einstweiligen Anordnung zur Aussetzung der Vollziehung der 334 angefochtenen Entscheidung im Rechtsbeschwerdeverfahren ist,[261] dass:

- durch die weitere Vollziehung des angefochtenen Beschlusses dem Beschwerdeführer größere Nachteile drohen als den anderen Beteiligten im Fall der Aussetzung,
- die Rechtslage zumindest zweifelhaft ist,
- die Rechtsbeschwerde zulässig erscheint.

Die einstweilige Anordnung ergeht nur auf gesonderten Antrag, der ebenfalls von ei 335 nem beim Bundesgerichtshof zugelassenen Rechtsanwalt gestellt werden muss.

Mit der Stellung des Antrags sollte die Darlegung verbunden sein, welche besonderen 336 Nachteile der Partei ohne eine solche einstweilige Entscheidung drohen. Dies ist dem beim BGH zugelassenen Rechtsanwalt mitzuteilen.

---

259 BGH MDR 2002, 1208 = NJW 2002, 2648.
260 BGH MDR 2002, 1084.
261 BGH MDR 2002, 1084.

G. Die Kosten des Rechtsbeschwerdeverfahrens

337 Für das Verfahren über die Rechtsbeschwerde werden Gerichtsgebühren nach den Ziff. 1230, 1242, 1255, 1330, 1628, 1820, 2122, 2242, 2362 und 2441 KVGKG erhoben. Danach entsteht je nach Verfahren eine 2,0- bis 5,0-Verfahrensgebühr. Soweit für das Verfahren eine Festgebühr bestimmt ist, fällt nach Ziff. 2242 KVGKG auch im Rechtsbeschwerdeverfahren eine Festgebühr von 200 EUR an. Im schifffahrtsrechtlichen Verteilungsverfahren fällt nach Ziff. 2441 KVGKG eine Festgebühr von 100 EUR an, wenn die Rechtsbeschwerde verworfen oder zurückgewiesen wird.

338 Der Rechtsanwalt beim BGH erhält für die Durchführung des Rechtsbeschwerdeverfahrens eine 1,0-Verfahrensgebühr nach Nr. 3502 VV, die sich für jeden weiteren Auftraggeber um 0,3 der vollen Gebühr, jedoch um nicht mehr als bis auf eine 2,0-Verfahrensgebühr erhöht. Soweit der Auftrag vorzeitig endet, entsteht nach Nr. 3503 VV lediglich eine 0,5-Verfahrensgebühr. Kommt es im Rechtsbeschwerdeverfahren zu einer mündlichen Verhandlung, fällt darüber hinaus eine 1,2 Terminsgebühr nach Nr. 3516 VV an.

H. Muster eines Anschreibens an einen beim BGH zugelassenen Rechtsanwalt zur Einlegung der Rechtsbeschwerde

339 Herrn
Rechtsanwalt

in

vorab per Fax-Nr.:
Rechtssache

[Beschwerdeführer] ./. *[Beschwerdegegner]*

Hier: Beauftragung zur Einlegung einer Rechtsbeschwerde

Sehr geehrter Herr Kollege ,

der Unterzeichner vertritt in einer sache. Innerhalb des Verfahrens ist es nunmehr notwendig, eine Rechtsbeschwerde zum BGH gegen die Entscheidung des gerichts vom im Verfahren zu erheben.

Namens und im Auftrag meines Mandanten darf ich Ihnen hiermit den Auftrag zur Erhebung der Rechtsbeschwerde erteilen. Eine von meinem Mandanten unterzeichnete Vollmachtsurkunde füge ich bei.

Ich darf Sie um unverzügliche Bestätigung der Mandatsübernahme bitten.

Die in der Anlage beigefügte Beschwerdeentscheidung des ▨▨▨▨ vom ▨▨▨▨ wurde dem Unterzeichner per Empfangsbekenntnis am ▨▨▨▨ zugestellt. Die Rechtsbeschwerdefrist nach § 575 Abs. 1 S. 1 ZPO endet damit am ▨▨▨▨.

❑ Die Rechtsbeschwerde ist kraft Gesetzes nach § 574 Abs. 1 Nr. 1 ZPO i.V.m. § ▨▨▨▨ statthaft.

  ❑ Die Rechtsbeschwerde hat grundsätzliche Bedeutung, was sich daraus ergibt, dass ▨▨▨▨.

  ❑ Eine Entscheidung des Rechtsbeschwerdegerichts ist zur Fortbildung des Rechts erforderlich, weil ▨▨▨▨.

  ❑ Eine Entscheidung des Rechtsbeschwerdegerichts ist zur Sicherung einer einheitlichen Rechtsprechung erforderlich, weil ▨▨▨▨.

❑ Die Rechtsbeschwerde wurde in dem anzufechtenden Beschluss vom Beschwerdegericht im Sinne des § 574 Abs. 1 Nr. 2 ZPO zugelassen. Der anzufechtende Beschluss ist auch nicht kraft Gesetzes unanfechtbar, so dass auch keine rechtsirrige Zulassung vorliegt (BGH NJW 2003, 70; 2003, 211; 2002, 3554).

Ungeachtet der vorstehenden Ausführungen wird die dortige Prüfung der Zulässigkeit und der hinreichenden Aussicht auf Erfolg vom Mandanten gewünscht.

Wegen des Sachverhalts im Einzelnen darf ich auf meine in der Anlage beigefügten Handakten verweisen.

(Rechtsanwalt)

§ 4 Ausgewählte Beschwerdeverfahren

A. Allgemeines

340 Nachfolgend sollen für die Praxis besonders bedeutsame Nebenverfahren erläutert werden, in deren Folge es zu einer sofortigen Beschwerde kommen kann. Für die Praxis besonders bedeutsam sind hier insbesondere die Verfahren über die Richter- und die Sachverständigenablehnung, die Verfahren über die Kostenentscheidungen nach der Erledigung der Hauptsache oder einer Klagerücknahme vor Klagezustellung, aber etwa auch das Verfahren über die Prozesskostenhilfe.

341 In Abgrenzung zu § 2 soll das Beschwerdeverfahren in diesen Fällen mit seinen Besonderheiten und Abweichungen zum allgemeinen Beschwerderecht der §§ 567 ff. ZPO dargestellt werden. Zugleich sollen die Ausführungen einen Überblick zur jeweiligen Regelungsmaterie geben, ohne allerdings einen Anspruch auf Vollständigkeit zu erheben.

342 Soweit die Nebenverfahren in diesem Abschnitt nicht erläutert werden, findet sich in § 5 ein Muster für die äußere Form und den notwendigen Inhalt einer Beschwerde nebst Begründung in den anderen Nebenverfahren.

B. Die Ablehnung eines Richters

I. Der gesetzliche und unabhängige Richter

1. Allgemeines

343 Die Parteien, die ein Gericht zur Entscheidung ihres Streites anrufen, erwarten einen unabhängigen und unparteiischen Richter. Dies gewährleisten zunächst die verfassungsrechtlichen Regelungen über den gesetzlichen Richter und deren einfachgesetzliche Umsetzung. Diese Regelungen bestimmen dem Grunde nach schon vor dem Eingang einer Klage den entscheidenden Richter und entziehen dies der Willkür einzelner.

344 *Hinweis*

Allerdings können die Parteien im Rahmen des nach § 40 ZPO Zulässigen eine Gerichtsstandsvereinbarung treffen und insoweit eine – übereinstimmende – anderweitige Regelung über den gesetzlichen Richter treffen.

345 Steht der nach den gesetzlichen Regelungen über die örtliche, sachliche und funktionelle Zuständigkeit bestimmte gesetzliche Richter schon rein formal in enger Verbindung zu einer Partei oder dem Streitgegenstand, so muss der befangene Richter die

Streitentscheidung einem anderen, ebenfalls kraft oder aufgrund[262] Gesetzes bestimmten Richter überlassen. In welchen Fällen der Richter schon kraft Gesetzes ausgeschlossen ist, regelt § 41 ZPO (dazu nachfolgend unter Rn 349 ff.).

Gewährleistet der Richter im Einzelfall die geforderte Unabhängigkeit und Unparteilichkeit nicht, so gibt § 42 ZPO den Parteien die Möglichkeit, den Richter wegen der Besorgnis der Befangenheit abzulehnen (hierzu nachfolgend unter Rn 353 ff.).   **346**

> *Hinweis*   **347**
>
> Es handelt sich hierbei um ein Instrument der Prozessführung, welches nur mit Bedacht eingesetzt werden sollte. Nicht jede Kritik, Beanstandung oder rechtliche Auffassung begründet die Besorgnis der Befangenheit. Wird der Richter gleichwohl abgelehnt, besteht die Gefahr, dass das Prozessklima negativ beeinflusst wird, was keinem der Beteiligten dient. Vor der Stellung eines Befangenheitsgesuches sollte deshalb anhand der nachfolgenden Kategorien zunächst überprüft werden, ob ein Ablehnungsverfahren eine hinreichende Erfolgsaussicht bietet. Anderes gilt allein für die Fälle, in denen die Ablehnung eines Richters aus sachfremden Erwägungen erfolgt, etwa um eine abgelehnte Terminsverlegung zu erzwingen oder das Verfahren zu verzögern.

Insgesamt bedarf die Beurteilung, ob ein Richter kraft Gesetzes oder wegen der Besorgnis der Befangenheit von der Entscheidung des Verfahrens ausgeschlossen ist, der intensiven Betrachtung des Einzelfalles. Entsprechend zeigt sich hier auch eine – nachfolgend in wesentlichen Auszügen dokumentierte – Kasuistik. Für den Rechtsanwalt bedeutet dies, dass ein Befangenheitsgesuch mit hinreichender Aussicht auf Erfolg nur angebracht werden kann, wenn der Einzelfall in seinen Tatsachen und den daraus zu ziehenden Schlussfolgerungen aufgearbeitet wird und die Auffassung der bisherigen Rechtsprechung zu dieser Problematik dargelegt werden.   **348**

2. Der Ausschluss des Richters kraft Gesetzes

§ 41 ZPO regelt, in welchen Fällen der Richter kraft Gesetzes von der Ausübung seines Richteramtes ausgeschlossen ist. Danach ist der Richter von der Ausübung seines Richteramtes ausgeschlossen, wenn: **349**

■ er selbst, sein Ehegatte, sein Lebenspartner, eine Person, mit der er in gerader Linie verwandt oder verschwägert und in der Seitenlinie bis zum dritten Grad verwandt oder dem zweiten Grad verschwägert ist, an dem Verfahren beteiligt ist;

---

262 Geschäftsverteilungspläne des Gerichtes und der Kammer oder des Senates als Konkretisierung der Zuständigkeit.

> *Hinweis*
>
> Dies gilt auch dann, wenn die Ehe oder die Lebenspartnerschaft nicht mehr besteht.

- er zu einer Partei des Verfahrens im Verhältnis eines Mitberechtigten, Mitverpflichteten oder Regresspflichtigen steht;
- der Richter als Prozessbevollmächtigter oder Beistand einer Partei bestellt oder als gesetzlicher Vertreter einer Partei aufzutreten berechtigt ist oder gewesen ist.

> *Hinweis*
>
> Auf diesen Ablehnungsgrund muss insbesondere bei denjenigen Richtern geachtet werden, die zuvor bereits als Rechtsanwalt tätig waren, insbesondere wenn die Tätigkeit im gleichen Gerichtsbezirk ausgeübt wurde.

- er in dem Verfahren als Zeuge oder Sachverständiger vernommen worden ist oder er in einem früheren Rechtszug oder schiedsrichterlichen Verfahren bei dem Erlass einer angefochtenen Entscheidung mitgewirkt hat, sofern es sich nicht allein um die Tätigkeit eines beauftragten oder ersuchten Richters handelte.

350

> *Hinweis*
>
> Der Richter ist von der Ausübung eines Richteramtes nicht schon dann ausgeschlossen, wenn er als Zeuge benannt wird, sondern erst, wenn er tatsächlich vernommen worden ist.[263] Damit wird verhindert, dass den Parteien allein durch die Benennung eines Richters als Zeuge die Möglichkeit gegeben wird, zu beeinflussen, welcher Richter über den Rechtsstreit entscheidet.

351

> *Tipp*
>
> Wird der Richter als Zeuge benannt, kann sich allerdings aus dem der Benennung zugrunde liegenden Sachverhalt die Besorgnis der Befangenheit im Sinne von § 42 ZPO aufgrund seiner Nähe zum Streitgegenstand ergeben.

352 Die Mitwirkung der Ehefrau eines Rechtsmittelrichters bei dem Erlass der angefochtenen (Kollegial-)Entscheidung stellt nach Ansicht des BGH dagegen weder einen Ausschlussgrund entsprechend § 41 Nr. 6 ZPO noch generell einen Ablehnungsgrund gemäß § 42 Abs. 2 ZPO im Hinblick auf dessen Beteiligung an der Entscheidung im Rechtsmittelverfahren dar.[264] Die Entscheidung ist allerdings nicht ohne Kritik geblieben[265] und wird auch von anderen Obergerichten in dieser Form nicht geteilt.[266]

---

263 BVerwG MDR 1980, 168; Musielak-*Heinrich*, § 41 Rn 12; *Thomas/Putzo*, § 41 Rn 5.
264 BGH NJW 2004, 163 = MDR 2004, 288 = BGHReport 2004, 270 = PA 2006.
265 *Vollkommer*, EWiR 2004, 205; differenziert *Feiber*, NJW 2004, 650; *Bode/Trompeter*, ProzRB 2004, 130.
266 BSG v. 24.11.2005 – B 9a VG 6/05 B = PA 2006, 137.

3. Die Ablehnung des Richters wegen der Besorgnis der Befangenheit

Nach § 42 Abs. 1 ZPO kann der Richter darüber hinaus abgelehnt werden, wenn die   353
Besorgnis der Befangenheit besteht.

Die Besorgnis der Befangenheit besteht nach § 42 Abs. 2 ZPO, wenn ein Grund vor-   354
liegt, der geeignet ist, Misstrauen gegen die Unparteilichkeit des Richters zu rechtfertigen. Ein solcher Grund, der die Besorgnis der Befangenheit rechtfertigt, liegt vor,
wenn bei sachlicher Würdigung aller Umstände durch eine verständige Partei die tatsächlichen Parteien Anlass haben, an der Unvoreingenommenheit des Richters zu
zweifeln.[267] Entscheidend ist also nicht die Frage, ob der Richter tatsächlich befangen,
d.h. voreingenommen ist, sondern ob der äußere Anschein vorliegt, der ein entsprechendes Misstrauen rechtfertigt.

Hinweis   355

Gerade nach der ZPO-Reform steht die Frage der Befangenheit nicht selten im
Spannungsfeld zur erweiterten Hinweispflicht des Richters nach § 139 ZPO. Die
Bevollmächtigten und die Parteien sollten es grundsätzlich schätzen, wenn der
Richter während der Erörterung des Sach- und Streitstandes in der Güteverhandlung
oder in der mündlichen Verhandlung seine Auffassungen deutlich zum Ausdruck
bringt. Auch wenn der Richter dabei an die Grenzen der vorweggenommen Beweis-
würdigung stößt, vielleicht sogar der Eindruck entsteht, er habe sich rechtlich oder
tatsächlich bereits festgelegt, sollte dies grundsätzlich nicht als Ablehnungsgrund
genutzt werden.[268] Dies sollte vielmehr willkommener Anlass sein, den eigenen
Vortrag auf die vom Richter aufgezeigten vermeintlichen Schwachstellen erneut zu
fokussieren, ergänzend vorzutragen und die eigene Position stützende Rechtsprechung aufzuarbeiten. Die Offenheit des Richters kann so zur Optimierung des
eigenen Prozessverhaltens und damit auch des Prozesserfolges genutzt werden.

Die Rechtsprechung zeigt eine kaum noch zu überblickende Anzahl von Einzelent-   356
scheidungen zu § 42 Abs. 2 ZPO. Nachfolgend wurde deshalb der Versuch unternommen wesentliche Fallgruppen zu bilden und hierzu darzulegen, wann die Rechtsprechung die Besorgnis der Befangenheit bejaht und wann verneint hat.

a) Enge Beziehungen des Richters zu einer Partei als Ablehnungsgrund

§ 41 Nr. 1–4 ZPO erfasst bereits diejenigen Fälle, in denen der Richter aufgrund einer   357
Ehe, einer Lebenspartnerschaft sowie der Verwandtschaft oder Schwägerschaft rein
formal zu einer Partei des Rechtsstreites ein so enges Verhältnis hat, dass die Ver-

---

267 BVerfG NJW 1987, 430; 1993, 2230.
268 Äußerungen zum möglichen Verfahrensausgang begründen ohnehin in der Regel keine Ablehnung:
    OLG Stuttgart NJW 2001, 1145.

mutung der Befangenheit dieser Nähe innewohnt. Folge ist, dass der Richter schon **kraft Gesetzes** von der Ausübung seines Richteramtes ausgeschlossen ist (s.o.).

358   Darüber hinaus kommen **weitere Fallgestaltungen** in Betracht, in denen der Richter aufgrund seiner Nähe zu einer der Prozessparteien der Besorgnis der Befangenheit ausgesetzt ist, nämlich:

- soweit der Richter oder einer seiner nahen Angehörigen in geschäftlichen Beziehungen zu einer der Parteien steht;[269]
- wenn der Richter mit einer der Parteien verlobt oder in einer Lebensgemeinschaft verbunden ist;
- wenn der Richter mit einer Partei eng persönlich befreundet ist;[270]

> *Hinweis*
>
> Es genügt allerdings nicht, dass sich der Richter und die Partei lediglich kennen, etwa in einem Ort wohnen. Erforderlich ist vielmehr eine engere persönliche Freundschaft, die vermuten lässt, dass der Richter die notwendige Distanz zu den Parteien und zum Streitgegenstand nicht wahren kann.

- wenn der Richter Mitglied in einer juristischen Person oder eines ihrer Organe ist, die am Rechtsstreit beteiligt ist.[271] Anderes gilt, wenn es sich um einen Verein mit einer größeren Mitgliederzahl handelt, ohne dass der Richter eine Beziehung zu den Parteien oder dem Streitgegenstand hat.[272]

> *Hinweis*
>
> Allein die Mitgliedschaft in einer Gewerkschaft[273] oder in einer politischen Partei[274] genügen nur dann als Ablehnungsgrund, wenn der abgelehnte Richter hier eine exponierte Stellung innehat und die Gewerkschaft oder die politische Partei selbst Partei ist.

- wenn der Richter mit einer Partei verfeindet ist, insbesondere wenn wechselseitige Strafanzeigen wegen Rechtsbeugung und Beleidigung vorliegen;[275]
- wenn eine Partei Vermieter der vom Richter gemieteten Wohnung ist.[276]
- wenn der Richter auf Grund einer vorherigen dienstlichen Stellungnahme für den Antragsgegner in seiner Eigenschaft als Referent mit der Streitsache befasst war;[277]

---

269 LG Regensburg FamRZ 1979, 525.
270 BayObLG NJW-RR 1987, 127.
271 BGH NJW-RR 1988, 766.
272 BGH NJW 2003, 281.
273 BAG AP Nr. 2 zu § 41 ZPO; BVerfG NJW 1984, 1874.
274 OLG Koblenz NJW 1969, 1177.
275 LG Ulm MDR 1979, 1028; differenzierend: OLG Koblenz MDR 2003, 524.
276 LG Berlin WuM 2000, 333.
277 OLG Dresden OLGR 2004, 452 = MDR 2005, 106.

■ Wenn der Geschäftsführer einer Partei in der zuständigen Kammer für Handelssachen tätig ist, kann auch der ordentliche Vorsitzende dieser Kammer wegen Besorgnis der Befangenheit abgelehnt werden.[278]

Dagegen hat der BGH die Besorgnis der Befangenheit wegen der besonderen Nähe des Richters zu einer Partei bei der Mitautorenschaft einer Prozesspartei und eines zur Entscheidung berufenen Richters an einem juristischen Kommentar verneint. Einer ruhig und vernünftig denkenden Partei gebe dieser Sachverhalt keinen Anlass zu Zweifeln an der Unvoreingenommenheit des betreffenden Richters.[279]   359

b)   Die Ablehnung des Richters wegen erteilter Hinweise und Ratschläge

Diese Fallgruppe nimmt an Bedeutung zu, da § 139 ZPO und die Verpflichtung des Richters, aus § 278 ZPO auf eine gütliche Einigung hinzuwirken – mit der damit begründeten Notwendigkeit, Hinweise zum möglichen Verfahrensausgang zu geben –, den Richter verstärkt zu Hinweisen veranlassen und verpflichten, den Sach- und Streitstand zu würdigen. Da es sich bei der Hinweispflicht und der Verpflichtung, in jeder Lage des Verfahrens auf eine gütliche Einigung hinzuwirken, um gesetzliche Verpflichtungen handelt, ergibt sich daraus sogleich, dass allein die Wahrnehmung dieser Pflichten eine Besorgnis der Befangenheit nicht begründen kann.   360

Aus der Sicht der Partei unrichtige Entscheidungen oder vermeintlich unrichtige Entscheidungen und diese vorbereitende Hinweise sind deshalb grundsätzlich ungeeignet, die Ablehnung wegen Befangenheit zu rechtfertigen, denn sie zwingen nicht zu dem Schluss, dass der Richter, der im Rahmen seiner Befugnisse handelt und das Recht in vertretbarer Weise anwendet, gegenüber einer Partei unsachlich oder parteilich eingestellt ist. Insoweit darf das Ablehnungsverfahren nicht dazu dienen, richterliche Entscheidungen auf ihre Richtigkeit zu überprüfen.   361

Anerkanntermaßen kann deshalb eine Ablehnung grundsätzlich nicht auf die Verfahrensweise oder die Rechtsauffassung eines Richters gestützt werden, weil dies den Kernbereich der richterlichen Unabhängigkeit berührt und die Überprüfung allein Aufgabe eines Rechtsmittelgerichts ist. Eine Ausnahme ist allenfalls dann zuzulassen, wenn die richterliche Handlung ausreichender gesetzlicher Grundlage völlig entbehrt und so grob fehlerhaft ist, dass sie als Willkür erscheint, oder wenn die fehlerhafte Rechtsanwendung eindeutig erkennen lässt, dass sie auf unsachlicher Einstellung des Richters gegenüber der Partei beruht.[280]   362

---

278 OLG Karlsruhe, Beschl. v. 24.2.2006 – 14 W 3/06 = OLGR München 2006, 535; Justiz 2006, 274.
279 BGH BGHReport 2005, 1350.
280 KG KGR Berlin 1999, 153; OLG Saarbrücken OLGR 2005, 881; Münchner Kommentar-*Feiber*, ZPO, § 42 Rn 28.

363 Insoweit ist **unbeanstandet** geblieben:

- der Hinweis auf die mögliche Vorlage der Akten an die Staatsanwaltschaft wegen des Verdachtes einer Urkundenfälschung durch eine Partei;[281]
- der Hinweis auf eine mögliche Verjährung des streitgegenständlichen Anspruchs;[282]

> *Hinweis*
>
> Insbesondere bei dem Hinweis des Gerichts auf Einreden weist die Mandantschaft selbst den Bevollmächtigten regelmäßig auf die Besorgnis der Befangenheit des erkennenden Richters hin. Es muss jedoch beachtet werden, dass das Befangenheitsgesuch der Partei in diesem Fall nicht mehr hilft. Selbst wenn der Richter wegen der Besorgnis der Befangenheit erfolgreich abgelehnt werden würde, ändert sich nichts daran, dass die gegnerische Partei in der Lage ist, aufgrund des einmal erteilten Hinweises, die Einrede zu erheben und so den streitgegenständlichen Anspruch oder die entsprechende Rechtsverteidigung zu Fall zu bringen.

> *Tipp*
>
> Der Bevollmächtigte sollte sich also darauf konzentrieren, geltend zu machen, dass der Anspruch tatsächlich nicht verjährt ist oder aber der gegnerischen Partei es aus bestimmten Gründen, wie etwa der Verwirkung oder Treu und Glauben, verwehrt ist, sich auf die Verjährung zu berufen.

- Einbeziehung eines Anspruchs, der im Prozess nicht geltend gemacht worden ist, in einen Vergleichsvorschlag.[283]
- Das Hinwirken auf sachdienliche Anträge. Dies auch, wenn dadurch die Prozesschancen einer Partei sinken.[284]
- Die Erteilung von Hinweisen im Rahmen eines Beschlusses nach § 522 Abs. 2 S. 2 ZPO, wenn die Ausführungen im Hinweisbeschluss den Streitstoff nicht erschöpfend behandeln und das Vorbringen der Partei nur unzureichend gewürdigt wird, soweit nicht erkennbar ist, dass der Richter auf die Stellungnahme der Partei seine Aufführungen nicht überprüft.[285]

364 Demgegenüber wurde die Besorgnis der Befangenheit – bei erteilten Hinweisen von der Rechtsprechung bejaht, wenn der Richter der Partei:

- einen neuen Klagegrund mitteilt
- rät, Anschlussberufung einzulegen

281 KG MDR 2001, 107.
282 KG NJW 2002, 1732 = AGR 2003, 196; BGH NJW 1998, 612; OLG Bremen NJW 1986, 999; OLG Hamburg NJW 1984, 2710.
283 KG MDR 1999, 253.
284 OLG Köln OLGR 2005, 53 = ZInsO 2004, 930.
285 OLG Oldenburg NJW 2004, 3194 = NdsRpfl 2004, 214.

- anregt, einen weiteren, näher bestimmten Zeugen zu benennen
- eine Abtretung nahelegt, um das Problem der Aktivlegitimation zu umgehen[286]

In diesen Fällen sah die Rechtsprechung die Distanz zu den Parteien und dem Streit-   365
gegenstand nicht mehr gewahrt und den Rahmen der Hinweispflichten überschritten.

Hinweis   366

Der Rechtsanwalt wird deshalb im Einzelfall zu prüfen haben,

- ob der erteilte Hinweis im Rahmen von § 139 ZPO erteilt werden durfte, jedoch aus seiner Sicht inhaltlich unzutreffend ist. In diesem Fall ist das Befangenheitsgesuch der falsche Weg. Der Rechtsanwalt wird vielmehr gegen den Hinweis tatsächlich und rechtlich vorzutragen haben.
- ob ein solcher Hinweis nach § 139 ZPO nicht geboten war, den Rahmen des Streitgegenstandes und des Vortrages der Parteien verlässt **und** eine Partei einseitig bevorzugt. Dies dürfte insbesondere bei prozesstaktischen Hinweisen der Fall sein.

c) Die Ablehnung des Richters wegen seiner Verfahrensführung

Die Besorgnis der Befangenheit nach § 42 Abs. 2 ZPO kann sich auch aus einer un-   367
sachgemäßen Verfahrensführung des Richters ergeben. Anerkanntermaßen bilden
Verfahrensverstöße oder sonstige Rechtsfehler eines Richters für sich betrachtet noch
keinen Ablehnungsgrund.

Anders verhält es sich erst dann, wenn das prozessuale Vorgehen des Richters einer
ausreichenden gesetzlichen Grundlage entbehrt und sich so sehr von dem normaler-
weise geübten Verfahren entfernt, dass sich der dadurch betroffenen Partei der Eindruck einer sachwidrigen, auf Voreingenommenheit beruhenden Benachteiligung
aufdrängt, also Anhaltspunkte dafür bestehen, dass die Fehlerhaftigkeit auf einer un-
sachlichen Einstellung des Richters oder auf Willkür beruht. Darauf kann etwa eine
Häufung von Verfahrensfehlern hinweisen; Verfahrensverstöße und andere Verhal-
tensweisen können zudem in ihrer Gesamtheit dazu führen, dass der Beteiligte von
seinem Standpunkt aus zu Recht befürchtet, der abgelehnte Richter werde nicht un-
parteiisch entscheiden, namentlich bei groben Verletzungen von Verfahrensgrundrechten wie schwere Verstöße gegen den Anspruch auf rechtliches Gehör und/oder ein
faires und willkürfreies Verfahren.[287]

Durch die Verfahrensführung des Richters kann also nur unter zwei Voraussetzungen   368
die Besorgnis der Befangenheit begründet werden, zu denen jeweils vorzutragen ist.

---

286 OLG Frankfurt NJW 1970, 1884.
287 Vgl. Zöller-*Vollkommer*, § 42 Rn 24, m.w.N.; Münchener Kommentar-*Feiber*, ZPO, § 42 Rn 30,
m.w.N.; OLG Saarbrücken OLGR 2005, 881; KG, KGR Berlin 2001, 266; OLG Frankfurt, OLGR
2002, 250; OLG Frankfurt OLGR 2000, 36; OLG Naumburg v. 28.1.2003 – 8 WF 9/03.

■ Es muss überhaupt ein Verfahrensfehler vorliegen. Es ist also darzulegen, welche Verfahrenshandlung beanstandet wird und gegen welche konkrete Norm diese Verfahrenshandlung verstößt.[288] Die Norm ist dabei schon zu benennen.

> *Hinweis*
>
> Die richterliche Praxis des Autors zeigt, dass viele Befangenheitsgesuche schon auf dieser Ebene scheitern, da nicht erkannt wird, dass die jeweilige Verfahrenshandlung im Ermessen des Richters stand und allein eine von den Vorstellungen der Partei abweichende Ermessensausübung noch nicht zu einem Verfahrensfehler führt. Dies ist erst der Fall, wenn trotz Ermessens keine Ermessensausübung stattfindet oder ein Ermessensfehler vorliegt.

■ Sodann muss der festgestellte Verfahrensfehler den **Charakter der Willkür** in sich tragen.

> *Hinweis*
>
> Dies kann allerdings auch dann der Fall sein, wenn es zu einer Vielzahl von Verfahrensfehlern kommt, so dass der Gesamteindruck entsteht, dass das Verfahren nicht entsprechend der gesetzlichen Verfahrensordnung betrieben wird.

369 Eine Vielzahl von Entscheidungen beschäftigt sich in der Praxis mit dieser Fallgruppe. Dabei lässt sich zugleich feststellen, dass die Fallgruppe der Ablehnungsgesuche wegen der Besorgnis der Befangenheit aufgrund von Verfahrensfehlern am häufigsten zum Erfolg führt.

370 Die Besorgnis der Befangenheit wegen der unsachgemäßen Verfahrensführung wurde danach in folgenden Fällen angenommen:

■ Der Richter ist nicht bereit, Parteivorbringen zur Kenntnis zu nehmen.[289]
■ Der Richter ordnet das persönliche Erscheinen der Partei für den Fall an, dass diese die Klage nicht zurücknimmt.[290]

> *Hinweis*
>
> Etwas anderes dürfte allerdings dann gelten, wenn das persönliche Erscheinen angeordnet wird, damit der Richter der Partei die Gründe erläutert, die zu der Beurteilung führen, dass eine Klage unzulässig oder unbegründet ist. Der Ladung der Partei muss also insoweit eine Willkür innewohnen, dass die persönliche Ladung der Belastung der Partei ohne sachlichen Grund dient. Dies gilt auch für die Ladung nur einzelner Parteien nach § 141 ZPO.[291]

---

288 OLG Köln OLGR 2004, 427 = JMBl NW 2005, 78.
289 OLG Hamm VersR 1978, 646.
290 OLG Köln NJW-RR 1997, 1083.
291 OLG Köln OLGR 2004, 259.

- Der Richter ordnet die Parteivernehmung nach § 448 ZPO einer Partei an, obwohl die Voraussetzungen offensichtlich nicht vorliegen.[292]
- Der Richter entzieht dem Bevollmächtigten ohne sachlichen Grund das Wort.[293]
- Der Richter weigert sich, in der mündlichen Verhandlung Anträge entgegenzunehmen und gem. § 160 ZPO zu protokollieren.[294]
- Der Richter weigert sich, seine durch die Partei oder den Bevollmächtigten akustisch nicht verstandene Äußerung zu wiederholen.[295]
- Der Richter erhebt die Forderung eines sachlich nicht begründeten und überhöhten Kostenvorschusses für ein Sachverständigengutachten.[296]

> *Hinweis*
>
> Die Willkür kann hier daher rühren, dass der Richter die Partei aufgrund der finanziellen Belastungen zu einer vergleichsweisen Regelung oder etwa zur Klagerücknahme „zwingen" will.

- Der Richter führt die „Ortsbesichtigung" außerhalb einer förmlichen Beweisaufnahme oder mündlichen Verhandlung in Begleitung nur einer der Parteien durch.[297]
- Eine sachlich nicht begründete Untätigkeit des Richters ist zu verzeichnen.[298]
- Terminsanträge werden mehrfach und ohne sachlichen Grund nicht beschieden.[299]
- Der Richter verweigert eine beantragte Terminsverlegung, obwohl die vorgetragenen Gründe für den Verlegungsantrag erheblich sind und mit der Verweigerung eine augenfällige Ungleichbehandlung der Prozessparteien zum Ausdruck kommt.[300]
- Der Umstand, dass ein Richter ein psychiatrisches Gutachten zur Prüfung der Prozessfähigkeit der Partei eingeholt hat, ohne sich zuvor durch ihre Anhörung einen persönlichen Eindruck über ihre Prozessfähigkeit verschafft zu haben, ist geeignet, bei der Partei den Anschein zu erwecken, er sei ihr gegenüber voreingenommen.
- Der Richter gibt durch den Inhalt eines Hinweises zu erkennen, dass er die seine Entscheidung aufhebende und ihn gemäß § 572 ZPO bindende Beschwerdeentscheidung für unrichtig hält, legt dabei Tatsachen zugrunde, die keine Partei vorgetragen hat, weist zudem ohne nachvollziehbare Begründung einen den Erfordernissen des § 227 ZPO genügenden Terminsverlegungsantrag zurück und

---

292 LG Berlin MDR 1982, 154.
293 OLG Nürnberg AnwBl 1962, 282.
294 OLG Köln NJW-RR 1999, 288.
295 LG Kiel SchlHA 1985, 178.
296 OLG Karlsruhe OLGZ 1984, 102.
297 OLG Düsseldorf MDR 1956, 557.
298 OLG München OLGR 1998, 331; OLG Düsseldorf MDR 1998, 1052.
299 OLG Zweibrücken OLGR 1999, 291; OLG Brandenburg MDR 1997, 690.
300 KG Berlin KGR 2005, 291.

versucht einen ihm unterlaufenen prozessualen Fehler in seiner dienstlichen Äußerung damit zu rechtfertigen, bei der Gegenpartei handele es sich um ein „seriöses Autohaus".[301]

■ Die unter Verstoß gegen §§ 318, 572 Abs. 1 S. 2 ZPO erfolgte nachträgliche Abänderung der Kostenentscheidung eines Urteils durch den erkennenden Richter ist objektiv willkürlich und begründet die Besorgnis der Befangenheit.[302]

371 Die Rechtsprechung hat eine Ablehnung wegen der Besorgnis der Befangenheit aufgrund der Verfahrensführung des Richters dagegen in folgenden Fällen abgelehnt:

■ die Anhörung des Sachverständigen unter Ausschluss der Parteien zur Vorbereitung eines Vergleichsvorschlages;[303]
■ die Ablehnung eines Terminsverlegungsantrages;[304]

> *Hinweis*
>
> Die Durchführung eines Sammeltermins trotz Antrags auf Durchführung eines Einzeltermins rechtfertigt nach Auffassung des BGH ebenfalls nicht die Befangenheitsablehnung. Es sei nicht zu beanstanden, wenn der terminierende Richter entsprechend seiner jahrelangen Terminierungspraxis im frühen ersten Termin fünf Termine pro halbe Stunde ansetzt.[305]

■ Der Richter erlässt ein Versäumnisurteil nach Ablauf der Terminsstunde und Ablauf des fernmündlich mitgeteilten Verspätungszeitraumes des Beklagtenvertreters[306]
■ Entscheidet der Richter vor Ablauf einer den Parteien gesetzten Stellungnahmefrist, liegt eine grobe Verletzung von Verfahrensgrundrechten und ein hieraus ableitbarer Befangenheitsgrund dann nicht vor, wenn die Stellungnahmefrist gemessen vom Zeitpunkt der diese bestimmenden Verfügung des Richters abgelaufen war und der Richter lediglich übersehen hat, dass diese Verfügung den Parteien nicht zeitnah zugegangen ist.[307]
■ Der Richter bestimmt unter Verstoß gegen die Wartepflicht nach § 47 ZPO Termin zur mündlichen Verhandlung.[308]

---

301 OLG Celle v. 18.5.2005 – 9 W 44/05 = OLGR Celle 2005, 451 = NdsRpfl 2005, 322.
302 KG Berlin Beschl. v. 8.6.2006 – 15 W 31/06.
303 OLG Stuttgart NJW-RR 1996, 1469.
304 KG Berlin KGR 2005, 110 = MDR 2005, 708; OLG Koblenz MDR 1991, 448; OLG Zweibrücken MDR 1999, 113; OLG Brandenburg NJW-RR 1999, 1291; siehe aber auch die besondere Fallkonstellation in KG Berlin KGR 2005, 291.
305 BGH BauR 2004, 1031 = ZfBR 2004, 453.
306 OLG Frankfurt OLGR 2004, 312.
307 OLG Saarbrücken OLGR 2005, 881.
308 OLG Celle Beschl. v. 13.7.2006 – 9 W 93/06; OLG Köln OLGR 2004, 427 = JMBl. NW 2004, 78.

Hinweise 372

Kommt es zwischen dem Bevollmächtigten und dem Vorsitzenden eines Kollegialgerichts zu Meinungsverschiedenheiten über die Zulässigkeit von Fragen an einen Zeugen, so kann hierauf nicht unmittelbar die Ablehnung des Richters gestützt werden. Vielmehr muss zunächst eine Entscheidung des gesamten Spruchkörpers, d.h. der Kammer oder des Senates nach § 397 Abs. 3 ZPO herbeigeführt werden.[309]

d) Die Unsachlichkeit des Richters als Ablehnungsgrund

Auch eine unsachliche Verfahrensführung des Richters kann die Besorgnis der Befangenheit begründen. Dabei darf allerdings nicht nur auf den einzelnen Vorfall abgestellt werden. Auch rechtfertigt nicht jede unglückliche Formulierung eine Ablehnung des Richters wegen der Besorgnis der Befangenheit. Verschiedene Auseinandersetzungen zwischen Gericht und einer Partei können, auch wenn sie für sich alleine gesehen zu tolerieren wären, in der Gesamtschau einen Ablehnungsgrund darstellen. Hierbei ist nicht nur auf den letzten, den „Eklat" auslösenden Vorfall abzustellen, sondern es sind sämtliche vorausgegangenen und innerlich zusammenhängenden Vorgänge mitzubewerten.[310] 373

Hinweis 374

Beachtet werden muss allerdings, dass dem Richter die sitzungspolizeiliche Gewalt zukommt, die es rechtfertigen kann, etwa „lautstark" die Ordnung herzustellen, ohne dass daraus allein die Besorgnis der Befangenheit hergeleitet werden kann.[311] Dies gilt insbesondere dann, wenn seine – gerechtfertigten – Anweisungen zuvor immer wieder missachtet wurden.

Die Rechtsprechung hat eine Unsachlichkeit des Richters als Ablehnungsgrund danach in folgenden Fällen bejaht: 375

■ Der Richter hat die Partei oder ihren Prozessbevollmächtigten beleidigt.[312]

Hinweis

HinweisDie Besorgnis der Befangenheit eines Richters kann sich auch daraus ergeben, dass er erst auf einen Befangenheitsantrag hin die Frage stellt, ob die Partei und ihr Prozessbevollmächtigter ihm intellektuell zu folgen in der Lage sind.[313]

---

309 KG KGR 1999, 153.
310 OLG Thüringen BauR 2004, 1815.
311 KG KGR 2000, 310.
312 OLG München OLGR 1998, 209; OLG Frankfurt NJW-RR 1995, 890; OLG Hamburg NJW 1992, 2036.
313 OLG Saarbrücken MDR 2005, 473 = OLGR 2005, 461.

■ Der Richter macht dem Bevollmächtigten unberechtigt den Vorwurf des standeswidrigen Verhaltens.[314]

■ Der Richter zeigt den Parteien oder Bevollmächtigten „den Vogel".[315]

> *Hinweis*
>
> Dies wird für alle Arten einer Gestik oder Mimik gelten, mit denen der Richter zum Ausdruck bringt, dass er die Parteien persönlich missachtet und mit denen er sie persönlich herabsetzt.

■ Der Richter beschuldigt ohne sachlichen Grund eine Partei, einen Prozessbetrug begangen oder versucht zu haben.[316]

■ Es kommt zu deutlichen Unmutsäußerungen des Richters wegen des Widerrufs eines Vergleiches.[317]

■ Der Richter führt aus, es sei dem Gericht bekannt, dass keine der Parteien die volle Wahrheit sage.[318]

> *Hinweis*
>
> Dies ist allerdings von dem Fall zu unterscheiden, dass der Richter zum Ausdruck bringt, dass entweder der Vortrag der einen Partei oder derjenigen der anderen Partei nicht stimme könne, da sich der Vortrag gegenseitig ausschlösse und er deshalb davon ausgeht, dass eine – von ihm dann nicht benannte – Partei die Unwahrheit sage.

376 **Keine** Besorgnis der Befangenheit liegt nach Ansicht der Rechtsprechung dagegen darin, dass der Richter:

■ Zweifel an der Glaubwürdigkeit eines Zeugen äußert;[319]

■ eine Partei nachdrücklich ermahnt, die Wahrheit zu sagen.[320]

■ eine augenblickliche, begründete Verärgerung nach einer unhöflichen Bemerkung des Prozessbevollmächtigten zeigt. Dies lässt keinen Schluss darauf zu, wie nach dem Abklingen der Erregung entschieden werden wird.[321]

e) Meinungsäußerungen des Richters als Ablehnungsgrund

377 Nach § 39 DRiG hat sich der Richter innerhalb und außerhalb seines Amtes einschließlich seiner außerdienstlichen politischen Betätigung so zu verhalten, dass das

---

314 LG Kassel AnwBl 1986, 104.
315 OVG Lüneburg DRiZ 1974, 194.
316 OLG Frankfurt NJW-RR 1986, 1319; OLG Hamm FamRZ 1992, 575; OLG Hamburg MDR 1989, 1000.
317 LG Kiel AnwBl 1964, 23.
318 OLG Zweibrücken MDR 1982, 940.
319 OLG Bamberg OLGR 2001, 89.
320 OLG Zweibrücken FamRZ 1993, 576.
321 OLG Frankfurt OLGR 2004, 286.

Vertrauen in seine Unabhängigkeit nicht gefährdet wird. Trägt der Richter dem im Hinblick auf den konkret zu beurteilenden Streitgegenstand keine Rechnung, so kann er wegen der Besorgnis der Befangenheit nach § 42 Abs. 2 ZPO abgelehnt werden.

Dem Richter ist es danach grundsätzlich verwehrt, sich in Beziehung zum Streitstoff   378
oder zu den Parteien im Rahmen eines laufenden Rechtsstreites außerhalb des eigentlichen Verfahrens zu äußern.

Davon zu unterscheiden sind abstrakte wissenschaftliche Äußerungen des Richters in   379
Fachbüchern oder Fachpublikationen, die nicht in unmittelbarem Zusammenhang mit dem konkreten Verfahren zu sehen sind, insbesondere diesem zeitlich vorausgehen. Dies gilt auch dann, wenn diese Publikationen Rechtsfragen betreffen, die für den anhängigen Rechtsstreit relevant werden können.[322] Auch Rechtsäußerungen im konkreten Verfahren sind grundsätzlich nicht geeignet, die Besorgnis der Befangenheit zu begründen.[323] Die Mitautorenschaft einer Prozesspartei und eines zur Entscheidung berufenen Richters an einem juristischen Kommentar gibt einer ruhig und vernünftig denkenden Partei aus Sicht des BGH keinen Anlass zu Zweifeln an der Unvoreingenommenheit des betreffenden Richters.[324]

Grundsätzlich entspricht es nämlich dem Verfassungsbild des unabhängigen und un-   380
parteiischen Richters, dass er sich unabhängig von der konkret anstehenden Entscheidung mit Rechtsproblemen auseinandersetzt und im Rahmen eines Rechtsstreites auch für neue Ansichten und Argumente offen ist.[325]

Hinweis   381

Der Bevollmächtigte hat damit allerdings allen Anlass zu den insoweit betroffenen Rechtsfragen ausführlich Stellung zu nehmen, insbesondere auf abweichende Auffassungen, insbesondere auch abweichende Entscheidungen anderer Gerichte hinzuweisen, so dass der Richter gezwungen wird, sich mit dieser Frage auseinanderzusetzen. Soweit es sich um einen Einzelrichter beim Landgericht oder Oberlandesgericht handelt, muss er ggf. die Übertragung der Sache auf die Kammer oder den Senat betreiben. Den Mandanten muss er darauf hinweisen, dass ein erhebliches Prozessrisiko besteht, weil eine abweichende Beurteilung der maßgeblichen Rechtsfragen ggf. erst in einem zeit- und ggf. auch kostenintensiven Rechtsmittelverfahren erfolgen kann. Soweit ein Rechtsmittel nur auf Zulassung in Betracht kommt, muss er um die Zulassung nachsuchen und die Gründe hierfür darlegen.

---

322 OLG Köln NJW-RR 2000, 455.
323 OLG Schleswig OLGR 2004, 357.
324 BGH BGHReport 2005, 1350.
325 BSG 1993, 2261; LG Göttingen NJW 1999, 2826.

4. Das Ablehnungsverfahren

a) Das Ablehnungsgesuch

382   Die Ablehnung eines Richters ist nach § 44 Abs. 1 ZPO mittels eines Ablehnungsgesuches geltend zu machen. Das Ablehnungsgesuch kann schriftlich oder zu Protokoll der Geschäftsstelle erklärt werden, was nach § 78 Abs. 5 ZPO dazu führt, dass auch im Anwaltsprozess der Antrag auf Ablehnung eines Richters von der Partei selbst gestellt werden kann, da dieser dem Anwaltszwang nicht unterliegt.

383   *Hinweis*

Wird ein begründungsloses Befangenheitsgesuch zur Ablehnung eines Richters im Rahmen der mündlichen Verhandlung gem. § 160 Abs. 2 ZPO zu Protokoll genommen, dann gehört es zur ordnungsgemäßen Verhandlungsführung und Prozessleitung des Gerichts gem. § 139 Abs. 1 S. 2 ZPO, die Partei nach dem Grund für ihr Gesuch zu befragen und auch den Anlass für den Befangenheitsantrag nach § 160 Abs. 2 ZPO im Protokoll aufzunehmen. Die Begründung für das Befangenheitsgesuch lässt sich dann unmittelbar aus dem Gerichtsprotokoll entnehmen.[326]

384   Das Ablehnungsgesuch ist an das Gericht zu richten, dem der abgelehnte Richter angehört.

385   Nach § 44 Abs. 2 S. 1 ZPO ist der Ablehnungsgrund glaubhaft zu machen, so dass § 294 ZPO zur Anwendung kommt. Allerdings ist die ablehnende Partei selbst zur Abgabe der eidesstattlichen Versicherung nicht berechtigt, § 44 Abs. 2 S. 1, 2. Hs. Der Ablehnungsgrund kann aber durch eine eidesstattliche Versicherung des Bevollmächtigten der Partei glaubhaft gemacht werden.[327]

386   *Hinweis*

Beachtet werden muss, dass bei einer Ablehnung wegen der Gesamtumstände der Verfahrensführung aufgrund einer Vielzahl von einzelnen Vorkommnissen jedes Vorkommnis glaubhaft gemacht werden muss.[328]

387   Darüber hinaus können schriftliche Erklärungen von Zeugen oder eidesstattliche Versicherungen Dritter vorgelegt werden.[329] Hierbei kann es sich insbesondere auch um eidesstattliche Versicherungen von im Gerichtssaal anwesenden Personen handeln, die am Prozess selbst nicht beteiligt sind (Öffentlichkeit). Weiterhin können schriftliche Mitteilungen des Richters vorgelegt oder auf seine dienstliche Äußerung Bezug ge-

---

326 OLG Schleswig OLGR 2006, 67 = SchlHA 2006, 201.
327 OLG Köln MDR 1986, 152.
328 OLG Schleswig OLGR 2004, 561.
329 BGH NJW 1968, 710.

nommen werden. Auch auf entsprechende Verfügungen und Vermerke des Richters in der Prozessakte kann zur Glaubhaftmachung Bezug genommen werden.

Tipp 388

Will sich die Partei zunächst über mögliche Vermerke und Verfügungen des Richters orientieren und prüfen, ob diese eine Ablehnung rechtfertigen, so geht das Ablehnungsrecht nicht durch das Gesuch auf Akteneinsicht verloren.[330]

Nach § 44 Abs. 2 S. 2 ZPO kann zur Glaubhaftmachung auch auf das Zeugnis des 389 abgelehnten Richters Bezug genommen werden, der sich nach § 44 Abs. 3 ZPO über den Ablehnungsgrund dienstlich zu äußern hat.

Hinweis 390

Die dienstliche Äußerung des Richters sollte immer sorgfältig geprüft werden. Häufig ergibt sich aus der Reaktion des Richters auf das Ablehnungsgesuch ein (weiterer) Ablehnungsgrund,[331] wenn wirklich eine Besorgnis der Befangenheit besteht.[332]

Die dienstliche Äußerung ist nicht nur dem Antragsteller,[333] sondern auch der Ge- 391 genpartei zuzuleiten. Letzteres gilt jedenfalls dann, wenn das Ablehnungsgesuch für begründet erklärt werden soll.

b) Die Beteiligung des Gegners am Ablehnungsverfahren

Der Gegner ist zu dem Ablehnungsgesuch grundsätzlich zu hören, da er von der Frage 392 des gesetzlichen Richters grundsätzlich tangiert wird.

Wird das Ablehnungsgesuch für begründet erklärt, ohne dass der Gegenpartei recht- 393 liches Gehör gewährt wurde, so wurde in der Vergangenheit hiergegen die sofortige Beschwerde nach §§ 567 ff. ZPO als statthaft erachtet.[334] Hierbei handelt es sich um eine Form der außerordentlichen Beschwerde, da eine Beschwerde gegen die das Ablehnungsgesuch für begründet erklärende Entscheidung nach § 46 Abs. 2 ZPO nicht gegeben ist. Nachdem der BGH, wie in § 2 dargestellt, in anderen Zusammenhängen seit der ZPO-Reform die außerordentliche Beschwerde kategorisch ablehnt, wird hieran nicht festgehalten werden können. Insoweit kann statt der sofortigen Beschwerde nur eine befristete Gegenvorstellung oder eine Gehörsrüge nach § 321a ZPO angebracht werden. Im Übrigen wäre der Entzug des gesetzlichen Richters im weiteren Rechtsmittelverfahren in der Hauptsache geltend zu machen.

---

330 BayObLG NJW-RR 2001, 642.
331 OLG Frankfurt NJW-RR 1998, 58.
332 Ein Beispiel hierzu ist OLG Saarbrücken MDR 2005, 473 = OLGR 2005, 461.
333 BVerfG NJW 1993, 2229.
334 OLG Oldenburg NJW-RR 1995, 830.

c)   Die Frist für ein zulässiges Ablehnungsgesuch

394   Die Ablehnung kann nur geltend gemacht werden, bis sich die ablehnende Partei in Kenntnis des Ablehnungsgrundes in eine Verhandlung eingelassen oder Anträge gestellt hat. Dabei steht die Kenntnis des Bevollmächtigten der Partei nach § 166 Abs. 1 BGB der Kenntnis der Partei vom Ablehnungsgrund gleich.

395   *Hinweis*

Erfahrene Richter, die entsprechend den verfahrensrechtlichen Vorgaben die Anträge zu Beginn der Verhandlung haben stellen lassen, schließen aus diesem Grunde die mündliche Verhandlung und Beweisaufnahme nach nochmaliger Erörterung der Sach- und Rechtslage unter Berücksichtigung des Ergebnisses der Beweisaufnahme mit der Feststellung „Die Parteien wiederholen sodann die eingangs gestellten Anträge". Damit ist es nicht mehr möglich, den Richter wegen seiner Darlegung im Rahmen der Erörterung des Sach- und Streitstandes und Würdigung des Ergebnisses der Beweisaufnahme sowie wegen seines Verhaltens während der Beweisaufnahme abzulehnen. Hier sollte der Bevollmächtigte gegen diese Feststellung protestieren, wenn er sich die Ablehnung des Richters vorbehalten und diese gegebenenfalls mit der Partei erörtern will.

396   Eine Ausnahme von dieser Fristregelung stellt § 44 Abs. 4 ZPO dar, wonach der Richter auch noch dann wegen Besorgnis der Befangenheit abgelehnt werden kann, wenn der Ablehnungsgrund erst nach der Einlassung in die Verhandlung oder der Stellung der Anträge entstanden oder der Partei bekannt geworden ist.

397   In diesem Fall muss sich die Glaubhaftmachung nicht nur auf den eigentlichen Ablehnungsgrund, sondern auch auf den Zeitpunkt der Kenntnis bzw. des Bestehens des Ablehnungsgrundes beziehen.

398   Wie bereits dargelegt, muss sich der abgelehnte Richter nach § 44 Abs. 3 ZPO zu dem Ablehnungsgesuch dienstlich äußern. Die dienstliche Äußerung ist sodann den Parteien mit der Möglichkeit zur Stellungnahme zur Kenntnis zu geben.

d)   Die Zuständigkeit zur Entscheidung über das Ablehnungsgesuch

399   Handelt es sich um einen Richter aus einer Kammer beim Landgericht, so entscheidet nach § 45 Abs. 1 ZPO die Kammer ohne den mitgewirkten Richter, d.h. ggf. unter Heranziehung eines zur Vertretung des abgelehnten Richters berufenen Richters einer anderen Kammer.

400   Wird ein originärer oder obligatorischer Einzelrichter beim Landgericht oder Oberlandesgericht abgelehnt, so war bisher streitig, wer über das Befangenheitsgesuch zu entscheiden hat. Nach einer Auffassung sollte auch in diesem Fall die Kammer oder

der Senat in voller Besetzung ohne den abgelehnten Richter entscheiden.[335] Nach anderer Auffassung sollte dagegen in diesem Fall der geschäftsverteilungsplanmäßige Vertretungsrichter als Einzelrichter zur Entscheidung über das Befangenheitsgesuch berufen sein.[336] Der BGH hat sich nunmehr der ersten Auffassung angeschlossen, die auf den Wortlaut des § 45 Abs. 1 ZPO abstellt, so dass also auch über ein Befangenheitsgesuch gegen den originären (§ 348 ZPO) oder den obligatorischen (§ 348a ZPO) Einzelrichter die Kammer in Gänze ohne den abgelehnten Richter entscheidet.[337]

Nach § 45 Abs. 2 ZPO entscheidet das im Rechtszug höhere Gericht, wenn das Gericht, dem der Abgelehnte angehört, durch dessen Ausscheiden beschlussunfähig wird. Dabei ist allerdings zu beachten, dass zunächst die Vertretungsregelung des Geschäftsverteilungsplanes auszuschöpfen ist, so dass die Regelung des § 45 Abs. 3 ZPO in der Praxis kaum Bedeutung erlangt. **401**

Wird ein Richter beim Amtsgericht abgelehnt, so entscheidet hierüber nach § 45 Abs. 2 ZPO ein durch den Geschäftsverteilungsplan zu bestimmender anderer Richter des Amtsgerichts über das Gesuch. Dies gilt allerdings nicht, wenn der abgelehnte Richter das Ablehnungsgesuch für begründet hält. **402**

Über die örtlichen Anwaltskammern und Anwaltsvereine sollte darauf geachtet werden, dass über das Ablehnungsgesuch nicht derjenige Amtsrichter entscheidet, der im Fall der Begründetheit des Ablehnungsgesuches auch in der Hauptsache zuständig wäre. Ungeachtet der Annahme, dass der Vertreter über das Ablehnungsgesuch objektiv und ohne Rücksicht auf seine dann begründete Zuständigkeit entscheidet, kann jedenfalls nicht übersehen werden, dass bei der Partei der Eindruck entsteht, dass einem Befangenheitsgesuch nur deshalb nicht stattgegeben wird, weil dann der über das Ablehnungsgesuch entscheidende Richter auch in der Hauptsache das Verfahren bearbeiten muss. Auf die Problematik sollte das Präsidium des Amtsgerichts über die Standesorganisationen hingewiesen und um Beachtung gebeten werden. Der Geschäftsverteilungsplan sollte insoweit vorsehen, dass über das Ablehnungsgesuch ein anderer nicht zur Vertretung berufener Richter entscheidet. **403**

---

335 OLG Oldenburg OLGR 2005, 82; OLG Karlsruhe OLGZ 1978, 256; OLG Karlsruhe v. 7.7.2006 – 19 W 23/06; OLG Frankfurt NJW 2004, 2104; OLG Oldenburg MDR 2006, 169; Musielak-*Heinrich*, § 45 Rn 2.
336 OLG Zweibrücken OLGR 2006, 311; OLG Rostock OLGR 2006, 586; OLG Naumburg OLGR 2005, 830 = MDR 2005, 1245; OLG Oldenburg NJW-RR 2005, 931; KG Berlin NJW 2004, 2104 = OLGR 2004, 391 = MDR 2004, 1377.
337 BGH FamRZ 2006, 944 = BauR 2006, 1173 = BGHReport 2006, 985 = Prozessrecht aktiv 2006, 115 m.Anm. *Goebel.*

e) Das rechtsmissbräuchliche und damit unzulässige Ablehnungsgesuch

404   Ein Ablehnungsgesuch stellt sich anerkanntermaßen als rechtsmissbräuchlich dar, wenn es offensichtlich nur dazu dienen soll, das Verfahren zu verschleppen, oder wenn mit der Ablehnung ausschließlich verfahrensfremde, vom Sinn und Zweck des Ablehnungsrechts offensichtlich nicht erfasste Ziele verfolgt werden. Das Gleiche gilt bei einem nicht ernsthaft gemeinten oder unter einem Vorwand bzw. allein aus prozesstaktischen Erwägungen gestellten Ablehnungsgesuch und bei Gesuchen, die grobe Beleidigungen und Beschimpfungen der beteiligten Richter enthalten. Wird das Rechtsinstitut der Richterablehnung in derart rechtsmissbräuchlicher Weise eingesetzt, fehlt dem Befangenheitsgesuch ein Rechtsschutzinteresse und es ist als unzulässig zu verwerfen.[338]

405   Infolgedessen darf der abgelehnte Richter auch ohne Beachtung der Wartepflicht des § 47 ZPO (dazu nachfolgend) das Verfahren fortsetzen, da eine andere Handhabung den Missbrauch ermöglichen und ihm zum Erfolg verhelfen würde.

406   An den Tatbestand der rechtsmissbräuchlichen Richterablehnung sind allerdings strenge Anforderungen zu stellen. Der Rechtsmissbrauch muss „offensichtlich" sein, d.h. ohne jeden Zweifel vorliegen. Dies beruht auf der Erwägung, dass die Frage, ob ein Richter eine der Grundvoraussetzungen seiner Amtsführung, nämlich die richterliche Unparteilichkeit und Unvoreingenommenheit gegenüber sämtlichen Verfahrensbeteiligten auch aus der Sicht der Verfahrensbeteiligten erfüllt, dem Sinn und Zweck der Ablehnung gemäß nicht von dem abgelehnten Richter selbst entschieden werden kann. Anderenfalls wäre die durch das Rechtsstaatsprinzip und durch die Garantie des gesetzlichen Richters charakteristische Aufgabe des Instituts der Richterablehnung gefährdet.[339]

407   Kommt die mit dem Ablehnungsverfahren einhergehende Verfahrensverzögerung der betreibenden Partei entgegen, kann dies für sich allein die Annahme des Rechtsmissbrauchs nicht rechtfertigen. Der Zweck des Ablehnungsgesuchs muss vielmehr allein und ausschließlich in der Prozessverschleppungsabsicht gesehen werden können. Dies wird nur in Ausnahmefällen anzunehmen sein, so dass sich eine restriktive Handhabung empfiehlt.

f) Die Warteverpflichtung in der Hauptsache, § 47 ZPO

408   Während des Ablehnungsverfahrens dürfen grundsätzlich keine Verfahrenshandlungen vorgenommen werden. § 47 ZPO erlaubt lediglich die Vornahme unauf-

---

338 OLG Brandenburg OLGR 2000, 35; OLG Düsseldorf Rpfleger 1994, 340; OLG Zweibrücken MDR 1980, 1025; OLG Magdeburg Beschl. v. 14.2.2006, 10 W 2/06; Zöller-*Vollkommer*, § 42 ZPO Rn 6 m.w.N.
339 OLG Magdeburg, Beschl. v. 14.2.2006, 10 W 2/06.

schiebbarer Handlungen. Die Sperre greift dabei ab dem Eingang des Ablehnungsgesuches[340] bis zu dessen **rechtskräftiger** Erledigung.[341]

Unaufschiebbare Handlungen sind etwa: 409

- der Erlass eines Arrestes
- der Erlass einer einstweiligen Verfügung
- die Durchführung des Zwangsversteigerungstermins ohne Erteilung des Zuschlages[342]
- die Wahrnehmung der Sitzungspolizei nach § 176 GVG.

Das erkennende Gericht darf, nachdem es die Zurückweisung des Ablehnungs-   410
gesuches beschlossen hat, unter Mitwirkung des abgelehnten Richters noch nicht zur
Hauptsache entscheiden, wenn der Beschluss über die Zurückweisung noch nicht
rechtskräftig ist.[343] Die Wartefrist des § 47 ZPO dauert also bis zum Ablauf der Notfrist für die sofortige Beschwerde, im Falle der Einlegung der sofortigen Beschwerde
bis zur rechtskräftigen Entscheidung hierüber, d.h. bei Zulassung der Rechtsbeschwerde durch das Beschwerdegericht auch bis zur abschließenden Entscheidung
durch den Bundesgerichtshof an.

g) Die Entscheidung über das Ablehnungsgesuch

Die Entscheidung über das Ablehnungsgesuch ergeht nach § 46 Abs. 1 ZPO durch   411
Beschluss, dem gemäß § 128 Abs. 4 ZPO eine mündliche Verhandlung nicht vorausgehen muss.

Wird das Ablehnungsgesuch für begründet erachtet, ist der abgelehnte Richter vom   412
weiteren Verfahren ausgeschlossen. Der Beschluss kann nach § 46 Abs. 2 ZPO nicht
angefochten werden, so dass das Verfahren nunmehr durch den Vertreter des abgelehnten Richters fortzusetzen ist.

Hinweis   413

Dies kann auch zur Folge haben, dass eine bereits durchgeführte Beweisaufnahme in
Form der Vernehmung von Zeugen wiederholt werden muss, weil es auf die Glaubwürdigkeit der Zeugen ankommt. Auch dies muss die Partei bei der Anbringung eines Ablehnungsgesuches unter dem Gesichtspunkt des Zeit- und Kostenfaktors bedenken.

---

340 BGH NJW 2001, 1502.
341 BayObLG FamRZ 1988, 743; OLG Brandenburg NJW-RR 2000, 1089; OLG Koblenz NJW-RR
    1992, 1464.
342 OLG Celle NJW-RR 1989, 569.
343 LG Braunschweig NdsRpfl 2006, 22.

h) Die Kosten im Verfahren über das Ablehnungsgesuch

414   Für das Verfahren über das Ablehnungsgesuch entstehen weder Gerichtsgebühren, noch erhält der Rechtsanwalt eine gesonderte Vergütung. Für den Rechtsanwalt gehört das Ablehnungsgesuch nach § 19 Abs. 1 S. 2 Nr. 3 RVG, der an die Stelle des früheren § 37 Nr. 3 BRAGO getreten ist, zum Rechtszug. Die Anbringung des Ablehnungsgesuchs wird ihm also nicht zusätzlich vergütet.

II. Besonderheiten des Verfahrens vor dem Beschwerdegericht

1. Die Statthaftigkeit der sofortigen Beschwerde

415   Gegen den Beschluss mit dem ein Ablehnungsgesuch für begründet erklärt wird, findet nach der ausdrücklichen Regelung in § 46 Abs. 2 S. 1, 2. Hs. kein Rechtsmittel statt. Das Ablehnungsverfahren ist damit beendet. Die davon nachteilig betroffene Partei kann den Entzug des Rechtsmittels insoweit allein mit den Rechtsmitteln der Hauptsache mittelbar geltend machen. In der nicht vorschriftsmäßigen Besetzung des Gerichtes liegt insoweit ein absoluter Revisionsgrund nach § 547 Nr. 1 ZPO.

416   Im Übrigen, d.h. gegen einen Beschluss mit dem ein Ablehnungsgesuch zurückgewiesen wird, findet die sofortige Beschwerde statt. Dies verweist auf die Regelungen der §§ 567 ff. ZPO, woraus sich eine weitere Einschränkung des Beschwerderechtes ergibt. Nach § 567 Abs. 1 S. 1 ZPO ist die sofortige Beschwerde nämlich nur gegen erstinstanzliche Entscheidungen der Amtsgerichte und Landgerichte statthaft. Soweit ein Richter in einem Berufungs- oder Beschwerdeverfahren abgelehnt wird, ist also keine sofortige Beschwerde möglich.[344] Auch in diesem Fall ist das Verfahren – grundsätzlich – mit der Entscheidung über das Ablehnungsgesuch beendet.

417   *Hinweis*

Allerdings kann das Berufungs- oder Beschwerdegericht unter den Voraussetzungen des § 574 ZPO die Rechtsbeschwerde zulassen.

Tipp

Die Zulassung der Rechtsbeschwerde sollte der Bevollmächtigte bei Ablehnungsgesuchen in zweitinstanzlichen Verfahren grundsätzlich anregen. Zu den Voraussetzungen der Zulassung der Rechtsbeschwerde wird auf die Ausführungen in § 3 verwiesen.

---

344 BGH WM 2003, 848.

2. Der Beginn der Beschwerdefrist bei der Richterablehnung durch die Partei selbst

Hat sich für die Partei im Hauptsacheverfahren ein Prozessbevollmächtigter bestellt   **418**
und hat die Partei zulässigerweise persönlich einen Antrag auf Ablehnung des entscheidenden Richters wegen der Besorgnis der Befangenheit gestellt, so ist die Entscheidung des Gerichts über das Ablehnungsgesuch dem Prozessbevollmächtigten und
nicht der Partei persönlich zuzustellen. Ist lediglich der Partei zugestellt worden, beginnt der Lauf der Beschwerdefrist erst mit Heilung des Zustellungsmangels, d.h. der
tatsächlichen Kenntnisnahme der Bevollmächtigten von der Entscheidung.[345]

3. Das Rechtsschutzbedürfnis bei überholender Entscheidung in der Hauptsache

Das für eine sofortige Beschwerde erforderliche Rechtsschutzbedürfnis ergibt sich aus   **419**
der Zurückweisung des Ablehnungsgesuchs als unzulässig oder unbegründet. Allerdings kann dieses Rechtsschutzbedürfnis aufgrund prozessualer Überholung entfallen.
Dies ist insbesondere dann der Fall, wenn der abgelehnte Richter nach der Entscheidung über das Ablehnungsgesuch aus dem mit der Hauptsache befassten
Spruchkörper ausscheidet.[346] Der Grund seines Ausscheidens ist dabei unerheblich.

Streitig ist, wie der Fall zu beurteilen ist, in dem die prozessuale Überholung dadurch   **420**
eingetreten ist, dass das Ausgangsgericht die Hauptsache unter Beteiligung des abgelehnten Richters oder der abgelehnte Richter als Einzelrichter abschließend entschieden hat.

■ Zum Teil wird von einem fortbestehenden Rechtsschutzbedürfnis für die sofortige
   Beschwerde gegen die Ablehnungsentscheidung ausgegangen,[347] wobei diese
   Ansicht verlangt, dass aufgrund der Beschwerdeentscheidung ein Verstoß gegen
   § 47 ZPO vorliegt und in einem weiteren Rechtsmittelverfahren in der Hauptsache
   gerügt wird, nämlich der Richter eine abschließende Entscheidung erlassen hat,
   obwohl das Ablehnungsgesuch begründet war und die Entscheidung nicht un-
   aufschiebbar war. Das Rechtsschutzbedürfnis begründet sich also aus dem vorbereitenden Charakter für das Rechtsmittelverfahren in der Hauptsache.

■ Nach einer weiteren Ansicht wird ein fortbestehendes Rechtsschutzbedürfnis auch
   dann angenommen, wenn gegen die Hauptsacheentscheidung ein Rechtsmittel
   nicht statthaft ist.[348] Der Partei dürfe die abschließende Klärung, ob die Sachent-
   scheidung tatsächlich von dem ihm verfassungsmäßig garantierten gesetzlichen

---

345 OLG Köln, Beschl. v. 10.3.2005, 4 WF 14/05 = OLGR 2005, 381 (nur LS).
346 KG Berlin MDR 2005, 890 = KGR 2005, 139; BGH WM 2003, 848; Zöller-*Vollkommer*, § 46
     Rn 18.
347 KG MDR 1988, 237; OLG Karlsruhe OLGZ 1978, 224; *Rosenberg/Schwab/Gottwald*, Zivilprozess-
     recht, 16. Auflage, § 24 Rn 23; Stein/Jonas-*Bork*, ZPO, 21. Auflage, § 46 Rn 3a.
348 OLG Koblenz, NJW-RR 1992, 1464; *Thomas/Putzo*, § 46 Rn 8.

Richter (Art. 101 Abs. 1 S. 2 GG) getroffen worden ist, nicht entzogen werden. Da das Ablehnungsgesuch im konkreten Fall als unbegründet zurückgewiesen wurde, blieb die Frage nach dem Schicksal der Hauptsacheentscheidung offen, wenn das Ablehnungsgesuch begründet ist.

■ Letztlich wird ein Rechtsschutzbedürfnis generell verneint, wenn eine die Instanz in der Hauptsache abschließende Entscheidung vorliegt.[349] Da die Beschwerdeentscheidung keine Auswirkungen auf die Entscheidung in der Hauptsache mehr habe, könne trotz der damit verbundenen Problematik ein Rechtsschutzbedürfnis nicht mehr angenommen werden.

421 Die Problematik liegt darin, dass bei einer Fortführung des Beschwerdeverfahrens sich die Frage stellt, welche Folge es hat, wenn das Ablehnungsgesuch für begründet erklärt wird. Denkbar wäre allein, dass die Beschwerdeentscheidung als Grundlage für eine Verfassungsbeschwerde gegen die ergangene Entscheidung in der Hauptsache dient bzw. eine solche vermeidet, wenn im fortgesetzten Beschwerdeverfahren das Ablehnungsgesuch für unzulässig oder unbegründet befunden wird. Mit einer Beschwerdeentscheidung wird das ergangene Urteil ansonsten nicht nichtig, verbleibt also weiter in der Welt. Auch würde eine Beschwerdeentscheidung weder die Nichtigkeitsklage noch die Restitutionsklage in unmittelbarer Anwendung rechtfertigen. Die Nichtigkeitsklage nach § 579 Abs. 1 Nr. 2 ZPO erfasst nur den Fall des § 41 ZPO und nach § 579 Abs. 1 Nr. 3 ZPO wird nur der Fall erfasst, dass zum Zeitpunkt der Entscheidung ein Ablehnungsgesuch bereits für begründet erachtet wurde und der abgelehnte Richter gleichwohl mitwirkt. Durch eine spätere Beschwerdeentscheidung ist diese Voraussetzung nicht erfüllt. Ungeachtet dessen ist die Nichtigkeitsklage nach § 579 Abs. 1 Nr. 3 ZPO aufgrund der ausdrücklichen Anordnung in § 579 Abs. 2 ZPO ausgeschlossen, wenn die Mitwirkung eines abgelehnten Richters mit einem Rechtsmittel geltend gemacht werden kann.

422 Im Ergebnis erscheint es richtiger, die ablehnende Partei auf das Rechtsmittel in der Hauptsache zu verweisen, soweit ein solches Rechtsmittel statthaft ist. Hier kann geltend gemacht werden, dass nicht der gesetzliche Richter entschieden hat. Dies stellt zum einen einen Verfahrensfehler im Sinne des § 529 Abs. 3 ZPO, im Übrigen nach § 547 Nr. 1 ZPO einen absoluten Revisionsgrund dar und führt grundsätzlich zur Aufhebung der angefochtenen Entscheidung und zur Zurückverweisung.

423 Soweit ein Rechtsmittel in der Hauptsache nicht gegeben ist, sind zwei Wege denkbar:

■ Zum einen kommt die analoge Anwendung von § 579 Abs. 1 Nr. 3 ZPO in Betracht.[350] Die Regelungslücke ergibt sich daraus, dass der Gesetzgeber die Problematik nicht ausdrücklich geregelt hat. Dafür, dass er – trotz anhängigen oder

---

349 OLG Frankfurt MDR 1985, 1032 = NJW 1986, 1000; B/L/A/H-*Hartmann*, ZPO, § 46 Rn 14; MüKo-*Feiber*, ZPO, 2. Auflage, § 47 Rn 5; *Zimmermann*, ZPO, 6. Auflage, § 47 Rn 6.
350 Sowohl auch in der Tendenz OLG Koblenz NJW-RR 1992, 1464; dies wird auch von *Günter*, MDR 1989, 691 nicht ausgeschlossen.

möglichen Beschwerdeverfahrens – grundsätzlich vom Bestand einer nicht vom gesetzlichen Richter erlassenen Entscheidung ausgehen wollte, fehlen hinreichende Anhaltspunkte. Die Regelung des absoluten Revisionsgrundes in § 547 Nr. 1 ZPO spricht eher dagegen.

■ Zum anderen wäre die betroffene Partei auf die Verfassungsbeschwerde verwiesen. In diesem Fall lässt sich allerdings auch die Fortführung des Beschwerdeverfahrens rechtfertigen, weil die Entscheidung der Fachgerichtsbarkeit über das Ablehnungsgesuch dann Grundlage der Entscheidung des Bundesverfassungsgerichtes sein kann, ohne dieses allerdings zu binden.

Grundsätzlich erscheint eine Lösung innerhalb der Fachgerichtsbarkeit sachgerechter. **424** Dies gilt zumal dann, wenn absehbar ist, dass die Entscheidung auf eine Verfassungsbeschwerde aufgehoben werden müsste. Entscheidet der abgelehnte Richter also in der Hauptsache abschließend, ohne die Frist zur sofortigen Beschwerde oder bei eingelegter Beschwerde eine Entscheidung des Beschwerdegerichtes abzuwarten und ist gegen die Entscheidung in der Hauptsache ein Rechtsmittel nicht gegeben, so bleibt die sofortige Beschwerde zunächst zulässig. Wird im Beschwerdeverfahren das Ablehnungsgesuch für begründet erachtet, ist die Nichtigkeitsklage in analoger Anwendung von § 579 Abs. 1 Nr. 3 ZPO statthaft.

4. Die Beschwerdeentscheidung bei Unzuständigkeit der Ausgangsinstanz

Hat über das Ablehnungsgesuch gegen einen Einzelrichter entgegen § 45 Abs. 1 ZPO **425** der nach dem Geschäftsverteilungsplan berufene Vertreter als Einzelrichter und nicht die Kammer als Ganzes[351] entschieden, ist für das Beschwerdeverfahren streitig, welche Konsequenz hieraus zu ziehen ist.

■ Teilweise wird die Auffassung vertreten, das Beschwerdegericht könne in diesem Fall durch entscheiden, wenn das Ablehnungsgesuch offensichtlich begründet oder unbegründet ist.[352]

■ Nach anderer Auffassung soll das Beschwerdegericht in jedem Fall gezwungen sein, das Verfahren unter Aufhebung der Entscheidung des vertretenden Einzelrichters über das Gesuch nach § 572 Abs. 3 ZPO an die zuständige Kammer zurückzuverweisen.[353]

5. Die Beteiligung des Gegners am Beschwerdeverfahren

Das Verfahren über die Ablehnung eines Richters ist nach der Grundsatzentscheidung **426** des BGH grundsätzlich als ein kontradiktorisches Verfahren anzusehen, da auch die

---

351 Hierzu siehe die vorstehenden Ausführungen bei Rn 399 ff.
352 OLG Schleswig, OLGReport Schleswig 2004, 42; OLG Rostock OLGR 2006, 586.
353 OLG Celle, OLGR 2003, 8 = MDR 2003, 523; OLG Frankfurt, OLGReport Frankfurt 2004, 271.

gegnerische Partei ein rechtlich schützenswertes Interesse daran hat, dass über den Rechtsstreit in der Hauptsache der gesetzliche Richter entscheidet.[354] Insoweit ist sie am Verfahren zu beteiligen, wobei sie durch ihren Hauptbevollmächtigten vertreten wird.[355] Etwas anderes kann nur gelten, wenn sie ausdrücklich einen anderen Bevollmächtigten bestellt oder die Vollmacht auf das Hauptsacheverfahren beschränkt. Es gilt also eine gesetzliche Vermutung für die Beauftragung des Hauptbevollmächtigten.

6. Neuer Vortrag in der Beschwerdeinstanz

427 Streitig ist, ob § 571 Abs. 2 ZPO uneingeschränkt bei der nachträglichen Geltendmachung von Ablehnungsgründen zur Anwendung kommen kann oder ob die Besonderheit des Ablehnungsverfahrens hier eine andere Sichtweise gebietet.

428 Die Rechtsprechung unterwirft das Nachschieben von Ablehnungsgründen in der Beschwerdeinstanz, d.h. bei der Anwendung von § 571 Abs. 2 ZPO, Einschränkungen. Die erstmals mit der Beschwerde vorgetragenen Ablehnungsgründe sind nach Ansicht des BayObLG[356] grundsätzlich nicht zu berücksichtigen. Nach § 43 ist ein Ablehnungsantrag nur innerhalb enger zeitlicher Grenzen möglich. Zu einem späteren Zeitpunkt ist die Ablehnung nur zulässig, wenn der Antragsteller glaubhaft macht, dass er ohne sein Verschulden verhindert war, den Ablehnungsgrund früher geltend zu machen. Die hierin liegende zeitliche Beschränkung der Geltendmachung von Ablehnungsgründen liegt im Interesse des ungestörten Verlaufs des Zivilprozesses und stellt konkrete Anforderungen an die Prozessförderungspflicht der Parteien. Da die ablehnende Partei nach Ablauf der Frist im erstinstanzlichen Ablehnungsverfahren nicht mehr in der Lage gewesen wäre, neue Ablehnungsgründe nachzuschieben, unterliegt sie dieser Beschränkung nach Ansicht des BayObLG erst recht im Beschwerdeverfahren. § 571 Abs. 2 ZPO steht dieser Sichtweise nicht entgegen, wonach die Beschwerde unabhängig davon auf neue Tatsachen und Beweise gestützt werden kann, ob diese vor oder nach Erlass der angefochtenen Entscheidung entstanden sind und früher hätten vorgebracht werden können. Der Regelungsbereich der Vorschrift umfasst nicht die Frage, welchen zeitlichen Beschränkungen das Ablehnungsrecht unterworfen ist. Jede andere Sichtweise ließe die zeitliche Beschränkung des Ablehnungsrechts leer laufen.

429 Grundsätzlich bedarf es einer differenzierten Betrachtung:

■ Der Zweck der Ablehnungsfrist darf nicht unterlaufen werden, so dass mit dem BayObLG das Nachschieben von Ablehnungsgründen als unzulässig anzusehen

---

354 BGH NJW 2005, 2233 = AGS 2005, 413 = MDR 2005, 1016 mit umfangreichen Nachweisen zu den bisherigen Streitpositionen.
355 BGH NJW 2005, 2233 = AGS 2005, 413 = MDR 2005, 1016; OLG Dresden RdL 2006, 111 = Jur-Büro 2005, 656.
356 BayObLG MDR 1986, 60 = FamRZ 1986, 291.

ist, wenn der ablehnenden Partei innerhalb der originären Ablehnungsfrist die nunmehr neu vorgebrachten Ablehnungsgründe bekannt waren oder hätten bekannt sein können.

■ Soweit Ablehnungsgründe erst nachträglich entstanden sind – etwa erst aufgrund der dienstlichen Stellungnahme des Richters auf das Ablehnungsgesuch oder die Beschwerdebegründung – ist zu prüfen, ob für diesen neuen Ablehnungsgrund die Frist noch nicht abgelaufen ist. In diesem Fall ist das neue Vorbringen als neues Ablehnungsgesuch zu werten, über das gesondert oder aber – zur Vermeidung unnötiger Verzögerungen – mit der Abhilfeentscheidung über die sofortige Beschwerde zu befinden ist. In dieser Konstellation kann der neue Ablehnungsgrund auch noch vom Beschwerdegericht berücksichtigt werden. Ist für diesen Beschwerdegrund die Frist dagegen abgelaufen, kann der neue Ablehnungsgrund zwar vorgebracht werden, er ist aber wegen Verfristung in der Begründetheitsprüfung der sofortigen Beschwerde zurückzuweisen.

■ Soweit der Ablehnungsgrund erst im Laufe des Beschwerdeverfahrens nach der Abhilfeentscheidung entstanden ist oder der Partei bekannt wird und in der maßgeblichen Frist, d.h. ohne schuldhaftes Zögern, geltend gemacht wird, hat das Beschwerdegericht ihn nach der Grundregelung des § 571 Abs. 2 ZPO zu berücksichtigen. Ein Unterlaufen der Ablehnungsfrist ist dann nicht zu besorgen.

7. Rechtsmittel gegen die Beschwerdeentscheidung und die Wartefrist nach § 47 ZPO

Gegen die Entscheidung des Beschwerdegerichtes über die sofortige Beschwerde gegen die Zurückweisung eines Ablehnungsgesuches ist nur die Rechtsbeschwerde und dies nur im Falle ihrer Zulassung gegeben.[357]   **430**

Die Wartepflicht des § 47 ZPO für den abgelehnten Richter gilt grundsätzlich auch während des Beschwerdeverfahrens über das Ablehnungsgesuch. Es dürfen mithin nur unaufschiebbare Handlungen vorgenommen werden. Die Einlegung eines unstatthaften Rechtsmittels gegen die Zurückweisung eines Ablehnungsgesuchs durch Beschluss eines Oberlandesgerichts, etwa die Einlegung einer nicht zugelassenen Rechtsbeschwerde, löst dagegen keine weitere Wartepflicht des erfolglos abgelehnten Richters gemäß § 47 Abs. 1 ZPO aus.[358] Der Rechtsstreit kann in der Hauptsache mithin unmittelbar nach der Beschwerdeentscheidung fortgesetzt werden, soweit die Rechtsbeschwerde nicht zugelassen wird.   **431**

Im Übrigen bestimmt sich das Beschwerdeverfahren nach den in § 2 dargelegten Grundsätzen.   **432**

---

357 BGH NJW-RR 2005, 294 = FamRZ 2005, 261 = BGHReport 2005, 392 = MDR 2005, 409 = WM 2005, 76.
358 BGH BGHReport 2005, 391 = ZIP 2005, 45 = DB 2005, 277 = MDR 2005, 409.

8. Besondere Kostenfragen des Beschwerdeverfahrens

433 Im Beschwerdeverfahren fällt eine Gerichtsgebühr in Höhe von 50 EUR nach Ziffer 1811 KVGKG an, wenn die Beschwerde als unzulässig verworfen oder unbegründet zurückgewiesen wird. Der Rechtsanwalt erhält eine 0,5-Verfahrensgebühr nach Nr. 3500 RVG-VV. Bei der Richterablehnung hat auch der Gegner der ablehnenden Partei die Stellung eines Verfahrensbeteiligten. Die Entstehung und die Erstattung seiner Anwaltsgebühren im Beschwerdeverfahren richten sich deshalb nach allgemeinen Grundsätzen.[359] Hierzu genügt grundsätzlich die Entgegennahme der von dem Gericht mitgeteilten Beschwerdeschrift, weil als glaubhaft gemacht angesehen wird, dass ein Anwalt anschließend pflichtgemäß geprüft hat, ob etwas für seinen Mandanten zu veranlassen ist. Dagegen ist für das Entstehen der Gebühr des Bevollmächtigten des Gegners die Einreichung eines Schriftsatzes nicht erforderlich.[360]

434 Umstritten ist die Bestimmung des Streitwertes für die Beschwerde über ein Ablehnungsgesuch. Zum Teil wird der Streitwert der Hauptsache angenommen,[361] teilweise aber auch nur ein Bruchteil des Wertes der Hauptsache.[362]

III. Muster: Sofortige Beschwerde gegen die Zurückweisung eines Ablehnungsgesuchs gem. § 46 Abs. 2 ZPO

435 An das

Landgericht/Oberlandesgericht
Beschwerdekammer/Beschwerdesenat
in ▨

über das
Amtsgericht/Landgericht[363]
in ▨

---

359 BGH NJW 2005, 2233.
360 BGH NJW 2005, 2233; zuvor schon OLG Köln, JurBüro 1986, 1663; OLG Düsseldorf, JurBüro 1991, 687; OLG Hamburg MDR 1994, 522; OLG Stuttgart, JurBüro 1998, 190.
361 BGH NJW 1968, 796; OLG Hamm MDR 1978, 582; OLG München OLGR 1994, 263; OLG München AnwBl 1995, 572; OLG Düsseldorf NJW-RR 1994, 1086; OLG Brandenburg NJW-RR 1999, 66; OLG Stuttgart OLGR 1998, 75; KG KGR 1998, 92.
362 OLG Koblenz MDR 1989, 71; RPfleger 1988, 507 sowie JurBüro 1991, 503 (10 % der Hauptsache); OLG Frankfurt MDR 1980, 145 (1/3 der Hauptsache); OLG Hamburg MDR 1990, 58 (1/3 der Hauptsache).
363 Ausgangsgericht.

In dem Rechtsstreit

Kläger ./. Beklagter

Az: ▓▓▓▓▓▓

wird namens und in Vollmacht des

❏ Beklagten
❏ Klägers

gegen den Beschluss des ▓▓▓▓▓ vom ▓▓▓▓▓ in dem Verfahren ▓▓▓▓▓ hiermit

sofortige Beschwerde gem. § 46 Abs. 2 ZPO

eingelegt.

Namens und in Vollmacht des Beschwerdeführers wird beantragt:

> Unter Abänderung des Beschlusses des ▓▓▓▓▓ vom ▓▓▓▓▓, Az: ▓▓▓▓▓, wird das Ablehnungsgesuch des Beschwerdeführers vom ▓▓▓▓▓ gegen den Richter ▓▓▓▓▓ für begründet erklärt.

Zur **Begründung** wird Folgendes ausgeführt:

I.

Mit der angefochtenen Entscheidung vom ▓▓▓▓▓ hat das Ausgangsgericht das Befangenheitsgesuch des Beschwerdeführers gegen den Richter ▓▓▓▓▓, der zur Entscheidung in der Hauptsache berufen ist, wegen der Besorgnis der Befangenheit nach § 42 ZPO abgelehnt.

Die Entscheidung ist unzutreffend und im Sinne des vorstehenden Antrags durch das Ausgangsgericht nach § 572 Abs. 1 S. 1 ZPO oder aber das angerufene Beschwerdegericht zu ändern.

Die Entscheidung ist nach §§ 42, 45 ZPO ergangen und dementsprechend nach § 46 Abs. 2 ZPO mit der sofortigen Beschwerde angreifbar.

Die angefochtene Entscheidung wurde dem Beschwerdeführer am ▓▓▓▓▓ zugestellt. Die Notfrist des § 569 Abs. 1 S. 1 ZPO endet damit am ▓▓▓▓▓ und wird durch den vorliegenden Schriftsatz gewahrt.

Für die Entscheidung über die sofortige Beschwerde ist

❏ nach § 72 GVG das Landgericht berufen.
❏ nach § 119 GVG das Oberlandesgericht berufen.
❏ Soweit zunächst der originäre Einzelrichter beim zuständigen Beschwerdegericht nach § 568 ZPO zuständig ist, weil die angefochtene Entscheidung von einem Einzelrichter erlassen wurde, wird gebeten, diese nach § 568 S. 2 ZPO
    ❏ der Kammer

❏ dem Senat

vorzulegen, da die Rechtssache

❏ besondere Schwierigkeiten tatsächlicher oder rechtlicher Art aufweist,

❏ grundsätzliche Bedeutung hat,

was sich daraus ergibt, dass ▩▩▩▩▩.

II.

Die angefochtene Entscheidung erweist sich im Ergebnis als unzutreffend. Nach § 42 ZPO kann ein Richter abgelehnt werden, wenn gegen ihn die Besorgnis der Befangenheit besteht. Die Besorgnis der Befangenheit besteht nach § 42 Abs. 2 ZPO, wenn ein Grund vorliegt, der geeignet ist, Misstrauen gegen die Unparteilichkeit des Richters zu rechtfertigen. Ein solcher Grund, der die Besorgnis der Befangenheit rechtfertigt, liegt vor, wenn bei sachlicher Würdigung aller Umstände durch eine verständige Partei die tatsächlichen Parteien Anlass haben, an der Unvoreingenommenheit des Richters zu zweifeln (BVerfG NJW 1987, 430; 1993, 2230). Entscheidend ist also nicht die Frage, ob der Richter tatsächlich befangen, d.h. voreingenommen ist, sondern ob der äußere Anschein vorliegt, der ein entsprechendes Misstrauen rechtfertigt.

Dies ist vorliegend der Fall. Dem mit Schreiben vom ▩▩▩▩ angebrachten Ablehnungsgesuch liegt folgender Sachverhalt zugrunde: ▩▩▩▩

Wegen des Sachverhalts im Einzelnen wird auf das Ablehnungsgesuch vom ▩▩▩▩ nebst dem hiermit zu den Akten gereichten Mittel der Glaubhaftmachung Bezug genommen.

Das Ablehnungsgesuch wurde mit dem angefochtenen Beschluss vom ▩▩▩▩ mit der Begründung abgelehnt, dass ▩▩▩▩.

Die Begründung vermag nicht zu tragen. Entgegen der Auffassung des ▩▩▩▩ ist davon auszugehen, dass ▩▩▩▩.

Dem Ablehnungsgesuch ist damit Rechnung zu tragen.

III.

Soweit das erkennende Beschwerdegericht der diesseitigen Auffassung nicht zu folgen vermag, wird schon jetzt beantragt,

die Rechtsbeschwerde zum Bundesgerichtshof zuzulassen.

Die vom Beschwerdeführer dargelegte Auffassung wird von der Rechtsprechung der Oberlandesgerichte in ▩▩▩▩ geteilt (vgl. ▩▩▩▩ [364]). Soweit das angerufene Gericht dieser Auffassung nicht folgt, ist eine Entscheidung des Rechtsbeschwerde-

---

364 Fundstellen der abweichenden ober- oder höchstrichterlichen Rechtsprechung.

gerichts zur Fortbildung des Rechts und Sicherung einer einheitlichen Rechtsprechung erforderlich.

(Rechtsanwalt)

C. Die sofortige Beschwerde nach einer Kostenentscheidung nach § 91a ZPO

I. Das Verfahren nach Erledigung der Hauptsache im Sinne des § 91a ZPO bei dem Ausgangsgericht

1. Allgemeines

Während des zivilprozessualen Erkenntnisverfahrens steht die Welt nicht still. So kann sich der tatsächliche Sachverhalt weiterentwickeln, was nicht ohne Einfluss auf den Prozess bleiben kann. **436**

Häufige Beispiele sind, dass der Beklagte die streitgegenständliche Forderung ausgleicht, er eine unbestrittene Forderung gegen den Kläger besitzt oder während des Prozesses erwirbt und im Prozess die Aufrechnung mit der Klageforderung erklärt oder auch, dass infolge Zeitablaufes oder aus wirtschaftlichen Gründen – dem Schutz einer ständigen Geschäftsbeziehung oder wegen eines avisierten Auftrages durch den Beklagten – der Kläger das Interesse an der Leistung bzw. dem Prozess verloren hat. **437**

Eine Klagerücknahme hätte in diesem Fall für den Kläger den Nachteil, dass er – jedenfalls dann, wenn das erledigende Ereignis nach Zustellung der Klage eintritt – nach § 269 Abs. 3 S. 2 ZPO die Kosten des Verfahrens tragen müsste, obwohl dies unter Berücksichtigung des tatsächlichen Geschehensablaufes ggf. nicht sachgerecht erscheint. **438**

Die Zivilprozessordnung gibt dem Kläger nun die Möglichkeit, den Rechtsstreit in der Hauptsache für erledigt zu erklären, was grundsätzlich den Weg für eine isolierte Entscheidung über die Kosten nach § 91a ZPO unter Berücksichtigung des bisherigen Sach- und Streitstandes nach billigem Ermessen und gegen eine solche Entscheidung den Beschwerdeweg nach § 91a Abs. 2 S. 1 ZPO eröffnet. Prozessökonomisch vermeidet dieses Vorgehen, dass die Erstattung der Kosten des Verfahrens aufgrund materiell-rechtlicher Ansprüche (Verzug, unerlaubte Handlung, Pflichtverletzung im Sinne von § 280 BGB) in einem neuen Verfahren geltend gemacht werden müsste. Allerdings ist die Eröffnung dieses vereinfachten Verfahrens nicht allein vom Kläger abhängig. Vielmehr kommt es auch auf das Verhalten des Beklagten an. **439**

Der Beklagte kann auf eine solche Erklärung in zwei Varianten reagieren: **440**

■ Er kann sich der Erledigungserklärung anschließen. Das Gericht ist dann an die übereinstimmenden Erklärungen gebunden, selbst wenn es der Auffassung ist, dass die Hauptsache nicht erledigt sei oder dass die Parteien jedes Interesse am Rechtsstreit verloren haben. Es ist zwingend nach § 91a Abs. 1 ZPO über die Kosten des Rechtsstreites zu entscheiden.

Hinweis

Der Beklagte muss hier besonders die Zustimmungsfiktion des § 91a Abs. 1 S. 2 ZPO beachten. Widerspricht er der Erledigungserklärung nicht binnen einer Notfrist von zwei Wochen, so gilt die Zustimmung als erteilt, wenn ihm die Erledigungserklärung des Klägers zugestellt und er auf § 91a Abs. 1 S. 2 ZPO hingewiesen wurde.

- Er kann der Erledigungserklärung aber auch widersprechen. In diesem Fall wandelt sich die Leistungsklage in eine Feststellungsklage, wenn der Kläger seine Klage darauf nicht zurücknimmt. Begründet ist diese Feststellungsklage nur, wenn die ursprüngliche Leistungsklage zulässig und begründet war und die Hauptsache auch tatsächlich erledigt ist. Die Entscheidung über diese Feststellungsklage ergeht durch Urteil, welches allein mit der Berufung angefochten werden kann, soweit diese statthaft ist. In diesem Fall kommt ein Beschwerdeverfahren nicht in Betracht.

2. Die Erledigungserklärung des Klägers im Einzelnen

441   Eine Erledigung in der Hauptsache liegt nur vor, wenn nach Rechtshängigkeit ein tatsächliches Ereignis eintritt, durch das der mit der Klage geltend gemachte Anspruch entfällt. Allerdings können die Parteien durch eine übereinstimmende Erledigungserklärung diesen Fall fingieren und so den Weg für eine Kostenentscheidung und einen schnellen Abschluss des Verfahrens frei machen.[365]

442   *Hinweis*

Eine Erledigung in der Hauptsache liegt mithin nicht vor, wenn die Klage von Anfang an unzulässig oder unbegründet war. In diesem Fall kann der Beklagte der Erledigungserklärung widersprechen bzw. nicht zustimmen.

443   Eine Erledigung in der Hauptsache kommt insbesondere in Betracht, wenn:

444   - die Geldforderung durch den Beklagten ausgeglichen wird

Hinweis

Nicht selten wird zwar die Klageforderung ausgeglichen, die darauf entfallenden Zinsen aber nicht gezahlt. In diesem Fall darf der Bevollmächtigte nur eine Teilerledigungserklärung abgeben. Die Praxis zeigt, dass darauf dann regelmäßig auch die Zinsen gezahlt werden. Anderenfalls ist der Prozess wegen der Zinsen fortzuführen. Der Kläger muss dieser Situation dann seinen Klageantrag anpassen:

---

365 Hierzu *Deubner*, Jus 2004, 979.

Formulierungstipp 445

Der Beklagte wird verurteilt, an den Kläger ... EUR zuzüglich Zinsen in Höhe von 5 Prozentpunkten über dem jeweiligen Basiszinssatz seit dem .. abzüglich am ... gezahlter .. EUR zu zahlen. Im Übrigen wird die Hauptsache für erledigt erklärt.

■ gerade in Erbstreitigkeiten nach Klagezustellung eine begehrte Auskunft aufgrund 446 der eindeutigen Rechtslage unmittelbar erteilt wird
■ für den Beklagten ein Dritter die Forderung ganz oder teilweise ausgleicht 447

Beispiel

Der Kläger nimmt nach einem Verkehrsunfallereignis lediglich den Fahrer und Halter des den Unfall verursachenden Fahrzeuges in Anspruch. Die nicht verklagte Haftpflichtversicherung, die für den Schaden nach § 3 Nr. 1 und 2 PflVG einzutreten hat, zahlt sodann außergerichtlich den geltend gemachten Schadensersatz ganz oder teilweise. Aufgrund der gesamtschuldnerischen Haftung ist damit auch der Rechtsstreit gegen den Fahrer und den Halter in der Hauptsache erledigt.

■ nach Rechtshängigkeit eine Zahlung durch einen Dritten in der Rechtssphäre des 448 Klägers erfolgt, die sich der Kläger anrechnen lassen muss

Beispiel

Die Vollkaskoversicherung des Klägers, die dieser nach Klageerhebung in Anspruch genommen hat, leistet auf den geltend gemachten Schaden, so dass der Schadensersatzanspruch gemäß § 67 VVG teilweise – unter Berücksichtigung des Quotenvorrechtes des Geschädigten – auf diese übergeht.

Hinweis 449

Eine Erledigung in der Hauptsache liegt insoweit aber nur vor, wie der von der Vollkaskoversicherung gezahlte Betrag anderenfalls vom Schädiger hätte ausgeglichen werden müssten. Ist der Schadensgrund streitig, darf sich der Beklagte der Erledigungserklärung also nicht anschließen.

■ die Parteien sich außergerichtlich über die Hauptsache geeinigt haben, ohne eine 450 Regelung für die Kosten gefunden zu haben und ohne dass die außergerichtliche Einigung als gerichtlicher Vergleich protokolliert werden soll

Tipp

Nicht selten ist festzustellen, dass die Parteien eine vergleichsweise Regelung befürworten, sich jedoch nicht über die Kosten des Verfahrens einigen können. Dies führt grundsätzlich zur Anwendung von § 98 ZPO. Auch in diesen Fällen ist es aber möglich, dass die Parteien einen gerichtlichen Vergleich in der Hauptsache protokollieren und im Übrigen vereinbaren, dass das Gericht über die Kosten des Verfahrens nach § 91a ZPO entscheiden soll. Streitig ist aber, ob dies die Anwendung von § 98 ZPO ausschließt,[366] weshalb dies ausdrücklich klargestellt werden sollte. § 98 ZPO kann insoweit durch Vereinbarung der Parteien abbedungen werden.[367] Aufgrund der Kostenprivilegierung einer Einigung auch über die Kosten, erscheint es allerdings sachgerecht, das Gericht um einen Vorschlag zur Kostenregelung zu bitten. Dieser wird voraussichtlich dem Ergebnis einer Entscheidung nach § 91a ZPO entsprechen, so dass diesem gefolgt werden sollte, um die Kostenprivilegierung nach Ziffer 1211 KVGKG in Anspruch nehmen zu können.

Hinweis

Enthält ein außergerichtlicher Vergleich keine Regelung zu den Kosten, gilt grundsätzlich § 98 ZPO, so dass die Kosten gegeneinander aufgehoben werden.[368] Es bedarf also auch der Aufnahme der negativen Bestimmung in den außergerichtlichen Vergleich, dass hierin keine Kostenregelung getroffen werden soll, diese vielmehr dem Gericht der Hauptsache im Verfahren nach § 91a ZPO obliegen soll.

Formulierungsvorschlag

„Über die Kosten des mit diesem Vergleich erledigten Verfahrens vor dem ... Az: ... soll das Gericht nach § 91a ZPO unter Ausschluss von § 98 ZPO entscheiden."

451   ■ der Beklagte die Aufrechnung mit einer Gegenforderung erklärt

Hinweis

Nach Auffassung des BGH[369] liegt ein erledigendes Ereignis auch dann vor, wenn die Aufrechnungslage bereits vor Klageerhebung bestanden hat, der Beklagte die Aufrechnung jedoch erst nach Klagezustellung erklärt. Diese Frage war zuvor in Rechtsprechung und Literatur umstritten. Hat der Kläger trotz der bestehenden Aufrechnungslage vor Klageerhebung auf die außergerichtliche Aufrechnung verzichtet, können ihm allerdings die Kosten des Verfahrens im Rahmen der nach § 91a ZPO zu treffenden Entscheidung über die Kosten nach billigem Ermessen unter analoger Anwendung von § 93 ZPO auferlegt werden, wenn der Beklagte die Aufrechnung unverzüglich erklärt.

---

366 Vgl. hierzu zuletzt OLG Rostock, Beschl. v. 29.5.2006 – 6 U 230/00.
367 OLG Köln Beschl. v. 28.9.2005 – 26 UF 143/05 = OLGR 2006, 486.
368 BGH Urt. v. 24.1.2006 – VII ZB 74/05 = NJW 2006, 1598 = AGS 2006, 214 = FamRZ 2006, 780 = InVo 2006, 251 = Vollstreckung effektiv 2006, 91 m. Anm. *Goebel.*
369 BGH NJW 2003, 3134 = BGHReport 2003, 1302 = FamRZ 2003, 1641 = VersR 2004, 126 = ProzRB 2004, 57.

■ der Streitgegenstand untergeht, etwa weil die herauszugebende Sache sich nicht 452
mehr im Besitz des Beklagten befindet.

> *Tipp*
>
> In diesem Fall ist allerdings zu prüfen, ob eine Umstellung der Klage auf das
> Interesse nach § 264 Nr. 3 ZPO in Betracht kommt, da dies gegenüber der Er-
> klärung der Erledigung der Hauptsache kostengünstiger und zeitsparender ist.
> Die Verfahrensgebühr und die Terminsgebühr fallen insoweit nur einmal an.

■ die mit der Klage begehrte Handlung, Unterlassung, Duldung oder Herausgabe 453
bewirkt wird

■ im Scheidungsverfahren einer der Ehegatten verstirbt, § 619 ZPO. 454

In all diesen Fällen **muss** der Kläger die Hauptsache für erledigt erklären und kann 455
sogleich beantragen, dem Beklagten gemäß § 91a ZPO die Kosten des Verfahrens
aufzuerlegen.

> *Hinweis* 456
>
> Hat der Kläger die Klage in der Hauptsache um einen Hilfsantrag ergänzt und be-
> zieht sich die Erledigung in der Hauptsache nur auf den Hauptantrag, so muss auch
> die Erledigungserklärung hierauf beschränkt werden, damit das Gericht in der Folge
> noch über den Hilfsantrag entscheiden kann.[370]

Die Erledigung in der Hauptsache kann von dem Kläger hinsichtlich jedes Ereignisses 457
erklärt werden, das nach Rechtshängigkeit eingetreten ist. Er **kann** den Rechtsstreit in
der Hauptsache auch dann für erledigt erklären, wenn er den Rechtsstreit beenden
möchte, ohne dass ein erledigendes Ereignis vorliegt. In diesem Fall ist der Erfolg
seiner Zielsetzung allerdings von dem Beklagten und dessen Zustimmung abhängig.

> *Hinweis* 458
>
> Hat das erledigende Ereignis zwischen Anhängigkeit und Rechtshängigkeit statt-
> gefunden, trifft § 269 Abs. 3 S. 3 ZPO eine Sonderregelung.[371] In diesem Fall muss
> der Kläger die Klage zurücknehmen oder aber diese nach § 264 Nr. 3 ZPO im Wege
> der Klageänderung umstellen. Die Rechtsfolge ist allerdings identisch, da nach
> § 269 Abs. 3 S. 3 ZPO das Gericht in diesem Fall ebenfalls über die Kosten des
> Verfahrens nach billigem Ermessen unter Berücksichtigung des bisherigen Sach-
> und Streitstandes entscheidet, so dass auch hier auf die zu § 91a ZPO ergangene
> Rechtsprechung zurückgegriffen werden kann.

---

370 BGH NJW 2003, 2834 = BGHReport 2003, 1158 = MDR 2003, 1310.
371 Hierzu Rn 35 ff.

459 Nach Rechtshängigkeit kann die Hauptsache von den Parteien übereinstimmend[372] zu jedem Zeitpunkt für erledigt erklärt werden, d.h. auch nach dem Schluss der mündlichen Verhandlung – verbunden mit dem Antrag[373] auf Wiedereröffnung der mündlichen Verhandlung – als auch in der Rechtsmittelinstanz.

460 Die Erklärung der Erledigung in der Hauptsache kann nach § 91a Abs. 1 S. 1 ZPO der Form nach erfolgen
- in der mündlichen Verhandlung zu Protokoll des Richters
- durch Einreichung eines Schriftsatzes[374]
- zu Protokoll der Geschäftsstelle.

461 *Hinweis*

Nach § 78 Abs. 5 ZPO unterliegt die Erledigungserklärung nicht dem Anwaltszwang, da sie zu Protokoll der Geschäftsstelle erklärt werden kann. Die Erklärung der Erledigung in der Hauptsache muss allerdings unbedingt erfolgen,[375] kann also nicht von anderen Bedingungen abhängig gemacht werden.

462 Solange sich der Beklagte der Erledigungserklärung nicht angeschlossen hat, ist diese frei widerruflich.[376] Soweit die Hauptsache nur teilweise erledigt ist, muss der erledigte Teil hinreichend bestimmt bezeichnet werden. Es gelten insoweit die gleichen Anforderungen wie die an eine Teilklage.

463 Wird der Rechtsstreit in der Hauptsache übereinstimmend für erledigt erklärt, hat dies weiterreichende Folgen, die bedacht werden müssen. Insbesondere hat dies zur Folge, dass ein im Verfahren erlassener, noch nicht rechtskräftig gewordener Titel ohne weiteres entfällt. Mit der Erledigungserklärung sollte deshalb der Antrag verbunden werden, dass ein bereits ergangenes Urteil in entsprechender Anwendung von § 269 Abs. 4 ZPO für wirkungslos erklärt wird.

464 *Hinweis*

Dies ist insbesondere in Unterlassungsverfahren von Relevanz. So hat der BGH entschieden, dass der Unterlassungstitel nach der uneingeschränkten übereinstimmenden Erledigungserklärung auch dann keine Grundlage für Vollstreckungsmaßnahmen

---

372 Das Muster einer Zustimmungserklärung des Beklagten zur Erledigungserklärung des Klägers findet sich bei *Goebel*, AnwF Zivilprozessrecht, § 12 Rn 669.

373 Ein Muster für die Erledigungserklärung nach dem Schluss der mündlichen Verhandlung mit dem Antrag auf Wiedereröffnung der mündlichen Verhandlung findet sich bei *Goebel*, AnwF Zivilprozessrecht, § 12 Rn 668.

374 Ein Muster der schriftsätzlichen Erklärung der Hauptsache für erledigt findet sich bei *Goebel*, AnwF Zivilprozessrecht, § 12 Rn 667.

375 BGH NJW-RR 1998, 1571.

376 BGH MDR 2002, 413.

mehr sei, wenn die Zuwiderhandlung gegen das ausgesprochene Unterlassungsgebot vor den Erklärungen über die Erledigung der Hauptsache begangen worden ist.[377]

Tipp   465

Will der Kläger den Vollstreckungstitel erhalten, muss er seine Erledigungserklärung in diesen Fällen einschränken, indem er formuliert: „Namens und in Vollmacht wird der Rechtsstreit in der Hauptsache für die Zeit nach dem ... für erledigt erklärt".

3. Die möglichen Reaktionen des Beklagten und die Folgen

Erklärt der Beklagte nicht selbst die Hauptsache für erledigt, nachdem er etwa die   466
Klageforderung ausgeglichen hat – was als Anregung an den Kläger, eine solche Erklärung und gleichzeitige Zustimmung zu einer solchen Erklärung zu deuten ist –,
muss er auf die Erledigungserklärung des Klägers erwägen, ob er sich dieser an-
schließt.

Der Beklagte wird sich dann der Erledigungserklärung des Klägers anzuschließen   467
haben, wenn die ursprüngliche Klage des Klägers tatsächlich zulässig und begründet
war und das erledigende Ereignis nach Rechtshängigkeit eingetreten ist.

Dagegen wird der Beklagte der Erledigungserklärung widersprechen,[378] wenn die ur-   468
sprüngliche Klage des Klägers entweder unzulässig oder aber unbegründet war oder
nach Auffassung des Beklagten ein erledigendes Ereignis nicht stattgefunden hat.
Anderes dürfte nur dann in Betracht kommen, wenn der Kläger die Übernahme der
Kosten des Rechtsstreites erklärt hat, so dass eine vereinbarte Kostenentscheidung
nach § 91a ZPO ergehen kann, die dann zusätzlich die Kostenprivilegierung nach
Ziffer 1211 KVGKG auslöst.

Musste der Beklagte sich bis zum Inkrafttreten des Justizmodernisierungsgesetzes   469
zumindest konkludent der Erledigungserklärung des Klägers anschließen, hat der Gesetzgeber mit dem Justizmodernisierungsgesetz in Anlehnung an die Regelung in
§ 269 Abs. 2 S. 4 ZPO bei der Klagerücknahme eine Zustimmungsfiktion eingeführt.
Danach gilt, dass der Beklagte sich der Erledigungserklärung angeschlossen hat, wenn
er nicht binnen einer **Notfrist** von zwei Wochen seit Zustellung der Erledigungserklärung des Klägers dieser widerspricht, soweit er auf diese Rechtsfolge hingewiesen wurde.

---

377 BGH NJW 2004, 506 = BGHReport 2004, 339 = InVo 2004, 152 = MDR 2004, 591; hierzu auch
   Ruess, NJW 2004, 485; *Lenz*, BGHReport 2004, 342.
378 Muster eines Widerspruchs des Beklagten gegenüber der Erledigungserklärung des Klägers findet
   sich *Goebel*, AnwF Zivilprozessrecht, § 12 Rn 671.

470   Erforderlich für die Zustimmungsfiktion nach § 91 Abs. 1 S. 2 ZPO ist also

- die Erklärung des Klägers, dass der Rechtsstreit in der Hauptsache erledigt ist
- die Zustellung der Erklärung an den Beklagten
- der mit der Zustellung verbundene Hinweis auf die Zustimmungsfiktion mangels eines Widerspruchs binnen einer Notfrist von zwei Wochen der Ablauf der Notfrist von zwei Wochen.

471   Die Praxis zeigt, dass diese neue Regelung vom Bevollmächtigten noch nicht immer hinreichend beachtet wird, obwohl die Gerichte auf diese Folge hinweisen, wenn auch zum Teil nur durch den bloßen Hinweis auf die Norm des § 91a Abs. 1 S. 2 ZPO, und obwohl der Beklagte der Erledigungserklärung widersprechen möchte.

472   Während der Beklagte bei einem Widerspruch und der Umdeutung der bisherigen Leistungsklage des Klägers in eine Feststellungsklage die Möglichkeit hat, den Prozess zu gewinnen und so die volle Kostentragung des Klägers zu erreichen, läuft er bei einer Entscheidung nach § 91a ZPO Gefahr, zumindest einen Teil der Kosten tragen zu müssen, weil das Gericht vor einer Beweisaufnahme keine abschließende Prognose über den Ausgang des Verfahrens abgeben kann.

473   *Hinweis*

Da es sich nach § 91a Abs. 1 S. 2 ZPO um eine Notfrist handelt und diese nach § 224 ZPO nicht verlängert werden kann, hilft in diesem Fall nur ein Antrag auf Wiedereinsetzung in den vorigen Stand,[379] soweit das Fristversäumnis weder auf ein Verschulden der Partei selbst noch auf ein der Partei nach § 85 Abs. 2 ZPO zuzurechnendes Verschulden des Bevollmächtigten zurückgeht.

474   *Tipp*

Voraussetzung für einen Wiedereinsetzungsantrag ist in jedem Fall, dass die Frist auch tatsächlich versäumt wurde. Wurde die Frist erst gar nicht in Gang gesetzt, weil etwa die Erledigungserklärung

- nicht zugestellt wurde
- nicht ordnungsgemäß zugestellt wurde
- ohne die Belehrung über die Folgen der Fristversäumung zugestellt wurde

so muss dies gesondert geltend gemacht werden. Dies sollte dann lediglich hilfsweise mit einem Antrag auf Wiedereinsetzung in den vorigen Stand verbunden werden. Soweit das Gericht bereits nach § 91a ZPO über die Kosten des Rechtsstreites entschieden hat, muss dies mit der sofortigen Beschwerde nach § 91a Abs. 2 ZPO verbunden werden.

Widerspricht der Beklagte der Erledigungserklärung des Klägers, so muss dieser erneut prüfen, ob die Klage ursprünglich tatsächlich zulässig und begründet war und die Erledigung der Hauptsache nach Rechtshängigkeit eingetreten ist.

---

379 Muster bei *Goebel,* AnwF Zivilprozessrecht, § 12 Rn 670.

Ist dies der Fall, muss der Kläger seine Klage auf eine Feststellungsklage dahin umstellen,[380] dass das erkennende Gericht nunmehr feststellt, dass die Hauptsache der zuvor zulässigen und begründeten Klage erledigt ist.

4. Die Kostenentscheidung des Gerichtes

Das erkennende Gericht ist an eine übereinstimmende Erledigungserklärung der Parteien gebunden. Das Gericht prüft also nicht von Amts wegen, ob ein erledigendes Ereignis tatsächlich vorliegt. | 475

Das Gericht entscheidet durch Beschluss über die Kosten des Rechtsstreites unter Berücksichtigung des bisherigen Sach- und Streitstandes nach billigem Ermessen. Aus prozessökonomischen Gründen ist das Gericht dabei nicht gezwungen, zur Kostenentscheidung nach Erledigung der Hauptsache schwierige Rechts- oder auch Tatsachenfragen zu klären.[381] Der Beschluss kann nach § 128 Abs. 4 ZPO im schriftlichen Verfahren ergehen. | 476

Tipp | 477

Ist allerdings nicht zweifelsfrei feststellbar, ob eine Erledigungserklärung abgegeben wurde, oder ob einer solchen wirklich zugestimmt werden sollte, so kann aus Sicht des Gerichts eine mündliche Verhandlung sinnvoll sein, um diese Frage zu klären, soweit sich dies nicht durch einen schriftlichen oder fernmündlichen Hinweis nach § 139 ZPO und eine klarstellende schriftliche Erklärung auflösen lässt. Wird also auf die Abgabe einer Erledigungserklärung oder die Zustimmung gleichwohl Termin bestimmt, sollte der Bevollmächtigte fernmündlich mit dem Gericht Kontakt aufnehmen und klären, wo Zweifelsfragen bestehen, und diese ggf. schriftlich klären. Dies erspart ihm einen unnötigen Verhandlungstermin.

Die Billigkeitsentscheidung des Gerichtes wird von vielen Faktoren bestimmt. Aus der neueren Rechtsprechung kann auf folgende Entscheidungen hingewiesen werden, die der Bevollmächtigte bei vergleichbaren Fällen im Sinne seines Mandanten zitieren kann: | 478

■ Im Falle einer offenen Beweisprognose bei Erledigung ist es grundsätzlich geboten, die Kosten nach § 91a ZPO hälftig auf die Parteien zu verteilen. Hieran ändert auch der Einwand eines nicht ausreichend substantiierten Bestreitens jedenfalls dann nichts, wenn in der ersten Instanz der Einwand nicht erhoben worden war.[382]

380 Muster einer Klageumstellung des Klägers nach dem Widerspruch des Beklagten gegenüber der Erledigungserklärung findet sich bei *Goebel*, AnwF Zivilprozessrecht, § 12 Rn 672.
381 BGH v. 19.10.2004 – VIII ZR 327/03 = WuM 2004, 725 = RVGreport 2005, 74; OLG Celle Beschl. v. 21.4.2006 – 11 W 17/06 = OLGR 2006, 462; LAG Düsseldorf Beschl. v. 30.1.2006 – 12 Sa 1765/03.
382 OLG Köln, Beschl. v. 8.3.2006 – 19 W 11/06.

■ Im Rahmen der Billigkeitsentscheidung nach § 91a Abs. 1 ZPO kann das Gericht berücksichtigen, dass sich die beklagte Partei durch Zahlung des mit der Klage geforderten Betrags und Erklärung zur Übernahme der Kosten des Rechtsstreits in die Rolle des Unterlegenen begeben hat.[383]

■ Ergeben sich erst im Laufe des Verfahrens Umstände, die den ursprünglich begründeten Anspruch entfallen lassen und wird das Verfahren daraufhin sofort für erledigt erklärt, ist bei der Kostenentscheidung nach § 91a ZPO der Rechtsgedanke des § 93 ZPO zu berücksichtigen.[384]

■ Für die Kostenentscheidung nach § 91a ZPO ist der erwartete Verfahrensausgang nur ein Kriterium. Daneben ist der die Hauptsache erledigende Vergleich zu berücksichtigen.[385]

> *Hinweis*
>
> Vergleichen sich die Parteien in der Hauptsache, ohne sich über die Kosten einigen zu können, und erlässt das Gericht daraufhin einen Beschluss nach § 91a ZPO, ist der Rechtsschutzversicherer daran auch dann gebunden, wenn die Entscheidung nicht der Quote des Obsiegens und Unterliegens entspricht.[386]

■ Nach Erledigung des Rechtsstreits hat der Kläger die Kosten des Rechtsstreits auch dann zu tragen, wenn die Klage begründet war, er jedoch selbst das erledigende Ereignis zu verantworten hat und dieses bei Klageerhebung absehbar war.[387]

■ Eine Kostenentscheidung nach § 91a ZPO aufgrund übereinstimmender Erledigungserklärungen der Parteien ist im selbständigen Beweisverfahren unstatthaft.[388]

■ Wird die zunächst vorläufig bestrittene Forderung später zur Insolvenztabelle festgestellt und erklären die Parteien daraufhin übereinstimmend den zuvor vom anmeldenden Gläubiger aufgenommenen Rechtsstreit für erledigt, ist die Kostenentscheidung nach den zu § 93 ZPO entwickelten Grundsätzen zu treffen.[389]

■ Richtet sich die einstweilige Verfügung auf Herausgabe von Gegenständen, die sich im Besitz des Antragsgegners befinden und gibt dieser die Gegenstände vor Zustellung der einstweiligen Verfügung an den Antragsteller heraus, so sind die Kosten des Verfahrens nach beidseitiger Erledigungserklärung regelmäßig dem Antragsteller aufzuerlegen, weil es im Hinblick auf die Herausgabe dann am Verfügungsgrund fehlt. Dies gilt auch dann, wenn zwischen den Parteien streitig ist,

---

383 BGH MDR 2004, 698 = BGHReport 2004, 923 = DAR 2004, 344.
384 KG Berlin KGR 2005, 642 = ZInsO 2005, 656.
385 OLG Schleswig OLGR 2005, 453 = MDR 2005, 1437 = SchlHA 2006, 175 = RVG-B 2005, 181.
386 OLG Hamm OLGR 2005, 288 = NJW-RR 2005, 331 = AGS 2006, 154 = zfs 2005, 202.
387 OLG Rostock OLGR Rostock 2005, 107 = WuM 2005, 261.
388 OLG Schleswig OLGR 2005, 593 = BauR 2006, 870.
389 BGH NJW-RR 2006, 773 = BGHReport 2006, 752 = ZIP 2006, 576.

ob der Antragsgegner mit der Herausgabe der Gegenstände eine zugrundeliegende vertragliche Leistungsverpflichtung (vollständig) erfüllt hat.[390]

■ Nach der Übernahme des Rechtsstreits durch den Rechtsnachfolger des Beklagten muss das Gericht über die bis zu dem Ausscheiden aus dem Rechtsstreit entstandenen Kosten des ursprünglichen Beklagten in entsprechender Anwendung von § 91a Abs. 1 ZPO entscheiden.[391]

■ Wenn der Schuldner von Kindesunterhalt trotz einer Mahnung des Jugendamtes nicht zahlt, gibt er Klageveranlassung und hat daher nach übereinstimmender Erledigungserklärung des Unterhaltsprozesses die Kosten des Verfahrens zu tragen.[392]

■ Auch wenn der Beklagte auf das Streitpatent verzichtet hat, kann es billigem Ermessen entsprechen, die Kosten des übereinstimmend für erledigt erklärten Patentnichtigkeitsverfahrens dem Kläger aufzuerlegen.[393]

Der Beschluss ist zu begründen, sofern die Parteien hierauf nicht ausdrücklich verzichten. Die Notwendigkeit der Begründung gilt auch dann, wenn ein Urteil keiner Begründung bedürfte.[394]   479

> *Tipp*   480
>
> Verzichten die Parteien im Anschluss an einen (in der mündlichen Verhandlung ergehenden) Beschluss gemäß § 91a ZPO auf Rechtsmittel und ist der Beschluss daher analog § 313a Abs. 2 ZPO nicht zu begründen, so ist Ziffer 1211 KVGKG anzuwenden, so dass lediglich eine gerichtliche Verfahrensgebühr entsteht. War dies früher umstritten,[395] ist diese Folge durch das Kostenrechtsmodernisierungsgesetz nun ausdrücklich im KVGKG verankert.

Umstritten ist, ob in dem Verzicht auf eine Begründung des Beschlusses nach § 91a   481
ZPO zugleich auch ein Rechtsmittelverzicht zu sehen ist.[396] Um hier Unklarheiten zu vermeiden und dem „Grundsatz des sichersten Weges" zu folgen, sollte ausdrücklich klargestellt werden, ob lediglich auf die Begründung oder zugleich auch oder gerade nicht auf Rechtsmittel verzichtet wird. Für den Fall, dass die Parteien bei Abschluss eines Vergleiches die Kostenentscheidung dem Gericht überlassen haben, sieht der BGH **keinen** Rechtsmittelverzicht in einem Begründungsverzicht.[397]

---

390 OLG Magdeburg, Beschl. v. 22.2.2006 – 9 W 13/06.
391 BGH NJW 2006, 1351 = BGHReport 2006, 472.
392 KG Berlin NJW-RR 2005, 155.
393 BGH BGHReport 2004, 990.
394 B/L/A/H-*Hartmann*, § 91a Rn 147.
395 Vgl aber schon zustimmend zur alten Rechtslage OLG München, Beschl. v. 7.7.2003 – 11 WF 1193/03.
396 So OLG Köln MDR 2002, 109; OLG Köln MDR 2000, 472; OLG Celle, Beschl. v. 25.7.2002 – W 11/02; OLG Braunschweig MDR 2001, 1009; OLG Brandenburg MDR 1995, 743; a.A. OLG Hamm MDR 2003, 116; OLG Schleswig MDR 1997, 1154; B/L/A/H-*Hartmann*, § 91a Rn 148.
397 BGH v. 5.9.2006 – VI ZB 65/05 = PA 12/2006.

II. Die sofortige Beschwerde gegen die Kostenentscheidung nach § 91a ZPO

482 Gegen die Kostenentscheidung des Gerichts ist nach § 91a Abs. 2 ZPO die sofortige Beschwerde[398] statthaft.

483 *Hinweis*

Soweit nach übereinstimmender Erledigungserklärung über die Kosten irrtümlich durch Urteil statt durch Beschluss entschieden wurde, ist sowohl die sofortige Beschwerde als auch die Berufung nach dem Meistbegünstigungsgrundsatz statthaft.[399] Das mit der Berufung angerufene Gericht darf dann allerdings durch Beschluss entscheiden und auch die Rechtsbeschwerde zulassen.[400]

484 Besondere Voraussetzung der Zulässigkeit der Beschwerde ist, dass der Streitwert in der Hauptsache den nach § 511 Abs. 2 Nr. 1 ZPO erforderlichen Berufungswert von 600 EUR übersteigt und zugleich der Kostenwert des § 567 Abs. 2 ZPO überschritten wird.

485 Mit dieser durch das Zivilprozessreformgesetz eingefügten Vorschrift hat der Gesetzgeber den von der Rechtsprechung schon früher vertretenen Grundsatz, dass der Instanzenzug für die Anfechtung einer Nebenentscheidung nicht weiter gehen kann als derjenige in der Hauptsache, ausdrücklich im Gesetz verankert.[401] Es soll mit diesem zusätzlichen Erfordernis vermieden werden, dass eine Sache, für die ein Rechtsmittel nicht eröffnet ist, auf dem Weg über die Kostenentscheidung doch zu einer inhaltlichen Überprüfung in die zweite Instanz gebracht werden kann.

486 Beachtet werden muss, dass dieser Grundsatz auch dann gilt, wenn es zu einer so genannten Kostenmischentscheidung kommt, d.h. die Parteien den Rechtsstreit nur zum Teil in der Hauptsache für erledigt erklärt haben und über die Kosten deshalb lediglich hinsichtlich des für erledigt erklärten Teils nach § 91a ZPO, im Übrigen nach den allgemeinen Bestimmungen, insbesondere also den §§ 91, 92 ZPO, zu entscheiden ist. Mit der sofortigen Beschwerde anfechtbar ist dann nur der Teil der Kostenentscheidung, der auf § 91a ZPO beruht.[402] Dieser Teil muss dann in der Hauptsache den Wert von 600 EUR übersteigen; im Übrigen gilt das Verbot der isolierten Kostenanfechtung des § 99 Abs. 1 ZPO.[403]

---

398 Muster einer sofortigen Beschwerde nach § 91a Abs. 2 ZPO unter Rn 611.
399 BGH MDR 1959, 554; OLG Köln MDR 1963, 60.
400 Zöller-*Vollkommer*, § 91a Rn 27.
401 BT-Drucks 14/4722, S. 74; vgl. auch Musielak-*Wolst*, § 91a Rn 25; Zöller-*Vollkommer*, § 91a Rn 27.
402 BGHZ 40, 265 = NJW 1964, 660; BGH AGS 2003, 437 = NJW-RR 2003, 1504.
403 Musielak-*Wolst*, § 91a Rn 53; *Thomas/Putzo*, § 91a Rn 55.

Hinweis 487

Irreführend ist der Begriff des „Streitwertes in der Hauptsache" in § 91a Abs. 2 ZPO. Nach dem BGH[404] ist bei der Prüfung der Frage, ob der Streitwert der Hauptsache die Berufungssumme übersteigt, grundsätzlich auf das voraussichtliche Unterliegen einer Partei abzustellen, von dem das Gericht bei seinem Kostenausspruch ausgegangen ist und das deshalb die Höhe der hypothetischen Beschwer in der Hauptsache und damit die Obergrenze für den Wert des Beschwerdegegenstandes im Sinne des § 511 Abs. 2 Nr. 1 ZPO bestimmt. Nur dadurch sei sichergestellt, dass der Instanzenzug für die Anfechtung der Kostenentscheidung mit demjenigen für die (hypothetische) Anfechtung der Hauptsache übereinstimmt. Ob ausnahmsweise Fallgestaltungen denkbar sind, in denen die bei der Kostenentscheidung nach § 91a Abs. 1 ZPO vom Gericht angestellten Billigkeitserwägungen so sehr im Vordergrund stehen, dass die Kostenverteilung zwischen den Parteien keinen Anhaltspunkt für ihre hypothetische Beschwer aus einem Urteil darstellt und damit auch für den Beschwerdewert des § 91a Abs. 2 S. 2 ZPO nicht maßgebend sein kann, hat der BGH noch offen gelassen.

Liegt danach der Beschwerdewert in der Hauptsache über 600 EUR muss auch die 488 besondere Beschwer nach § 567 Abs. 2 ZPO vorliegen, d.h. die erstrebte Änderung der Kostenentscheidung muss dazu führen, dass der Beschwerdeführer Kosten in Höhe von über 200 EUR nicht tragen muss.[405]

Die sofortige Beschwerde muss binnen einer Notfrist von zwei Wochen bei dem Aus- 489 gangsgericht oder dem Beschwerdegericht eingelegt werden. Neben dem besonderen Wert des § 511 Abs. 2 Nr. 1 ZPO muss auch der Beschwerdewert nach § 567 Abs. 2 S. 1 ZPO erreicht sein, d.h. die als unberechtigt angesehene Kostenbelastung muss den Wert von 100 EUR übersteigen.

Haben die Parteien den Rechtsstreit vor dem Landgericht übereinstimmend für erle- 490 digt erklärt, dann gilt für die sofortige Beschwerde gegen die Kostenentscheidung des Landgerichts nach § 91a Abs. 2 S. 1 ZPO der Anwaltszwang gem. § 78 Abs. 1 S. 1 ZPO, so dass sie von einer Partei nicht persönlich eingelegt werden kann.[406]

Während nach § 571 Abs. 2 S. 1 ZPO, d.h. den allgemeinen Beschwerdevorschriften, 491 neue Angriffs- und Verteidigungsmittel auch noch in der Beschwerdeinstanz vorgebracht werden können, ist dies bei der sofortigen Beschwerde nach § 91a ZPO ein-

---

404 BGH, Beschl. v. 29.7.2003 – VIII ZB 55/03 = NJW-RR 2003, 1504 = MDR 2004, 45 = AGS 2003, 437.
405 Zöller-*Vollkommer*, § 91a Rn 27; LG Stendal JurBüro 2006, 39.
406 OLG Köln OLGR Köln 2005, 222 = GmbHR 2005, 1490 = JMBl NW 2005, 273; OLG Naumburg OLGR 2004, 149 = AGS 2004, 213; B/L/A/H-*Hartmann*, ZPO, § 91a Rn 154; Zöller-*Vollkommer*, § 91a Rn 27.

geschränkt.[407] Da das Ausgangsgericht „aufgrund des bisherigen Sach- und Streitstandes" über die Kosten zu entscheiden hat, sind grundsätzlich die Tatsachen für die Entscheidung maßgebend, die bis zum Eintritt des erledigenden Ereignisses in den Prozess eingeführt worden sind.[408]

492   Fraglich erscheint insoweit auch, ob eine erst in der Beschwerdeinstanz vorgelegte Urkunde noch Berücksichtigung finden kann. Einerseits wird die Auffassung vertreten, dass neue Tatsachen und Beweismittel im Beschwerderechtszug dann verwertet werden dürfen, wenn dies ohne zeitraubende Beweisaufnahme möglich ist und dem Gegner rechtliches Gehör gewährt worden ist.[409] Andererseits wird dies mit dem Argument des Wortlautes von § 91a ZPO und des danach maßgeblichen Sach- und Streitstandes zum Zeitpunkt der Erledigungserklärung abgelehnt.[410]

493   In gleicher Weise ist die Frage streitig, ob eine Beweisaufnahme in der eingeschränkten Form der Vorlage von Urkunden oder der Beiziehung von Akten oder der Verwertung von Beweisergebnissen aus anderen Verfahren möglich ist. Der BGH hat in einer älteren Entscheidung dies jedenfalls nicht ausgeschlossen.[411] Allerdings muss beachtet werden, dass diese Entscheidung in gänzlich anderem Zusammenhang ergangen ist und letztlich die damals schon als streitig erkannte Frage nicht entscheiden musste.

494   Für einen gänzlichen Verzicht auf neuen Sachvortrag spricht der Wortlaut von § 91a ZPO, der auf den **bisherigen** Sach- und Streitstand abstellt. Allerdings darf auch nicht übersehen werden, dass nach billigem Ermessen zu entscheiden ist und die Gerichte auch der materiellen Gerechtigkeit verpflichtet sind. Insoweit erscheint es gerechtfertigt, denjenigen nachträglichen Sachvortrag und diejenigen Unterlagen zu berücksichtigen, die erst in der Beschwerdeinstanz vorgetragen oder vorgelegt werden, nach der Anhörung des Gegners aber ihrem Inhalt nach unstreitig bleiben. Ein weitergehender Aufwand, den § 91a ZPO gerade verhindern will, ist damit nicht verbunden. Wenn auch der Gegner die Richtigkeit des Sachvortrages oder des Inhaltes präsenter, weil urkundlich belegter Beweismittel nicht bestreitet, erscheint es kaum erklärbar, dass das Gericht dies entgegen der materiellen Gerechtigkeit bei seiner Entscheidung unberücksichtigt lassen soll.

---

407 Zöller-*Vollkommer*, § 91a Rn 26 und 27.
408 OLG Hamm OLGR 1999, 316; OLG Frankfurt WRP 1987, 116 = GRUR 1987, 472.
409 OLG Düsseldorf JR 1995, 205 = OLGR Düsseldorf 1994, 276.
410 OLG Karlsruhe NJW-RR 1990, 978.
411 BGH Urt. v. 26.4.1954 – III ZR 6/53 = BGHZ 13, 142.

III. Muster: Sofortige Beschwerde gegen die Kostenentscheidung nach Erledigung der Hauptsache

An das   **495**
Landgericht/Oberlandesgericht
– Beschwerdekammer/Beschwerdesenat –
in ▓▓▓▓▓

über das

Amtsgericht/Landgericht[412]
in ▓▓▓▓▓

Sofortige Beschwerde nach § 91a Abs. 2 ZPO

In dem Rechtsstreit

Kläger ./. Beklagter
Az: ▓▓▓▓▓

wird namens und in Vollmacht des ▓▓▓▓▓ gegen die Entscheidung des ▓▓▓▓▓
vom ▓▓▓▓▓, Az: ▓▓▓▓▓, sofortige Beschwerde eingelegt.

Es wird beantragt:

In Abänderung des angefochtenen Beschlusses des ▓▓▓▓▓ vom ▓▓▓▓▓
werden die Kosten des Verfahrens zu ▓▓▓▓▓ % dem ▓▓▓▓▓ und zu
▓▓▓▓▓ % dem ▓▓▓▓▓ auferlegt.

Zur **Begründung** wird Folgendes ausgeführt:

I.

Mit der angefochtenen Entscheidung vom ▓▓▓▓▓ hat das Ausgangsgericht dem
Beschwerdeführer die Kosten des Verfahrens nach § 91a Abs. 1 ZPO im Umfange
von ▓▓▓▓▓ % auferlegt, nachdem der Rechtsstreit von beiden Parteien übereinstimmend für erledigt erklärt wurde.

Die Entscheidung ist unzutreffend und im Sinne des vorstehenden Antrags durch das
Ausgangsgericht nach § 572 Abs. 1 S. 1 ZPO oder aber das angerufene Beschwerdegericht zu ändern.

Die Entscheidung ist nach § 91a Abs. 1 ZPO ergangen und dementsprechend nach
§ 91a Abs. 2 ZPO mit der sofortigen Beschwerde angreifbar.

Der Wert der Hauptsache im Sinne des Wertes einer voraussichtlichen Beschwer (vgl.
hierzu BGH, Beschl. v. 29.7.2003 – VIII ZB 55/03 = NJW-RR 2003, 1504 = AGS
2003, 437 = BGHReport 2003, 1228) übersteigt den Wert von 600 EUR, was sich daraus ergibt, dass ▓▓▓▓▓.

---

412 Ausgangsgericht.

Auch der weitere Beschwerdewert des § 567 Abs. 2 S. 1 ZPO von 200 EUR bei der Anfechtung einer Entscheidung über die Pflicht zur Tragung der Prozesskosten wird überschritten, was sich daraus ergibt, dass bei der beantragten abweichenden Kostenentscheidung der Beschwerdeführer eine um ▓▓▓▓▓ EUR niedrigere Kostenlast zu tragen hat. Auf die Alternativberechnung in der Anlage zu diesem Schriftsatz wird verwiesen. Hierzu ist darauf hinzuweisen, dass ▓▓▓▓▓.

Die angefochtene Entscheidung wurde dem Beschwerdeführer am ▓▓▓▓▓ zugestellt. Die Notfrist des § 569 Abs. 1 S. 1 ZPO endet damit am ▓▓▓▓▓ und wird durch den vorliegenden Schriftsatz gewahrt.

Für die Entscheidung über die sofortige Beschwerde ist

❏ nach § 72 GVG das Landgericht berufen.
❏ nach § 119 GVG das Oberlandesgericht berufen.

II.

Die angefochtene Entscheidung erweist sich im Ergebnis als unzutreffend.

Die angefochtene Entscheidung beruht auf § 91a Abs. 1 ZPO. Danach ist über die Kosten des Verfahrens nach billigem Ermessen unter Berücksichtigung des Sach- und Streitstandes zu entscheiden, wenn die Parteien den Rechtsstreit übereinstimmend in der Hautsache für erledigt erklärt haben.

Danach durften dem Beschwerdeführer vorliegend die Kosten des Verfahrens nicht auferlegt werden.

Die Kosten des Verfahrens sind nach § 91a Abs. 1 ZPO unter Berücksichtigung des bisherigen Sach- und Streitstandes in Höhe von ▓▓▓▓▓ % dem ▓▓▓▓▓ und allenfalls in Höhe von ▓▓▓▓▓ % dem ▓▓▓▓▓ aufzuerlegen, weil ▓▓▓▓▓.

III.

Soweit das erkennende Beschwerdegericht der diesseitigen Auffassung nicht zu folgen vermag, wird schon jetzt beantragt,

die Rechtsbeschwerde zum Bundesgerichtshof zuzulassen.

Die vom Beschwerdeführer dargelegte Auffassung wird von der Rechtsprechung der Oberlandesgerichte in ▓▓▓▓▓ geteilt (vgl. ▓▓▓▓▓[413]). Soweit das angerufene Gericht dieser Auffassung nicht folgt, ist eine Entscheidung des Rechtsbeschwerdegerichts zur Fortbildung des Rechts und Sicherung einer einheitlichen Rechtsprechung erforderlich.

(Rechtsanwalt)

---

413 Fundstellen der abweichenden ober- oder höchstrichterlichen Rechtsprechung.

D. Die sofortige Beschwerde gegen die Kostenentscheidung im Anerkenntnisurteil, § 99 Abs. 2 ZPO

I. Das Anerkenntnis und die Kostenentscheidung im Anerkenntnisurteil

1. Allgemeines

Ist die Klageforderung als solche aus Sicht des Beklagten begründet, so kommen grundsätzlich drei Reaktionsformen in Betracht: Der Beklagte kann die Klageforderung anerkennen[414] oder er kann ein Versäumnisurteil gegen sich im frühen ersten Termin oder aber im schriftlichen Vorverfahren ergehen lassen. Welchen Weg er wählt, ist auch von taktischen Erwägungen geprägt.[415] **496**

Das Anerkenntnis ist in § 307 ZPO geregelt, der durch das 1. Justizmodernisierungsgesetz zum 1.9.2004 geändert und neu gefasst wurde. Wesentlich ist, dass das Antragserfordernis entfallen ist und es zum Erlass eines Anerkenntnisurteils auch dann keiner mündlichen Verhandlung mehr bedarf, wenn das Anerkenntnis außerhalb des schriftlichen Vorverfahrens, etwa nach einer Beweisaufnahme durch Einholung eines schriftlichen Sachverständigengutachtens, erklärt wird. Die beklagte Partei kann den gegen sie geltend gemachten Anspruch also in jeder Lage des Verfahrens ganz oder teilweise anerkennen, wenn der geltend gemachte Anspruch in diesem Umfange begründet ist oder eine Rechtsverteidigung aus sonstigen Gründen keine hinreichende Aussicht auf Erfolg verspricht. **497**

Nach einem Anerkenntnis hat das Prozessgericht nach § 307 ZPO von Amts wegen ein Anerkenntnisurteil zu erlassen und hierin auch über die Kosten des Verfahrens zu entscheiden. **498**

Hinweis **499**

Auch wenn das Anerkenntnisurteil von Amts wegen zu ergehen hat, d.h. grundsätzlich kein Antrag des Bevollmächtigten erforderlich ist, hat es sich bewährt, einen solchen Antrag zu formulieren. Dies gilt insbesondere bei Teilanerkenntnissen, da hier nicht selten ein Tätigwerden des Gerichts unterbleibt.

Unter Geltung des neuen Gebührenrechtes muss der Rechtsanwalt allerdings prüfen, ob die Abgabe eines Anerkenntnisses bei einer begründeten Klage den Interessen des Mandanten gerecht wird. In vielen Fällen ist es kostengünstiger, statt eines Anerkenntnisurteils ein Versäumnisurteil ergehen zu lassen. Da es hierzu keine allgemeine Regel gibt, muss die Kostenfrage in jedem Einzelfall zur Vermeidung eines **500**

---

414 Muster eines Anerkenntnisses unter *Goebel*, AnwF Zivilprozessrecht, § 5 Rn 292.
415 Hierzu ausführlich *Goebel*, AnwF Zivilprozessrecht, § 5 Rn 12 ff. „Taktische Erwägungen zur Klageerwiderung".

Haftungsfalles geprüft werden.[416] Die kostenrechtliche Betrachtung muss dann auch die Möglichkeit der Erfüllung des Klageanspruches mit anschließender Erledigung des Rechtsstreites und einer Entscheidung über die Kosten nach § 91a ZPO sowie eine vereinbarte Klagerücknahme umfassen.

501   *Hinweis*

Für das Anerkenntnisurteil ist grundsätzlich eine Gerichtsgebühr nach Nr. 1211 KVGKG zu zahlen. Daneben fällt jeweils eine 1,3 Verfahrensgebühr nach Nr. 3100 VV und eine 1,2 Terminsgebühr nach Nr. 3104 VV für den eigenen und den gegnerischen Rechtsanwalt an. Da beim Anerkenntnisurteil immer die volle 1,3 Verfahrensgebühr und die 1,2 Terminsgebühr anfällt, während beim Versäumnisurteil für den Anwalt der klagenden Partei neben der 1,3 Verfahrensgebühr nur eine 0,5 Terminsgebühr anfällt und für den Beklagtenvertreter überhaupt nur eine 0,8 Verfahrensgebühr entsteht, ist das Versäumnisurteil nunmehr kostengünstiger. Für den Fall, dass der Beklagte die Kosten des Verfahrens zu tragen hat, muss deshalb der Weg über ein Versäumnisurteil in die Überlegung einbezogen werden. Eine andere Verfahrensweise würde sich als Haftungsfall darstellen. Noch günstiger kann es sein, wenn der Beklagte hinreichend liquide ist und die Klageforderung ausgleichen kann. Hierauf muss der Kläger die Hauptsache für erledigt erklären. Durch diese Verfahrensweise entstehen lediglich zwei Verfahrensgebühren bei den beiden Rechtsanwälten. Allerdings bleibt es aufgrund der dann nach § 91a ZPO erforderlichen begründeten Kostenentscheidung des Gerichts bei drei Gerichtsgebühren. Dies kann allerdings nach Nr. 1211 Ziff. 4 KVGKG vermieden werden, wenn der Beklagte die Kosten übernimmt und dies dem Gericht mitteilt. In diesem Fall entsteht nur eine Gebühr.

502   Soweit der Klageanspruch teilweise anerkannt wird, muss beachtet werden, dass der dann streitig bleibende Teil gegebenenfalls die Berufungssumme nach § 511 Abs. 1 Nr. 1 ZPO mit 600,01 EUR nicht mehr erreicht. Will sich der Beklagte also den Weg in die Rechtsmittelinstanz offen halten, so muss er das Risiko einer entsprechenden Kostenlast gegebenenfalls auf sich nehmen oder sicher sein, dass er eine Zulassung der Berufung nach § 511 Abs. 1 Nr. 2 ZPO erreicht.

503   Soweit ein Anerkenntnisurteil ergeht, ermäßigen sich die Gerichtsgebühren nach Nr. 1211 KVGKG von 3 Gebühren auf 1 Gebühr. Streitig ist, ob dies auch dann gilt, wenn das Gericht nach einem Anerkenntnis über widerstreitende Kostenanträge eine Kostenentscheidung mit Begründung treffen muss. Zum Teil wird auch dann die Ermäßigung gewährt,[417] zum Teil wird dies dann abgelehnt, da der Zweck der Regelung, die Entlastung des Gerichtes von einer Begründung zu belohnen, nicht erreicht sei. Der Wortlaut der Privilegierung verlange eine Erledigung des Rechtsstreites durch das

---

416 *Focken/Marten*, MDR 2005, 850; *Jungbauer*, FuR 2005, 155; *König*, NJW 2005, 1243; *Richert/ Schröder*, NJW 2005, 2187; zu den diesbezüglichen taktischen Fragen ausführlich *Goebel*, AnwF Zivilprozessrecht, § 5.
417 OLG Karlsruhe MDR 1997, 399; OLG MDR 1998, 371.

Anerkenntnis. Diese Erledigung sei aber dann nicht erreicht, wenn über die widerstreitenden Kostenanträge begründet zu entscheiden sei.[418]

2. Das Anerkenntnis im Sinne des § 93 ZPO

Grundsätzlich sind der anerkennenden Partei die Kosten des Verfahrens nach § 91 ZPO aufzuerlegen. Nach § 93 ZPO hat allerdings der Kläger die Kosten des Verfahrens zu tragen, sofern der Beklagte 504

■ den Klageanspruch sofort anerkennt
und
■ durch sein Verhalten keinen Anlass zur Klageerhebung gegeben hat.

a) Das sofortige Anerkenntnis

Wird seitens des erkennenden Gerichts **früher erster Termin** bestimmt, so entsprach es der bisherigen allgemeinen Meinung, dass das Anerkenntnis in der mündlichen Verhandlung abgegeben werden kann, aber – um ein sofortiges Anerkenntnis i.S.v. § 93 ZPO darzustellen – noch vor der streitigen Verhandlung und vor einer Erörterung der Sach- und Rechtslage erklärt werden muss. Dies hat der BGH nun in Zweifel gezogen, nachdem § 307 S. 2 ZPO nunmehr bestimmt, dass es zum Erlass eines Anerkenntnisurteils einer mündlichen Verhandlung nicht bedarf. Es erscheint ihm deshalb erwägenswert, anzunehmen, dass danach ein „sofortiges" Anerkenntnis auch bei der Bestimmung eines frühen ersten Termins in der Regel bereits in der Klageerwiderung abgegeben werden muss.[419] Allerdings hat der BGH hier noch keine abschließende Entscheidung getroffen. 505

> *Hinweis* 506
>
> Der Hinweis des BGH ist allerdings allzu deutlich, so dass der Rechtsanwalt sich hierauf einrichten und das Anerkenntnis schon in der Klageerwiderung abgeben sollte.

Soweit das schriftliche Verfahren nach § 276 Abs. 1 S. 1 ZPO angeordnet wurde, liegt ein sofortiges Anerkenntnis jedenfalls dann vor, wenn dies vor der Verteidigungsanzeige und dem Antrag auf Klageabweisung erklärt wird. Ob ein sofortiges Anerkenntnis auch noch nach der Verteidigungsanzeige und vor dem Ablauf der ersten Klageerwiderungsfrist möglich ist, ist dagegen umstritten. 507

> *Hinweis* 508
>
> Hier muss der Bevollmächtigte also besondere Sorgfalt walten lassen, dass er nicht – quasi automatisch – die Verteidigungsanzeige in der Notfrist von zwei Wochen seit Zustellung einer Klageschrift anzeigt und gegebenenfalls auch bereits die Kla-

---

418 OLG Hamburg OLGR 2005, 739 = MDR 2005, 1195.
419 BGH Beschl. v. 30.5.2006 – VI ZB 64/05 = NJW 2006, 2490 = FamRZ 2006, 1189.

geabweisung beantragt, bevor er in eine Sachprüfung eingetreten ist und festgestellt hat, ob ein teilweises oder gänzliches Anerkenntnis in Betracht kommt und dies mit dem Mandanten erörtert hat. Nur mit solcher Vorsicht genügt er dem Grundsatz des sichersten Weges und vermeidet die Erheblichkeit der Streitfrage.

509   Ist das **schriftliche Vorverfahren nach § 276 ZPO** angeordnet worden, ist streitig, bis zu welchem Verfahrensstadium das Anerkenntnis noch abgegeben werden kann, um ein sofortiges Anerkenntnis i.S.v. § 93 ZPO darzustellen.[420]

510   Eine Auffassung ging davon aus, dass das Anerkenntnis spätestens in der Klageerwiderung erfolgen muss.[421] Danach bleibt eine zunächst erklärte Verteidigungsanzeige also für ein sofortiges Anerkenntnis unschädlich.

511   Die wohl überwiegende Auffassung ging allerdings bisher davon aus, dass das Anerkenntnis bereits mit der Vertretungsanzeige erfolgen muss, da § 307 Abs. 2 ZPO a.F. ausdrücklich auf § 276 Abs. 1 S. 1 ZPO abgestellt hat.[422] Nach der Neufassung von § 307 ZPO fehlt es allerdings an dieser ausdrücklichen Bezugnahme auf § 276 Abs. 1 S. 1 ZPO, so dass das Argument des Wortlautes entfallen ist.

512   Der BGH hat diese Frage nun erstmals mit Beschluss vom 30.5.2006 zu entscheiden.[423] Danach kann der Beklagte bei Anordnung des schriftlichen Vorverfahrens den geltend gemachten Anspruch innerhalb der Klageerwiderungsfrist jedenfalls dann noch „sofort" im Sinne des § 93 ZPO anerkennen, wenn die Verteidigungsanzeige keinen auf eine Abweisung der Klage gerichteten Sachantrag enthält. Damit hat der BGH die bisherige Mindermeinung[424] bestätigt und die bisher wohl überwiegende Auffassung[425] abgelehnt. Der BGH ist der Auffassung, dass es dem Beklagten nicht zumutbar sei, einen Anspruch anzuerkennen, den er nicht hinreichend lange, nämlich in der Klageerwiderungsfrist statt der kurzen Frist bis zur Verteidigungsanzeige, hat prüfen können. Dabei hat der BGH zugleich auch einen Hinweis gegeben, welche Klageerwiderungsfrist maßgeblich ist: Die erste gesetzte Klageerwiderungsfrist oder die möglicherweise verlängerte Klageerwiderungsfrist. Der BGH hält – anwaltfreundlich – die verlängerte Klageerwiderungsfrist für maßgeblich. Allein die formalisierte und zur Vermeidung eines Versäumnisurteils (§ 331 Abs. 3 ZPO) erforderliche Anzeige der Verteidigungsbereitschaft nebst der Mitteilung, fristgerecht zur Klage vortragen zu wollen, enthält aus Sicht des BGH noch kein Bestreiten der Klage-

---

420 Zum Streitstand vgl. Zöller-*Herget*, § 93 Rn 4.
421 OLGR Schleswig 1997, 300; OLG Bamberg NJW-RR 1996, 392.
422 OLG Karlsruhe FamRZ 2003, 942; OLGR Hamburg 2002, 351; OLG Nürnberg NJW 2002, 2254; OLG Zweibrücken NJW-RR 2002, 138.
423 BGH Beschl. v. 30.5.2006 – VI ZB 64/05 = NJW 2006, 2490 = FamRZ 2006, 1189.
424 OLG Bamberg, NJW-RR 1996, 392; OLG Brandenburg MDR 2005, 1310; OLG Hamburg MDR 2002, 421; OLG Karlsruhe OLGR 2004, 513; OLG Nürnberg NJW 2002, 2254; OLG Schleswig MDR 1997, 971.
425 OLG Celle NJW-RR 1998, 1370; OLG Frankfurt NJW-RR 1993, 126; OLG München MDR 1989, 267; OLG Naumburg OLGR 2002, 239; OLG Stuttgart OLGR 2000, 84; OLG Zweibrücken OLGR 2001, 394.

forderung, sondern lediglich die Ankündigung, überhaupt zur Klage Stellung nehmen zu wollen. Ein Aufschluss, wie sich der Beklagte zum Klageanspruch in der Sache stellt, ergebe sich daraus nicht. Die Streitfrage dürfte damit entschieden sein.

Hinweis **513**

Der Rechtsanwalt sollte hierauf mit der allgemeinen Anweisung reagieren, dass die Verteidigungsanzeige nicht mit einem Klageabweisungsantrag verbunden wird. Der Klageabweisungsantrag sollte vielmehr erst nach der sachlichen Prüfung mit der Klageerwiderung erfolgen.

Wird im Rahmen einer Güteverhandlung die Sach- und Rechtslage ausführlich erörtert **514** und erkennt der Beklagte erst daraufhin den Klageanspruch an, liegt kein sofortiges Anerkenntnis gemäß § 93 ZPO mehr vor.[426]

Eine Kostenentscheidung nach § 93 ZPO zugunsten des Beklagten ist auch nicht mehr **515** möglich, wenn er zuvor im Mahnverfahren seinen Widerspruch nicht auf die Kosten beschränkt hat.[427]

Allerdings kann auch ein **späteres Anerkenntnis** noch ein „sofortiges" Anerkenntnis **516** i.S.d. § 93 ZPO darstellen, wenn

- die Klage zunächst unschlüssig war und das Anerkenntnis nach weiterem Vortrag und der dann vorliegenden schlüssigen Klage sofort erklärt wird[428]
- die den Klageanspruch begründenden Tatsachen erst nach Rechtshängigkeit vorliegen,[429]
- die Klage vor Fälligkeit des Klageanspruches erhoben wurde,[430]
- die Voraussetzungen für ein Anerkenntnis erst nach Rechtshängigkeit, etwa durch eine Klageänderung, gegeben sind,
- der Kläger in seinem Klageantrag ein Zurückbehaltungsrecht des Beklagten nicht berücksichtigt hat,[431]
- das Anerkenntnis sofort erklärt wird, nachdem eine bis dahin unschlüssige Klage schlüssig gemacht wird[432] und
- das Anerkenntnis unmittelbar nach der neuen Prozesssituation erklärt wird.[433]

---

426 OLG Köln OLGR 2005, 520 = MDR 2006, 226 = JMBl NW 2006, 69.
427 OLG Schleswig AGS 2006, 42 = MDR 2006, 228 = OLGR 2006, 526.
428 OLG Thüringen Beschl. v. 13.10.2005 – 4 W 565/05 = NJ 2006, 37; OLG Koblenz JurBüro 2005, 490 = ZInsO 2005, 938 = OLGR 2005, 802.
429 OLGR Frankfurt 2004, 314; OLG Schleswig, Beschl. v. 12.12.2002 – 8 WF 236/02.
430 OLG Nürnberg, Beschl. v. 25.6.2004 – 13 W 1749/04, IBR 2004, 515.
431 BGH NJW-RR 2005, 1005 = BB 2005, 1302 = MDR 2005, 1068 = AGS 2006, 88 = BGHReport 2005, 1073.
432 BGH NJW-RR 2004, 999 = AGS 2004, 304 = MDR 2004, 896; OLG Bremen NJW 2005, 228 = OLGR 2004, 413.
433 Muster eines Anerkenntnisses nach gewandelter Prozesssituation bei *Goebel*, AnwF Zivilprozessrecht, § 5 Rn 294.

517

Tipp

Wird das Anerkenntnis erst nach Ablauf der Frist des § 276 Abs. 1 S. 1 ZPO im schriftlichen Vorverfahren erteilt, muss seit dem 1. Justizmodernisierungsgesetz aus dem Jahre 2004 keine mündliche Verhandlung mehr stattfinden. § 307 ZPO ist insoweit geändert und neu gefasst worden. Dies hat sich allerdings in der Praxis noch nicht bei jedem Gericht durchgesetzt, so dass hierauf gesondert hingewiesen werden sollte, um unnötige Termine zu ersparen. Auch bedarf es keines Antrages des Klägers mehr, damit ein entsprechendes Anerkenntnisurteil ergehen kann. Gleichwohl sollte zumindest ausdrücklich um den Erlass eines Anerkenntnisurteils von Amts wegen „gebeten" werden. Wenn die Bevollmächtigten die Frage der Kostentragungspflicht nach § 91 bzw. § 93 ZPO erörtern möchten, kann allerdings eine mündliche Verhandlung stattfinden. I. d. R. wird hierzu jedoch schriftlicher Vortrag ausreichen, allerdings auch erforderlich sein.

518   Möglich ist auch, dass der Beklagte den Klageanspruch nur teilweise anerkennt.[434] Wesentlich ist dabei, dass bei der Geltendmachung mehrerer Ansprüche mit der Klage das Anerkenntnis des Beklagten unzweifelhaft erkennen lässt, welche einzelnen Forderungen in welcher Höhe anerkannt werden. Dies gilt umso mehr, als das Gericht nach § 307 S. 1 ZPO nun ein Teilanerkenntnisurteil ohne ausdrücklichen Antrag des Klägers erlassen kann.

519   Auch ist nicht erforderlich, dass der Beklagte den Klageanspruch ganz oder teilweise vorbehaltlos anerkennt. Vielmehr ist es auch möglich, dass er vorbehaltlich einer Gegenleistung des Klägers den Klageanspruch anerkennt[435] und sich dementsprechend einer Zug-um-Zug-Verurteilung beugt.[436] Für ein Anerkenntnisurteil ist dann allerdings erforderlich, dass der Kläger seinen Sachantrag der Einschränkung anpasst, d.h. den Klageanspruch Zug um Zug gegen Erbringung der Gegenleistung begehrt und damit das Gegenrecht des Beklagten anerkennt.[437] Kommt der Kläger dem nicht nach, so kann der Beklagte zwar nicht auf sein Anerkenntnis verurteilt werden, er ist an dieses jedoch als Geständnis der den Klageanspruch begründenden Tatsachen gebunden. Das erkennende Gericht hat danach nur noch zu prüfen, ob dem Beklagten das Gegenrecht zusteht, das lediglich eine Zug-um-Zug-Verurteilung rechtfertigt.

---

434 Muster eines Teilanerkenntnisses bei *Goebel*, AnwF Zivilprozessrecht, § 5 Rn 295.
435 Muster eines Anerkenntnisses mit der Maßgabe einer Zug-um-Zug-Verurteilung bei *Goebel*, AnwF Zivilprozessrecht, § 5 Rn 296.
436 BGHZ 107, 142 = NJW 1989, 1934 = MDR 1989, 803 = FamRZ 1989, 847.
437 BGH MDR 1989, 803.

Tipp 520

Ist der Kläger der Auffassung, dass das Gegenrecht tatsächlich existiert, der Beklagte jedoch mit der Entgegennahme der Gegenleistung in Verzug ist, so kann er seinen Hauptklageantrag auf eine Zug-um-Zug-Verurteilung umstellen und zur Erleichterung der Zwangsvollstreckung nach den §§ 756, 765 ZPO die Klage um den Feststellungsantrag erweitern, dass der Beklagte mit dem Empfang der Gegenleistung im Annahmeverzug ist.

Ein vom Insolvenzverwalter nach Aufnahme des Rechtsstreits über eine Insolvenz- 521
forderung erklärtes Anerkenntnis ist nur dann ein sofortiges Anerkenntnis i.S.v. § 93 ZPO, wenn zum Zeitpunkt der Unterbrechung des Verfahrens noch die Voraussetzungen für ein sofortiges Anerkenntnis durch den Schuldner gegeben waren.[438]

b) Der Anlass zur Klageerhebung

Anlass zur Klage hat der Beklagte dann nicht gegeben, wenn er sich vorprozessual so 522
verhalten hat, dass der Kläger nicht davon ausgehen durfte, allein nach Anrufung des Prozessgerichts seinen Anspruch durchsetzen zu können.[439]

Anlass zur Klageerhebung hat der Beklagte dagegen gegeben, wenn der Kläger an- 523
nehmen muss, dass dieser lediglich mit gerichtlicher Hilfe seinen Anspruch durchsetzen kann. Dies ist etwa der Fall, wenn

- er auf außergerichtliche Mahnschreiben nicht reagiert;
- er den geltend gemachten Anspruch vorprozessual ohne sachlichen Grund zurückgewiesen hat;
- der Beklagte den fälligen Anspruch trotz Aufforderung des Klägers nicht erfüllt hat;
- der Unterhaltsgläubiger auf Anforderung des Unterhaltsschuldners einen abzuändernden Titel nicht herausgibt und sich nicht an dessen Stelle eine weitere vollstreckbare Ausfertigung mit einer eingeschränkten Vollstreckungsklausel erteilen lässt. Die Erklärung, aus dem Titel nur noch in eingeschränkter Höhe vollstrecken zu wollen, genügt insbesondere dann nicht, wenn diese Erklärung unter den Vorbehalt der erneuten Änderung der Verhältnisse gestellt ist.[440]
- er den Kläger durch einen Antrag nach § 926 Abs. 1 ZPO im einstweiligen Verfügungsverfahren zur Erhebung der Hauptsacheklage gezwungen hat und dann nach Klageerhebung den Klageanspruch anerkennt. Er kann sich im Hinblick auf die Ausnahmevorschrift des § 93 ZPO dann nicht darauf berufen, er sei vom Klä-

---

438 OLG Frankfurt NJW-RR 2006, 418 = MDR 2006, 355 = ZInsO 2006, 272.
439 OLG Düsseldorf NJW-RR 1993, 74; Musielak-*Wolst*, § 93 Rn 2.
440 OLG Karlsruhe FamRZ 2006, 630 = OLGR Karlsruhe 2006, 273.

ger nicht vorher außergerichtlich unter Fristsetzung aufgefordert worden, den Anspruch zu erfüllen.[441]

524 Dafür dass keine Veranlassung zur Klageerhebung gegeben wurde, trifft den Beklagten die Beweislast.[442] Anderes gilt nur dann, wenn der Kläger auf künftige und wiederkehrende Leistung klagt oder wegen der Besorgnis der Nichterfüllung. In diesem Fall trägt der Kläger die Darlegungs- und Beweislast für die Veranlassung der Klage durch den Beklagten.[443]

525 Eine Veranlassung zur Klageerhebung fehlt insbesondere dann, wenn der Anspruch zum Zeitpunkt der Rechtshängigkeit der Klage noch überhaupt nicht fällig oder sonst nicht durchsetzbar war. Auch wenn eine angemessene Prüfungs- und Regulierungsfrist noch nicht abgelaufen war, kann es an einem Anlass zur Klageerhebung fehlen.

526 Hier muss insbesondere geprüft werden, ob dem Beklagten Zurückbehaltungsrechte zustehen bzw. zugestanden haben. Solange ein solches Zurückbehaltungsrecht besteht und der Kläger dies in seiner Antragstellung nicht berücksichtigt, bedarf es keines Anerkenntnisses. Damit ist ein sofortiges Anerkenntnis auch noch möglich, wenn der Kläger seinen Antrag ändert oder das Zurückbehaltungsrecht erlischt.[444] Auch wenn die Klage zunächst unschlüssig war, ist ein sofortiges Anerkenntnis noch in dem Zeitpunkt möglich, in dem der Kläger seinen Vortrag nachbessert und die Klage schlüssig wird.[445] Im Übrigen zeigt sich eine breite Kasuistik der obergerichtlichen Rechtsprechung und in den Entscheidungen der erstinstanzlichen Gerichte, die im Einzelfall überprüft werden muss.[446]

II. Das Rechtsmittel gegen die Kostenentscheidung im Anerkenntnisurteil: Die sofortige Beschwerde

527 Das Anerkenntnisurteil stellt ein Endurteil dar und kann dementsprechend unter den Voraussetzungen des § 511 Abs. 2 ZPO mit der Berufung angegriffen werden. Da der Klageanspruch anerkannt wird, wird realistischerweise nur die Streitwertberufung nach § 511 Abs. 2 Nr. 1 ZPO in Betracht kommen. Mit einer solchen Berufung kann dann geltend gemacht werden, dass das Anerkenntnis prozessual unwirksam ist oder aber ein berechtigter und anzuerkennender Widerruf des Anerkenntnisses vorliegt. Der Kläger kann geltend machen, dass ein Verstoß gegen § 308 ZPO vorliegt. Ist die Berufung erfolgreich, wird das Verfahren in jedem Fall an das Ausgangsgericht zurückverwiesen.

441 OLG Thüringen v. 21.10.2005 – 4 W 265/05 = OLGR 2005, 1013.
442 OLG Düsseldorf NJW-RR 1993, 74.
443 OLG Düsseldorf NJW-RR 1993, 74.
444 Siehe hierzu BGH NJW-RR 2005, 1005 = BGHReport 2005, 1073 = BB 2005, 1302.
445 BGH BGHReport 2004, 844 = NJW-RR 2004, 999 = AGS 2004, 304 = MDR 2004, 896.
446 Siehe etwa die alphabetische Übersicht bei Zöller-*Herget*, § 93 Rn 6.

In der Praxis häufiger kommt es vor, dass eine der beiden Parteien die von dem Aus- 528
gangsgericht nach § 91 oder § 93 ZPO getroffene Kostenentscheidung anfechten will.
Hierfür steht die sofortige Beschwerde nach § 99 Abs. 2 S. 1 ZPO zur Verfügung, die
eine Ausnahme von dem in § 99 Abs. 1 ZPO normierten Grundsatz macht, dass eine
isolierte Anfechtung einer Kostenentscheidung nicht möglich ist.

Nachdem die sofortige Beschwerde also nach § 99 Abs. 2 S. 1 ZPO ausdrücklich als 529
Rechtsmittel gegen die Kostenentscheidung genannt wird, macht die Statthaftigkeit
nach § 567 Abs. 1 Nr. 1 ZPO keine Probleme.

Hat das erstinstanzliche Gericht ein Teilanerkenntnisurteil zur Hauptsache erlassen 530
und über die Kosten gesondert durch Beschluss entschieden, ist ebenfalls die sofortige
Beschwerde gegen die Kostenentscheidung entsprechend § 99 Abs. 2 ZPO statthaft.[447]

Besondere Beachtung bei der Prüfung der Zulässigkeit der sofortigen Beschwerde ist 531
allerdings die nach § 99 Abs. 2 S. 2 ZPO erforderliche besondere Beschwer. Voraussetzung für die Zulässigkeit der sofortigen Beschwerde ist danach, dass der Wert der
Hauptsache die Berufungssumme nach § 511 ZPO übersteigt, d.h. mehr als 600 EUR
beträgt.

Zusätzlich muss der Kostenwert auch den Betrag von § 567 Abs. 2 ZPO übersteigen, 532
d.h. die Beschwer muss mehr als 200 EUR betragen, was durch eine Vergleichsrechnung darzulegen ist.

> *Hinweis* 533
>
> Beachtet werden muss, dass die sofortige Beschwerde bei einem Teilanerkenntnis-
> urteil mit nachfolgendem Schlussurteil nur die Kosten erfasst, die auf den aner-
> kannten Teil entfallen. Die übrige Kostenentscheidung ist nach § 99 Abs. 1 ZPO
> nicht isoliert anfechtbar. Dies wäre nur möglich, soweit der streitige entschiedene
> Teil mit der Berufung angegriffen wird und in diesem Rahmen dann auch die Kos-
> tenentscheidung beanstandet wird.[448]

Das Beschwerdegericht kann unter den Voraussetzungen des § 574 ZPO die Rechts- 534
beschwerde gegen seine Entscheidung zulassen.

III. Muster

An das 535
Landgericht/Oberlandesgericht
– Beschwerdekammer/Beschwerdesenat –

---

447 OLG Thüringen Beschl. v. 21.10.2005 – 4 W 265/05 = OLGR Jena 2005, 1013.
448 OLG Köln NJW-RR 1994, 767 = OLGR 1994, 115.

in ▨▨▨▨▨

über das

Amtsgericht/Landgericht[449]
in ▨▨▨▨▨

In dem Rechtsstreit

Kläger ./. Beklagter
Az: ▨▨▨▨▨

wird namens und in Vollmacht des ▨▨▨▨▨ gegen das Urteil des ▨▨▨▨▨
vom ▨▨▨▨▨ hiermit

sofortige Beschwerde gem. § 99 Abs. 2 S. 1 ZPO

eingelegt und beantragt:

Unter Abänderung der angefochtenen Entscheidung vom ▨▨▨▨▨ werden
dem ▨▨▨▨▨ die Kosten des Verfahrens auferlegt.

Zur **Begründung** wird Folgendes ausgeführt:

I.

Mit der angefochtenen Entscheidung des ▨▨▨▨▨ vom ▨▨▨▨▨ hat das Gericht
beschlossen, dass

❑ der Beklagte die Kosten des Verfahrens gem. § 91 ZPO zu tragen hat.
❑ der Kläger die Kosten des Verfahrens gem. § 93 ZPO zu tragen hat.
❑ der Kläger von den Kosten des Verfahrens ▨▨▨▨▨ %, der Beklagte ▨▨▨▨▨ %
   zu tragen hat.

Der Beschluss ist dem ▨▨▨▨▨ am ▨▨▨▨▨ zugestellt worden, so dass der vorliegende Schriftsatz die Notfrist nach § 569 Abs. 1 S. 1 ZPO wahrt.

Die sofortige Beschwerde ist nach § 99 Abs. 2 S. 2 ZPO auch statthaft, da der Streitwert in der Hauptsache ▨▨▨▨▨ EUR beträgt und damit der Berufungswert nach
§ 511 Abs. 2 Nr. 1 ZPO von 600 EUR überschritten wird.

Auch der besondere Beschwerdewert des § 567 Abs. 2 S. 1 ZPO in Höhe von 200
EUR wird vorliegend überschritten, da bei einer abweichenden Kostenentscheidung
im beantragten Sinne der Beschwerdeführer in Höhe von ▨▨▨▨▨ EUR nicht mit
Kosten belastet wird. Auf die in der Anlage beigefügte Vergleichsberechnung wird
verwiesen.

---

449 Ausgangsgericht.

II.

Die getroffene Kostenentscheidung ist unzutreffend. Vielmehr war die Kostenentscheidung dahingehend zu treffen, dass ▨.

❑ Entgegen dem angefochtenen Beschluss waren dem Beklagten die Kosten des Verfahrens nicht gem. § 91 ZPO aufzuerlegen. Vielmehr hat der Kläger die Kosten des Verfahrens nach § 93 ZPO zu tragen, da der Beklagte den Klageanspruch im Sinne von § 93 ZPO sofort anerkannt hat und zuvor durch sein Verhalten keinen Anlass zur Klageerhebung gegeben hat.

Dies ergibt sich im Einzelnen daraus, dass ▨.

❑ Die angefochtene Kostenentscheidung ist unzutreffend, soweit dem Kläger die Kosten des Verfahrens gem. § 93 ZPO auferlegt wurden. Vielmehr sind die Kosten des Verfahrens dem Beklagten nach § 91 ZPO aufzuerlegen.

Entgegen der Ansicht des Gerichts in dem angefochtenen Beschluss hat der Beklagte

❑ kein sofortiges Anerkenntnis abgegeben,
❑ Anlass zur Klageerhebung gegeben,

so dass ihm die Kosten des Verfahrens nach § 93 ZPO aufzuerlegen waren. Dies ergibt sich im Einzelnen daraus, dass ▨.

❑ Die Kostenentscheidung in dem angefochtenen Beschluss ist unzutreffend, soweit unter Berücksichtigung des Teilanerkenntnisses vom ▨ die Kosten zu ▨ % dem Kläger und zu ▨ % dem Beklagten auferlegt wurden. Richtigerweise wären die Kosten dem Kläger in Höhe von ▨ % und dem Beklagten von ▨ % aufzuerlegen gewesen. Dies ergibt sich aus der Anwendung der §§ 91, 93 ZPO, weil ▨.

Soweit das Ausgangsgericht der Beschwerde im Sinne der vorstehenden Ausführungen nicht abhilft, wird gebeten, die sofortige Beschwerde unverzüglich dem Beschwerdegericht vorzulegen, wo beantragt werden wird, den angefochtenen Beschluss des ▨ vom ▨ im Verfahren Az: ▨ abzuändern und entsprechend dem Eingangsantrag zu beschließen.

(Rechtsanwalt)

E.   Die sofortige Beschwerde im Prozesskostenhilfeverfahren

536   Es würde den Rahmen dieses Werkes, dessen Schwerpunkt auf dem Beschwerderecht liegt, sprengen, die gesamten Voraussetzungen der Prozesskostenhilfe darzustellen. Die nachfolgenden Ausführungen dienen daher nur der Aufarbeitung einiger Grundlagen und dem Verweis auf die diesbezügliche Spezialliteratur.[450] Erst im zweiten Teil werden dann die verfahrensrechtlichen Besonderheiten der sofortigen Beschwerde in Prozesskostenhilfesachen aufgearbeitet.

I.   Die Prozesskostenhilfe

1.   Rechtsgrundlagen und Antragstellung

537   Die Charta der Grundrechte der Europäischen Union sieht in Art. 47 Abs. 3 vor, dass Personen, die nicht über ausreichende Mittel verfügen, Prozesskostenhilfe bewilligt wird, soweit diese Hilfe erforderlich ist um den Zugang zu den Gerichten wirksam zu gewährleisten.

538   Dem hat der Gesetzgeber durch die §§ 114 ff. ZPO im nationalen Recht Rechnung getragen. Inzwischen stellt sich aber auch die Frage nach grenzüberschreitender Prozesskostenhilfe.

539   Am 27.1.2003 hat der Rat der Europäischen Union die Richtlinie 2002/8/EG zur Verbesserung des Zugangs zum Recht bei Streitsachen mit grenzüberschreitendem Bezug durch Festlegung gemeinsamer Mindestvorschriften für die Prozesskostenhilfe in derartigen Streitsachen verabschiedet.[451] Diese ist am 31.1.2003 in Kraft getreten und musste bis zum 30.11.2004 bzw. 30.5.2006 in nationales Recht umgesetzt werden (Art. 21 Abs. 1). Das Gesetz zur Umsetzung gemeinschaftlicher Vorschriften über die grenzüberschreitende Prozesskostenhilfe in Zivil- oder Handelssachen in den Mitgliedsstaaten (EGProzesskostenhilfegesetz) vom15.12.2004[452] regelt die zur Umsetzung der vorbezeichneten Richtlinie erforderlichen Bestimmungen als neuen Abschnitt 3 im 11. Buch der ZPO (§§ 1076, 1077, 1078 ZPO). Die Richtlinie, die für die Mitgliedsstaaten der Europäischen Union mit Ausnahme Dänemarks verbindlich ist, will es jedem Unionsbürger ermöglichen, in dem Mitgliedstaat seines Wohnsitzes Prozesskostenhilfe für einen in einem anderen Mitgliedstaat zu führenden Rechtsstreit zu beantragen. Darüber hinaus stellt der neu gefasste § 116 S. 1 Nr. 2 ZPO juristische Personen, die in einem anderen Mitgliedstaat der Europäischen Union oder einem anderen Vertragsstaat des Abkommens über den europäischen Wirtschaftsraum

---

450 Vgl. ausführlich zur Prozesskostenhilfe Goebel-*Mock*, AnwF Zivilprozessrecht, § 2 Prozesskosten- und Beratungshilfe; *Kalthoener u.a.*, Prozesskostenhilfe und Beratungshilfe, 4. Auflage 2005; *Schoreit/Dehn*, Kommentar zum BerHG und zur Prozesskostenhilfe.

451 AblEG L 26/41.

452 BGBl I 2004, 3392.

gegründet und dort ansässig sind, im Bereich des Prozesskostenhilferechts mit inländischen juristischen Personen gleich.[453]

Der Antrag auf Bewilligung von Prozesskostenhilfe ist mittels schriftlicher und unterschriebener[454] Erklärung – auch per Telefax[455]– durch die Partei selbst, ihren gesetzlichen Vertreter oder einen Bevollmächtigten (z.b. einen Rechtsanwalt) zu stellen. Eine Verpflichtung, dies durch einen Rechtsanwalt vorzunehmen, besteht allerdings nicht (§ 78 Abs. 3 ZPO).   540

Zur Antragstellung kann auch die Geschäftsstelle des Amtsgerichts in Anspruch genommen werden (§§ 117 Abs. 1 S. 1 Hs. 2, 129a ZPO).[456] Diese leitet, nach beratender Hilfe,[457] sodann den Antrag an das zuständige Gericht weiter. Es ist auch möglich, den Antrag noch während der mündlichen Verhandlung, aber vor Beendigung des Rechtsstreits zu stellen. In diesem Falle wird der Antrag ins Protokoll mit aufgenommen.   541

Nach Beendigung der Instanz ist eine Erfolg versprechende Rechtsverfolgung in dieser Instanz dagegen nicht mehr möglich; ebenso wenn die erforderlichen Unterlagen bezüglich der persönlichen und wirtschaftlichen Verhältnisse erst nach Beendigung der Instanz vorgelegt werden.[458] Für die Beschwerde gegen die Nichtzulassung der Revision kann grundsätzlich nur dann Prozesskostenhilfe bewilligt werden, wenn der Antragsteller bis zum Ablauf der Begründungsfrist den amtlichen Vordruck für die Erklärung über seine persönlichen und wirtschaftlichen Verhältnisse bei Gericht eingereicht hat.[459]   542

Dem Antrag sind eine Erklärung der Partei über die persönlichen und wirtschaftlichen Verhältnisse (Familienverhältnisse, Beruf, Vermögen, Einkommen und Lasten) sowie entsprechende Belege beizufügen (§ 117 Abs. 2 ZPO). Es ist Sache und eine Obliegenheit des Antragstellers, die notwendige Erklärung und alle entsprechenden Belege vor Instanz- oder Verfahrensende vorzulegen.[460] Hat der Kläger die für die Gewährung von Prozesskostenhilfe erforderlichen Unterlagen und Belege nicht rechtzeitig vorgelegt, kann die versagte Prozesskostenhilfe nicht durch Nachreichung der Unterlagen und Belegen erst in der Beschwerdeinstanz korrigiert werden.[461] Mit einer Bewilligung der Prozesskostenhilfe kann die Partei lediglich dann rechnen, wenn   543

---

453 Zum Verfahren grenzüberschreitender Prozesskostenhilfe im Einzelnen vgl. Goebel-*Mock*, AnwF Zivilprozessrecht, § 2 Rn 7 ff.
454 BGH FamRZ 1994, 1098 f.
455 BGH FamRZ 1994, 1098 f.
456 § 117 Abs. 3 u. 4: i.d.F. d. Art. 1 Nr. 3 G v. 22.3.2005, BGBl I 2005, 837 m.W.v. 1.4.2005.
457 BGH NJW 1984, 2106.
458 KG FamRZ 2000, 839; OLG Karlsruhe FamRZ 1999, 305.
459 BGH FamRZ 2005, 196 f.
460 LAG Hamm, 19.2.2003 – 18 Ta 58/03.
461 BAG, Beschl. v. 3.12.2003 – 2 AZB 19/03, MDR 2004, 415.

sie die persönlichen und wirtschaftlichen Voraussetzungen für die Gewährung der Prozesskostenhilfe in ausreichender Weise dargetan hat.[462]

544   Zur Verfahrensvereinfachung hat der Gesetzgeber in § 117 Abs. 3 ZPO geregelt, dass durch Rechtsverordnung Formulare für die Erklärung eingeführt werden können. Soweit dies der Fall ist, müssen[463] diese verwendet und lückenlos ausgefüllt werden, ansonsten wurde der Antrag nicht formgerecht gestellt (§ 117 Abs. 4 ZPO).[464]

545   *Hinweis*

Allerdings ist der „Vordruckzwang" nur so zu verstehen, dass ein solcher lediglich zur Entlastung der Gerichte beitragen soll, so dass es zulässig ist, die notwendigen Angaben bzw. Ausfüllungsmängel anderweitig hinreichend und übersichtlich darzulegen,[465] so z.b. durch eidesstattliche Erklärung.[466] Verlangt allerdings das Gericht, dass sich die Partei eines solchen Vordrucks bedient, so ist dieser zu verwenden, andernfalls ist das Gesuch um Prozesskostenhilfe zurückzuweisen, zumindest wenn zuvor eine gerichtliche Auflage erfolgte.[467]

546   Die Verwendung des Vordrucks „Erklärung über die persönlichen und wirtschaftlichen Verhältnisse"[468] soll das Gericht in die Lage versetzen, sich aufgrund der gemachten Angaben und vorgelegten Belege eine ausreichende Gewissheit über die Verhältnisse zu verschaffen. Dazu bedarf es Erklärungen, welche in dem Vordruck gefordert werden, einschließlich der Versicherung über die Vollständigkeit und Richtigkeit der gemachten Angaben.[469]

547   Der Antrag auf Prozesskostenhilfe kann zugleich mit der Klage oder auch isoliert, d.h. mit einem als **Klageentwurf** bezeichneten Klageantrag, eingereicht werden. Im ersteren Fall ist darauf zu achten, ob die Klage als prozessuale Maßnahme unter der Bedingung der vorherigen Bewilligung von Prozesskostenhilfe Wirksamkeit entfalten

---

462 BGH FamRZ 2004, 99 f.; BGH NStZ-RR 2003, 369 (für Nebenklage); BGH, Beschl. v. 12.2.2003 – XII ZR 232/02, FamRZ 2003, 668 hinsichtlich Wiedereinsetzung in versäumte Rechtsmittelfrist nach Versagung von Prozesskostenhilfe; BFH, Beschl. v. 8.7.2003 – III S 6/03 (bei Nichtzulassung der Beschwerde) – nicht amtlich veröffentlicht.

463 A.A. OLG München FamRZ 1996, 418; BGH FamRZ 1985, 1018.

464 LAG Hamm LAGE § 117 ZPO Nr. 9 = AE 2001, 141.

465 OLG Hamm FamRZ 1995, 374; vgl. Prozesskostenhilfe-Vordruckverordnung v. 17.10.1994, BGBl I 1994, 3001.

466 LAG Hamm, 27.2.2003 – 4 Ta 27/03; LAG Hamm MDR 1982, 83.

467 LAG Hamm LAGE § 117 Nr. 10 = AE 2001, 141 = BuW 2002, 264 = EnoR 2001, 270; LAG Hamm MDR 1982, 83; differenzierter: OLG Oldenburg NdsRpfl 1981, 167; OLG Köln MDR 1982, 152.

468 Dieser kann auf der Internetseite www.justiz.de unter der Rubrik „Formulare" mit den Hinweisen und Ausfüllhilfen heruntergeladen werden.

469 BSG, Beschl. v. 29.3.2004 – B 13 RJ 55/04 B, RegNr 26555 (BSG-Intern); BSG, Beschl. v. 13.4.1981 – 11 BA 46/81, SozR 1750 § 117 Nr 1 und BSG, Beschl. v. 30.4.1982 – 7 BH 10/82, SozR 1750 § 117 Nr 3; BSG, Beschl. v. 5.6.2003 – B 8 KN 5/03 B, RegNr 26374 (BSG-Intern).

soll oder ob dies nicht unbedingt der Fall ist. Im Zweifel sollte die Wirksamkeit der prozessualen Maßnahme unabhängig von der Prozesskostenhilfebewilligung erfolgen.

> *Hinweis* 548
>
> Allein wegen der drohenden Verjährung des Anspruchs ist dies allerdings nicht mehr erforderlich, da die Verjährung des Anspruchs nach § 204 Abs. 1 Nr. 14 BGB durch die Bekanntgabe des erstmaligen Antrages auf Bewilligung gehemmt wird.

Ist dem Antrag auf Prozesskostenhilfe kein Klageentwurf beigefügt, so hat der Antragsteller nach § 118 Abs. 2 S. 1 ZPO die tatsächlichen Angaben ggf. durch eidesstattliche Erklärung glaubhaft zu machen. 549

2. Anwendungsbereich

Die Gewährung von Prozesskostenhilfe kommt nicht nur im eigentlichen zivilprozessualen Erkenntnisverfahren, sondern auch in einer Vielzahl von Nebenverfahren in Betracht. Dies gilt insbesondere für 550

- das Verfahren über einen Arrest oder eine einstweilige Verfügung einschließlich des Verfahrens zur Hinterlegung einer Schutzschrift wegen einer drohenden einstweiligen Verfügung[470]
- das Mahnverfahren[471]
- das vereinfachte Unterhaltsfestsetzungsverfahren[472]
- das Zwangsversteigerungs- und das Zwangsverwaltungsverfahren
- das Zwangsvollstreckungsverfahren im übrigen, wobei im Einzelfall streitig sein kann, ob es auch der Beiordnung eines Rechtsanwaltes bedarf
- das Insolvenzverfahren[473]
- das FGG-Verfahren.

Für das PKH-Verfahren selbst wird grundsätzlich keine Prozesskostenhilfe gewährt.[474] Eine Ausnahme besteht lediglich dort, wo das Prozesskostenhilfeverfahren nur mit 551

---

470 Zöller-*Philippi*, § 114 Rn 2; auch wenn ein Verfahren, betreffend den Erlass einer einstweiligen Verfügung, nicht eingeleitet wird, LG Lübeck, Beschl. v. 7.2.2005 – 1 O 40/05, JurBüro 2005, 265 m.Anm. *Fölsch*.

471 OLG München MDR 1997, 891 (LS 1) m.w.N. = OLGR München 1997, 132; LG Berlin NJW 1972, 2312; OLG Oldenburg MDR 1999, 384; B/L/A/H-*Hartmann*, § 119 Rn 40. Allerdings kann dies an der Vier-Raten-Grenze nach § 115 Abs. 4 ZPO scheitern; LG Stuttgart, Beschl. v. 3.9.2004 – 10 T 340/04, AGS 2005, 125 f. = Rpfleger 2005, 32 f.; LAG Niedersachsen, Beschl. v. 4.6.2004 – 10 Ta 241/04, LAGE § 114 ZPO 2002 Nr. 2.

472 Allerdings nur unter bestimmten Voraussetzungen. Hierzu Goebel-*Mock*, AnwF Zivilprozessrecht, § 2 Rn 15.

473 Die Frage der Prozesskostenhilfe im Insolvenzverfahren ist allerdings mit einer Vielzahl von Streitfragen belastet, vgl. Goebel-*Mock*, a.a.O., Rn 19 ff.

474 BGHZ 91, 311 = MDR 1984, 931 = AnwBl 1985, 216 = NJW 1984, 2106.

anwaltlichem Beistand betrieben werden kann. Dies gilt insbesondere für die Rechtsbeschwerde in Prozesskostenhilfesachen.[475]

3. Die Bedürftigkeit nach den persönlichen und wirtschaftlichen Voraussetzungen

552   Voraussetzung der Gewährung der Prozesskostenhilfe ist nach § 114 S. 1 ZPO, dass die Partei nach ihren persönlichen und wirtschaftlichen Verhältnissen nicht, nur zum Teil oder nur in Raten in der Lage ist die Kosten des Rechtsstreites aufzubringen, d.h. sie muss bedürftig sein. Es handelt sich insoweit um eine besondere Form der staatlichen Sozialhilfe.

553   Aus dieser Grundanordnung ergibt sich ohne weiteres, dass die Partei nach § 115 ZPO verpflichtet ist, ihr Einkommen und ihr Vermögen in zumutbarer Weise einzusetzen, § 115 Abs. 1 S. 1 ZPO. Nach § 115 Abs. 1 S. 2 ZPO gehören zum Einkommen alle Einkünfte in Geld oder Geldeswert. Diese Definition stimmt wörtlich mit der entsprechenden Bestimmung des § 82 Abs. 1 des seit dem 1.1.2005 geltenden SGB XII überein. Auch hinsichtlich der vom Einkommen vorzunehmenden Abzüge wird in § 115 Abs. 1 Nr. 1a ZPO auf § 82 Abs. 2 SGB XII verwiesen. Daraus wird deutlich, dass der Einkommensbegriff des § 115 Abs. 1 ZPO an denjenigen des Sozialhilferechts anknüpft.[476]

554 | *Hinweis*

Zur Ermittlung der maßgeblichen Parameter kann der Rechtsanwalt auf das amtliche Formular über die Erklärung der Partei zu ihren persönlichen und wirtschaftlichen Voraussetzungen zurückgreifen.[477] Für die Berechnung, ob die Gewährung von Prozesskostenhilfe in Betracht kommt und ob und ggf. welche Raten zu zahlen sind, bietet sich das von einem Richter entwickelte freie und kostenlose Programm PKH-fix an.[478]

4. Erfolgsaussicht in der Hauptsache

555   Auch wenn die Partei nach ihren persönlichen und wirtschaftlichen Verhältnissen nicht in der Lage ist, die Kosten der Prozessführung aufzubringen, rechtfertigt dies für sich allein noch nicht, dass sie der Staat bei ihrer Prozessführung finanziell unterstützt. § 114 ZPO verlangt vielmehr weiter, dass die beabsichtigte Rechtsverfolgung oder Rechtsverteidigung hinreichende Aussicht auf Erfolg bietet. Mehr noch als die wirt-

---

475 BGH AGS 2003, 316 = AnwBl 2003, 375 = NJW 2003, 1192 = JurBüro 2003, 429.
476 Umfassend zu den vielfältigen Streitfragen um das einsetzbare Einkommen und Vermögen: Goebel-*Mock*, AnwF Zivilprozessrecht, § 2 Rn 5383.
477 Dies kann unter www.justiz.de → Formulare aus dem Internet heruntergeladen werden.
478 Im Internet zu finden unter der Adresse www.pkh-fix.de.

schaftlichen Verhältnisse befassen sich eine Vielzahl von Beschwerdeverfahren eben mit dieser Frage.

Hinreichende Aussicht auf Erfolg bedingt eine gewisse Wahrscheinlichkeit, nicht aber eine Erfolgsgewissheit.[479] Es ist zwar unbedenklich, die Bewilligung von Prozesskostenhilfe von der hinreichenden Erfolgsaussicht der beabsichtigten Rechtsverfolgung abhängig zu machen. Die Prüfung der Erfolgsaussicht soll jedoch nicht dazu dienen, die Rechtsverfolgung selbst in das Nebenverfahren der Prozesskostenhilfe vorzuverlagern und dieses an die Stelle des Hauptsacheverfahrens treten zu lassen. Das Prozesskostenhilfeverfahren will den Rechtsschutz, den der Rechtsstaatsgrundsatz fordert, nicht selbst bieten, sondern nur zugänglich machen.

556

Auslegung und Anwendung des § 114 ZPO obliegen allerdings in erster Linie den Fachgerichten. Verfassungsrecht wird nur verletzt, wenn die angegriffene Entscheidung Fehler erkennen lässt, die auf einer grundsätzlich unrichtigen Anschauung von der Bedeutung der Rechtsschutzgleichheit beruhen. Die Gerichte überschreiten insoweit den Entscheidungsspielraum, der ihnen bei der Auslegung des Tatbestandsmerkmals der hinreichenden Erfolgsaussicht zukommt, wenn sie einen Auslegungsmaßstab verwenden, durch den einer weniger bemittelten Partei im Vergleich zur bemittelten die Rechtsverfolgung unverhältnismäßig erschwert wird. Das ist namentlich dann der Fall, wenn durch eine Überspannung der Anforderungen an die Erfolgsaussicht der Zweck der Prozesskostenhilfe deutlich verfehlt wird.[480]

557

Eine solche Überspannung ist nicht schon gegeben, wenn die Fachgerichte annehmen, eine Beweisantizipation sei im Prozesskostenhilfeverfahren in eng begrenztem Rahmen zulässig.[481] Kommt jedoch eine Beweisaufnahme ernsthaft in Betracht und liegen keine konkreten und nachvollziehbaren Anhaltspunkte dafür vor, dass sie mit großer Wahrscheinlichkeit zum Nachteil des Beschwerdeführers ausgehen würde, läuft es dem Gebot der Rechtsschutzgleichheit zuwider, dem weniger Bemittelten wegen fehlender Erfolgsaussichten seines Rechtsschutzbegehrens Prozesskostenhilfe zu verweigern.[482]

558

Besteht Erfolgsaussicht nur hinsichtlich eines Teils des Gegenstandes, so ist auch nur für diesen eingeschränkten Teil Prozesskostenhilfe zu bewilligen, im Übrigen ist sie zu versagen.[483] Ein Antragsteller, der z.B. die Erhebung einer Klage beim Landgericht beabsichtigt, kann Prozesskostenhilfe nicht bewilligt werden, wenn das Landgericht für die streitige Entscheidung sachlich nicht zuständig ist. Sind die Erfolgsaussichten der beabsichtigten Klage nur für eine Teilforderung zu bejahen, für deren Geltend-

559

---

479 Musielak-*Fischer*, § 114 Rn 19 m.w.N.
480 BVerfGE 81, 347, 357 f.
481 BVerfG, NJW 1997, 2745 f.
482 BVerfG, NJW-RR 2002, 1069; NJW 2003, 2976 f.
483 BVerfGE 81, 347, 357; BVerfG, Kammerbeschl. v. 29.9.2004 –1 BvR 1281/04, NJW-RR 2005, 140 f.; OLG Düsseldorf FamRZ 1993, 1217.

machung die sachliche Zuständigkeit des Amtsgerichts begründet ist, hat das Landgericht die Bewilligung von Prozesskostenhilfe insgesamt zu verweigern, sofern nicht die Klage in einem die sachliche Zuständigkeit des Landgerichts begründenden Umfang (wegen des Restbetrages auf eigene Kosten des Antragstellers) erhoben werden soll (bzw. bereits erhoben ist). Zunächst ist also stets zu prüfen, ob eine Abgabe des Prozesskostenhilfeverfahrens an das Amtsgericht in Betracht kommt.[484]

560   Schwierige Rechtsfragen müssen im Bewilligungsverfahren nicht entschieden werden.[485] Dies deshalb, weil die Prozesskostenhilfe ja gerade den Zugang zur Wahrung der rechtlichen Interessen gewähren soll. Etwas anderes würde dazu führen, dass der Zweck der Prozesskostenhilfe verfehlt werden würde.

561   Bei der Bewilligung von Prozesskostenhilfe darf daher bei der Beurteilung der Erfolgsaussicht der Rechtsverfolgung lediglich geprüft werden, ob die Klage im Zeitpunkt der Entscheidungsreife hinreichend Erfolg versprechend war.[486] Andererseits wird gefordert, dass in tatsächlicher Hinsicht mindestens von der Möglichkeit der Beweisführung auszugehen ist.[487] Letzteres ist etwa nicht der Fall, wenn der Antragsteller nicht in der Lage ist, konkrete Angriffe gegen zwei von der Gegenseite beauftragte Privatgutachten vorzubringen.[488] Andererseits wird auch die Ansicht vertreten, dass das Gericht den Rechtsstandpunkt der antragstellenden Partei aufgrund ihrer Sachdarstellung und der vorhandenen Unterlagen für zutreffend oder zumindest vertretbar hält.[489]

562   Für eine einzulegende **Beschwerde** muss der Antragsteller den Antrag auf PKH innerhalb der Beschwerdefrist stellen, damit ihm wegen der Versäumung der Beschwerdefrist Wiedereinsetzung in den vorigen Stand gewährt werden kann und damit die beabsichtigte Rechtsverfolgung hinreichende Aussicht auf Erfolg bietet.[490]

563   Im Umkehrschluss führt dies dazu, dass beim Auftreten schwieriger[491] Rechtsfragen stets Prozesskostenhilfe zu bewilligen ist,[492] es sei denn, zwischenzeitlich ist hierüber eine höchstrichterliche Entscheidung ergangen.[493] Prüfen kann das Gericht dieses Erfordernis nur unter genauer Angabe des Streitverhältnisses und der dazugehörigen Beweismittel. Hierfür hat der Antragsteller Sorge zu tragen (§ 117 Abs. 1 S. 2 ZPO). Hierbei ist zu beachten, dass eine verzögerte Entscheidung über den Antrag nicht zu Lasten der Partei gehen kann, so dass maßgeblicher Zeitpunkt derjenige ist, in dem

484 BGH ProzRB 2005, 34 m. Anm. *Ficher.*
485 BVerfG NJW 2003, 1857; NJW 2000, 1936 und 1991, 413.
486 OLG Saarbrücken, Beschl. v. 7.1.2005 – 8 W 263/04, 8 W 263/04 – 39 n.v.
487 OLG Naumburg, Beschl. v. 13.9.2004 – 4 W 22/04, OLGReport 2005, 292.
488 OLG Naumburg, Beschl. v. 13.9.2004 – 4 W 22/04, OLGReport 2005, 292.
489 OLG Naumburg, Beschl. v. 5.11.2005 – 14 WF 210/04, OLGReport 2005, 479.
490 BFH, Beschl. v. 7.1.2005 – V B 191/04, V S 31/04 (PKH) n.v.
491 Gilt somit nicht bei einfachen und daher unstreitigen Rechtsfragen, BGH NJW 1998, 1154.
492 OLGR Frankfurt 1993, 252 f.
493 BGH NJW 1982, 1104.

das Gericht hätte entscheiden können.[494] Insofern ist es äußerst wichtig, dem Antrag die erforderlichen Unterlagen beizufügen. Dies auch vor dem Hintergrund, dass der Gegner hierüber anzuhören ist und ggf. das Klägervorbringen bestreitet. Insofern ist es wichtig, dass die Erfolgsprognose sich nicht nur auf die Schlüssigkeit des Vorbringens, sondern auch auf dessen Beweisbarkeit erstreckt.[495]

Allgemein kann davon ausgegangen werden, dass eine Erfolgsaussicht besteht, wenn   564
der Kläger sein Vorbringen schlüssig vorträgt und zulässige Beweismittel für seine Behauptungen benennen kann.[496] Dasselbe gilt in Bezug auf den Beklagten, falls dieser das Klagevorbringen substantiiert bestreitet.[497] In beiden Fällen reicht es somit aus, dass eine Beweisaufnahme ernsthaft in Betracht kommt.

5. Mutwilligkeit

Ist die Partei nach ihren persönlichen und wirtschaftlichen Verhältnissen nicht in der   565
Lage die Kosten der Prozessführung ganz oder teilweise oder in Raten zu tragen und bietet die Rechtsverfolgung oder Rechtsverteidigung hinreichende Aussicht auf Erfolg, so darf die beantragte Prozesskostenhilfe nur verweigert werden, wenn die Rechtsverfolgung oder Rechtsverteidigung mutwillig ist. Dies ist nach § 114 ZPO die dritte Voraussetzung zur Verweigerung der Prozesskostenhilfe.

Die Rechtsverfolgung oder Rechtsverteidigung ist mutwillig, wenn mit Rücksicht auf   566
die für die Beitreibung des Anspruchs bestehenden Aussichten eine nicht die Prozesskostenhilfe beanspruchende Partei hierauf verzichten würde oder nur einen Teil des Anspruchs geltend machen würde. Diese Definition geht zurück auf die Regelung des § 114 Abs. 1 S. 2 ZPO a.F. Wenn also eine „normale", nicht hilfsbedürftige Partei unter objektiven Gesichtspunkten bei der sich darstellenden Rechts- und Sachlage einen Prozess nicht führen würde, ist Mutwilligkeit gegeben.[498] Darüber hinaus hat das OLG Koblenz entschieden, dass die beabsichtigte Rechtsverfolgung nur dann mutwillig ist, wenn die Partei den von ihr verfolgten Zweck auch auf einem billigeren als dem von ihr eingeschlagenen Weg erreichen kann.[499]

Ausgehend von diesem abstrakten Obersatz ist der Begriff der Mutwilligkeit durch   567
eine breite Kasuistik bestimmt. Von einer mutwilligen Rechtsverfolgung ist die Rechtsprechung etwa in folgenden Fällen ausgegangen:

---

494 OVG Mecklenburg-Vorpommern JurBüro 1996, 253; LG Aachen JurBüro 1993, 614.
495 Musielak-*Fischer*, Rn 21 m.w.N.
496 OLG Koblenz JurBüro 1990, 100 = AnwBl 1990, 327.
497 *Schneider*, MDR 1977, 620.
498 OLG Düsseldorf FamRZ 1998, 758; OLGR Bremen 1996, 106 f.; OLG Karlsruhe FamRZ 1995, 1504; OLG Frankfurt/M. NJW-RR 1993, 327; OLG Nürnberg NJW-RR 1993, 327.
499 EzFamR aktuell 2003, 1.

■ Wenn die Partei durch die Aufnahme des Kontaktes mit ihrem halbwüchsigen Kind in der Lage wäre, eine Umgangsregelung ohne gerichtliche Inanspruchnahme herbeizuführen, weil der Gegner einer solchen Regelung nicht ablehnend gegenübersteht.[500]

■ Das Miteinklagen eines bisher freiwillig geleisteten Sockelbetrages ist jedoch „mutwillig" i.S.d. § 114 ZPO, wenn der Unterhaltsschuldner zuvor weder vergeblich zu einer für ihn kostenfreien außergerichtlichen Titulierung aufgefordert worden ist, noch diese verweigert hat. „Mutwilligkeit" ist in diesen Fällen gleichzusetzen mit „fehlendem Anlass zur Klagerhebung" i.S.d. § 93 ZPO.[501]

■ Mutwillig im Sinne von § 114 ZPO handelt ein Antragsteller dann, wenn er Prozesskostenhilfe für einen Unterhaltsrechtsstreit begehrt, obwohl der Unterhaltspflichtige freiwillig, regelmäßig und ohne nachhaltige Vorbehalte den im Rechtsstreit geforderten Unterhaltsbetrag bezahlt. Falls der Antragsteller den Unterhaltspflichtigen vorprozessual vergeblich zur außergerichtlichen Titulierung des unstreitigen Unterhaltsbetrages aufgefordert hatte, bleibt es bei der „Mutwilligkeit", wenn der Antragsteller verlangt hatte, die Kosten der Titulierung müsse der Unterhaltspflichtige tragen und dieser schon aufgrund seiner Unterhaltszahlungen die Grenze seiner Leistungsfähigkeit erreicht hat.[502]

■ Für einen Eheaufhebungsantrag kann Prozesskostenhilfe wegen Mutwilligkeit nicht gewährt werden, wenn davon ausgegangen werden kann, dass die Schließung und die Aufhebung der Ehe von vornherein von einem einheitlichen Willen umfasst war.[503]

■ Wenn PKH für eine Vollstreckungsabwehrklage begehrt wird und der Beklagte eindeutig nicht mehr vollstrecken will und vom Kläger bislang nicht aufgefordert wurde, den Titel herauszugeben.[504]

■ Zwangsvollstreckung, obwohl Schuldner beanstandungslos leistet.[505]

■ Ein Unterhaltsgläubiger, der dauerhaft Sozialhilfe in Anspruch nimmt, ist nicht klageberechtigt.[506]

■ Eine einstweilige Verfügung auf Unterhalt bei laufendem Sozialhilfebezug.[507]

■ Die Stellung eines eigenen Scheidungsantrages statt Zustimmung zum Antrag der Gegenseite.[508]

---

500 OLG Düsseldorf FamRZ 1998, 758.
501 OLGR Bremen 1996, 106 f.
502 OLG Nürnberg NJW-RR 1993, 327.
503 OLG Koblenz FamRZ 2004, 548 = OLGR Koblenz 2004, 63 = NJW-RR 2004, 157; OLG Naumburg OLGR 2004, 32.
504 OLG Bamberg FamRZ 1992, 456.
505 LG Schweinfurt DAVorm 1985, 507.
506 OLG Frankfurt/M. NJW-RR 1994, 1223 f.; a.A. *Seetzen,* NJW 1994, 2505 f. (für Rechtslage vor dem 1.8.1996); ab dem 1.8.1996 besteht gegenüber dem Sozialhilfeträger durch die Novellierung des § 91 Abs. 4 BSHG eine Kostenübernahmepflicht.
507 OLG Bamberg FamRZ 1995, 623.
508 AG Syke NJW-RR 1993, 1479.

- Hat die Rechtsschutzversicherung zutreffend Deckungszusage wegen Erfolglosigkeit versagt, ist es der Partei zumutbar, das kostenlose Verfahren des Stichentscheides zu betreiben.[509]
- Bei unbestrittenen Ansprüchen muss zunächst das kostengünstigere Mahnverfahren betrieben werden.[510]
- Mutwilligkeit der Rechtsverfolgung bei Ablehnung eines Mediationsangebotes für Umgangsregelungsverfahren.[511]
- Es kann mutwillig sein, wenn eine Klage erhoben werden soll, mit der die Zwangsvollstreckung einer Bank aus einer notariellen Grundschuldbestellungsurkunde in das gesamte Vermögen für unzulässig erklärt werden soll, wenn die Bank einen ausdrücklichen Verzicht insoweit erklärt hat.[512]
- Der Antrag, ein selbständiges Beweisverfahrens einzuleiten, ist mutwillig, wenn die in diesem Verfahren festzustellenden Behauptungen oder Tatsachen bereits Gegenstand eines kurzfristig zurückliegenden anderen Rechtsstreits – auch innerhalb einer anderen Gerichtsbarkeit (hier: Klage vor dem Sozialgericht) – waren und dort umfassend und abschließend gewürdigt wurden; das gilt jedenfalls dann, wenn nach Abschluss des früheren Verfahrens kein wesentlich geänderter Sachstand vorliegt.[513]
- Eine beabsichtigte Herausgabeklage ist mutwillig, wenn sich der Beklagte mit einem Zurückbehaltungsrecht wegen ihm gegen den Kläger zustehender Zahlungsansprüche verteidigt und der Kläger vorträgt, zu deren Erfüllung nicht in der Lage zu sein.[514]

Nimmt der Beklagte zum Prozesskostenhilfeantrag der Klägerseite nicht Stellung, **568** kann nach Klageerhebung sein Antrag auf Bewilligung von Prozesskostenhilfe für die Rechtsverteidigung deshalb grundsätzlich nicht wegen Mutwilligkeit versagt werden.[515] Eine Verpflichtung, im Prozesskostenhilfeverfahren eine Stellungnahme abzugeben besteht insoweit nicht.

6. Umfang und Folgen der Bewilligung von Prozesskostenhilfe

Die Bewilligung der Prozesskostenhilfe erfolgt nach § 119 Abs. 1 ZPO für jeden **569** Rechtszug als Ganzes[516] gesondert. Mit der Bewilligung wird zugleich entschieden, ob die bedürftige Partei sich mit Raten an den Prozesskosten zu beteiligen hat.

---

509 BGH NJW-RR 1987, 1343.
510 OLG Düsseldorf NJW-RR 1998, 503 m.w.N.; hierfür kann ebenfalls Prozesskostenhilfe bewilligt werden; vgl. auch Rn 16.
511 OLG Hamm, Beschl. v. 20.3.2003 – 3 WF 44/03, FamRZ 2003, 1758 f.
512 OLG Celle OLGR 2006, 385 = NdsRpfl 2006, 248.
513 OLG Celle OLGR 2006, 535 = BauR 2006, 885.
514 LG Bonn v. 20.1.2006 – 6 T 234/05.
515 OLG Schleswig OLGR 2006, 501; a.A. AG Zittau v. 15.2.2006 – 5 C 224/05.
516 *Fischer*, JurBüro 1999, 341.

570   *Hinweis*

Wurde der antragstellenden Partei Prozesskostenhilfe bewilligt, so entfaltet die Prozesskostenhilfe nur Wirkungen zur Partei und nicht auch gegenüber einem Rechtsnachfolger, Streitgenossen oder Nebenintervenienten der Partei. Diese müssen daher im Zweifel selbst einen Antrag auf Prozesskostenhilfe stellen.

571   Die Bewilligung der Prozesskostenhilfe führt nach § 122 Abs. 1 Nr. 1 und 2 ZPO dazu, dass die rückständigen[517] und entstehenden Gerichtskosten, d.h. Gerichtsgebühren und Auslagen der Staatskasse jeder Art (so z.b. Reisekosten[518]), und Gerichtsvollzieherkosten nur insoweit durch die Staatskasse geltend gemacht werden können, wie dies im PKH-Bewilligungsbeschluss angeordnet wurde bzw. gem. § 120 Abs. 4 ZPO nachträglich angeordnet werden kann (§ 122 Abs. 1 Nr. 1 Buchst. a ZPO). Zugleich wird die Partei von der Leistung einer Prozesskostensicherheit frei.

572   Bei einer **teilweisen Bewilligung** von Prozesskostenhilfe gilt dies nur für den Teil der für den Gesamtstreitwert angefallenen Gerichtsgebühr, der dem Verhältnis der Teilstreitwerte, für die Prozesskostenhilfe bewilligt ist, zum Gesamtstreitwert entspricht.[519]

573   Soweit die Partei anwaltlich vertreten ist, ist dieser zwingend der Partei beizuordnen, wenn für die Rechtsverfolgung bzw. die Rechtsverteidigung nach § 78 Abs. 1 ZPO Anwaltszwang besteht, § 121 Abs. 1 ZPO.

574   Besteht ein solcher Anwaltszwang nicht, erfolgt eine Beiordnung des Rechtsanwaltes, wenn entweder auch der Gegner durch einen Rechtsanwalt vertreten ist oder aber wenn ein sachliches und persönliches Bedürfnis hierfür besteht, d.h. zu erwarten ist, dass die bedürftige Partei nach dem Umfang, der Schwierigkeit und der Bedeutung der Sache sowie ihren individuellen Fähigkeiten nicht in der Lage sein wird ihr Recht sachgerecht wahrzunehmen.[520] Danach hängt die Notwendigkeit der Beiordnung eines Rechtsanwalts einerseits von der Schwierigkeit der im konkreten Fall zu bewältigenden Rechtsmaterie und andererseits von den persönlichen Fähigkeiten und Kenntnissen gerade des Antragstellers ab.[521]

---

517 D.h. bereits fällig, aber noch nicht gezahlt zum Zeitpunkt der wirksamen PKH-Bewilligung; OLG Düsseldorf JurBüro 1990, 299.

518 Dies gilt vor allem, wenn das persönliche Erscheinen der Partei oder ihre Vernehmung angeordnet wurde; das Ziel des § 122 Abs. 1 Nr. 1 Buchst. a ZPO ist es, der Partei vollen Rechtsschutz zu gewähren.

519 OLG München JurBüro 1988, 905; *Schoreit/Dehn*, § 122 ZPO Rn 1; a.A. Zöller-*Philippi*, § 121 Rn 45.

520 OLG Düsseldorf AGS 2003, 258.

521 BGH InVo 2004, 27 = MDR 2003, 1245 = NJW 2003, 3136 = FamRZ 2003, 1547.

Hinweis   575

Ist eine Vertretung durch Anwälte nicht vorgeschrieben, wird aber der Gegner durch einen Rechtsanwalt vertreten, ist bei Bewilligung von Prozesskostenhilfe auch dann zwingend ein zur Vertretung bereiter Rechtsanwalt beizuordnen, wenn der Antragsteller selbst Rechtsanwalt ist.[522]

Der beigeordnete Rechtsanwalt wird nach Bewilligung der Prozesskostenhilfe sodann   576
durch die Staatskasse nach den §§ 45 ff. RVG vergütet. Er verliert gegen die Partei selbst nach § 122 Abs. 1 Nr. 3 ZPO seinen Vergütungsanspruch.

Die bewilligte Prozesskostenhilfe hat nach § 123 ZPO auf die Verpflichtung, dem   577
obsiegenden Gegner die Kosten des Rechtsstreits zu erstatten, keinen Einfluss. Insofern ist dieser berechtigt, seine Kosten notfalls gem. §§ 103 ff. ZPO gegen die unterlegene Partei festsetzen zu lassen und nachfolgend auch zu vollstrecken.

7. Die Aufhebung der bewilligten Prozesskostenhilfe

Vielfach Gegenstand von Beschwerdeverfahren sind auch Entscheidungen über die   578
Aufhebung der Bewilligung von Prozesskostenhilfe nach § 124 ZPO. Das Gericht kann die Bewilligung der Prozesskostenhilfe – abschließend[523] – aufheben, wenn

- die Partei durch unrichtige Darstellung des Streitverhältnisses die für die Bewilligung der Prozesskostenhilfe maßgebenden Verhältnisse vorgetäuscht hat (Nr. 1). Hierunter fallen folgende Sachverhalte:
  - der Vortrag falscher Tatsachen, was auch in einem Verschweigen offenbarungspflichtiger Fakten begründet sein kann,[524]
  - die Sache ist außergerichtlich durch Vergleich erledigt,[525]
  - die Vollstreckung ist dauerhaft aussichtslos,[526]
  - der Gegner hat sich vorprozessual auf Verjährung berufen,[527]
  - die Angabe falscher bzw. untauglicher Beweismittel,[528]
  - das Verschweigen einer Miterbschaft eines Mehrfamilienhauses,[529]
  - Zins-Bareinkünfte werden falsch angegeben,[530]

---

522 BGH AGS 2006, 349 = NJW 2006, 1881.
523 OLG Frankfurt/M. JurBüro 1990, 1193; LAG Bremen MDR 1990, 471 = JurBüro 1990, 1194.
524 LAG Mainz NZA 1997, 115; KG MDR 1990, 1020: z.B. dass die Sache außergerichtlich durch Vergleich erledigt ist; OLG Hamm FamRZ 1995, 374.
525 OLG Hamm FamRZ 1995, 374.
526 OLG Köln MDR 1990, 1020.
527 Musielak-*Fischer*, § 124 Rn 4 m.w.N.
528 Musielak-*Fischer*, § 124 Rn 4 m.w.N.
529 OLG Düsseldorf JurBüro 1986, 296.
530 OLG Bamberg JurBüro 1989, 423.

■ die Partei absichtlich oder aus grober Nachlässigkeit unrichtige Angaben über die persönlichen und wirtschaftlichen Verhältnisse gemacht oder eine Erklärung nach § 120 Abs. 4 S. 2 ZPO nicht abgegeben hat (Nr. 2). Die Partei verletzt dann ihre Mitwirkungspflicht aus § 120 Abs. 4 S. 2 ZPO. Die Feststellung eines solchen Fehlverhaltens setzt regelmäßig voraus, dass der ergebnislosen Aufforderung zur Vorlage einer aktuellen Erklärung über die persönlichen und wirtschaftlichen Verhältnisse noch eine Mahnung folgt, die im PKH-Beiheft zu dokumentieren ist.[531]

■ die persönlichen oder wirtschaftlichen Voraussetzungen für die Prozesskostenhilfe nicht vorgelegen haben. In diesem Falle ist die Aufhebung ausgeschlossen, wenn seit der rechtskräftigen Entscheidung oder sonstigen Beendigung des Verfahrens vier Jahre vergangen sind (Nr. 3). Anzuwenden ist diese Vorschrift, wenn die Partei fahrlässig falsche Angaben über ihre persönlichen und wirtschaftlichen Verhältnisse gemacht hat. Insofern sind hierbei Umstände zu beachten, die nach bewilligter Prozesskostenhilfe hinzugetreten sind, die zum Zeitpunkt der Bewilligung allerdings nicht erkennbar bzw. bekannt waren.[532] Dies ist beispielsweise der Fall, wenn sich herausstellt, dass die Partei Grundvermögen hat[533] oder aber mutwillig Bedürftigkeit herbeigeführt hat.[534]

■ Wenn die Partei länger als drei[535] Monate mit der Zahlung einer Monatsrate oder mit der Zahlung eines sonstigen Betrages im Rückstand ist (Nr. 4). Bei der Entscheidung über die Aufhebung der Bewilligung von Prozesskostenhilfe wegen Zahlungsrückstands ist zu berücksichtigen, ob der Rückstand unverschuldet ist, ob nur noch ein geringer Teil der Raten aussteht und ob die Aufhebung eine besondere Härte für den Kostenschuldner darstellen würde.[536] Im Verfahren über die Aufhebung der Prozesskostenhilfebewilligung wegen Ratenrückstands gem. § 124 Nr. 4 ZPO ist ein Hinweis der Partei auf eine Verschlechterung ihrer wirtschaftlichen Lage als Antrag auf Abänderung der Ratenzahlungsanordnung auszulegen. In diesem Falle muss vor Aufhebung der Prozesskostenhilfebewilligung die Bedürftigkeit der Partei erneut geprüft werden.[537]

579   Die Aufhebung der Prozesskostenhilfe bewirkt, dass die Wirkungen nach § 122 ZPO entfallen. Das Gericht berechnet sämtliche bis zu diesem Zeitpunkt angefallenen Kosten gegebenenfalls unter Einbeziehung der nach § 55 RVG auf die Staatskasse übergegangenen Ansprüche der Rechtsanwälte und überweist sie der Gerichtskasse zur Einziehung (Nr. 3.3.1, 9.1 DB-PKH). Etwas anderes gilt nur, wenn das dauernde

---

531 LAG Hamm, Beschl. v. 3.9.2004 – 4 Ta 575/04 (LS 4) n.v.; OLGR Hamm 2005, 37 f.; a.A. OLGR Karlsruhe 2004, 317.
532 OLG Saarbrücken Rpfleger 1987, 217.
533 OLG Bamberg JurBüro 1989, 423.
534 OLG Düsseldorf JurBüro 1987, 1715.
535 Bei der Drei-Monats-Frist des § 124 Nr. 4 ZPO handelt es sich nicht um eine vom Rechtspfleger erst zu setzende Frist, sondern um eine gesetzliche Frist, die mit dem „Verlangen des Gerichts" (§ 120 Abs. 4 S. 2 ZPO) beginnt; LAG Hamm, Beschl. v. 3.9.2004 – 4 Ta 575/04 (LS 1) n.v.
536 BFH, Beschl. v. 25.2.2003 – X S 8/98, BFH/NV 2003, 812.
537 OLG Nürnberg, Beschl. v. 5.1.2005 – 9 WF 4134/04, Rpfleger 2005, 268.

Unvermögen des Kostenschuldners zur Zahlung offenkundig oder aus anderen Vorgängen bekannt ist, oder wenn sich der Kostenschuldner dauernd an einem Ort aufhält, an dem eine Beitreibung keinen Erfolg verspricht (§ 10 KostVfg).

Der beigeordnete Anwalt darf unter Anrechnung bereits aus der Staatskasse erhaltener   580
bzw. noch zu erhaltender Gelder seinen Anspruch auf die weitere Vergütung (§ 55 RVG), notfalls nach § 11 RVG, gegen die Partei geltend machen. Gleichzeitig bewirkt die Aufhebung, dass der Gegner Kosten, von deren Zahlung er nach § 122 Abs. 2 ZPO zunächst einstweilen befreit war, zu zahlen hat.

II. Das Verfahren vor dem Beschwerdegericht

1. Die Statthaftigkeit der sofortigen Beschwerde und die Beschwerdeberechtigten

Wird die Prozesskostenhilfe in erster Instanz ganz oder teilweise versagt, so steht dem   581
Antragsteller die sofortige Beschwerde nach § 127 Abs. 2 ZPO zu.

Hinweis   582

Stirbt der Antragsteller und Beschwerdeführer während des Beschwerdeverfahrens, so entfällt grundsätzlich das Rechtsschutzbedürfnis für die Fortsetzung des Prozesskostenhilfeverfahrens und damit auch des Beschwerdeverfahrens. Etwas anderes kann nur dann gelten, wenn sich die Beschwerde gegen zu leistende Zahlungen für die Vergangenheit richtet, da eine solche Verpflichtung von den Erben zu erfüllen wäre, so dass hier ein entsprechendes Rechtsschutzbedürfnis an der Klärung dieser Frage besteht.[538]

Die Bewilligung der Prozesskostenhilfe kann dagegen nur im Rahmen von § 127   583
Abs. 3 ZPO durch die Staatskasse, repräsentiert durch den jeweiligen Bezirksrevisor, angefochten werden, wenn diese ohne Ratenzahlung bewilligt wurde und auch aus dem Vermögen keine Beiträge zu leisten sind. Ansonsten ist die Bewilligung nicht anfechtbar, insbesondere kann auch der Gegner nicht geltend machen, die Klage, das Rechtsmittel oder die Rechtsverteidigung habe keine hinreichende Aussicht auf Erfolg oder der Antragsteller sei nach seinen persönlichen und wirtschaftlichen Verhältnissen nicht bedürftig.

Hinweis   584

Legt die Staatskasse erfolgreich Beschwerde gegen die raten- und beitragsfreie Bewilligung von Prozesskostenhilfe ein, so ist eine Ratenzahlungsanordnung mit Rückwirkung zulässig, wegen Vertrauensschutzes in die angegriffene Entscheidung jedoch

---

538 Zöller-*Philippi*, § 127 Rn 34 gegen OLG Brandenburg FamRZ 2002, 1199, welches sich mit dem Argument der Verpflichtung der Erben allerdings nicht auseinandergesetzt hat.

auf die Zeit ab der Kenntniserlangung der Partei von der Beschwerdeeinlegung der Staatskasse beschränkt.[539]

585 Die sofortige Beschwerde im Prozesskostenhilfeverfahren kommt also in Betracht, wenn das erkennende Gericht:

- die Erfolgsaussichten der Rechtsverfolgung oder Rechtsverteidigung verneint,
- eine mutwillige Rechtsverfolgung oder Rechtsverteidigung annimmt,
- die persönlichen und wirtschaftlichen Voraussetzungen verneint,
- die Prozesskostenhilfe nur für einen Zeitpunkt nach Antragstellung bewilligt,[540]
- im Gesetz nicht vorgesehene Auflagen anordnet,[541]
- Raten auferlegt oder diese erhöht, § 120 ZPO,
- einen Antrag auf Einstellung der Ratenzahlung nach § 120 Abs. 3 ZPO ablehnt,
- die Beiordnung eines Rechtsanwalts ablehnt, § 121 ZPO,
- die bereits bewilligte PKH wieder entzieht, § 124 ZPO.

586 Verzögert das angerufene Gericht die Entscheidung über die Bewilligung der PKH, so dass dies einer Ablehnung gleichkommt, kann, auch ohne dass eine Entscheidung des Ausgangsgerichts vorliegt, die sofortige Beschwerde in einer Art Unterlassungsbeschwerde erhoben werden.[542]

587 Beschwerdeberechtigt ist grundsätzlich nur die Partei, der die beantragte Prozesskostenhilfe ganz oder teilweise versagt wird, und bei einer Bewilligung der PKH ohne Ratenzahlung die Staatskasse.

588 Die Beschwerde kann also weder von dem Gegner gegen die bewilligte PKH noch von dem beigeordneten oder nicht beigeordneten Rechtsanwalt in eigenem Namen[543] erhoben werden. Auch andere nur mittelbar Betroffene, wie etwa der Ehepartner oder unterhaltsberechtigte Personen, sind nicht befugt, die sofortige Beschwerde zu erheben.

589 Der beigeordnete Rechtsanwalt hat ein Beschwerderecht, wenn die Ratenzahlungen nach § 120 Abs. 3 ZPO eingestellt werden, bevor seine Differenzgebühr gedeckt ist.[544] Streitig ist, ob dies auch dann analog §§ 56 Abs. 2, 33 RVG gilt, wenn der Rechtsanwalt lediglich zu den Bedingungen eines ortsansässigen Rechtsanwalts beigeordnet wurde und er hiermit nicht einverstanden war.[545]

---

539 OLG Karlsruhe Beschl. v. 7.7.2006 – 20 WF 72/06.
540 Zöller-*Philippi*, § 127 Rn 10 a.
541 OLG München FamRZ 1992, 702.
542 KG, Beschl. v. 16.6.1997 = MDR 1998, 64; OLG Düsseldorf, Beschl. v. 13.1.1986 = FamRZ 86, 485; OLG Köln, Beschl. v. 29.5.1998 = MDR 1999, 444; wohl a.A. OLG Köln, Beschl. v. 28.11.1997 = MDR 1998, 179 m. krit. Anm. *E. Schneider.*
543 OLG Köln, Beschl. v. 24.4.1997 = FamRZ 1997, 1283.
544 OLG Hamm FamRZ 1989, 412; OLG Düsseldorf MDR 1993, 90; OLG Schleswig JurBüro 1988, 741; a.A. OLG Düsseldorf FamRZ 1986, 1230.
545 Bejahend Zöller-*Philippi*, § 127 Rn 19; OLG Köln AGS 2006, FamRZ 2005, 2008 = MDR 2005, 429; a.A. OLG Düsseldorf Beschl. v. 6.7.2006 – II-7 WF 92/06 und FamRZ 1993, 819.

2. Möglichkeit des Rechtsmittels in der Hauptsache als besondere Beschwerdevoraussetzung

Auch wenn die PKH wegen fehlender Erfolgaussichten oder Mutwilligkeit zurück- 590
gewiesen wird, ist die sofortige Beschwerde nach § 127 Abs. 2 S. 2 Hs. 2 ZPO allerdings dann unstatthaft, wenn in der Hauptsache die Berufungssumme von 600 EUR
nicht erreicht wird, d.h. in der Hauptsache kein Rechtsmittel möglich wäre.

Eine Ausnahme von dieser Ausnahme gilt aber wieder dann, wenn die Prozesskosten- 591
hilfe allein deshalb verweigert wurde, weil es an den persönlichen und wirtschaftlichen Voraussetzungen gefehlt haben soll, d.h. die Erfolgsaussicht der Rechtsverfolgung oder Rechtsverteidigung bzw. die Mutwilligkeit nicht im Streit sind.

Gegen eine die Prozesskostenhilfe mangels Erfolgsaussicht ablehnende Entscheidung 592
in Verfahren, in denen die Entscheidung zur Hauptsache überhaupt nicht anfechtbar
ist, etwa eine einstweilige Anordnung nach §§ 620, 620b oder 644 ZPO, findet die
sofortige Beschwerde nicht statt.[546]

Die Verweigerung von Prozesskostenhilfe mit der Begründung fehlender hinreichen- 593
der Erfolgsaussicht der Rechtsverfolgung in einem Rechtsstreit mit einem Streitwert
von nicht mehr als 600 EUR soll auch dann nicht mit der sofortigen Beschwerde angreifbar sein, wenn das Arbeitsgericht im Hauptsacheverfahren die Klage abgewiesen
und die Berufung wegen grundsätzlicher Bedeutung der Rechtssache zugelassen
hat.[547] Dies vermag jedoch nicht zu überzeugen. Ebenso wie die sofortige Beschwerde
über den Wortlaut von § 127 Abs. 2 S. 2 ZPO generell verweigert wird, wenn in der
Hauptsache kein Rechtsmittel mehr möglich ist, ist der Wortlaut einschränkend auszulegen, wenn in der Hauptsache kraft Zulassung der Berufung bereits feststeht, dass
ein Rechtsmittel möglich ist. Der Schutzzweck, zu vermeiden, dass im Nebenverfahren der PKH-Gewährung der Rechtsschutz weiter geht als im Hauptverfahren, ist
dann nicht tangiert. Anders ist nur dann zu entscheiden, wenn lediglich die Möglichkeit der Zulassung der Berufung besteht, ohne dass hierüber schon abschließend befunden ist.

Wird im Mahnverfahren im Rahmen der Prozesskostenhilfe die Beiordnung eines 594
Rechtsanwalts abgelehnt, hängt die Zulässigkeit der sofortigen Beschwerde nicht da-
von ab, ob der Wert der Hauptsache 600 EUR übersteigt. Hinsichtlich der Frage der
Notwendigkeit der Beiordnung eines Rechtsanwalts nach § 121 Abs. 2 ZPO ist die
Prüfungskompetenz des Beschwerdegerichts nicht anders zu beurteilen als hinsichtlich
der Frage der Bedürftigkeit. Hier ist die Beschwerde auch dann zulässig, wenn der
Wert der Hauptsache 600 EUR nicht überschreitet; denn auch hier ist nicht die Er-

---

546 BGH NJW 2005, 1659 = MDR 2005, 823 = FamRZ 2005, 790 = BGHReport 2005, 665; OLG
Hamm FamRZ 2006, 353.
547 LAG Hessen v. 15.3.2006 – 16 Ta 637/05.

folgsaussicht der Rechtsverfolgung zu beurteilen, sondern die Frage, ob die Antragstellerin anwaltlicher Hilfe bedarf.[548]

3. Keine Anwendung von § 567 Abs. 2 ZPO im PKH-Verfahren

595 Die Entscheidung über die Prozesskostenhilfe ist keine Entscheidung über die Kosten des Verfahrens, so dass § 567 Abs. 2 ZPO im Beschwerdeverfahren in Prozesskostenhilfesachen keine Anwendung findet. Die erstrebte Besserstellung muss also den Betrag von 200 EUR nicht übersteigen.[549]

596 Eine Entscheidung über die Kosten im Sinne des § 567 Abs. 2 ZPO liegt nur vor, wenn entschieden wird, in welchem Umfang oder in welcher Höhe ein Beteiligter Kosten zu tragen hat. Allein die mittelbare Auswirkung der Entscheidung über die Prozesskostenhilfe darauf, ob und in welcher Höhe die antragstellende Partei sich an den Kosten eines Verfahrens persönlich beteiligen muss, reicht hierfür nicht aus.

597 Nach der älteren, allerdings auch bestrittenen Rechtsprechung[550] soll allerdings etwas anderes gelten, wenn die Entscheidung des Gerichts nach § 120 Abs. 4 ZPO über eine geänderte Ratenzahlung angefochten wird und der Schuldner weniger als (früher 50 DM) 200 EUR nachzuzahlen hat. Dies ist jedoch abzulehnen. Eine solche Differenzierung zwischen den verschiedenen Entscheidungen im Prozesskostenhilfeverfahren ist nicht gerechtfertigt. Vielmehr stellen alle Entscheidungen im Prozesskostenhilfeverfahren keine Kostenentscheidung im Sinne des § 567 Abs. 2 ZPO, d.h. über den Umfang oder die Höhe der zu tragenden Prozesskosten dar.

4. Besondere Notfrist

598 War die Beschwerde im Prozesskostenhilfeverfahren vor der ZPO-Reform nicht an eine Frist gebunden, so hat der Gesetzgeber diese mit dem 1.1.2002 als sofortige Beschwerde ausgestaltet und deren Zulässigkeit an eine Notfrist gebunden.

599 Abweichend zu den neuen allgemeinen Vorschriften über die sofortige Beschwerde beträgt die Notfrist aber nicht zwei Wochen wie in § 569 Abs. 1 ZPO, sondern nach § 127 Abs. 2 S. 3 ZPO **einen Monat.**

600 Auch für die sofortige Beschwerde gegen ablehnende Prozesskostenhilfeentscheidungen in isolierten Familiensachen der freiwilligen Gerichtsbarkeit gilt nicht die Zwei-Wochen-Frist nach § 22 Abs. 1 S. 1 FGG, sondern über § 14 FGG die Monatsfrist des § 127 Abs. 2 S. 3 ZPO.[551]

548 LG Bonn Beschl. v. 22.9.2005 – 6 T 288/05.
549 Zöller-*Philippi*, § 269 Rn 18 d.
550 OLG Hamm MDR 1958, 934; a.A. *Lappe,* RPfleger 1957, 284.
551 BGH NJW 2006, 2122 = BGHReport 2006, 982 = FamRZ 2006, 939.

Die Notfrist beginnt mit der Zustellung des PKH-Beschlusses an den Beschwerde- **601**
führer, entsprechend der allgemeinen Bestimmung des § 569 Abs. 1 S. 2 ZPO. Ist der
Beschluss nur fehlerhaft zugestellt worden, kann dies nach § 189 ZPO geheilt sein.
Soweit der Beschluss nicht (auch) zugestellt, sondern nur verkündet wurde, beginnt
die Frist fünf Monate nach der Verkündung. Keine Frist läuft, wenn die PKH-
Entscheidung weder zugestellt noch verkündet wurde.[552]

Für die Staatskasse gilt eine doppelte Beschwerdefrist. Sobald die Staatskasse von der **602**
Entscheidung über die Bewilligung der Prozesskostenhilfe Kenntnis erlangt hat, beginnt die Notfrist von einem Monat zu laufen. Wurde die Entscheidung verkündet oder
der Geschäftsstelle übergeben, verliert die Staatskasse ihr Beschwerderecht drei Monate nach der Verkündung bzw. der Übergabe. Dies kann zur Folge haben, dass sich
die Beschwerdefrist von einem Monat verkürzt, wenn die Staatskasse erst im Laufe
des dritten Monats nach der Verkündung oder Übergabe von der PKH-Entscheidung
Kenntnis erhält. Dem kommt eine hohe praktische Bedeutung zu, weil nach § 127
Abs. 3 S. 6 ZPO das Prozessgericht seine PKH-Entscheidung nicht von Amts wegen
dem Bezirksrevisor mitteilen muss.

5. Anwaltszwang im Prozesskostenhilfeverfahren

Für das Beschwerdeverfahren in Prozesskostenhilfeverfahren gelten die allgemeinen **603**
Bestimmungen nach §§ 567 ff. ZPO. Besonders zu beachten ist dabei, dass die sofortige Beschwerde nach § 569 Abs. 3 Nr. 2 ZPO zu Protokoll der Geschäftsstelle
eingelegt werden kann und damit nach § 78 Abs. 5 ZPO nicht dem Anwaltszwang
unterliegt. Hierauf ist der Mandant grundsätzlich im Rahmen der Erstberatung hinzuweisen.

6. Der Verfahrensablauf

Der Ablauf des Beschwerdeverfahrens selbst richtet sich nach den allgemeinen Be- **604**
stimmungen der §§ 567 ff. ZPO.

Die Beschwerde soll nach § 571 Abs. 1 ZPO begründet werden. Um ein Be- **605**
schwerdeverfahren erfolgreich betreiben zu können, erscheint dies auch zwingend erforderlich. Die bedürftige Partei wird sich insbesondere mit den Ablehnungsgründen
auseinanderzusetzen haben.

Im Rahmen der sofortigen Beschwerde ist nach § 571 Abs. 2 S. 1 ZPO grundsätzlich **606**
auch neues Vorbringen möglich.[553] Dies gilt im Prozesskostenhilfeverfahren allerdings nicht, wenn der Antragsteller innerhalb einer von dem Gericht gesetzten Frist
(§ 118 Abs. 2 S. 4 ZPO) Angaben über seine persönlichen wirtschaftlichen Verhält-

---

552 Hierzu *Büttner*, FRP 2002, 499.
553 OLG Koblenz FamRZ 1990, 537; OLG Brandenburg FamRZ 1998, 1521 und FamRZ 2002, 1419.

nisse nicht glaubhaft gemacht oder bestimmte Fragen nicht oder nur ungenügend beantwortet hat. In diesem Fall lehnt das Gericht die Bewilligung von Prozesskostenhilfe ab. § 118 Abs. 2 S. 4 ZPO geht insoweit § 571 Abs. 2 S. 1 ZPO vor.[554] Neues Vorbringen kann dann auch im Beschwerdeverfahren nicht mehr berücksichtigt werden.[555] Vielmehr kommt allenfalls ein neuer Antrag auf Bewilligung von Prozesskostenhilfe in Betracht.

607 Der Gegner ist nur dann zu hören, wenn die Bewilligung der Prozesskostenhilfe von der Frage abhängig ist, ob die Rechtsverfolgung oder Rechtsverteidigung hinreichende Aussicht auf Erfolg hat und nicht mutwillig ist. Wird dagegen allein um die Frage gestritten, ob die persönlichen und wirtschaftlichen Voraussetzungen für die Bewilligung von Prozesskostenhilfe vorliegen, unterbleibt seine Beteiligung.

608 Das Ausgangsgericht hat dann zunächst nach § 572 ZPO über die Abhilfe zu entscheiden. Ein Nichtabhilfebeschluss erfordert, dass entweder die Beschwerdefrist abgelaufen ist, insbesondere dann, wenn der Beschwerdeführer eine – weitere – Begründung angekündigt hat,[556] oder aber zweifelsfrei feststeht, dass kein weiterer Vortrag beabsichtigt ist.

609 Die Abhilfeentscheidung erfolgt durch Beschluss und ist in Auseinandersetzung mit dem Beschwerdevorbringen grundsätzlich zu begründen. Der Beschluss ist dem Beschwerdeführer mitzuteilen, damit dieser hierauf ergänzend vor dem Beschwerdegericht vortragen kann.[557] Hat das Ausgangsgericht die PKH-Entscheidung oder die Abhilfeentscheidung nicht begründet, kann das Beschwerdegericht die Sache nach § 572 Abs. 3 ZPO zur erneuten Abhilfeentscheidung zurückverweisen.[558]

610 Für die sachliche und funktionelle Zuständigkeit des Beschwerdegerichtes gelten die allgemeinen Vorschriften der §§ 72, 119 GVG und § 568 ZPO.[559]

7. Der Umfang der Beschwerdeentscheidung

611 Soweit die Beschwerde unzulässig oder unbegründet ist, wird diese durch begründeten Beschluss verworfen oder zurückgewiesen. Insoweit ergeben sich gegenüber den allgemeinen Bestimmungen zum Beschwerderecht keine Besonderheiten.

612 Soweit die Beschwerde dagegen für begründet erachtet wird, muss das Beschwerdegericht seine begrenzte Prüfungskompetenz beachten, die durch den Umfang der eingelegten Beschwerde bestimmt wird.

---

554 OLG Naumburg, Beschl. v. 23.8.2005 – 2 W 47/05.
555 OLG Naumburg FamRZ 2006, 216 = OLGR 2005, 885.
556 OLG Naumburg OLGR 2006, 327.
557 Ebenso Zöller-*Philippi*, § 127 Rn 33.
558 OLG Karlsruhe FamRZ 1991, 349; OLG Köln DAVorm 1993, 586.
559 Vgl. insoweit die Ausführungen in § 2 Rn 59 ff.

Soweit die Prozesskostenhilfe teilweise gewährt und teilweise verweigert wurde und   613
sich die sofortige Beschwerde lediglich gegen die teilweise Verweigerung richtet, ist
der Grundsatz der reformatio in peius zu beachten, d.h. das Beschwerdegericht kann
der Partei die bereits bewilligte Prozesskostenhilfe nicht entziehen.[560]

Hinweis   614

Eine gewisse Umgehung dieses Grundsatzes kann sich allerdings ergeben, wenn das
Beschwerdegericht die Prozesskostenhilfeentscheidung des Ausgangsgerichtes aufhebt und das Verfahren nach § 572 Abs. 3 ZPO an das Ausgangsgericht zurück-
verweist. Für das Ausgangsgericht soll der Grundsatz der reformatio in peius dann
nicht gelten.[561] Dem ist jedoch für das Prozesskostenhilfeverfahren zu widersprechen. Auch bei einer Zurückverweisung muss die bereits bewilligte Prozesskostenhilfe aus Gründen des Vertrauensschutzes unberührt bleiben. Dies ergibt sich
im Umkehrschluss aus § 124 ZPO. Dort ist abschließend geregelt, wann die Bewilligung der Prozesskostenhilfe aufgehoben werden kann.

Hat das Ausgangsgericht die beantragte Prozesskostenhilfe verweigert, weil die per-   615
sönlichen oder wirtschaftlichen Voraussetzungen oder die Erfolgsaussicht in der
Hauptsache verneint werden, steht dem Beschwerdegericht die volle Prüfungskompetenz zu.

Wurde dagegen Prozesskostenhilfe gegen Ratenzahlung gewährt und greift der Be-   616
schwerdeführer nur die Anordnung der Ratenzahlung oder die Höhe der festgesetzten
Rate an, ist das Beschwerdegericht auf die Prüfung dieser Frage beschränkt. Insbesondere darf die Prozesskostenhilfe nunmehr nicht gänzlich mit dem Argument verwehrt werden, es bestehe in der Hauptsache keine Erfolgsaussicht.[562] Auch dürfen die
Raten nicht zusätzlich angehoben werden.[563]

Nichts anderes gilt, wenn nach grundsätzlicher Bewilligung von Prozesskostenhilfe   617
alleine um die Frage gestritten wird, ob die Voraussetzungen für die Beiordnung eines
Rechtsanwaltes nach § 121 ZPO vorliegen. Auch in diesem Fall ist das Beschwerdegericht in seiner Entscheidung auf die Frage der Erforderlichkeit einer Anwaltsbei-
ordnung beschränkt.[564]

Letztlich hat der BGH[565] eine solche Beschränkung der möglichen Entscheidung für   618
den Fall angenommen, dass auf die erfolgreiche Beschwerde der Staatskasse gegen
die Bewilligung der Prozesskostenhilfe ohne Ratenzahlung entsprechende Raten an-

560 OLG Koblenz FamRZ 1999, 997; OLG Köln FamRZ 1987, 616.
561 So jedenfalls Zöller-*Philippi*, § 127 Rn 37; Zöller-*Gummer*, § 573 Rn 43.
562 OLG Schleswig JurBüro 1991, 1371; a.A. BayObLG JurBüro 1991, 1230.
563 OLG Zweibrücken JurBüro 1983, 1720; OLG Nürnberg FamRZ 1984, 409; OLG Frankfurt FamRZ
    1992, 1451; OLG Celle FamRZ 1993, 1334.
564 OLG Köln FamRZ 1999, 1146.
565 BGH MDR 1993, 80; insoweit überholt OLG Bamberg JurBüro 1988, 771.

zuordnen sind. Auch hier kann nicht die Bewilligung der Prozesskostenhilfe mangels hinreichender Aussicht auf Erfolg abgelehnt werden.

619   Eine Aufhebung und Zurückverweisung nach § 572 Abs. 3 ZPO wird insbesondere dann in Betracht kommen, wenn das Ausgangsgericht die Erfolgsaussicht der Rechtsverfolgung oder Rechtsverteidigung verneint hat. Kommt das Beschwerdegericht hier zu einem anderen Ergebnis, kann es das Verfahren an das Ausgangsgericht mit der Maßgabe zurückverweisen, dass von einer hinreichenden Erfolgsaussicht auszugehen sei. Das Ausgangsgericht hat dann lediglich noch die persönlichen und wirtschaftlichen Verhältnisse zu prüfen.

620   Einer Kostenentscheidung bedarf es grundsätzlich nicht, da Kosten des Beschwerdeverfahrens nach § 127 Abs. 4 ZPO – anders als im sonstigen Beschwerdeverfahren – nicht erstattet werden. Die nach Nr. 1811 KVGKG vorgesehene Beschwerdegebühr, wenn die Beschwerde verworfen oder zurückgewiesen wird, fällt bereits kraft Gesetzes an. Lediglich wenn die Beschwerde teilweise erfolglos bleibt, hat das Beschwerdegericht über die Verminderung der Gerichtsgebühr nach Nr. 1811 KVGKG zu entscheiden.

621   *Hinweis*

Auch eine spätere Berücksichtigung der Kosten des Beschwerdeverfahrens im Rahmen der Kostenfestsetzung zum Hauptsacheverfahren als Kosten der Vorbereitung der Rechtsverfolgung oder Rechtsverteidigung ist nicht möglich.[566]

8. Zulassung der Rechtsbeschwerde

622   Gegen die Entscheidung des Beschwerdegerichts ist die Rechtsbeschwerde statthaft, soweit diese vom Beschwerdegericht zugelassen wurde. Auch gegen Beschwerdeentscheidungen in Prozesskostenhilfesachen, die in Insolvenzverfahren ergehen, ist eine Rechtsbeschwerde nur statthaft, wenn sie vom Beschwerdegericht gem. § 574 Abs. 1 Nr. 2 ZPO zugelassen wurde. Die §§ 6, 7 InsO finden auf Prozesskostenhilfeentscheidungen, die in Insolvenzverfahren ergehen, keine Anwendung.[567]

623   Ist das Beschwerdegericht in einem Prozesskostenhilfeverfahren der Ansicht, dass die Voraussetzungen für die Zulassung der Rechtsbeschwerde vorliegen, so muss es bei Vorliegen der persönlichen Voraussetzungen Prozesskostenhilfe bewilligen. Hat das Beschwerdegericht den Antrag auf Prozesskostenhilfe abgelehnt und dennoch die Rechtsbeschwerde gegen diesen Beschluss zugelassen, so ist das Revisionsgericht zwar nach § 574 Abs. 1 Nr. 2, Abs. 3 S. 2 ZPO an die Zulassung gebunden. Der Be-

---

566 OLG Hamburg MDR 2002, 910 = AGS 2002, 280 m. ablehnender Anmerkung von *Benkelberg* = OLGR 2002, 309; KG Berlin Rpfleger 1995, 508.
567 BGH ZVI 2005, 37 = RVGreport 2005, 120.

schluss ist jedoch aufzuheben, weil er gegen das in Art. 3 Abs. 1 i.V.m. Art. 20 Abs. 3 GG verbürgte Gebot der Rechtsschutzgleichheit verstößt.[568]

9. Erneuter PKH-Antrag als Alternative zur sofortigen Beschwerde

Wird die Prozesskostenhilfe vom Ausgangs- und vom Beschwerdegericht versagt, so hindert dies nicht, einen neuen Antrag auf Prozesskostenhilfe zu stellen. Ein die Prozesskostenhilfe versagender Beschluss erlangt auch nach der Neufassung des § 127 Abs. 2 S. 2 ZPO im Falle seiner Unanfechtbarkeit nämlich keine materielle Rechtskraft.[569] Allerdings kann dem neuen Antrag das Rechtsschutzbedürfnis fehlen, wenn er nicht auch auf neue Gesichtspunkte gestützt wird, sich also die persönlichen und wirtschaftlichen Verhältnisse geändert haben, das Klagevorbringen jetzt schlüssig oder die Rechtsverteidigung erheblich gemacht wird.

624

III. Muster

An das

❏ Landgericht
❏ Oberlandesgericht

in ▨▨▨▨

über das

❏ Amtsgericht[570]
❏ Landgericht[571]

in ▨▨▨▨

625

Sofortige Beschwerde gem. § 127 Abs. 2 ZPO

In dem Rechtsstreit

Kläger ./. Beklagter
Az: ▨▨▨▨

wird gegen die Entscheidung des ▨▨▨ vom ▨▨▨ Beschwerde eingelegt.

Es wird beantragt,

unter Abänderung der angefochtenen Entscheidung dem diesseitigen Antrag vom ▨▨▨ zu entsprechen und dem

❏ Kläger
❏ Beklagten

---

568 BGH NJW 2004, 2022 = BGHReport 2004, 901.
569 BGH NJW 2004, 1805 = AGS 2004, 395 = MDR 2004, 961 = BGHReport 2004, 842.
570 Ausgangsgericht.
571 Ausgangsgericht.

Prozesskostenhilfe ohne, hilfsweise mit Ratenzahlung, zu bewilligen und ihm den Unterzeichner als Rechtsanwalt, hilfsweise zu den Bedingungen eines orts-ansässigen Kollegen, beizuordnen.

Zur **Begründung** wird Folgendes ausgeführt:

I.

Mit der angefochtenen Entscheidung vom ▆▆▆▆ hat das Ausgangsgericht die Gewährung von Prozesskostenhilfe mit der Begründung abgelehnt, dass ▆▆▆▆.

Gegen diese am ▆▆▆▆ zugestellte Entscheidung richtet sich die vorliegende und nach § 123 Abs. 2 S. 2 ZPO statthafte sofortige Beschwerde, die in der Monatsfrist des § 127 Abs. 2 S. 2 ZPO erhoben wird.

Soweit zunächst der originäre Einzelrichter beim zuständigen Beschwerdegericht nach § 568 ZPO zuständig ist, weil die angefochtene Entscheidung von einem

❏ Einzelrichter
❏ Rechtspfleger

erlassen wurde, wird gebeten, diese nach § 568 S. 2 ZPO

❏ der Kammer
❏ dem Senat

vorzulegen, da die Rechtssache

❏ besondere Schwierigkeiten tatsächlicher oder rechtlicher Art aufweist,
❏ grundsätzliche Bedeutung hat,

was sich daraus ergibt, dass ▆▆▆▆.

Entsprechend den vorstehenden Ausführungen wird sodann beantragt,

die Rechtsbeschwerde zuzulassen, soweit nicht im Sinne der diesseitigen Anträge entschieden wird.

II.

Die angefochtene Entscheidung ist aus folgenden Gründen fehlerhaft: ▆▆▆▆

❏ Die Rechtsverfolgung
❏ Die Rechtsverteidigung
bietet hinreichende Aussicht auf Erfolg und ist auch nicht mutwillig. Die Darlegungen des Antragstellers sind schlüssig bzw. erheblich und unter Beweis gestellt. Ohne Beweisaufnahme kann über den Rechtsstreit nicht entschieden werden. Im Einzelnen ist Folgendes zu berücksichtigen: ▆▆▆▆

❑ Das Gericht geht zu Unrecht davon aus, dass der Antragsteller aufgrund seiner persönlichen und wirtschaftlichen Verhältnisse in der Lage wäre, die Prozesskosten zu tragen. Zu den Ansätzen des Gerichts ist Folgendes zu bemerken: ▓▓▓▓▓

❑ Entgegen der Auffassung des Ausgangsgerichtes ist die Rechtsverfolgung auch nicht mutwillig. Die Rechtsverfolgung oder Rechtsverteidigung ist mutwillig, wenn mit Rücksicht auf die für die Beitreibung des Anspruchs bestehenden Aussichten eine nicht die Prozesskostenhilfe beanspruchende Partei hierauf verzichten würde oder nur einen Teil des Anspruchs geltend machen würde. Diese Definition geht zurück auf die Regelung des § 114 Abs. 1 S. 2 ZPO a.F. Wenn also eine „normale" nicht hilfsbedürftige Partei unter objektiven Gesichtspunkten bei der sich darstellenden Rechts- und Sachlage einen Prozess nicht führen würde, ist Mutwilligkeit gegeben. Diese Voraussetzungen liegen hier nicht vor. Auch eine nicht bedürftige Partei würde bei dem vorliegenden Sachverhalt ihre Rechte wahrnehmen. Dies ergibt sich daraus, dass ▓▓▓▓▓▓▓

Soweit das Ausgangsgericht hiergegen einwendet, dass ▓▓▓▓▓▓▓, vermag dies nicht zu überzeugen, weil ▓▓▓▓▓.

Es wird gebeten, der Beschwerde durch die Aufhebung der angefochtenen Entscheidung nach § 572 Abs. 1 ZPO abzuhelfen. Anderenfalls wird gebeten, die sofortige Beschwerde dem Beschwerdegericht vorzulegen und die Nichtabhilfegründe mitzuteilen.

(Rechtsanwalt)

F. Die sofortige Beschwerde gegen den Beschluss auf Aussetzung des Verfahrens

I. Die sofortige Beschwerde gegen die beschlossene oder faktische Aussetzung

Gegen die Entscheidung, mit der die Aussetzung des Verfahrens oder das Ruhen des Verfahrens angeordnet oder abgelehnt wird, findet nach § 252 ZPO die sofortige Beschwerde statt. § 252 ZPO betrifft seinem Wortlaut nach zunächst alle Fälle der §§ 239 ff. ZPO, insbesondere also auch die Aussetzung wegen des Todes des Bevollmächtigten nach § 246 ZPO. **626**

Daneben betrifft § 252 ZPO aber auch alle Aussetzungs- oder Ruhensbeschlüsse aufgrund anderer gesetzlicher Bestimmungen, insbesondere also die Aussetzungsbeschlüsse der §§ 148–154 ZPO und § 65 ZPO. **627**

628 Die Aussetzung im Zusammenhang mit der Vorlage eines Verfahrens nach Art. 100 GG an das BVerfG oder an den EuGH kann dagegen nicht mit der sofortigen Beschwerde nach § 252 ZPO angefochten werden.[572]

629 Darüber hinaus findet § 252 ZPO in weiteren Fällen Anwendung, die einer **Aussetzung des Verfahrens gleichkommen.**

630 Die sofortige Beschwerde ist danach auch gegeben, wenn:

- das Gericht es ablehnt, das Verfahren nach einem Grundurteil vor dessen Rechtskraft fortzusetzen;[573]
- das Gericht es ablehnt, dass Verfahren nach einem Vorbehaltsurteil vor dessen Rechtskraft fortzusetzen;[574]
- das Gericht dem Gegner eine unangemessen lange oder unbestimmte Frist zur Beibringung von Beweismitteln nach § 36 ZPO setzt;[575]
- dem Gegner eine unangemessen lange oder nicht bestimmte Frist nach § 364 ZPO zur Beibringung eines Ersuchensschreibens gesetzt wird;[576]
- das Gericht eine nicht durch die Belastung des Gerichts veranlasste langfristige Terminierung vornimmt;[577]
- die Aussetzung eines Verfahrens über den Versorgungsausgleich nach § 252 ZPO angegriffen werden soll;[578]
- der Einzelrichter es ablehnt, über einen Tatbestandsberichtigungsantrag zu entscheiden, weil der Richter, welcher das Urteil erlassen hat, inzwischen ausgeschieden ist;[579]
- das Gericht es ablehnt, ein nach Eröffnung des Insolvenzverfahrens gegen den Schuldner persönlich erlassenes Versäumnisurteil im Hinblick auf die §§ 240, 249 ZPO zuzustellen.[580]

631 Umgekehrt sind auch Maßnahmen nach § 252 ZPO anfechtbar, mit denen eine Aussetzung abgelehnt wird. Eine Ablehnung der Aussetzung ist auch darin zu sehen, dass entgegen einem Aussetzungsbeschluss Termin zur mündlichen Verhandlung in der Sache bestimmt wird.[581]

---

572 Musielak-*Stadler*, § 252 Rn 1; OLG Frankfurt FamRZ 1980, 178; OLG Köln WRP 1977, 734; OLG Köln MDR 1970, 852.
573 KG MDR 1971, 588.
574 Musielak-*Stadler*, § 252 Rn 2.
575 OLG Köln FamRZ 1960, 409; OLG Celle NJW 1975, 1230.
576 OLG Köln NJW 1975, 2349; LG Aachen NJW-RR 1993, 1407.
577 BGHZ 93, 238; OLG Stuttgart FamRZ 1998, 1605.
578 OLG Dresden OLG-NL 2003, 161.
579 OLG Düsseldorf NJW-RR 2004, 1723 = OLGR Düsseldorf 2004, 369.
580 OLG Celle InVo 2004, 323 = OLGR Celle 2004, 3 = NdsRpfl 2004, 74 = ZMR 2004, 505.
581 OLG München NJW-RR 1989, 64; OLG Frankfurt FamRZ 1980, 178.

Hinweis 632

Hier muss beachtet werden, dass die Beschwerdefrist mit dem Zugang der Terminsladung beginnt.[582]

Die sofortige Beschwerde nach § 252 ZPO unterliegt den Bestimmungen der 633
§§ 567 ff. ZPO. Besonderheiten ergeben sich für das Beschwerdeverfahren lediglich für den Prüfungsumfang des Beschwerdegerichtes.

Das Beschwerdegericht ist in seiner Prüfungskompetenz eingeschränkt, da es sich bei 634
der Frage, ob ein Verfahren ausgesetzt oder zum Ruhen gebracht wird, um eine Ermessensentscheidung des Ausgangsgerichtes handelt. Das Beschwerdegericht darf insoweit seine mögliche Ermessensentscheidung nicht an diejenige des Ausgangsgerichtes setzen.

Das Beschwerdegericht hat danach in vollem Umfange zu prüfen, ob überhaupt ein 635
Aussetzungsgrund vorliegt.[583] Liegt ein solcher Aussetzungsgrund vor, hat es dann lediglich zu prüfen, ob hinsichtlich der Frage, ob das Verfahren tatsächlich ausgesetzt werden soll, ein Ermessensfehlgebrauch vorliegt.[584] Es prüft damit lediglich, ob

- der angefochtene Beschluss verfahrensfehlerhaft zustande gekommen ist;
- die formellen Voraussetzungen des Beschlusses, d.h. der Aussetzungs- oder Ruhensgrund, vorliegen;
- ein Missbrauch des Ermessens vorliegt, d.h. nicht erkannt wurde, dass ein Ermessen gegeben ist, die Grenzen des Ermessens verkannt wurden oder nicht alle erheblichen Aspekte in die Ermessensentscheidung einbezogen wurden.

Demgegenüber wird die Zweckmäßigkeit des Beschlusses nicht geprüft.[585] 636

In der aktuellen Rechtsprechung wird dieser weite Spielraum des Ausgangsgerichtes 637
allerdings nicht immer erkennbar. Aus der aktuellen Rechtsprechung soll auf folgende Beispiele hingewiesen werden:

- Die Aussetzung eines Arzthaftungsprozesses im Hinblick auf ein wegen desselben Sachverhalts geführtes Ermittlungsverfahren der Staatsanwaltschaft soll danach in der Regel ermessensfehlerhaft sein, weil keine für die zivilrechtliche Haftungsfrage relevanten Erkenntnisse zu erwarten seien.[586]
- Die Aussetzung eines Rechtsstreits wegen Vorgreiflichkeit eines anderweitigen Rechtsstreits im Hinblick auf eine Aufrechnungsforderung ist ermessensfehlerhaft, wenn sich der Erlass eines Vorbehaltsurteils nach § 302 ZPO aufdrängt.[587]

---

582 OLG Frankfurt FamRZ 1980, 178.
583 BGH MDR 2006, 704.
584 BGH MDR 2006, 704.
585 OLG Thüringen OLG-NL 2001, 238; OLG Brandenburg FamRZ 1996, 496; OLG München FamRZ 1985, 495; OLG Karlsruhe GRUR 1979, 850.
586 OLG Koblenz AGS 2005, 560 = MedR 2006, 177 = OLGR 2006, 83 = MDR 2006, 289.
587 OLG Schleswig MDR 2006, 707 = OLGR 2006, 66 = SchlHA 2006, 205.

■ Eine Aussetzung der Verhandlung nach § 149 ZPO setzt voraus, dass die im Rahmen des richterlichen Ermessens vorzunehmende Abwägung den Stillstand des Zivilverfahrens rechtfertigt. Wenn infolge des Zeitablaufs eine ernsthafte Gefahr einer Erschwernis der späteren Realisierung eines Anspruchs besteht, haben die Interessen des Klägers, alsbald einen Vollstreckungstitel zu erhalten, Vorrang vor einer etwaigen Klärung in einem Strafverfahren.[588]

II. Muster

1. Sofortige Beschwerde gegen die Aussetzung oder deren Ablehnung durch Beschluss

638   An das
Landgericht/Oberlandesgericht
– Beschwerdekammer/Beschwerdesenat –

in ▨

über das
Amtsgericht/Landgericht[589]

in ▨

In dem Rechtsstreit

Kläger ./. Beklagter
Az: ▨

wird namens und in Vollmacht des

❏ Beklagten
❏ Klägers

gegen den Beschluss des ▨ vom ▨ in dem Verfahren ▨ hiermit

sofortige Beschwerde gem. § 252 ZPO

eingelegt.

Es wird beantragt:

Unter Abänderung des angefochtenen Beschlusses wird

❏ der Antrag auf Aussetzung des Verfahrens vom ▨ zurückgewiesen.
❏ gemäß dem Antrag vom ▨ der Rechtsstreit nach § ▨ ausgesetzt.

---

588 OLG Köln JMBl NW 2004, 246 = ZVI 2004, 686.
589 Ausgangsgericht.

Zur **Begründung** wird Folgendes ausgeführt:

I.

Mit der angefochtenen Entscheidung vom ▒▒▒▒▒▒ hat das Ausgangsgericht beschlossen, ▒▒▒▒▒▒.

Die Entscheidung ist unzutreffend und im Sinne des vorstehenden Antrags durch das Ausgangsgericht nach § 572 Abs. 1 S. 1 ZPO oder aber das angerufene Beschwerdegericht zu ändern.

Die Entscheidung ist nach § ▒▒▒▒▒▒ ZPO ergangen und dementsprechend nach § 252 ZPO mit der sofortigen Beschwerde angreifbar.

Die angefochtene Entscheidung wurde dem Beschwerdeführer am ▒▒▒▒▒▒ zugestellt. Die Notfrist des § 569 Abs. 1 S. 1 ZPO endet damit am ▒▒▒▒▒▒ und wird durch den vorliegenden Schriftsatz gewahrt.

Für die Entscheidung über die sofortige Beschwerde ist

❏ nach § 72 GVG das Landgericht berufen.
❏ nach § 119 GVG das Oberlandesgericht berufen.
❏ Soweit zunächst der originäre Einzelrichter beim zuständigen Beschwerdegericht nach § 568 ZPO zuständig ist, weil die angefochtene Entscheidung von einem Einzelrichter erlassen wurde, wird gebeten, diese nach § 568 S. 2 ZPO
    ❏ der Kammer
    ❏ dem Senat
    vorzulegen, da die Rechtssache
    ❏ besondere Schwierigkeiten tatsächlicher oder rechtlicher Art aufweist,
    ❏ grundsätzliche Bedeutung hat,
    was sich daraus ergibt, dass ▒▒▒▒▒▒.

II.

Die angefochtene Entscheidung erweist sich im Ergebnis als unzutreffend.

Nach § ▒▒▒▒▒▒ ZPO ist ▒▒▒▒▒▒.

Diese Voraussetzungen liegen hier

❏ nicht vor, weil ▒▒▒▒▒▒.
❏ vor, weil ▒▒▒▒▒▒.

III.

Soweit das erkennende Beschwerdegericht der diesseitigen Auffassung nicht zu folgen vermag, wird schon jetzt beantragt,

    die Rechtsbeschwerde zum Bundesgerichtshof zuzulassen.

Die vom Beschwerdeführer dargelegte Auffassung wird von der Rechtsprechung der Oberlandesgerichte in ▨▨▨▨ geteilt (vgl. ▨▨▨▨[590]). Soweit das angerufene Gericht dieser Auffassung nicht folgt, ist eine Entscheidung des Rechtsbeschwerdegerichts zur Fortbildung des Rechts und Sicherung einer einheitlichen Rechtsprechung erforderlich.

(Rechtsanwalt)

2. Sofortige Beschwerde gegen die faktische Aussetzung

639   An das
Landgericht/Oberlandesgericht
– Beschwerdekammer/Beschwerdesenat –

in ▨▨▨

über das
Amtsgericht/Landgericht[591]

in ▨▨▨

In dem Rechtsstreit

Kläger ./. Beklagter
Az: ▨▨▨

wird namens und in Vollmacht des

❏ Beklagten
❏ Klägers

gegen den die faktische Aussetzung des Verfahrens vor dem ▨▨▨ Az: ▨▨▨ hiermit

sofortige Beschwerde gem. § 252 ZPO

eingelegt.

Es wird beantragt,

dass ▨▨▨-gericht zu verpflichten

❏ durch Bestimmung eines Termins zur mündlichen Verhandlung

❏ durch ▨▨▨

dem Verfahren Fortgang zu geben.

---

590 Fundstellen der abweichenden ober- oder höchstrichterlichen Rechtsprechung.
591 Ausgangsgericht.

Zur **Begründung** wird Folgendes ausgeführt:

1.

Auf die Aufforderung des Ausgangsgerichtes durch den ▓▓▓▓▓ im Schriftsatz vom ▓▓▓▓▓, dem Verfahren Fortgang zu geben, indem ▓▓▓▓▓ hat das Ausgangsgericht

❏ mitgeteilt, dass ▓▓▓▓▓
❏ nichts unternommen

so dass das Verfahren zwar nicht formell ausgesetzt wurde, jedoch rein faktisch durch das Ausgangsgericht zum Stillstand gekommen ist.

Es ist anerkannt, dass alle Maßnahmen oder Unterlassungen des Prozessgerichtes, die gleich einer förmlichen Aussetzung zum Stillstand des Verfahrens führen, mit der sofortigen Beschwerde nach § 252 ZPO angegriffen werden können (vgl. Zöller-*Greger,* ZPO, 26. Auflage, § 252 Rn 1; *Goebel,* Das Beschwerderecht im Zivilprozess, 2007, Rn 629, 630)

Das Verhalten des Ausgangsgerichtes kommt einer Aussetzung des Verfahrens gleich, weil ▓▓▓▓▓.

Ein solcher Stillstand des Verfahrens ist auch nicht sachlich gerechtfertigt, weil ▓▓▓▓▓.

2.

Für die Entscheidung über die sofortige Beschwerde ist

❏ nach § 72 GVG das Landgericht berufen.
❏ nach § 119 GVG das Oberlandesgericht berufen.
❏ Soweit zunächst der originäre Einzelrichter beim zuständigen Beschwerdegericht nach § 568 ZPO zuständig ist, weil die angefochtene Entscheidung von einem Einzelrichter erlassen wurde, wird gebeten, diese nach § 568 S. 2 ZPO
  ❏ der Kammer
  ❏ dem Senat
vorzulegen, da die Rechtssache
  ❏ besondere Schwierigkeiten tatsächlicher oder rechtlicher Art aufweist,
  ❏ grundsätzliche Bedeutung hat,
was sich daraus ergibt, dass ▓▓▓▓▓.

III.

Soweit das erkennende Beschwerdegericht der diesseitigen Auffassung nicht zu folgen vermag, wird schon jetzt beantragt,

die Rechtsbeschwerde zum Bundesgerichtshof zuzulassen.

Die vom Beschwerdeführer dargelegte Auffassung wird von der Rechtsprechung der Oberlandesgerichte in ░░░░░░░ geteilt (vgl. ░░░░░░░ [592]). Soweit das angerufene Gericht dieser Auffassung nicht folgt, ist eine Entscheidung des Rechtsbeschwerdegerichts zur Fortbildung des Rechts und Sicherung einer einheitlichen Rechtsprechung erforderlich.

(Rechtsanwalt)

G.   Die sofortige Beschwerde gegen den Kostenbeschluss nach Klagerücknahme

I.   Die Entscheidung über die Kosten nach Klagerücknahme

640   Da es dem Kläger freisteht, eine Klage zu erheben, steht es ihm zunächst auch frei, die Klage zurückzunehmen, d.h. auf die Durchsetzung seiner vermeintlichen Ansprüche mittels gerichtlicher Hilfe zunächst zu verzichten und damit das Verfahren wieder zu beenden. Die Klagerücknahme ist in § 269 ZPO geregelt. Erheblich ist hier insbesondere die Kostenfolge in § 269 Abs. 3 ZPO.

641   Für die Kostenfolge ist zu unterscheiden, ob der Kläger die Klage nach Rechtshängigkeit zurücknimmt oder aber nach Anhängigkeit aber vor Rechtshängigkeit.

1.   Die Klagerücknahme nach Anhängigkeit aber vor Rechtshängigkeit

642   Vor der ZPO-Reform war streitig, wie die Konstellation zu behandeln ist, dass sich die Klage in der Hauptsache ganz oder teilweise durch ein Ereignis erledigt hat, welches nach Anhängigkeit, aber vor Zustellung der Klage eingetreten ist. Diese Streitfrage hat der Gesetzgeber mit der neuen Regelung in § 269 Abs. 3 S. 3 ZPO nunmehr klar entschieden. Erledigt sich die Hauptsache nach Anhängigkeit und vor Rechtshängigkeit der Klage, kann der Kläger die Klage zurücknehmen und so eine Kostenentscheidung nach billigem Ermessen durch das Gericht eröffnen.

643   *Hinweis*

Das OLG Brandenburg hält diese Regelung für verfassungswidrig. Sie verstoße gegen Art. 3 Abs. 1 und Art. 19 GG, da sie es dem Kläger ohne Prozessrechtsverhältnis erlaube, einen Kostenerstattungsanspruch zu erlangen.[593] Diese Auffassung ist bisher vereinzelt geblieben und erwartet eine höchstrichterliche Klärung. Es bleibt den Parteien insoweit unbenommen, sich diese Auffassung zu eigen zu machen. Sie überzeugt allerdings im Ergebnis nicht, da die jetzige gesetzliche Re-

---

592 Fundstellen der abweichenden ober- oder höchstrichterlichen Rechtsprechung.
593 OLG Brandenburg OLGR 2005, 559.

gelung der vorherigen von der Rechtsprechung entwickelten und im Ergebnis allgemein akzeptierten Behandlung solcher Fälle nach § 91a ZPO analog entspricht.

Allerdings handelt es sich bei § 269 Abs. 3 S. 3 ZPO um keine abschließende Rege-   644
lung, so dass der Kläger die Klage nach § 264 Nr. 3 ZPO auch auf das Interesse umstellen kann, d.h. entweder eine Zahlungs- oder eine Feststellungsklage formuliert, wonach der Beklagte die Kosten des (erledigten) Rechtsstreites zu tragen hat.[594] Einer solchen Klage kann das Rechtsschutzbedürfnis nicht abgesprochen werden, da im Verfahren nach § 269 Abs. 3 S. 3 ZPO nur eine summarische Prüfung stattfindet, während im geänderten Klageverfahren der Sachverhalt gänzlich zu klären ist.

Nach § 269 Abs. 3 S. 3 ZPO führt die Klagerücknahme in diesem Fall nicht mehr   645
automatisch zu einer Kostentragungspflicht des die Klage ganz oder teilweise zurücknehmenden Klägers. Vielmehr ist über die Kosten unter Berücksichtigung des bisherigen Sach- und Streitstandes nach billigem Ermessen zu entscheiden.

Der Rechtsanwalt sollte ausdrücklich auf diese Form der Kostenentscheidung hin-   646
weisen und muss ausführen, wie die Kostenentscheidung unter Berücksichtigung des bisherigen Sach- und Streitstandes zu treffen ist. Anderenfalls besteht die Gefahr, dass das Gericht entweder die Regelung des § 269 Abs. 3 S. 3 ZPO gar nicht anwendet, sondern nach § 269 Abs. 3 S. 2 sofort dem Kläger die Kosten auferlegt oder aber aus der Tatsache der Klagerücknahme schließt, dass die Klage unbegründet war oder jedenfalls der Beklagte keinen Anlass zur Klageerhebung gegeben hat. In diesem Fall kann der Kläger lediglich durch die sofortige Beschwerde nach §§ 269 Abs. 5 S. 1, 567 ZPO noch eine andere Kostenentscheidung erreichen.

Die Regelung in § 269 Abs. 3 S. 3 ZPO entspricht im Ergebnis der Verfahrensweise   647
bei der Erledigung in der Hauptsache nach Rechtshängigkeit und der Kostentragungsregelung in § 91a ZPO. Insoweit kann auf die dortigen Grundsätze und die zu § 91a ZPO ergangene Rechtsprechung zurückgegriffen werden.[595]

Das Gericht hat also nach billigem Ermessen unter Berücksichtigung des bisherigen   648
Sach- und Streitstandes, d.h. der Klageschrift, des dem erledigenden Ereignis zugrundeliegenden Sachverhaltes und der Darstellungen der Parteien hierzu über die Kosten zu entscheiden. Hat der Schuldner dem Gläubiger eine Teilzahlung auf die Schuld angekündigt, so ist dieser verpflichtet, den Eingang von Zahlungen zu überprüfen. Unterlässt er dies und erhebt Zahlungsklage, so trägt er die Kosten des Rechtsstreits, wenn die Teilzahlung des Schuldners vor Rechtshängigkeit der Klage eingegangen ist, und er die Klage nach sofortigem Anerkenntnis zurückgenommen hat.[596]

---

594 *Deckenbrock*, ProzRB 2003, 152; Zöller-*Greger*, ZPO, § 269 Rn 18e; a.A. *Tegeder*, NJW 2003, 3328 und Zöller-*Vollkommer*, § 91a Rn 42.
595 Vgl. hierzu § 4 Rn 436.
596 OLG München v. 17.5.2005 – 21 W 1458/05.

649   *Hinweis*

Beachtet werden muss, dass eine Entscheidung nach § 269 Abs. 3 S. 3 ZPO die Kostenprivilegierung nach Ziffer 1211 KVGKG entfallen lässt, d.h. es anders als bei der Klagerücknahme nach Rechtshängigkeit bei dem Anfall von drei Gerichtsgebühren verbleibt, so dass die Kosten des Rechtsstreites höher sind, als wenn die Klage erst nach Rechtshängigkeit zurückgenommen wird. Ist nicht ausgeschlossen, dass der Kläger einen Teil dieser Kosten tragen muss, kann es kostengünstiger sein, die Klage zurückzunehmen und die Kostenfolge nach § 269 Abs. 3 S. 2 ZPO mit den geringeren Gesamtkosten zu tragen. Das konkrete Vorgehen sollte im Einzelfall mit entsprechenden Berechnungen – auch für den schlimmsten Fall – geprüft und in Absprache mit dem Mandanten entschieden werden.

650   Umstritten war nach der ZPO-Reform zunächst, ob § 269 Abs. 3 S. 3 ZPO voraussetzt, dass die Klage bereits zugestellt wurde. Der Gesetzgeber hat die Streitfrage mit dem 1. Justizmodernisierungsgesetz entschieden. Durch den in § 269 Abs. 3 S. 3 ZPO angefügten Halbsatz wurde klargestellt, dass eine entsprechende Kostenentscheidung nicht mehr voraussetzt, dass die Klage auch zugestellt wurde. Dies erspart den Gerichten den mit der Zustellung verbundenen Aufwand und den Parteien die dadurch veranlassten zusätzlichen Kosten. Allerdings werden hiergegen auch rechtsstaatliche Bedenken erhoben.[597] Angesichts der Entscheidung des BGH,[598] der diese Rechtsfolge schon zuvor entwickelt hatte, ist aber nicht damit zu rechnen, dass diese Bedenken in der Rechtsprechung Gehör finden. Auch wenn die Klage dem Beklagten nicht zuzustellen ist, ist diese ihm aber jedenfalls zu übersenden, damit er sich zu der zu treffenden Kostenentscheidung äußern kann.

651   Nachdem der Gesetzgeber das Erfordernis der „unverzüglichen" Klagerücknahme wieder gestrichen hat, bleibt als Fehlerquelle in der Praxis, dass nach einem erledigenden Ereignis nach Anhängigkeit und vor Rechtshängigkeit noch immer vielfach „die Erledigung der Hauptsache analog § 91a ZPO" erklärt wird, wie es vor der ZPO-Reform im Ergebnis anerkannt war. Das Gericht kann diese Erklärung allerdings als Klagerücknahme im Sinne des § 269 Abs. 3 S. 3 ZPO auslegen oder aber zumindest den Kläger auf die Möglichkeit der Klagerücknahme hinweisen.

652   Aus Sicht des Beklagten[599] muss in zwei verschiedenen Schritten auf die Klagerücknahme reagiert werden:

■ Zunächst hat der Beklagte zu prüfen, ob und wann eine Klage anhängig gemacht wurde, d.h. ob das erledigende Ereignis tatsächlich (erst) nach Anhängigkeit der Klage eingetreten ist.

---

597 Zöller-*Greger*, § 269 Rn 18e m.w.N.
598 BGH NJW 2004, 1530 = MDR 2004, 525.
599 Muster eines Kostenantrages des Beklagten mit gleichzeitiger Stellungnahme zur Anwendung von § 269 Abs. 3 S. 3 ZPO bei *Goebel*, AnwF Zivilprozessrecht, § 12 Rn 650.

■ Sodann ist auch der Beklagte gehalten, zum Sach- und Streitstand Stellung zu nehmen und die Frage zu beantworten, wie aus seiner Sicht die Kosten nach billigem Ermessen und unter Berücksichtigung des bisherigen Sach- und Streitstandes zu verteilen sind, wenn er Rechtsnachteile vermeiden will. Dabei wird er eine Kostentragungspflicht des Klägers insbesondere dann erreichen können, wenn die Klageforderung vor dem Ausgleich noch nicht fällig war und/oder der Beklagte keinen Anlass zur Klageerhebung gegeben hat.

In Verkehrsunfallsachen und Versicherungssachen wird häufig Klage erhoben, bevor **653** eine angemessene Prüfungsfrist der beklagten Versicherung verstrichen ist. Zahlt die Versicherung dann nach Anhängigkeit, aber noch vor Ablauf einer angemessenen Regulierungsfrist, so sind dem Kläger die Kosten des Verfahrens nach § 269 Abs. 3 S. 3 ZPO aufzuerlegen.

Das Gericht entscheidet nach § 269 Abs. 4 ZPO über die Folgen der Klagerücknahme, **654** d.h. die Kostentragungspflicht und die Wirkungslosigkeit eines ggf. bereits ergangenen Urteils durch Beschluss. Nach § 128 Abs. 4 ZPO kann der Beschluss ohne mündliche Verhandlung erheben.

2. Die Klagerücknahme nach Rechtshängigkeit

Die Klagerücknahme lässt die Frage unbeantwortet, ob der mit der Klage geltend ge- **655** machte Anspruch tatsächlich existiert oder existiert hat. Der Klagerücknahme kann insbesondere nicht entnommen werden, dass der Kläger zugesteht, dass der ursprünglich geltend gemachte Anspruch nicht besteht.

Hinweis **656**

Insoweit ist der Kläger nach einer isolierten Klagerücknahme auch nicht gehindert, zu einem späteren Zeitpunkt seinen vermeintlichen Anspruch erneut geltend zu machen. Dem Bevollmächtigten des Beklagten obliegt es allerdings, genau dies zu verhindern, indem er über die Klagerücknahme hinaus einen Klageverzicht erreicht, was rechtlich jedoch nur unter engen Voraussetzungen erzwungen werden kann.[600]

Hat der Kläger die Klage zurückgenommen und ist hierzu entweder die Zustimmung **657** des Beklagten nicht erforderlich oder aber liegt eine erforderliche Zustimmung vor, so hat der Kläger nach der zwingenden Regelung des § 269 Abs. 3 S. 2 ZPO die Kosten des Rechtsstreites zu tragen, soweit über diese noch nicht erkannt ist oder der Beklagte diese aus anderem Grunde zu tragen hat.

Möglich ist es auch, nur einen Teil der Klage zurückzunehmen. Für den zurückge- **658** nommenen Teil der Klage gilt dann ebenfalls § 269 Abs. 3 S. 2 ZPO, wobei eine unmittelbare und gesonderte Kostenentscheidung zu Lasten des Klägers jedenfalls dann

---

600 Hierzu *Goebel*, AnwF Zivilprozessrecht, § 12.

unterbleibt, wenn alle Parteien im Hinblick auf den nicht zurückgenommenen Teil am Rechtsstreit beteiligt bleiben.[601] Anders verhält es sich nur dann, wenn mit der Teilklagerücknahme einer von mehreren Beklagten ausscheidet.[602] In diesem Fall ist über die außergerichtlichen Kosten des ausscheidenden Beklagten gemäß § 269 Abs. 3 ZPO zu entscheiden.

659   *Tipp*

Der Bevollmächtigte des ausscheidenden Beklagten darf in diesem Falle auch dann die gesamten Kosten und nicht nur die Erhöhungsgebühr liquidieren, wenn er die verbleibenden Beklagten weiter vertritt.[603]

660   Unerheblich für die Kostenentscheidung zu Lasten des Klägers bleibt, ob und welche prozessualen oder materiell-rechtlichen Gründe der Kläger für die Klagerücknahme hat. Das Ausgangsgericht darf diese Belange also nicht etwa werten und aus diesem Grunde dem Beklagten die Kosten ganz oder teilweise auferlegen. Gegen eine von der Grundregelung des § 269 Abs. 3 S. 2 ZPO abweichende Entscheidung kann sich der Beklagte mit der sofortigen Beschwerde zur Wehr setzen.

661   *Hinweis*

Allerdings muss der Kläger je nach dem Grund für die Klagerücknahme auch über Alternativen zu einer Klagerücknahme nachdenken.

662   Erkennt der Kläger, dass seine Klage aus Rechtsgründen unzulässig oder unbegründet ist, muss er zunächst prüfen, ob er das Zulässigkeits- oder Begründetheitshindernis beseitigen oder heilen kann, bevor er den mit Zeit- und Kostennachteilen verbundenen Weg wählt, zunächst die Klage zurückzunehmen und diese dann zu einem späteren Zeitpunkt wieder zu erheben.

663   Hat der Beklagte die Klageforderung ausgeglichen, ist zu prüfen, wann der Forderungsausgleich erfolgt ist. Hieraus kann sich auch die Erklärung der Erledigung der Hauptsache als der richtige Weg darstellen.

664   Stellt der Kläger fest, dass der Beklagte vermögenslos ist und ein hinreichender Vermögenserwerb dauerhaft nicht zu erwarten ist, so dass er weitere Kosten zu tragen hätte, ohne dass deren Erstattung sichergestellt ist, kann auch unter wirtschaftlichen Gesichtspunkten eine Klagerücknahme in Betracht gezogen werden. Soweit es sich bei dem Beklagten nicht um eine juristische Person handelt, sollte der Bevollmächtigte den Mandanten aber ausdrücklich und schriftlich darauf hinweisen, dass er aus einem Titel 30 Jahre vollstrecken kann, so dass ihm auch ein deutlich späterer Vermögenserwerb, etwa auch durch eine Erbschaft oder Pflichtteile, noch Befriedigung ver-

601 Zöller-*Greger*, § 269 Rn 19a.
602 BGH NJW 1952, 545.
603 OLG München NJW 1964, 1079.

schaffen kann. Die Praxis zeigt, dass die Beteiligten hier sehr häufig nur die aktuelle Vermögenssituation des Prozessgegners betrachten.

Nach Auffassung des Gesetzgebers kann dem Kläger allerdings die Dispositions- 665
befugnis über die Klagerücknahme nicht unbeschränkt gewährt werden. So kann nicht unberücksichtigt bleiben, dass der Kläger den Beklagten unfreiwillig in ein Prozess-rechtsverhältnis gezwungen hat und dieser – jedenfalls soweit er sich substanziell zur Klage eingelassen hat – ein eigenes schutzwürdiges Interesse daran hat, dass die Streitfrage abschließend entschieden wird und er sich gerade nicht mehr einer neuen Klage mit gleichem Gegenstand in der Zukunft stellen muss. Diesen Konflikt löst der Gesetzgeber in § 269 Abs. 1 ZPO, in dem er die Klagerücknahme ohne Einwilligung des Beklagten nur bis zum Beginn der mündlichen Verhandlung des Beklagten zur Hauptsache ermöglicht. Nach dem Beginn der mündlichen Verhandlung bedarf es dagegen zu einer wirksamen Klagerücknahme der Zustimmung des Beklagten. Die entscheidende Zäsur liegt also im Begriff der „Verhandlung zur Hauptsache" durch den Beklagten.

Hinweis 666

Kann der Kläger die Klage danach ohne Zustimmung des Beklagten zurücknehmen und weigert er sich nachfolgend, einen Klageverzicht zu erklären, so kann der Beklagte negative Feststellungsklage erheben und so eine Entscheidung der Streitfrage erzwingen.

Die Rücknahme der Klage ist nach § 269 Abs. 2 S. 1 ZPO gegenüber dem Gericht zu 667
erklären.[604] Die schriftliche Erklärung der Klagerücknahme ist zu dem anhängigen und zu beendigenden Rechtsstreit abzugeben. Eine Rücknahmeerklärung in einem anderen Verfahren genügt nicht.[605] Allerdings kann – etwa in einem Prozessvergleich in einem anderen Verfahren – vereinbart werden, dass das andere Gericht die Erklärung der Klagerücknahme an das zuständige Gericht im Namen des zurück-nehmenden Klägers zuleitet. Keine Klagerücknahme stellt es dar, wenn der Kläger nach der Abgabe des Mahnverfahrens an das Streitgericht, den Antrag auf Durch-führung des streitigen Verfahrens zurücknimmt.[606] Anderes kann nur gelten, wenn sich aus weiteren Umständen ergibt, dass der Kläger zugleich die Klage zurück-nehmen wollte.[607] Wird gleichwohl eine Kostenentscheidung nach § 269 Abs. 3 S. 2 ZPO getroffen, so kann diese mit der sofortigen Beschwerde nach §§ 269 Abs. 5 S. 1, 567 ZPO angegriffen werden.

---

604 B/L/H/A-*Hartmann*, § 269 Rn 27.
605 BGH MDR 1981, 102 = JurBüro 1981, 1659.
606 BGH v. 21.7.2005 – VII ZB 39/05 = BB 2005, 1876; KG Berlin KGR 2005, 521.
607 Vgl. hierzu etwa OLG München AnwBl 1984, 371.

668

Hinweis

In diesem Fall ist der Beklagte gezwungen, die Durchführung des streitigen Verfahrens nach § 696 Abs. 4 S. 1 ZPO zu beantragen, wenn er eine Kostenentscheidung zu seinen Gunsten erreichen will.[608] Nach der Abgabe des Verfahrens hat der Kläger den Mahnanspruch grundsätzlich zu begründen. Der Beklagte muss darauf achten, dass ihm dafür eine Frist gesetzt wird und im Falle des fruchtlosen Fristablaufes auf eine unverzügliche Terminsbestimmung drängen.

669   § 269 Abs. 3 ZPO gilt allerdings grundsätzlich auch dann, wenn ein Mahnbescheidsantrag ausdrücklich zurückgenommen wird.[609] Für die Entscheidung über die Kosten ist das Streitgericht zuständig.[610] Dies gilt auch, wenn der Antragsteller geltend macht, dass der Anlass zur Einreichung des Mahnantrags vor Rechtshängigkeit entfallen sei und dass er deswegen den Mahnantrag zurückgenommen habe (§ 269 Abs. 3 S. 3 ZPO). Auch in diesem Fall hat über die Kosten des Mahnverfahrens nach Abgabe das für das streitige Verfahren zuständige Gericht zu entscheiden.[611]

670   Die Klagerücknahme kann entweder dadurch erfolgen, dass sie außerhalb der mündlichen Verhandlung durch Einreichung eines Schriftsatzes vorgenommen wird oder in der mündlichen Verhandlung zu Protokoll erklärt wird, § 269 Abs. 2 S. 2 ZPO.

671   Die Erklärung muss nicht unbedingt den Begriff der Klagerücknahme enthalten. Vielmehr ist es auch möglich, dass die Rücknahme der Klage durch schlüssiges Verhalten zum Ausdruck gebracht wird.[612] Allerdings muss das Verhalten eindeutig und unzweifelhaft sein.[613] So reicht allein die Nichteinzahlung eines Kostenvorschusses nicht aus, um daraus auf eine Rücknahme der Klage oder eines Antrages zu schließen.[614]

672   Nach § 269 Abs. 3 S. 2 ZPO ist der Kläger verpflichtet, die Kosten des Rechtsstreites nach der Klagerücknahme zu tragen, soweit nicht bereits rechtskräftig über sie erkannt ist oder sie dem Beklagten aus einem anderem Grund aufzuerlegen sind.

673   Dieser Kostenregelung kann der Kläger grundsätzlich nicht dadurch entgehen, dass er das Verfahren einfach nicht fortführt. Auf Antrag des Beklagten ist dann Termin zur mündlichen Verhandlung zu bestimmen und in der Folge aus den Gründen, die eine Klagerücknahme rechtfertigen, die Klage abzuweisen, so dass der Kläger auch in diesem Fall die Kosten des Rechtsstreites zu tragen hat. Die Klagerücknahme hat demgegenüber den Vorteil, dass der Kläger von den drei bereits eingezahlten gericht-

---

608 So auch KG Berlin KGR 2005, 521.
609 BGH NJW 2005, 512 = AGS 2005, 32 = JurBüro 2005, 157 = Prozessrecht aktiv 2005, 28.
610 BGH NJW 2005, 513 = InVo 2005, 147 = MDR 2005, 411.
611 BGH NJW 2005, 512 = AGS 2005, 32 = JurBüro 2005, 157 = Prozessrecht aktiv 2005, 28.
612 BGH NJW-RR 1996, 885 = WM 1996, 1684; MDR 1989, 987.
613 BGH NJW-RR 1996, 885 = WM 1996, 1684.
614 OLG Düsseldorf NJW 2002, 864 = MDR 2002, 603.

lichen Verfahrensgebühren nach Ziffer 1211 KVGKG nur eine Gebühr abschließend tragen muss, mithin zwei gerichtliche Verfahrensgebühren nach der Rücknahme der Klage vor dem Schluss der mündlichen Verhandlung in erster Instanz zurückerstattet erhält. Dies gilt allerdings nur, wenn er die Klage vollständig zurücknimmt. Die Gebührenermäßigung bei Zurücknahme der Klage tritt auch dann nicht ein, wenn die Rücknahme nach dem Schluss der letzten mündlichen Verhandlung erfolgt. Dies gilt auch dann, wenn das Gericht dem Kläger in der mündlichen Verhandlung eine Überlegungsfrist zur Klagerücknahme eingeräumt hat.[615] Die Formulierung in Nr. 1211 KVGKG ist insoweit eindeutig. Auch wenn bereits ein Zwischenurteil vorausgegangen ist, scheidet eine Gebührenermäßigung aus.[616]

Tipp **674**

Erfolgt der Entschluss zur Klagerücknahme innerhalb einer Woche nach dem Schluss der mündlichen Verhandlung, kann die Kostenprivilegierung durch einen Rechtsmittelverzicht und damit einen Verzicht auf Tatbestand und Entscheidungsgründe gegen ein Urteil nach § 313a Abs. 2, 3 ZPO erreicht werden, Nr. 1211 Nr. 2 KVGKG.

Das OLG Frankfurt hat es für nicht möglich angesehen, dem Kläger nach Klagerücknahme die Kosten des Rechtsstreites aufzuerlegen, wenn die Parteien über den Streitgegenstand einen außergerichtlichen Vergleich geschlossen haben, in dem der Beklagte sich verpflichtet hat, die Kosten des Verfahrens zu tragen.[617] Dem Kostenantrag des Beklagten fehlt es in diesem Fall am Rechtsschutzinteresse. Ausgehend von der Entscheidung des OLG Frankfurt kann sich der Kläger also gegen eine Kostenentscheidung sowohl im Ausgangsverfahren als auch – bei Erfolglosigkeit im Ausgangsverfahren – mit der sofortigen Beschwerde zur Wehr setzen. **675**

Hinweis **676**

Wird im Ausgangsverfahren ein Kostenausspruch gegen den Kläger getroffen, kann er seinem materiell-rechtlichen Kostenerstattungsanspruch aber auch mit der Vollstreckungsgegenklage gegen den Kostenfestsetzungsbeschluss Geltung verschaffen oder aber ihn mit einer Leistungsklage gesondert einklagen.

Nichts anderes gilt, wenn der Anspruch ganz oder teilweise erfüllt worden ist, wobei die Parteien vereinbart haben, dass einerseits die Klage zurückgenommen wird, andererseits kein Kostenantrag gestellt wird. Grundsätzlich kommt es in diesem Fall nicht zur Kostenentscheidung nach § 269 Abs. 3 S. 2 ZPO, weil diese nicht von Amts wegen, sondern lediglich auf Antrag zu treffen ist, den der Beklagte ja gerade nicht stellen soll. Stellt der Beklagte gleichwohl einen Kostenantrag, so fehlt für eine Kostenentscheidung nach § 269 Abs. 3 S. 2 ZPO das Rechtsschutzbedürfnis, da aufgrund **677**

---

615 OLG München MDR 2000, 787 = AGS 2000, 136 = AnwBl 2001, 579.
616 OLG Koblenz AGS 2004, 489 = MDR 2005, 119.
617 OLG Frankfurt OLGR 2005, 76 = AGS 2005, 171.

der materiell-rechtlichen Vereinbarung die erstatteten Kosten zurückzugewähren wären. Entscheidet das Gericht gleichwohl, kann diese Entscheidung mit der sofortigen Beschwerde nach §§ 269 Abs. 5 S. 1, 567 ZPO angegriffen werden.

678 Die Erklärung über die Klagerücknahme unterliegt im Rahmen von § 78 ZPO dem Anwaltszwang. Ein Widerruf oder eine Anfechtung der Klagerücknahme durch den Kläger ist nicht möglich, da es sich insoweit um eine Prozesshandlung handelt.[618] Allerdings sind Prozesserklärungen auslegungsfähig und offensichtliche Irrtümer durch das Gericht zu berücksichtigen und der entsprechende Sachverhalt aufzuklären.[619]

679 Wenn eine Partei in einem für den Gegner widerruflichen Vergleich die Pflicht übernimmt, eine Klage in einem Parallelverfahren zurückzunehmen, und diese Rücknahme unter Bezugnahme auf den Vergleich vor Ablauf der Widerrufsfrist erklärt, muss diese Prozesserklärung dahin ausgelegt werden, dass sie unter der Bedingung erfolgt, dass der Vergleich rechtswirksam wird. Die Rücknahmeerklärung kann daher keine Rechtswirkungen (mehr) entfalten, wenn der Vergleich widerrufen wird. Allerdings sollten solche Konstellationen möglichst vermieden werden. Auch wenn man eine bedingte Prozesserklärung verneint, bleibt es dabei, dass die die Klagerücknahme erklärende Partei ausschließlich aufgrund der im Vergleich übernommenen Verpflichtung handeln wollte. Ihre Erklärung ist dann nur mit einem offensichtlichen Irrtum darüber, dass der Vergleich noch nicht rechtskräftig ist oder mit der Annahme, ihre Rücknahmeerklärung werde erst mit Rechtskraft des Vergleichs wirksam, erklärbar. Bei derartigen, so offensichtlich nicht gewollten Prozesserklärungen ist der Widerruf zuzulassen und eine Berufung des Prozessgegners auf die Verbindlichkeit einer solchen Erklärung bzw. die Verweigerung der Zustimmung zum Widerruf ist als rechtsmissbräuchlich anzusehen.[620] Wird dem im Ausgangsverfahren nicht Rechnung getragen, kann der Kläger gegen die Kostenentscheidung nach §§ 269 Abs. 5 S. 1, 567 ZPO mit der sofortigen Beschwerde vorgehen.

680 *Tipp*

Gleichwohl sollte der Bevollmächtigte bei der in einem Widerrufsvergleich übernommenen Verpflichtung zur Vornahme einer Prozesshandlung zunächst immer den Ablauf der Widerrufsfrist und damit den Bestand des Vergleiches abwarten, bevor er die Prozesshandlung tatsächlich vornimmt. Ansonsten ist der Kläger nicht gehindert, die Klage erneut zu erheben, wenn die Klagerücknahme nicht mit einem Klageverzicht verbunden war und der Prozessgegner sich auf die – verfrüht – abgegebene Prozesserklärung beruft. Zugleich kann gegen den Prozessgegner ein Anspruch auf Ersatz der so unnötig verursachten Kosten nach § 826 BGB in Betracht kommen.

---

618 OLG Saarbrücken MDR 2000, 722.
619 OLG Düsseldorf AGS 2004, 322.
620 OLG Stuttgart OLGR 1998, 440.

II. Das Verfahren vor dem Beschwerdegericht

Gegen den Beschluss über die Kosten nach § 269 Abs. 3 S. 2 ZPO oder nach § 269 **681** Abs. 3 S. 3 ZPO und die Erklärung über die Wirkungslosigkeit des bereits ergangenen Urteils ist die sofortige Beschwerde nach §§ 567 ff. ZPO gemäß § 269 Abs. 5 ZPO statthaft. Gleiches gilt, wenn das Ausgangsgericht auf einen entsprechenden Antrag nach § 269 Abs. 4 ZPO eine Kostengrundentscheidung nach § 269 Abs. 3 ZPO ablehnt.

Hinweis **682**

Ist streitig, ob eine wirksame Klagerücknahme vorliegt, ist hierüber mündlich zu verhandeln. Sodann entscheidet das Gericht hierüber durch Urteil. Soweit es die Wirksamkeit verneint, ergeht ein Zwischenurteil nach § 303 ZPO oder ein Endurteil über die Klage. Soweit es von einer wirksamen Klagerücknahme ausgeht, wird hierüber durch Feststellungsurteil, dass die Klage wirksam zurückgenommen ist, entschieden. Gegen das ergehende Urteil ist dann Berufung, nicht aber die sofortige Beschwerde statthaft. Das Zwischenurteil ist sogar unanfechtbar und erst mit dem Endurteil anfechtbar. Entscheidet das Gericht fehlerhaft durch Beschluss, so ist allerdings nach dem Grundsatz der Meistbegünstigung auch die sofortige Beschwerde statthaft.[621]

Wie bei anderen das Verfahren vorzeitig beendenden Schlussentscheidungen, ist auch **683** hier Voraussetzung einer sofortigen Beschwerde, dass der Streitwert in der Hauptsache den Betrag von 600 EUR übersteigt d.h. in der Hauptsache auch ein Rechtsmittel möglich gewesen wäre. Entscheidend ist der Streitwert der Hauptsache zum Zeitpunkt der Kostenentscheidung des Ausgangsgerichtes und nicht zum Zeitpunkt der Rechtshängigkeit. Mehrere Teilklagerücknahmen können damit zum Verlust des Beschwerderechtes führen.

Da es sich um eine echte Kostengrundentscheidung handelt, muss zusätzlich die not- **684** wendige Beschwer nach § 567 Abs. 2 ZPO erreicht sein, d.h. die erstrebte Kostenentscheidung muss den Beschwerdeführer gegenüber der angefochtenen Kostenentscheidung um mehr als 200 EUR besser stellen.

In negativer Hinsicht verliert der Beschwerdeführer sein Beschwerderecht, wenn be- **685** reits ein Kostenfestsetzungsverfahren nach §§ 104 ff. ZPO stattgefunden und ein Kostenfestsetzungsbeschluss ergangen ist, der nicht mehr anfechtbar ist.[622] Für eine sofortige Beschwerde gegen die Kostengrundentscheidung fehlt es dann am erforderlichen Rechtsschutzbedürfnis.

Im Übrigen gelten für das Beschwerdeverfahren die in § 2 dargelegten Grundsätze des **686** allgemeinen Beschwerderechtes nach den §§ 567–573 ZPO.

---

621 Hierzu Zöller-*Gummer/Heßler*, Vor § 511 Rn 30.
622 Zöller-*Greger*, § 269 Rn 20.

687 Das Beschwerdegericht kann unter den Voraussetzungen des § 574 ZPO die Rechtsbeschwerde zulassen. Gegen eine nach Rücknahme des Antrags auf Erlass einer einstweiligen Verfügung im Beschwerdeverfahren ergangene Entscheidung über die Kosten ist die Rechtsbeschwerde allerdings nicht statthaft, da hier nach § 542 Abs. 2 S. 1 ZPO der Instanzenzug verkürzt ist.[623]

III. Muster einer Beschwerde gegen eine Kostenentscheidung nach § 269 Abs. 3 S. 3 ZPO

688 An das
Landgericht/Oberlandesgericht
– Beschwerdekammer/Beschwerdesenat –

in ▨

über das
Amtsgericht/Landgericht[624]

in ▨

Sofortige Beschwerde nach § 269 Abs. 5 ZPO

In dem Rechtsstreit

Kläger ./. Beklagter
Az: ▨

wird namens und in Vollmacht des ▨ gegen die Entscheidung des ▨ vom ▨, Az: ▨, sofortige Beschwerde eingelegt.

Es wird beantragt:

In Abänderung des angefochtenen Beschlusses des ▨ vom ▨ werden die Kosten des Verfahrens dem ▨ auferlegt.

Zur **Begründung** wird Folgendes ausgeführt:

I.

Mit der angefochtenen Entscheidung vom ▨ hat das Ausgangsgericht dem Beschwerdeführer die Kosten des Verfahrens nach § 269 Abs. 3 S. 3 ZPO auferlegt, nachdem die Klage wegen eines nach Anhängigkeit, aber vor Rechtshängigkeit eingetretenen Ereignisses, nämlich ▨, zurückgenommen worden ist.

---

623 BGH InVo 2004, 200 = AGS 2004, 37 = BGHReport 2003, 1362 = NJW 2003, 3565.
624 Ausgangsgericht.

Die Entscheidung ist unzutreffend und im Sinne des vorstehenden Antrags durch das Ausgangsgericht nach § 572 Abs. 1 S. 1 ZPO oder aber das angerufene Beschwerdegericht zu ändern.

Die Entscheidung ist nach § 269 Abs. 3 S. 3, Abs. 4 ZPO ergangen und dementsprechend nach § 269 Abs. 5 ZPO mit der sofortigen Beschwerde angreifbar.

Die angefochtene Entscheidung wurde dem Beschwerdeführer am ▆▆▆▆▆ zugestellt. Die Notfrist des § 569 Abs. 1 S. 1 ZPO endet damit am ▆▆▆▆▆ und wird durch den vorliegenden Schriftsatz gewahrt.

Für die Entscheidung über die sofortige Beschwerde ist

❏ nach § 72 GVG das Landgericht berufen. Eine abweichende Fallkonstellation nach § 119 Abs. 1 Nr. 1 GVG liegt nicht vor.
❏ nach § 119 GVG das Oberlandesgericht berufen.
❏ Soweit zunächst der originäre Einzelrichter beim zuständigen Beschwerdegericht nach § 568 ZPO zuständig ist, weil die angefochtene Entscheidung von einem Einzelrichter erlassen wurde, wird gebeten, diese nach § 568 S. 2 ZPO
  ❏ der Kammer
  ❏ dem Senat
  vorzulegen, da die Rechtssache
  ❏ besondere Schwierigkeiten tatsächlicher oder rechtlicher Art aufweist,
  ❏ grundsätzliche Bedeutung hat,
  was sich daraus ergibt, dass ▆▆▆▆▆.

Der Wert in der Hauptsache beträgt ▆▆▆▆▆ EUR, so dass auch § 269 Abs. 5 ZPO insoweit der Statthaftigkeit der sofortigen Beschwerde nicht entgegensteht.

II.

Die angefochtene Entscheidung erweist sich im Ergebnis als unzutreffend.

Die angefochtene Entscheidung beruht auf § 269 Abs. 3 S. 3 ZPO. Danach ist über die Kosten des Verfahrens nach billigem Ermessen unter Berücksichtigung des Sach- und Streitstandes zu entscheiden, wenn eine Klage wegen eines erledigenden Ereignisses nach Anhängigkeit und vor Rechtshängigkeit unverzüglich zurückgenommen wird.

Danach durften dem Beschwerdeführer vorliegend die Kosten des Verfahrens nicht auferlegt werden.

❏ Vorliegend kommt bereits aus Rechtsgründen eine Entscheidung nach § 269 Abs. 3 S. 3 ZPO nicht in Betracht, da zwischen dem Kläger und dem Beklagten kein Prozessrechtsverhältnis begründet wurde, da die Klage, jedenfalls soweit sie zurückgenommen wurde, dem Beklagten nicht zugestellt wurde. Dies gilt auch für die Erklärung über die Klagerücknahme (vgl. KG Berlin KGR 2003, 109; OLG

Nürnberg MDR 2003, 410; LG Münster NJW-RR 2002, 1221). Daran hat auch die Änderung von § 269 Abs. 3 ZPO durch das Justizmodernisierungsgesetz nichts geändert. Ungeachtet der Frage, ob diese Regelung überhaupt verfassungsgemäß ist (verneinend OLG Brandenburg OLGR 2005, 559), begegnet sie jedenfalls erheblichen rechtsstaatlichen Bedenken (hierzu Zöller-*Greger,* ZPO, 26. Auflage 2005, § 269 Rn 18e). Diesen rechtsstaatlichen Bedenken Rechnung tragend, kommt eine Kostenentscheidung zu Lasten des Beklagten nicht in Betracht, wenn die Klage zurückgenommen wird, bevor diese dem Beklagten zugestellt wurde. Nachdem das Erfordernis der „Unverzüglichkeit" entfallen ist, ist es dem Kläger auch zuzumuten, ggf. die Zustellung der Klage abzuwarten. Letztlich ist ein solches Erfordernis auch vertretbar, da damit ein Rechtsverlust des Klägers nicht begründet ist. Soweit dieser – entgegen der tatsächlichen Rechtslage – meint, einen Kostenerstattungsanspruch zu haben, ist er nicht gehindert, diesen materiellrechtlichen Anspruch anderweitig zu verfolgen.

❏ Die Kosten des Verfahrens sind nach § 269 Abs. 3 S. 3 ZPO unter Berücksichtigung des bisherigen Sach- und Streitstandes dem ▨▨▨▨ aufzuerlegen, weil

  ❏ die streitige Forderung zum Zeitpunkt der Anhängigkeit der Klage noch überhaupt nicht fällig war und zum Zeitpunkt der Fälligkeit diese unmittelbar ausgeglichen wurde. Dies ergibt sich daraus, dass ▨▨▨▨.

  ❏ zum Zeitpunkt der Anhängigkeit der Klage eine angemessene Prüfungs- und Regulierungsfrist für die Beklagte noch nicht verstrichen war und noch vor Ablauf einer solchen Frist die Regulierung vorgenommen wurde. Dies ergibt sich daraus, dass ▨▨▨▨.

  ❏ ▨▨▨▨

III.

Soweit das erkennende Beschwerdegericht der diesseitigen Auffassung nicht zu folgen vermag, wird schon jetzt beantragt,

  die Rechtsbeschwerde zum Bundesgerichtshof zuzulassen.

Die vom Beschwerdeführer dargelegte Auffassung wird von der Rechtsprechung der Oberlandesgerichte in ▨▨▨▨ geteilt (vgl. ▨▨▨▨[625]). Soweit das angerufene Gericht dieser Auffassung nicht folgt, ist eine Entscheidung des Rechtsbeschwerdegerichts zur Fortbildung des Rechts und Sicherung einer einheitlichen Rechtsprechung erforderlich.

(Rechtsanwalt)

---

625 Fundstellen der abweichenden ober- oder höchstrichterlichen Rechtsprechung.

H. Die sofortige Beschwerde gegen einen Berichtigungsbeschluss nach § 319 ZPO

I. Die Entscheidung über die Berichtigung wegen offensichtlicher Unrichtigkeit nach § 319 ZPO

Zeigt sich nach der Zustellung des Urteils oder eines Beschlusses, dass die Entschei-   689
dung Unrichtigkeiten aufweist, müssen diese berichtigt werden. Anderenfalls drohen
insbesondere in der Zwangsvollstreckung Schwierigkeiten. Es gehört zu den anwaltlichen Pflichten des Bevollmächtigten, die Entscheidung auf offensichtliche Unrichtigkeiten zu überprüfen.

Als einschlägiges Instrument für die Korrektur offensichtlicher Unrichtigkeiten steht   690
§ 319 ZPO zur Verfügung. Über seinen Wortlaut hinaus gilt § 319 ZPO nicht nur für
Urteile, sondern auch für verschiedene Beschlüsse. In Betracht kommen hier insbesondere:

- der Kostenfestsetzungsbeschluss[626]
- der Mahnbescheid[627]
- der Vollstreckungsbescheid[628]
- der Verweisungsbeschluss[629]
- der Tatbestandsberichtigungsbeschluss[630]
- die Kostenentscheidungen nach § 91a oder § 269 Abs. 3 ZPO
- der Beschluss über die Regelung des Versorgungsausgleichs[631]
- der Scheidungsfolgenvergleich[632]
- der Schiedsspruch.[633]

Hinweis   691

Für die Berichtigung eines Beweisbeschlusses bedarf es dagegen § 319 BGB nicht.
Diese kann auf Anregung der Parteien jederzeit nach § 360 ZPO erfolgen.

Die Berichtigung eines Prozessvergleiches erfolgt dagegen nach § 164 ZPO[634] im   692
Wege der Protokollberichtigung. Allerdings ist zu beachten, dass „unrichtige" Ver-

---

626 OLG München NJW-RR 1996, 51.
627 OLG Düsseldorf NJW 1999, 2000.
628 OLG Frankfurt NJW-RR 1990, 768.
629 BGH NJW-RR 1993, 700.
630 BGH NJW-RR 1988, 407.
631 OLG Karlsruhe FamRZ 2003, 776.
632 OLG Frankfurt OLGR 2002, 243.
633 OLG Frankfurt OLGR 2004, 310; MüKo/ZPO-*Musielak*, § 319 Rn 3.
634 Zöller-*Vollkommer*, § 319 Rn 3; Musielak-*Musielak*, § 319 Rn 2; a.A. B/L/A/H-*Hartmann*, § 319
    Rn 3; OLG Nürnberg v. 29.5.2006 – 10 UF 1454/05 ohne Auseinandersetzung mit § 164 ZPO.

einbarungen aufgrund inhaltlicher Irrtümer auf diesem Wege nicht korrigiert werden können.[635]

693   *Tipp*

Auch notarielle Urkunden können nach § 319 ZPO von offensichtlichen Unrichtigkeiten befreit werden,[636] was gegenüber einer erneuten Beurkundung besondere Kostenvorteile mit sich bringt.

694   *Hinweis*

§ 319 ZPO gilt nicht nur im zivilprozessualen Verfahren, sondern auch im Verfahren der freiwilligen Gerichtsbarkeit.[637] Auch im arbeitsgerichtlichen Verfahren findet über § 46 Abs. 2 ArbGG, § 319 ZPO Anwendung.

695   Der Berichtigungsantrag nach § 319 ZPO setzt voraus, dass sich in der Entscheidung eine offensichtliche Abweichung zwischen dem vom Gericht Gewollten und der tatsächlichen Entscheidung erkennen lässt. Dabei muss sich die offensichtliche Unrichtigkeit aus der Entscheidung oder deren Verkündung selbst ergeben. Auch für am Prozess beteiligte Dritte muss sich die Unrichtigkeit ohne weiteres ergeben können.[638]

696   *Hinweis*

Entscheidend und berichtigungsfähig ist also ein Fehler bei der Willensverlautbarung, nicht dagegen ein Fehler in der Willensbildung.[639] Insoweit kommen als berichtigungsfähige Fehler insbesondere in Betracht:

- Schreibfehler,[640]
- Rechenfehler,[641]
- Ungenauigkeiten im Ausdruck,[642]
- Berechnungsfehler durch falsche Eingabe in ein Berechnungsprogramm,[643]
- versehentlich unterbliebene Zulassung der Revision,[644]
- die Divergenz zwischen den Entscheidungsgründen und dem Tenor,[645] etwa der Kostenentscheidungsbegründung, und dem Tenor, wenn etwa der „falschen" Partei die Kosten auferlegt werden oder die Kostenentscheidung sogar ganz fehlt,

---

635 OLG Celle OLGR 2000, 236; 1999, 94.
636 OLG Frankfurt NJW-RR 1997, 566.
637 BGH MDR 1989, 531.
638 BGH NJW-RR 2001, 61; a.A. MüKo/ZPO-*Musielak*, § 319 Rn 7.
639 OLG Saarbrücken OLGR 2004, 485 = MDR 2005, 47.
640 BGH, Beschl. v. 22.2.2000 – XI ZR 177/99; OLG Koblenz OLGR 2000, 440.
641 BGH NJW 1995, 1033; OLG Köln FamRZ 1993, 457; OLG Hamm NJW-RR 1987, 188; OLG Bamberg NJW FamRZ 2000, 38.
642 OLG Brandenburg MDR 1997, 1064; OLG Zweibrücken MDR 1994, 831; BGH ZIP 1993, 624.
643 OLG Karlsruhe, FamRZ 2003, 776; OLG Bamberg NJW-RR 1998, 1620.
644 BGH NJW-RR 2001, 61; BAG NJW 2001, 142.
645 OLG Hamm NJW-RR 2000, 1524.

- eine unklare Kostenentscheidung,[646]
- die unzutreffende Bezeichnung der Prozessbevollmächtigten,[647]
- die unzutreffende Bezeichnung des gesetzlichen Vertreters.[648]

Mit dem Berichtigungsantrag nach § 319 ZPO kann dagegen – auch ein offensicht- **697**
licher – Rechtsanwendungsfehler nicht berichtigt werden. Diese sind vielmehr im
Wege der Berufung nach § 520 Abs. 3 Nr. 2 ZPO zu korrigieren.

Eine übergangene Kostenentscheidung hinsichtlich der Nebenintervention kann **698**
ebenfalls nicht im Wege der Urteilsberichtigung, sondern lediglich im Wege der Urteilsergänzung gemäß § 321 ZPO korrigiert werden.[649]

Die Berichtigung kann alle Teile des Urteils betreffen, d.h. **699**

- das Rubrum,

  Hinweis

  Im Wege einer Urteilsberichtigung kann auch die nach dem Rubrum beklagte
  Partei durch eine andere ersetzt werden, wenn sich aus dem übrigen Inhalt des
  Urteils zweifelsfrei ergibt, dass die andere Partei als Beklagte angesehen wird
  und verurteilt werden soll.[650]

- den Tenor,[651]

  Hinweis

  Ist die Zulassung der Rechtsbeschwerde in dem Beschluss des Beschwerdegerichts, des Berufungsgerichts oder des Oberlandesgerichts nicht ausgesprochen worden, kann der Ausspruch im Wege eines Berichtigungsbeschlusses
  nach § 319 ZPO nachgeholt werden, wenn das Gericht die Rechtsbeschwerde in
  dem Beschluss zulassen wollte und dies nur versehentlich unterblieben ist.
  Dieses Versehen muss sich aus dem Zusammenhang der Entscheidung selbst
  oder mindestens aus den Vorgängen bei der Beschlussfassung ergeben und auch
  für Dritte ohne weiteres deutlich sein.[652] Nichts anderes gilt, wenn in diesem
  Sinne die Zulassung der Berufung versehentlich nicht ausgesprochen wurde.[653]
  Wurde dagegen das Rechtsmittel ausdrücklich nicht zugelassen, kann dies nicht
  über § 319 ZPO korrigiert werden.[654]

---

646 BayObLG NJW-RR 1997, 57.
647 Zöller-*Vollkommer*, § 319 Rn 14.
648 LAG München MDR 1985, 170.
649 OLG Dresden OLG-NL 2005, 281.
650 OLG Frankfurt v. 20.4.2005 – 4 W 10/05 n.v.
651 BGH NJW 1999, 646; BGH NJW-RR 1991, 1278.
652 BGH NJW 2005, 156 = MDR 2005, 103 = AGS 2004, 480 = AnwBl 2004, 729.
653 BGH NJW 2004, 2389 = FamRZ 2004, 1278 = BGHReport 2004, 1258 = MDR 2004, 1073.
654 BGH FamRZ 2004, 530.

- den Tatbestand,
- die Entscheidungsgründe
- und letztlich auch die Unterschrift.[655]

700 Der Antrag auf Berichtigung unterliegt unter den Voraussetzungen des § 78 ZPO dem Anwaltszwang. Im amtsgerichtlichen Verfahren besteht nach § 496 ZPO damit grundsätzlich kein Anwaltszwang. Ungeachtet dessen kann die Berichtigung aber auch von Amts wegen und damit auch auf „Anregung" erfolgen.

701 Zuständig für die Entscheidung über die Berichtigung ist das Gericht, welches die zu berichtigende Entscheidung erlassen hat. Dies kann auch das Rechtsmittelgericht sein.[656] An der Berichtigung eines Urteils brauchen nicht zwingend die Richter mitzuwirken, die an der zu berichtigenden Ausgangsentscheidung beteiligt waren. Es ist aber unzulässig, dass der Einzelrichter die Entscheidung des Kollegiums berichtigt und umgekehrt.[657]

702 Die Entscheidung über den Berichtigungsantrag erfolgt nach §§ 319, 128 Abs. 4 ZPO durch Beschluss. Einer mündlichen Verhandlung bedarf es nicht. Der Beschluss ist nach § 319 Abs. 2 ZPO auf die zu berichtigende Entscheidung zu setzen, weshalb es sich zur Beschleunigung empfiehlt, die Ausfertigung der zu berichtigenden Entscheidung unmittelbar mit dem Antrag nach § 319 ZPO vorzulegen.

703 *Hinweis*

Der Berichtigungsantrag nach § 319 ZPO ist nicht fristgebunden und kann auch noch nach der Rechtskraft der zu berichtigenden Entscheidung gestellt werden.[658]

704 *Tipp*

In Einzelfällen kann in der Praxis die Abgrenzung zum Ergänzungsantrag nach § 321 ZPO schwierig sein, insbesondere wenn Ausführungen in den Entscheidungsgründen zu einem Antrag vorhanden sind, der Antrag im Tenor aber nicht beschieden wurde. Da der Ergänzungsantrag nach § 321 ZPO an eine Zwei-Wochen-Frist gebunden ist, sollte der Berichtigungsantrag in Zweifelsfällen immer in der Zwei-Wochen-Frist des § 321 Abs. 2 ZPO gestellt werden und hilfsweise die Ergänzung des Urteils beantragt werden.

705 Die Berichtigung wirkt auf den Zeitpunkt der Verkündung des Urteils bzw. der Bekanntgabe der Entscheidung zurück, so dass der Berichtigungsbeschluss auch auf die berichtigte Entscheidung zu setzen ist und diese fortan maßgebend ist.[659] Dabei lässt

655 BGHZ 18, 350.
656 BGH NJW 1989, 1281.
657 KG Berlin v. 30.3.2006 – 22 W 22/06.
658 OLG Brandenburg MDR 2000, 658 = NJW-RR 2000, 1522 = OLGR 2000, 324.
659 BGH NJW 1994, 1041.

der Berichtigungsbeschluss grundsätzlich alle laufenden Fristen gegen die zu berichtigende Entscheidung unberührt.[660] So werden die Notfrist von regelmäßig zwei Wochen für die sofortige Beschwerde gegen einen zu berichtigenden Beschluss oder die Notfrist nach § 517 ZPO von einem Monat für die Berufung[661] und die Frist für die Berufungsbegründung durch den Berichtigungsantrag nicht tangiert. Dies ist auch vom BVerfG nicht beanstandet worden.[662] Für die Berufung ergibt sich dies schon im Umkehrschluss aus § 518 ZPO.

Hinweis 706

Etwas anderes gilt allerdings dann, wenn sich erst aus der Berichtigung ergibt, dass eine Partei beschwert ist, d.h. das offensichtlich fehlerhafte Urteil nicht als Grundlage für eine Entscheidung über die Einlegung eines Rechtsmittels dienen konnte.[663] In diesem Fall beginnen die Fristen jeweils mit der Zustellung des Berichtigungsbeschlusses.[664]

II. Das Verfahren vor dem Beschwerdegericht

Anders als der Beschluss über einen Tatbestandsberichtigungsantrag, der nach § 320 707 Abs. 4 S. 4 ZPO unanfechtbar ist und die Urteilsergänzung nach § 321 ZPO, die zu einem eigenständig mit der Berufung anzugreifenden Ergänzungsurteil führt, ist der Beschluss über die Berichtigung eines Urteils nach § 319 Abs. 3 ZPO mit der sofortigen Beschwerde teilweise anfechtbar.

Die Entscheidung über die Ablehnung der Berichtigung ist unanfechtbar. Auch unter 708 dem Gesichtspunkt der „greifbaren Gesetzwidrigkeit" kommt keine außerordentliche Beschwerde mehr in Betracht.[665]

Hinweis 709

Dies gilt allerdings nicht im Verfahren der freiwilligen Gerichtsbarkeit. Hier wird auch gegen die ablehnende Entscheidung die – einfache – Beschwerde zugelassen.[666]

Wird dagegen eine Berichtigung durch Beschluss ausgesprochen, so ist dieser Be- 710 schluss mit der sofortigen Beschwerde nach §§ 319 Abs. 3, 567 ZPO anfechtbar.

660 BGH BGHReport 2004, 681 = NJW-RR 2004, 712 = Prozessrecht aktiv 2004, 101 = FamRZ 2004, 1021 = MDR 2004, 899; OLG Brandenburg OLGR 2004, 293.
661 BGH NJW 2003, 2991 = FamRZ 2003, 1380 = MDR 2003, 1128 = BGHReport 2003, 1104.
662 BVerfG NJW 2001, 142.
663 BGH BGHReport 2004, 286 = WM 2004, 891 = MDR 2004, 391; BGH NJW-RR 2001, 211; BGH NJW 1985, 1033; 1991, 1834; OLG Naumburg OLGR 2004, 202; OLGR Brandenburg 2004, 293.
664 BGH NJW-RR 2001, 211; NJW 1999, 646.
665 BGH MDR 2002, 901; OLG Frankfurt OLGR 2002, 350.
666 OLG Düsseldorf OLGZ 1970, 126; OLG Frankfurt OLGZ 1979, 390.

711   *Hinweis*

Gegen eine Beschwerdeentscheidung des Landgerichts als Berufungsgericht, durch die eine Entscheidung eines Amtsgerichts nach § 319 ZPO berichtigt worden ist, findet eine sofortige Beschwerde nicht statt, so dass ein entsprechendes Rechtsmittel als unzulässig zu verwerfen ist.[667] Statthaft ist allenfalls die Rechtsbeschwerde, soweit diese unter den Voraussetzungen des § 574 ZPO zugelassen wurde. Gleiches gilt für Berichtigungsbeschlüsse des Oberlandesgerichtes.

712   Der Prüfungsumfang des Beschwerdegerichtes ist aus der Natur der Sache beschränkt. Es prüft lediglich, ob die Voraussetzungen des § 319 ZPO für eine Berichtigung vorgelegen haben. Verneint es die, wird die Berichtigung aufgehoben. Das Beschwerdegericht ist dagegen nicht berechtigt, eine „andere Berichtigung" vorzunehmen.

III. Muster

713   An das
❏ Landgericht
  – Beschwerdekammer –

❏ Oberlandesgericht
  – Beschwerdesenat –

in ▩

über das
❏ Amtsgericht[668]
❏ Landgericht[669]
in ▩

Sofortige Beschwerde nach § 319 Abs. 3 ZPO

In der ▩sache

des ▩

– Beschwerdeführer –

Verfahrensbevollmächtigte: RAe ▩

gegen

den ▩

– Beschwerdegegner –

---

667 OLG Hamm OLGR 2004, 72.
668 Ausgangsgericht.
669 Ausgangsgericht.

Verfahrensbevollmächtigte: RAe ▨▨▨▨

an der weiter beteiligt ist:[670] ▨▨▨▨

wird hiermit namens und in Vollmacht des Beschwerdeführers gegen die Entscheidung des

❑ Amtsgerichts
❑ Landgerichts

in ▨▨▨▨ vom ▨▨▨▨, Az: ▨▨▨▨, sofortige Beschwerde eingelegt.

Es wird beantragt:

❑ Unter Abänderung der angefochtenen Entscheidung wird der Antrag des ▨▨▨▨ vom ▨▨▨▨ auf Berichtigung des Urteils vom ▨▨▨▨, Az: ▨▨▨▨, zurückgewiesen.
❑ Der Berichtigungsbeschluss vom ▨▨▨▨ wird aufgehoben.

Zur **Begründung** wird Folgendes ausgeführt:

I.

Mit der angefochtenen Entscheidung vom ▨▨▨▨ hat das Ausgangsgericht das Urteil vom ▨▨▨▨ im Verfahren ▨▨▨▨ dergestalt berichtigt, dass ▨▨▨▨.

Die Entscheidung ist unzutreffend und im Sinne des vorstehenden Antrags durch das Ausgangsgericht nach § 572 Abs. 1 S. 1 ZPO oder aber das angerufene Beschwerdegericht zu ändern.

Die Entscheidung ist nach § 319 ZPO ergangen und dementsprechend nach § 319 Abs. 3 ZPO mit der sofortigen Beschwerde angreifbar.

Die angefochtene Entscheidung wurde dem Beschwerdeführer am ▨▨▨▨ zugestellt. Die Notfrist des § 569 Abs. 1 S. 1 ZPO endet damit am ▨▨▨▨ und wird durch den vorliegenden Schriftsatz gewahrt.

II.

Die angefochtene Entscheidung erweist sich im Ergebnis als unzutreffend.

❑ Soweit das Ausgangsgericht ausführt, dass ▨▨▨▨ geht es von falschen tatsächlichen Voraussetzungen aus.

Richtig ist vielmehr, dass ▨▨▨▨.

Glaubhaftmachung: Eidesstattliche Versicherung des Beschwerdeführers vom ▨▨▨▨, anliegend im Original

---

670 Soweit Dritte noch am Verfahren beteiligt sind.

❑ Die angefochtene Entscheidung beruht auf § 319 ZPO. Danach ist ein Urteil zu berichtigen, soweit es offensichtliche Unrichtigkeiten aufweist.

Soweit das Ausgangsgericht das Urteil vom ▚▚▚▚▚ dahin gehend berichtigt hat, dass ▚▚▚▚▚, liegt jedoch eine solche offensichtliche Unrichtigkeit nicht vor, weil ▚▚▚▚▚.

❑ ▚▚▚▚▚

III.

Soweit das erkennende Beschwerdegericht der diesseitigen Auffassung nicht zu folgen vermag, wird schon jetzt beantragt,

die Entscheidung über die Beschwerde nach § 568 S. 2 ZPO auf den Senat zu übertragen

und

die Rechtsbeschwerde zum Bundesgerichtshof zuzulassen.

Die vom Beschwerdeführer dargelegte Auffassung wird von der Rechtsprechung der Oberlandesgerichte in ▚▚▚▚▚ geteilt (vgl. ▚▚▚▚▚[671]). Soweit das angerufene Gericht dieser Auffassung nicht folgt, ist daher eine Entscheidung des Rechtsbeschwerdegerichts zur Fortbildung des Rechts und Sicherung einer einheitlichen Rechtsprechung erforderlich.

(Rechtsanwalt)

I.   Die sofortige Beschwerde gegen die Zurückweisung eines Befangenheitsgesuches gegen den Sachverständigen

I.   Die Entscheidung über die Ablehnung eines Sachverständigen als befangen

714   Der Sachverständige kann gem. § 406 ZPO aus den gleichen Gründen wie ein Richter[672] abgelehnt werden.[673] Nach § 406 Abs. 1 S. 2 ZPO kann allerdings die Befangenheit nicht daraus hergeleitet werden, dass der Sachverständige bereits als Zeuge vernommen wurde.

Wie bei der Richterablehnung bleibt unerheblich, ob der Sachverständige tatsächlich befangen ist. Entscheidend ist allein, ob die „Besorgnis der Befangenheit" besteht. Dies ist dann der Fall, wenn bei verständiger Würdigung aller Umstände bei einer

---

671 Fundstellen der abweichenden ober- oder höchstrichterlichen Rechtsprechung.
672 Hierzu § 4 Rn 343 ff.
673 Muster eines Antrages auf Ablehnung des Sachverständigen wegen der Besorgnis der Befangenheit bei *Goebel*, AnwF Zivilprozessrecht, Rn 768.

verständigen Partei der Eindruck entstehen kann, dass der Sachverständige nicht unvoreingenommen ist.

Die Antwort auf die Frage, wann ein Sachverständiger wegen der Besorgnis der Befangenheit abgelehnt werden kann, zeigt eine breite Kasuistik, die hier nicht erschöpfend nachgezeichnet werden kann. Insoweit wird auf die Kommentarliteratur verwiesen. Gleichwohl lassen sich verschiedene Komplexe von Befangenheitsgründen nennen, die im Einzelfall in unterschiedlicher Ausprägung in Betracht kommen:

- die besondere Nähe des Sachverständigen aufgrund persönlicher oder wirtschaftlicher[674] Beziehungen zu einer Partei, auch als Angestellter oder Beamter;[675]
- die Tätigkeit des Sachverständigen als Privatgutachter in derselben Sache;[676] dies gilt auch, wenn er lediglich eine Fotodokumentation zur Beweissicherung ohne gutachterliche Stellungnahme gefertigt hat;[677]

> *Hinweis*
>
> Nach einer Entscheidung des OLG Celle[678] soll die Partei das Ablehnungsrecht verlieren, wenn sich aus vorliegenden Unterlagen Anhaltspunkte dafür ergeben, dass der Sachverständige schon für die andere Partei als Privatgutachter tätig war und die ablehnende Partei sodann nicht unverzüglich weitere Erkundigungen einzieht.

- die auf eine Partei beschränkte Hinzuziehung zu einem Ortstermin[679] ebenso wie die nicht offengelegte Kontaktaufnahme des Sachverständigen allein mit einer Partei;[680]
- das Konkurrenzverhältnis zu einer Partei;[681]
- bestehende geschäftliche Beziehungen zu einer Partei;[682]
- ein Verhalten des Sachverständigen während des Rechtsstreites, in dem ein besonderes Wohlwollen für eine Partei oder ein unsachliches Missfallen hinsichtlich einer Partei zum Ausdruck kommt,[683] nicht dagegen lediglich ein verspätetes Erscheinen zum Ortstermin.[684]

---

674 OLG Frankfurt/M. v. 28.4.2005 – 1 U 104/96.
675 BVerwG NJW 1999, 965; OLGR München 2001, 365 = PA 2002, 37.
676 OLGR Frankfurt 2005, 551 = BauR 2006, 147; OLG Düsseldorf NJW 1997, 1428; OLG Celle NJW-RR 1995, 1404.
677 OLG Düsseldorf MDR 2005, 474 = OLGR 2005, 64.
678 OLG Celle v. 21.1.2005 – 3 W 6/05 = IBR 2005, 296.
679 OLG München NJW-RR 1988, 1687.
680 OLGR Saarbrücken 2004, 612 = MDR 2004, 233.
681 OLG München NJW-RR 1989, 1088; OLG Düsseldorf JurBüro 1980, 284.
682 BGH NJW-RR 1987, 893.
683 BGH NJW 1981, 2009.
684 OLG Dresden BauR 2005, 605.

715 Die Ablehnung eines Sachverständigen kann frühestens nach seiner Ernennung durch den Beweisbeschluss erfolgen.[685] Ein vor diesem Zeitpunkt eingelegtes Ablehnungsgesuch ist von dem Gericht als Anregung, auf die Ernennung des Sachverständigen zu verzichten, auszulegen. Allerdings bedarf es keiner förmlichen Entscheidung nach § 406 ZPO.

716 Der Antrag auf Ablehnung des Sachverständigen ist nach § 406 Abs. 2 S. 1 ZPO binnen einer **Frist von zwei Wochen** nach Verkündung oder Zustellung des Beschlusses über die Ernennung des Sachverständigen zu stellen.

717 Ein späteres Ablehnungsgesuch[686] ist nur dann zulässig, wenn nach § 294 ZPO glaubhaft gemacht wird, dass der Antragsteller ohne sein Verschulden gehindert war, den Ablehnungsgrund früher geltend zu machen.

718 *Hinweis*

Besonders zu beachten ist, dass auch in diesem Fall der Ablehnungsantrag unverzüglich, d.h. ohne schuldhaftes Zögern, gestellt werden muss. Ergibt sich der Ablehnungsgrund erst aus dem Sachverständigengutachten oder einer ergänzenden gutachterlichen Stellungnahme, der eine unsachliche Sachbehandlung durch den Sachverständigen entnommen werden kann, so verlangt die Instanzrechtsprechung bisher, dass auch in diesem Fall der Ablehnungsantrag unverzüglich gestellt wird.[687] Eine über zwei Wochen hinausgehende Frist sollte dabei nicht mehr angemessen sein.[688] Zum Teil[689] wurde sogar nur eine Frist von wenigen Tagen als angemessen erachtet.

719 Auch wenn der Bevollmächtigte grundsätzlich gehalten ist, das Gutachten unmittelbar nach dessen Eingang auf Ablehnungsgründe gegen den Sachverständigen zu überprüfen,[690] hat der BGH nun klargestellt, dass im Allgemeinen die Frist zur Ablehnung des Sachverständigen gleichzeitig mit der vom Gericht gesetzten Frist zur Stellungnahme nach § 411 Abs. 4 ZPO abläuft, wenn sich die Partei zur Begründung des Antrags mit dem Inhalt des Gutachtens auseinandersetzen muss.[691]

720 Eine Ablehnung des Gutachters kommt nicht schon deswegen in Betracht, weil das Gutachten eine mangelnde Sachkunde des Sachverständigen zeigt oder Unzuläng-

---

685 BGH VRS 29, 26.

686 Muster eines nachträglichen Ablehnungsgesuches gegen den Sachverständigen bei *Goebel*, AnwF Zivilprozessrecht, § 10 Rn 769 f.

687 OLGR München 2003, 58; OLGR Nürnberg 2002, 462; OLGR Saarbrücken 2002, 331; OLG Koblenz NJW-RR 1999, 72; OLG Naumburg, Beschl. v. 29.8.2001 – 10 W 23/01 = PA 2002, 37; a.A. OLG Oldenburg MDR 1993, 1121.

688 OLGR Saarbrücken 2002, 331; OLGR München 2003, 58.

689 OLG Naumburg, Beschl. v. 29.8.2001 – 10 W 23/01 = PA 2002, 3.

690 OLG Brandenburg OLG-NL 2003, 92.

691 BGH NJW 2005, 1869 = BauR 2005, 1205 = PA 2005, 116.

lichkeiten aufweist. Dies entwertet allein das Gutachten und mag ein Obergutachten rechtfertigen, nicht jedoch die Ablehnung des Sachverständigen.[692] Allerdings können unsachliche Äußerungen des Sachverständigen oder gar Beleidigungen in einem ergänzenden Gutachten die Besorgnis der Befangenheit rechtfertigen.[693]

Wird der Sachverständige zu einem Ablehnungsgesuch gehört, so erhält er hierfür keine gesonderte Entschädigung.[694] **721**

Ist die Ablehnung des Sachverständigen erfolgreich und deshalb das von ihm erstattete Gutachten nicht verwertbar, so kann der Sachverständige seinen Anspruch auf Entschädigung nach dem JVEG verlieren.[695] Dies gilt insbesondere dann, wenn der Sachverständige es versäumt, bei der Vorprüfung des Gutachtenauftrages nach § 407a ZPO ihm bekannte Umstände zu offenbaren, die seine Unbefangenheit in Zweifel ziehen können.[696] Zum Teil wird diese Konsequenz auf die Fälle beschränkt, in denen der Vorwurf für die Besorgnis seiner Befangenheit auf einem vorsätzlichen oder grob fehlerhaften Verhalten des Sachverständigen beruht.[697] **722**

Tipp **723**

Der Bevollmächtigte sollte mit dem Ablehnungsgesuch unmittelbar das Gericht bitten, den Sachverständigen nicht zu entschädigen, damit der Streit über die Kosten des Sachverständigengutachtens nicht im Kostenfestsetzungsverfahren ausgetragen werden muss.

Hat das Gericht den Sachverständigen gleichwohl entschädigt oder wurde die Entschädigung bereits gezahlt, bevor das Ablehnungsgesuch angebracht werden konnte, so muss die Partei, die von der Gerichtskasse mit den Kosten des abgelehnten Sachverständigen belastet wird, sich mit der Kostenerinnerung nach § 66 GKG zur Wehr setzen. **724**

Hinweis **725**

Beachtet werden muss, dass der Sachverständige von der mit den Sachverständigenkosten belasteten Partei nicht direkt auf Erstattung dieser Kosten in Anspruch genommen werden kann.[698]

Der Rechtsanwalt erhält für das Ablehnungsverfahren gem. § 19 Abs. 1 Nr. 3 RVG keine gesonderte Gebühr. Wird das Ablehnungsgesuch zurückgewiesen und wird **726**

---

692 BGH MittdtschPatAnw 2003, 333.
693 OLG Köln MDR 2002, 53; OLG Naumburg, Beschl. v. 29.8.2001 – 10 W 23/01= PA 2002, 3.
694 OLGR Karlsruhe 2002, 198 = PA 2002, 178.
695 OLG Frankfurt/M. v. 28.4.2005 – 1 U 104/96; BGH NJW 1976, 1154; OLG München NJW-RR 1998, 1687; OLG Düsseldorf NJW-RR 1997, 1353; OLG Celle NJW-RR 1996, 1086.
696 OLG Koblenz MDR 2002, 1152 = PA 2003, 54.
697 OLG Koblenz MDR 2004, 831.
698 BGH NJW 1984, 870.

hiergegen sofortige Beschwerde erhoben, erhält der Bevollmächtigte im Beschwerdeverfahren eine halbe Verfahrensgebühr nach Nr. 3500 VV.

727   Im Ablehnungsverfahren vor dem Ausgangsgericht fällt eine Gerichtsgebühr nicht an. Für das Beschwerdeverfahren entsteht eine Gerichtsgebühr nach Nr. 1811 KVGKG in Höhe von 50 EUR, sofern die Beschwerde verworfen oder zurückgewiesen wird.

II. Das Verfahren vor dem Beschwerdegericht

728   Wird dem Ablehnungsgesuch Rechnung getragen, ist nach § 406 Abs. 5 ZPO hiergegen kein Rechtsmittel gegeben. Dies muss also hingenommen werden.

729   Wird dagegen die Ablehnung für unbegründet erklärt, so steht dem Antragsteller die sofortige Beschwerde nach § 406 Abs. 5 i.V.m. §§ 567 ff. ZPO zur Verfügung.

730   *Hinweis*

Entscheidet das Ausgangsgericht über das Ablehnungsgesuch erst im Urteil, so muss dieses mit der Berufung angegriffen werden. Das Urteil ist dann aufzuheben und die Sache an das Ausgangsgericht zur erneuten Verhandlung und Entscheidung zurückzuweisen, wenn das Ablehnungsgesuch Erfolg gehabt hätte.

731   Hat die Partei auf das Ablehnungsgesuch oder auf eine Beschwerde gegen die Zurückweisung eines Ablehnungsgesuches verzichtet oder ist hierüber rechtskräftig entschieden, kann sie im Rechtsmittelverfahren zur Hauptsache die Besorgnis der Befangenheit des Sachverständigen nicht mehr geltend machen.[699] Sehr wohl kann aber im Hauptsacheverfahren noch geltend gemacht werden, dass das Gutachten aus den geltend gemachten Ablehnungsgründen nicht zu überzeugen vermag.[700]

732   Gegen den Beschluss über die Ablehnung des Sachverständigen im gesellschaftsrechtlichen Spruchverfahren ist ebenfalls die sofortige Beschwerde nach § 406 Abs. 5 ZPO statthaft. Auf das Beschwerdeverfahren selbst sollten dann aber die Vorschriften des FGG anzuwenden sein. § 12 SpruchG soll dagegen keine Anwendung finden.[701]

733   Für die sofortige Beschwerde gelten zunächst die allgemeinen Beschwerdevorschriften der §§ 567 ff. ZPO.

734   Streitig ist, ob § 571 Abs. 2 ZPO uneingeschränkt bei der nachträglichen Geltendmachung von Ablehnungsgründen zur Anwendung kommen kann oder sich aus der Besonderheit des Ablehnungsverfahrens hier eine andere Sichtweise gebietet.

699 BGH MDR 1959, 196 = NJW 1959, 434.
700 BGH NJW 1981, 2009 = MDR 1981, 739 = ZfSch 1981, 249 = VersR 1981, 546.
701 OLG Stuttgart OLGR Stuttgart 2004, 383.

Die Rechtsprechung unterwirft das Nachschieben von Ablehnungsgründen in der Beschwerdeinstanz, d.h. bei der Anwendung von § 571 Abs. 2 ZPO Einschränkungen. Die erstmals mit der Beschwerde vorgetragenen Ablehnungsgründe sind nach Ansicht des OLG Düsseldorf[702] grundsätzlich nicht zu berücksichtigen. Nach § 406 Abs. 2 ZPO ist ein Ablehnungsantrag spätestens zwei Wochen nach Verkündung oder Zustellung des Beschlusses über die Ernennung zu stellen. Zu einem späteren Zeitpunkt ist die Ablehnung nur zulässig, wenn der Antragsteller glaubhaft macht, dass er ohne sein Verschulden verhindert war, den Ablehnungsgrund früher geltend zu machen (§§ 406 Abs. 2 S. 1, 2 ZPO). Die hierin liegende zeitliche Beschränkung der Geltendmachung von Ablehnungsgründen liegt im Interesse des ungestörten Verlaufs des Zivilprozesses und stellt konkrete Anforderungen an die Prozessförderungspflicht der Parteien. Da die ablehnende Partei nach Ablauf der Frist im erstinstanzlichen Ablehnungsverfahren nicht mehr in der Lage gewesen wäre, neue Ablehnungsgründe nachzuschieben, unterliegt sie dieser Beschränkung erst recht im Beschwerdeverfahren. § 571 Abs. 2 ZPO steht dieser Sichtweise nicht entgegen, wonach die Beschwerde unabhängig davon auf neue Tatsachen und Beweise gestützt werden kann, ob diese vor oder nach Erlass der angefochtenen Entscheidung entstanden sind und früher hätten vorgebracht werden können. Der Regelungsbereich der Vorschrift umfasst nicht die Frage, welchen zeitlichen Beschränkungen das Ablehnungsrecht unterworfen ist. Jede andere Sichtweise ließe die zeitliche Beschränkung des Ablehnungsrechts leer laufen.

735

Grundsätzlich bedarf es einer differenzierten Betrachtung.

736

- Der Zweck der Ablehnungsfrist darf nicht unterlaufen werden, so dass mit dem OLG Düsseldorf das Nachschieben von Ablehnungsgründen unzulässig ist, die der ablehnenden Partei vor Ablauf der nach § 406 Abs. 2 ZPO bekannt waren oder hätten bekannt sein können.
- Soweit Ablehnungsgründe erst nachträglich entstanden sind – etwa erst aufgrund der Stellungnahme des Sachverständigen auf das Ablehnungsgesuch oder die Beschwerdebegründung – ist zu prüfen, ob für diesen neuen Ablehnungsgrund die Frist des § 406 Abs. 2 ZPO noch nicht abgelaufen ist. In diesem Fall ist das neue Vorbringen als neues Ablehnungsgesuch zu werten, über das gesondert oder aber – zur Vermeidung unnötiger Verzögerungen – mit der Abhilfeentscheidung zu befinden ist. In dieser Konstellation kann der neue Ablehnungsgrund auch noch vom Beschwerdegericht berücksichtigt werden. Ist für diesen Beschwerdegrund die Frist des § 406 Abs. 2 ZPO abgelaufen, kann er zwar vorgebracht werden, er ist aber wegen Verfristung in der Begründetheitsprüfung der sofortigen Beschwerde zurückzuweisen.
- Soweit der Ablehnungsgrund erst im Laufe des Beschwerdeverfahrens nach der Abhilfeentscheidung entstanden ist oder der Partei bekannt wird und in der Frist des § 406 Abs. 2 ZPO geltend gemacht wird, hat das Beschwerdegericht ihn nach

---

702 OLG Düsseldorf NJW-RR 2001, 1434 = MDR 2000, 1335 = OLGR Düsseldorf 2000, 455.

der Grundregelung des § 571 Abs. 2 zu berücksichtigen. Ein Unterlaufen der Ablehnungsfrist ist dann nicht zu besorgen.

737   Hält das Beschwerdegericht das Ablehnungsgesuch im Gegensatz zum Ausgangsgericht nicht für verfristet, so kann es entweder in der Sache entscheiden oder aber die Entscheidung unter Aufhebung des angefochtenen Beschlusses gemäß § 572 Abs. 3 ZPO an das Ausgangsgericht zurückweisen.[703] Die zweite Alternative ist zu bevorzugen, weil der ablehnenden Partei so die Entscheidung des originär zuständigen Richters auch über die Frage, ob der Sachverständige wegen der Besorgnis der Befangenheit abgelehnt werden kann, erhalten bleibt.

738   Das Beschwerdegericht kann die Rechtsbeschwerde unter den weiteren Voraussetzungen des § 574 ZPO zulassen.

III. Muster

739   An das
Landgericht/Oberlandesgericht
– Beschwerdekammer/Beschwerdesenat –

in ▨

über das
Amtsgericht/Landgericht[704]

in ▨

           Sofortige Beschwerde nach §§ 406 Abs. 5, 567 ff. ZPO

In dem Rechtsstreit

           Kläger ./. Beklagter
           Az: ▨

wird namens und in Vollmacht des

❏ Klägers
❏ Beklagten

gegen die Entscheidung des AG vom ▨, Az: ▨, sofortige Beschwerde eingelegt.

---

703 KG Berlin KGR 2001, 183.
704 Ausgangsgericht.

Es wird beantragt:

> Unter Aufhebung des angefochtenen Beschlusses des ▒▒▒▒▒ vom ▒▒▒▒▒ wird das Ablehnungsgesuch gegen den Sachverständigen ▒▒▒▒▒ wegen der Besorgnis der Befangenheit für begründet erklärt.

Zur **Begründung** wird Folgendes ausgeführt:

I.

Mit der angefochtenen Entscheidung vom ▒▒▒▒▒ hat das Ausgangsgericht die Ablehnung des Sachverständigen durch den Beschwerdeführer mit Schriftsatz vom ▒▒▒▒▒ zurückgewiesen.

Die Entscheidung ist unzutreffend und im Sinne des vorstehenden Antrages durch das Ausgangsgericht nach § 572 Abs. 1 S. 1 ZPO oder aber das angerufene Beschwerdegericht zu ändern.

Die Entscheidung ist nach §§ 406 Abs. 1, 42 ZPO ergangen und dementsprechend nach § 406 Abs. 5 ZPO mit der sofortigen Beschwerde angreifbar.

Die angefochtene Entscheidung wurde dem Beschwerdeführer am ▒▒▒▒▒ zugestellt. Die Notfrist des § 569 Abs. 1 S. 1 ZPO endet damit am ▒▒▒▒▒ und wird durch den vorliegenden Schriftsatz gewahrt.

Für die Entscheidung über die sofortige Beschwerde ist

❏ nach § 72 GVG das Landgericht berufen. Eine abweichende Fallkonstellation nach § 119 Abs. 1 Nr. 1 GVG liegt nicht vor.
❏ nach § 119 GVG das Oberlandesgericht berufen.
❏ Soweit zunächst der originäre Einzelrichter beim zuständigen Beschwerdegericht nach § 568 ZPO zuständig ist, weil die angefochtene Entscheidung von einem Einzelrichter erlassen wurde, wird gebeten, diese nach § 568 S. 2 ZPO
  ❏ der Kammer
  ❏ dem Senat
  vorzulegen, da die Rechtssache
  ❏ besondere Schwierigkeiten tatsächlicher oder rechtlicher Art aufweist
  ❏ grundsätzliche Bedeutung hat,
  was sich daraus ergibt, dass ▒▒▒▒▒

II.

Die angefochtene Entscheidung erweist sich im Ergebnis als unzutreffend.

Die angefochtene Entscheidung beruht auf § 406 Abs. 1 ZPO. Danach kann der Sachverständige aus denselben Gründen abgelehnt werden wie ein Richter. Aufgrund dieser Verweisung auf § 42 ZPO kann der Sachverständige deshalb wegen der Besorgnis der Befangenheit abgelehnt werden.

Gegen den durch das Ausgangsgericht mit Beschluss vom ▒▒▒▒▒ bestellten Sachverständigen besteht die Besorgnis der Befangenheit, weil

❏ er eine besondere Nähe zu dem Prozessgegner aufgrund persönlicher und wirtschaftlicher Beziehungen aufweist, nämlich ▒▒▒▒

❏ er bereits als Privatgutachter in derselben Sache tätig war, nämlich ▒▒▒▒

❏ er allein den Prozessgegner zu dem Ortstermin hinzugezogen hat (OLG München NJW-RR 1988, 1687)

❏ er im Konkurrenzverhältnis zu dem Beschwerdeführer steht, weil ▒▒▒▒

❏ er geschäftliche Beziehungen zum Prozessgegner unterhält (BGH NJW-RR 1987, 893), nämlich ▒▒▒▒

❏ der Sachverständige sich während des bisherigen Verfahrens so verhalten hat, dass hierin ein besonderes Wohlwollen gegenüber dem Prozessgegner bzw. ein unsachliches Missfallen bezüglich des Beschwerdeführers zum Ausdruck kommt (BGH NJW 1981, 2009). Im Einzelnen ergibt sich dies daraus, dass ▒▒▒▒

❏ ▒▒▒▒

Zur Glaubhaftmachung wird ▒▒▒▒

III.

Soweit das erkennende Beschwerdegericht der diesseitigen Auffassung nicht zu folgen vermag, wird schon jetzt beantragt,

die Rechtsbeschwerde zum Bundesgerichtshof zuzulassen.

Die vom Beschwerdeführer dargelegte Auffassung wird von der höchstrichterlichen Rechtsprechung geteilt (vgl. ▒▒▒▒[705]). Soweit das angerufene Gericht dieser Auffassung nicht folgt, ist eine Entscheidung des Rechtsbeschwerdegerichts zur Fortbildung des Rechtes und Sicherung einer einheitlichen Rechtsprechung erforderlich.

▒▒▒▒

(Rechtsanwalt)

---

705 Fundstelle einfügen durch den Beschwerdeführer.

J. Die sofortige Beschwerde gegen Entscheidungen im Zwangsvollstreckungsverfahren nach § 793 ZPO[706]

I. Allgemeines

Liegt keine Vollstreckungsmaßnahme vor, gegen die § 766 ZPO den Rechtsschutz **740** gewährt, sondern eine **Entscheidung** in der Zwangsvollstreckung, d.h. immer dann, wenn der Rechtspfleger oder der Richter einen Antrag im Zwangsvollstreckungsverfahren nach der Anhörung der Beteiligten beschieden oder aber einen Antrag abgelehnt haben, so kommt die sofortige Beschwerde nach § 793 ZPO als einschlägiges Rechtsmittel in Betracht. Hat der Richter gehandelt, findet § 793 ZPO unmittelbar Anwendung. Hat der Rechtspfleger gehandelt, ergibt sich die Anwendung über § 11 Abs. 1 RPflG i.V.m. § 793 ZPO.

Auch für die sofortige Beschwerde nach § 793 gelten zunächst die §§ 567 ff. ZPO. **741** Dies gilt sowohl für die Beachtung der Notfrist von zwei Wochen für die Einlegung der Beschwerde nach § 569 ZPO als auch für die Form und die Beschwerdebefugnis. Allerdings sind auch Besonderheiten feststellbar, die nachfolgend dargestellt werden.

II. Die Statthaftigkeit der sofortigen Beschwerde nach § 793 ZPO

Die sofortige Beschwerde findet nach § 793 ZPO statt gegen die **742**

- Entscheidungen
- im Zwangsvollstreckungsverfahren,
- die ohne mündliche Verhandlung ergehen können (vgl. hierzu § 128 Abs. 4 ZPO).

Mit der Voraussetzung, dass es sich um eine Entscheidung handeln muss, wird die **743** sofortige Beschwerde zur Erinnerung nach § 766 ZPO abgegrenzt. Die Erinnerung ist statthaft gegen Vollstreckungsmaßnahmen.

Eine **Vollstreckungsmaßnahme** eines Richters oder Rechtspflegers liegt immer dann **744** vor, wenn dieser ohne beiderseitige Anhörung einem Antrag stattgibt, beispielsweise, wenn der Rechtspfleger einen Pfändungs- und Überweisungsbeschluss entsprechend § 834 ZPO ohne Anhörung des Schuldners erlässt. Eine **Entscheidung** in der Zwangsvollstreckung liegt dagegen vor, wenn der Rechtspfleger oder der Richter den jeweiligen Antragsgegner anhört oder aber einen Antrag ohne Anhörung zurückweist.[707] Dies ist etwa dann der Fall, wenn ein Antrag auf Erlass eines Pfändungs- und Überweisungsbeschlusses zurückgewiesen wird, oder ein Pfändungs- und Überweisungsbeschluss nach § 850b Abs. 3 ZPO erst nach beiderseitiger Anhörung bei be-

---

[706] Umfassend zu den Rechtsmitteln in der Zwangsvollstreckung *Goebel*, AnwF Zwangsvollstreckung, § 14.

[707] OLG Koblenz NJW-RR 1986, 679; OLG Koblenz Rpfleger 1989, 276; *Schuschke/Walker*, § 766 Rn 5; *Brox/Walker*, Rn 1182.

dingt pfändbaren Bezügen aus Billigkeitsgründen erlassen wird. Für die Abgrenzung ist dabei das tatsächliche Verfahren entscheidend, nicht die rechtlichen Vorgaben.[708]

745 Mit der weiteren Voraussetzung, dass es sich um eine **Entscheidung im Zwangsvollstreckungsverfahren** handeln muss, wird die Abgrenzung zu den Rechtsmitteln bei der Verweigerung oder gegen die erteilte Vollstreckungsklausel manifestiert. Ob eine mündliche Verhandlung tatsächlich stattgefunden hat oder nicht, ist unerheblich. Maßgeblich ist allein, ob die Entscheidung ohne mündliche Verhandlung hätte ergehen können. Damit scheidet die sofortige Beschwerde als Rechtsmittel dort aus, wo eine solche Verhandlung zwingend erforderlich ist, wie etwa bei der Vollstreckungsgegenklage, der Drittwiderspruchsklage oder der Klage auf vorzugsweise Befriedigung.

746 Die sofortige Beschwerde ist danach statthaft:

- gemäß § 11 RPflG i.V.m. § 793 ZPO gegen eine Entscheidung des Rechtspflegers in seiner Funktion als Vollstreckungsgericht
- gegen eine Entscheidung des Richters im Zwangsvollstreckungsverfahren, insbesondere seine Entscheidungen über Erinnerungen nach § 766 ZPO sowie solche Entscheidungen, die nach §§ 5, 6 RPflG der Richter an Stelle des Rechtspflegers getroffen hat
- gegen die Entscheidung des Richters nach § 758a ZPO
- gegen Entscheidungen des Prozessgerichtes, soweit dieses nach den §§ 887, 888, 890 ZPO als Vollstreckungsorgan tätig geworden ist
- gegen die Entscheidungen des Insolvenzgerichtes als Vollstreckungsgericht nach § 36 Abs. 4 InsO oder § 89 Abs. 3 InsO.[709]

747 *Hinweis*

Soweit der Rechtspfleger eine Entscheidung im Zusammenhang mit der Eintragung der Zwangssicherungshypothek nach §§ 867, 868 ZPO bzw. der Eintragung einer Vormerkung oder eines Widerspruchs nach § 895 ZPO getroffen hat, wird die sofortige Beschwerde nach § 793 ZPO durch die einfache Beschwerde nach § 71 GBO verdrängt.

748 In einzelnen Fällen ist die sofortige Beschwerde allerdings kraft Gesetzes ausgeschlossen. So findet **keine sofortige Beschwerde** statt, wenn

- die Zwangsvollstreckung gem. § 707 Abs. 1 ZPO nach dem Antrag auf Wiedereinsetzung in den vorherigen Stand, nach dem Antrag auf Wiederaufnahme des

---

708 KG Berlin NJW-RR 1986, 1000; OLG Bamberg JurBüro 1978, 605; *Brox/Walker*, Rn 1179; *Schuschke/Walker*, § 766 Rn 5.
709 BGH MDR 2004, 766 = BGH-Report 2004, 910 = InVo 2004, 511 = Rpfleger 2004, 436 = VE 2004, 136.

Verfahrens oder der Fortsetzung des Verfahrens nach einem Vorbehaltsurteil einstweilen eingestellt wird oder dieser Antrag abgelehnt wird, § 707 Abs. 2 ZPO;
- die Zwangsvollstreckung nach §§ 766 Abs. 1 S. 2, 769, 771 Abs. 3 ZPO eingestellt wird;
- es sich um eine Entscheidung nach § 813b Abs. 1 bis 3 ZPO wegen der Aussetzung der Verwertung handelt;
- es sich um eine Erinnerungsentscheidung nach § 766 Abs. 2 ZPO über die Prozesskosten handelt und diese den Betrag von 200 EUR nicht übersteigen, § 567 Abs. 2 ZPO;
- die Entscheidung in der Sache nur wegen der Entscheidung über die Kosten angefochten werden soll, § 91 ZPO.

III. Die Zuständigkeit – Besondere Fragestellungen bei der Auslandsberührung

Die Zuständigkeit für die sofortige Beschwerde ist seit der ZPO-Reform nicht mehr in der ZPO selbst geregelt, sondern ergibt sich systemkonform aus §§ 72, 119 Abs. 1 Nr. 2 GVG. Danach sind für Beschwerden gegen Entscheidungen der Amtsgerichte **grundsätzlich die Landgerichte** zuständig. 749

Diese generelle Regelung gilt jedoch nicht ausnahmslos. Wie schon bei der Berufung[710] ist das **Oberlandesgericht** nach § 119 Abs. 1 Nr. 1 GVG auch für Beschwerden gegen Entscheidungen der Amtsgerichte zuständig, 750

- wenn eine Partei ihren allgemeinen Gerichtsstand im Ausland hat.

Insoweit ist umstritten, ob die Anwendung von § 119 Abs. 1 Nr. 1a GVG auf das Erkenntnisverfahren beschränkt ist[711] oder ob die Vorschrift auch im Zwangsvollstreckungsverfahren gilt.[712]

> *Hinweis*
>
> Der Rechtsanwalt kann dieser Streitfrage ohne Haftungsrisiko aus dem Weg gehen, indem er in Ausnutzung von § 569 Abs. 1 ZPO die sofortige Beschwerde grundsätzlich beim Ausgangsgericht einlegt. Entscheidet dies fehlerhaft, ist das Verfahren an das richtige Beschwerdegericht abzugeben, weitere Kosten entstehen nicht. Wählt dagegen der Rechtsanwalt das falsche Beschwerdegericht, so wird nach dem entsprechenden gerichtlichen Hinweis in der Regel nicht nur die Notfrist von zwei Wochen des § 569 ZPO abgelaufen sein, d.h. eine Beschwerde beim richtigen Beschwerdegericht ist nicht mehr möglich, sondern der Bevollmächtigte muss auch noch die Kosten des Beschwerdeverfahrens und ggf. einen weitergehenden Schaden seines Mandanten tragen.

---

710 Vgl. zu den Zuständigkeitsregeln im neuen Recht *Goebel*, PA 2002, 33.
711 OLG Oldenburg OLGR 2004, 47 = InVo 2004, 158 = NJW-RR 2004, 499 = Rpfleger 2004, 171.
712 OLG Frankfurt DGVZ 2004, 92; OLG Köln VE 2005, 34 = OLGR 2004, 293 = InVo 2004, 512.

■ wenn ausländisches Recht angewendet und dies in der Begründung ausdrücklich festgehalten wird.

Das Amtsgericht als Vollstreckungsgericht hat allerdings nicht bereits dann i.S.d. § 119 Abs. 1 Nr. 1c ZPO ausländisches Recht angewandt, wenn es eine Vorfrage nach ausländischem Recht, die Zulässigkeit der Zwangsvollstreckung jedoch nach den Vorschriften der ZPO beurteilt hat.[713]

751   Ungeachtet dieser Zuständigkeitsregelung kann die sofortige Beschwerde nach § 569 Abs. 1 S. 1 ZPO allerdings sowohl beim Ausgangsgericht als auch beim Beschwerdegericht eingelegt werden.

IV. Der einstweilige Rechtsschutz

752   Die **Beschwerde hat grundsätzlich keine aufschiebende Wirkung**. Eine solche kommt nach § 570 Abs. 1 ZPO nur dann in Betracht, wenn die angefochtene Entscheidung die Festsetzung eines Ordnungs- oder Zwangsmittels zum Gegenstand hat.

753   Das Gericht, dessen Entscheidung angefochten wird, kann die Vollziehung allerdings nach § 570 Abs. 2 ZPO aussetzen. Wird dies abgelehnt, kann das Beschwerdegericht auf Antrag nach § 570 Abs. 3 ZPO eine einstweilige Anordnung erlassen und dabei insbesondere die Vollziehung der Entscheidung aussetzen.

754   *Hinweis*

Insbesondere der Gläubiger muss darauf achten, dass bei der Aufhebung eines Pfändungs- und Überweisungsbeschlusses oder einer sonstigen Pfändungsmaßnahme die Vollziehung der Entscheidung bis zur Rechtskraft ausgesetzt wird. Anderenfalls verliert er durch die Aufhebung seinen Rang nach § 804 ZPO auch dann, wenn er später in der Sache obsiegt.

755   Auch hier gilt – wie allgemein im einstweiligen Rechtsschutz –, dass die die sofortige Beschwerde tragenden Tatsachen durch den Beschwerdeführer im Sinne von § 294 ZPO glaubhaft zu machen sind, wobei alle Tatsachen, die glaubhaft zu machen sind, in der eidesstattlichen Versicherung selbst aufzuführen sind.[714] Dies wird in der Praxis immer wieder übersehen und führt deshalb zu entsprechenden Zurückweisungen.

---

713 OLG Hamm InVo 2003, 81 = OLGR Hamm 2002, 426 = Rpfleger 2002, 638.
714 BGH MDR 1988, 479; OLG Karlsruhe OLGR 1998, 95; Zöller-*Greger*, § 294 Rn 4.

V. Muster

An das   756
Landgericht/Oberlandesgericht
– Beschwerdekammer/-senat –

in ▨

über das
Amtsgericht[715]

– Vollstreckungsgericht –

zu Az: ▨

in ▨

Sofortige Beschwerde nach § 793 ZPO

In der Zwangsvollstreckungssache

des ▨

– Gläubiger und Beschwerdeführer/Beschwerdegegner –

Verfahrensbevollmächtigte: RAe ▨

gegen

den ▨

– Schuldner und Beschwerdegegner/Beschwerdeführer –

Verfahrensbevollmächtigte: RAe ▨

legen wir hiermit im Namen und in Vollmacht des Gläubigers gegen die Entscheidung
des Amtsgerichtes – Vollstreckungsgerichtes – vom ▨, Az: ▨,

Sofortige Beschwerde

ein.

Es wird beantragt,

- ❏ die angefochtene Entscheidung aufzuheben.
- ❏ unter Aufhebung der angefochtenen Entscheidung dem diesseitigen Antrag
  vom ▨ zu entsprechen.
- ❏ unter Aufhebung der angefochtenen Entscheidung anzuordnen, dass ▨.

---

715 Ausgangsgericht.

Begründung:

Der Gläubiger hat gegen den Schuldner aus ▩▩▩▩▩[716] einen Anspruch auf ▩▩▩▩▩.[717] Die vollstreckbare Ausfertigung des Titels wurde dem Schuldner ausweislich der in der Anlage beigefügten Zustellbescheinigung am ▩▩▩▩▩ zugestellt.

Der Gläubiger hat mit Schreiben vom ▩▩▩▩▩ beantragt, ▩▩▩▩▩.

I.

Mit der angefochtenen Entscheidung hat das Ausgangsgericht es abgelehnt, ▩▩▩▩▩.

Die Entscheidung ist unzutreffend und im Sinne des vorstehenden Antrags durch das Ausgangsgericht nach § 572 Abs. 1 S. 1 ZPO oder aber das angerufene Beschwerdegericht zu ändern.

Die Entscheidung ist gem. § 793 ZPO mit der sofortigen Beschwerde nach den §§ 567 ff. ZPO anfechtbar. Es handelt sich vorliegend nicht nur um eine Vollstreckungsmaßnahme, die mit der Erinnerung nach § 766 ZPO anzufechten ist, sondern um eine Vollstreckungsentscheidung, weil ▩▩▩▩▩.

Die angefochtene Entscheidung wurde dem Beschwerdeführer am ▩▩▩▩▩ zugestellt. Die Notfrist des § 569 Abs. 1 S. 1 ZPO endet damit am ▩▩▩▩▩ und wird durch den vorliegenden Schriftsatz gewahrt.

Für die Entscheidung über die sofortige Beschwerde ist nach § 72 GVG das Landgericht berufen.

II.

Die angefochtene Entscheidung erweist sich im Ergebnis als unzutreffend.

Die angefochtene Entscheidung beruht auf § ▩▩▩▩▩. Danach ist ▩▩▩▩▩.

Diese Voraussetzungen

- ❑ liegen vor
- ❑ liegen nicht vor

was sich daraus ergibt, dass ▩▩▩▩▩.

Für die hier vertretene Ansicht spricht, dass ▩▩▩▩▩.

- ❑ Dies entspricht auch der bisherigen Rechtsprechung. Insoweit ist auf ▩▩▩▩▩ zu verweisen.

---

716 Genaue Bezeichnung des Titels.
717 Bezeichnung der Vollstreckungsforderung.

III.

Es wird gebeten, der Beschwerde durch die Aufhebung der angefochtenen Entscheidung nach § 572 Abs. 1 ZPO abzuhelfen. Anderenfalls wird gebeten, die sofortige Beschwerde dem Beschwerdegericht vorzulegen und die Nichtabhilfegründe mitzuteilen.

Sofern das erkennende Gericht der diesseitigen Auffassung nicht folgen möchte, wird schon jetzt beantragt, die Rechtsbeschwerde nach § 574 Abs. 1 Nr. 2 ZPO zuzulassen. Aus den vorstehenden Ausführungen ergibt sich, dass die Sache grundsätzliche Bedeutung hat. Zugleich ergibt sich aus der zitierten Rechtsprechung, dass über die aufgeworfene Rechtsfrage in Rechtsprechung und Literatur keine Einigkeit besteht, so dass eine Entscheidung des Rechtsbeschwerdegerichts sowohl zur Fortbildung des Rechtes als auch zur Sicherung einer einheitlichen Rechtsprechung erforderlich ist.

Aus den Gründen, die die Zulassung der Rechtsbeschwerde begründen, ist die Sache auf die Kammer bzw. den Senat zu übertragen.

Gez. (Rechtsanwalt)

§ 5 Muster für weitere Beschwerdeverfahren

757 Wenngleich in § 4 die wichtigsten Nebenverfahren in ihren Grundlagen dargestellt und das danach mögliche Beschwerdeverfahren mit seinen Besonderheiten gegenüber dem in § 2 dargestellten allgemeinen Beschwerderecht aufgearbeitet wurde, sind dort noch nicht alle denkbaren Nebenverfahren erfasst. Nachfolgend sollen deshalb Muster der Beschwerden als Arbeitshilfe präsentiert werden, die in § 4 nicht umfassend abgehandelt wurden. Damit ergibt sich für den Rechtsanwalt eine umfassende Arbeitshilfe auch in den Fällen, in dem er mit einem eher abseitigen Nebenverfahren zu tun hat.

A. Muster: Die sofortige Beschwerde gegen ein Zwischenurteil über die Zurückweisung der Nebenintervention nach § 71 Abs. 2 ZPO

758 An das
Landgericht
– Beschwerdekammer –

in

über das
Amtsgericht[718]

in

Sofortige Beschwerde nach §§ 71 Abs. 2, 567 ff. ZPO

In der   sache

des

– Kläger –

Verfahrensbevollmächtigte: RAe

gegen

den

– Beklagter –

Verfahrensbevollmächtigte: RAe

an der weiter beteiligt ist:[719]

– Nebenintervenient und Beschwerdeführer –

---

718 Ausgangsgericht.
719 Soweit Dritte noch am Verfahren beteiligt sind.

wird hiermit namens und in Vollmacht des Beschwerdeführers gegen die Entscheidung des AG vom ▓▓▓▓, Az: ▓▓▓▓, Beschwerde eingelegt.

Es wird beantragt:

> Unter Abänderung der angefochtenen Entscheidung wird die Nebenintervention des Beschwerdeführers für zulässig erklärt.

Zur **Begründung** wird Folgendes ausgeführt:

I.

Die Parteien streiten um ▓▓▓▓. Der Beschwerdeführer ist dem Rechtsstreit mit Schriftsatz vom ▓▓▓▓ als Nebenintervient beigetreten, weil ▓▓▓▓.

Mit der angefochtenen Entscheidung hat das Ausgangsgericht die Nebenintervention als unzulässig zurückgewiesen.

Die Entscheidung ist unzutreffend und im Sinne des vorstehenden Antrags durch das Ausgangsgericht nach § 572 Abs. 1 S. 1 ZPO oder aber das angerufene Beschwerdegericht zu ändern.

Die Entscheidung ist gem. § 71 Abs. 2 ZPO mit der sofortigen Beschwerde nach den §§ 567 ff. ZPO anfechtbar.

Die angefochtene Entscheidung wurde dem Beschwerdeführer am ▓▓▓▓ zugestellt. Die Notfrist des § 569 Abs. 1 S. 1 ZPO endet damit am ▓▓▓▓ und wird durch den vorliegenden Schriftsatz gewahrt.

Für die Entscheidung über die sofortige Beschwerde ist nach

> ❏ § 72 GVG das Landgericht
> ❏ nach § 119 GVG das Oberlandesgericht

berufen.

II.

Die angefochtene Entscheidung erweist sich im Ergebnis als unzutreffend. Die Nebenintervention des Beschwerdeführers ist nach § 71 Abs. 1 S. 2 ZPO zuzulassen, weil der Beschwerdeführer sein rechtliches Interesse an der Nebenintervention nach § 66 ZPO glaubhaft gemacht hat.

Nach § 66 ZPO kann derjenige, der ein rechtliches Interesse an einem zwischen anderen Personen anhängigen Rechtsstreit hat, dem Rechtsstreit mit dem Zweck der Unterstützung einer Partei beitreten.

Diese Voraussetzungen liegen hier vor.

Der Kläger hat ein rechtliches Interesse am Ausgang des Rechtsstreites. Ein solches rechtliches Interesse ist anzunehmen, wenn die Entscheidung des Rechtsstreites durch deren Inhalt oder Vollstreckung mittelbar oder unmittelbar auf seine privat- oder öffentlich-rechtlichen Verhältnisse günstig oder ungünstig einwirkt. Der Begriff ist dabei weit auszulegen (Zöller-*Vollkommer*, ZPO, 26. Auflage, § 66 Rn 8; B/L/A/H, ZPO, 65. Auflage, Rn 5).

Ein solches rechtliches Interesse ergibt sich hier daraus, dass ▓▓▓▓▓.

Soweit das Ausgangsgericht demgegenüber der Auffassung ist, dass ▓▓▓▓▓, ist diese Auffassung unzutreffend, weil ▓▓▓▓▓.

III.

Es wird gebeten, der Beschwerde durch die Aufhebung der angefochtenen Entscheidung nach § 572 Abs. 1 ZPO abzuhelfen. Anderenfalls wird gebeten, die sofortige Beschwerde dem Beschwerdegericht vorzulegen und die Nichtabhilfegründe mitzuteilen.

Sofern das erkennende Gericht der diesseitigen Auffassung nicht folgen möchte, wird schon jetzt beantragt, die Rechtsbeschwerde nach § 574 Abs. 1 Nr. 2 ZPO zuzulassen.

Aus den vorstehenden Ausführungen ergibt sich, dass die Sache grundsätzliche Bedeutung hat. Zugleich ergibt sich aus der zitierten Rechtsprechung, dass über die aufgeworfene Rechtsfrage in Rechtsprechung und Literatur keine Einigkeit besteht, so dass eine Entscheidung des Rechtsbeschwerdegerichts sowohl zur Fortbildung des Rechtes als auch zur Sicherung einer einheitlichen Rechtsprechung erforderlich ist.

Aus den Gründen, die die Zulassung der Rechtsbeschwerde begründen, ist die Sache auf die Kammer bzw. den Senat zu übertragen.

Gez. (Rechtsanwalt)

B. Muster: Sofortige Beschwerde gegen die Kostenfestsetzung nach § 104 Abs. 3 ZPO

An das ▨▨▨▨gericht   **759**

in ▨▨▨▨

Sofortige Beschwerde gegen Kostenfestsetzung

In dem Rechtsstreit

▨▨▨▨ ./. ▨▨▨▨

Az.:

wird namens und in Vollmacht des ▨▨▨▨ gegen den Kostenfestsetzungsbeschluss des ▨▨▨▨-gerichts ▨▨▨▨ vom ▨▨▨▨ sofortige Beschwerde eingelegt.

Es wird beantragt:

In Abänderung des angefochtenen Beschlusses werden die zu erstattenden Kosten

❏ gemäß dem Kostenfestsetzungsantrag vom ▨▨▨▨ festgesetzt
❏ in Höhe von ▨▨▨▨ festgesetzt.

I.

Mit dem angefochtenen Beschluss hat das Ausgangsgericht die Kosten

❏ entgegen dem Kostenfestsetzungsantrag des Beschwerdeführers
❏ entgegen der Stellungnahme des Beschwerdeführers vom ▨▨▨▨

in Höhe von ▨▨▨▨ EUR festgesetzt.

Dabei hat es folgende Kosten ▨▨▨▨

❏ abgesetzt
❏ nicht abgesetzt.

Die Entscheidung ist unzutreffend und im Sinne des vorstehenden Antrags durch das Ausgangsgericht nach § 572 Abs. 1 S. 1 ZPO oder aber das angerufene Beschwerdegericht zu ändern.

Die Entscheidung ist gem. § 104 Abs. 3 ZPO mit der sofortigen Beschwerde nach den §§ 567 ff. ZPO anfechtbar.

Die angefochtene Entscheidung wurde dem Beschwerdeführer am ▨▨▨▨ zugestellt. Die Notfrist des § 569 Abs. 1 S. 1 ZPO endet damit am ▨▨▨▨ und wird durch den vorliegenden Schriftsatz gewahrt.

Das Ausgangsgericht hat die zu erstattenden Kosten auf ▨▨▨▨ EUR festgesetzt. Nach Auffassung des Beschwerdeführers sind die Kosten demgegenüber auf ▨▨▨▨

239

EUR festzusetzen, so dass der besondere Beschwerdewert des § 567 Abs. 2 ZPO von 200 EUR überschritten wird.

Für die Entscheidung über die sofortige Beschwerde ist nach

- ❑ § 72 GVG das Landgericht
- ❑ nach § 119 GVG das Oberlandesgericht

berufen.

II.

Die angefochtene Entscheidung erweist sich im Ergebnis als unzutreffend. Die zu erstattenden Kosten sind im Ergebnis auf ▨▨▨▨▨ EUR festzusetzen.

Soweit das Ausgangsgericht die Kosten in Höhe von ▨▨▨▨▨

- ❑ abgesetzt
- ❑ nicht abgesetzt

hat, ist die Entscheidung zu beanstanden, weil ▨▨▨▨▨

III.

Es wird gebeten, der Beschwerde durch die Aufhebung der angefochtenen Entscheidung nach § 572 Abs. 1 ZPO abzuhelfen. Anderenfalls wird gebeten, die sofortige Beschwerde dem Beschwerdegericht vorzulegen und die Nichtabhilfegründe mitzuteilen.

Sofern das erkennende Gericht der diesseitigen Auffassung nicht folgen möchte, wird schon jetzt beantragt, die Rechtsbeschwerde nach § 574 Abs. 1 Nr. 2 ZPO zuzulassen.

Aus den vorstehenden Ausführungen ergibt sich, dass die Sache grundsätzliche Bedeutung hat. Zugleich ergibt sich aus der zitierten Rechtsprechung, dass über die aufgeworfene Rechtsfrage in Rechtsprechung und Literatur keine Einigkeit besteht, so dass eine Entscheidung des Rechtsbeschwerdegerichts sowohl zur Fortbildung des Rechtes als auch zur Sicherung einer einheitlichen Rechtsprechung erforderlich ist.

Aus den Gründen, die die Zulassung der Rechtsbeschwerde begründen, ist die Sache auf die Kammer bzw. den Senat zu übertragen.

Gez. (Rechtsanwalt)

C. Muster: Sofortige Beschwerde gegen die Ablehnung des Antrags auf Fristsetzung nach § 109 Abs. 1 ZPO

An das   **760**
Landgericht
– Beschwerdekammer –
in ▓▓▓▓▓▓

über das
Amtsgericht[720]
in ▓▓▓▓▓▓

Sofortige Beschwerde nach §§ 109 Abs. 4, 567 ff. ZPO

In der ▓▓▓▓▓▓sache

des ▓▓▓▓▓▓

– Beschwerdeführer –

Verfahrensbevollmächtigte: RAe ▓▓▓▓▓▓

gegen

den ▓▓▓▓▓▓

– Beschwerdegegner –

Verfahrensbevollmächtigte: RAe ▓▓▓▓▓▓

an der weiter beteiligt ist:[721] ▓▓▓▓▓▓

wird hiermit namens und in Vollmacht des Beschwerdeführers gegen die Entscheidung des AG vom ▓▓▓▓▓▓, Az: ▓▓▓▓▓▓, Beschwerde eingelegt.

Es wird beantragt:

> Unter Abänderung der angefochtenen Entscheidung wird das Amtsgericht verpflichtet, gemäß dem Antrag des Beschwerdeführers vom ▓▓▓▓▓▓ dem ▓▓▓▓▓▓ eine Frist nach § 109 Abs. 1 ZPO zur Einwilligung in die Rückgabe der Sicherheit oder zum Nachweis der Klageerhebung wegen seiner Ansprüche zu setzen.

Zur **Begründung** wird Folgendes ausgeführt:

I.

Mit der angefochtenen Entscheidung hat das Ausgangsgericht es abgelehnt, dem ▓▓▓▓▓▓ eine Frist zur Einwilligung in die Rückgabe der von dem Be-

---

720 Ausgangsgericht.
721 Soweit Dritte noch am Verfahren beteiligt sind.

schwerdeführer geleisteten Sicherheit in Form ▮▮▮▮▮▮ gem. § 109 Abs. 1 ZPO zu setzen.

Die Entscheidung ist unzutreffend und im Sinne des vorstehenden Antrags durch das Ausgangsgericht nach § 572 Abs. 1 S. 1 ZPO oder aber das angerufene Beschwerdegericht zu ändern.

Die Entscheidung ist gem. § 109 Abs. 4 S. 1 ZPO mit der sofortigen Beschwerde nach den §§ 567 ff. ZPO anfechtbar.

Die angefochtene Entscheidung wurde dem Beschwerdeführer am ▮▮▮▮▮▮ zugestellt. Die Notfrist des § 569 Abs. 1 S. 1 ZPO endet damit am ▮▮▮▮▮▮ und wird durch den vorliegenden Schriftsatz gewahrt.

Für die Entscheidung über die sofortige Beschwerde ist nach § 72 GVG das Landgericht berufen.

II.

Die angefochtene Entscheidung erweist sich im Ergebnis als unzutreffend.

Die angefochtene Entscheidung beruht auf § 109 Abs. 1 ZPO. Danach ist eine Frist zu bestimmen, binnen der die Partei, zu deren Gunsten die Sicherheit geleistet ist, die Einwilligung in die Rückgabe der Sicherheit zu erklären oder die Erhebung der Klage wegen ihrer Ansprüche nachzuweisen hat, wenn die Veranlassung für eine Sicherheitsleistung weggefallen ist.

Diese Voraussetzungen liegen vor:

Die Veranlassung zur Sicherheitsleistung ist weggefallen, weil ▮▮▮▮▮▮.

Das Ausgangsgericht ist danach verpflichtet, dem ▮▮▮▮▮▮ eine Frist zur Einwilligung in die Rückgabe der Sicherheit bzw. zum Nachweis der Klageerhebung wegen der ihm vermeintlich zustehenden Ansprüche zu setzen.

❑ Soweit das Ausgangsgericht der Auffassung ist, dass ▮▮▮▮▮▮, ist diese Auffassung unzutreffend, weil ▮▮▮▮▮▮.

(Rechtsanwalt)

D. Sofortige Beschwerde gegen die Ablehnung der Hinausschiebung der Urteilszustellung nach § 317 Abs. 1 S. 3 ZPO

An das   761
Landgericht
– Beschwerdekammer –
in ▆▆▆▆▆

über das Amtsgericht[722]

in ▆▆▆▆▆

Sofortige Beschwerde nach §§ 317, 567 Abs. 1 Nr. 2 ZPO

In der ▆▆▆▆▆sache

des ▆▆▆▆▆

– Beschwerdeführer –

Verfahrensbevollmächtigte: RAe ▆▆▆▆▆

gegen

den ▆▆▆▆▆

– Beschwerdegegner –

Verfahrensbevollmächtigte: RAe ▆▆▆▆▆

an der weiter beteiligt ist:[723] ▆▆▆▆▆

wird hiermit namens und in Vollmacht des Beschwerdeführers gegen die Entscheidung des AG vom ▆▆▆▆▆, Az: ▆▆▆▆▆, Beschwerde eingelegt.

Es wird beantragt:

Unter Abänderung der angefochtenen Entscheidung wird die Zustellung des am ▆▆▆▆▆ verkündeten Urteils

❑ bis zum ▆▆▆▆▆
❑ bis auf weiteres, längstens bis fünf Monate nach der Verkündung des Urteils

hinausgeschoben.

---

722 Ausgangsgericht.
723 Soweit Dritte noch am Verfahren beteiligt sind.

Zur **Begründung** wird Folgendes ausgeführt:

I.

Mit der angefochtenen Entscheidung hat das Ausgangsgericht es abgelehnt, die Zustellung des am � verkündeten Urteils in der von beiden Parteien beantragten Form

❏ bis zum ▰▰▰▰▰
❏ bis auf weiteres, längstens bis fünf Monate nach der Verkündung des Urteils

hinauszuschieben.

Die Entscheidung ist unzutreffend und im Sinne des vorstehenden Antrags durch das Ausgangsgericht nach § 572 Abs. 1 S. 1 ZPO oder aber das angerufene Beschwerdegericht zu ändern.

Die Entscheidung ist nach § 317 Abs. 1 S. 3 ZPO ohne mündliche Verhandlung ergangen und dementsprechend nach § 567 Abs. 1 Nr. 2 ZPO mit der sofortigen Beschwerde angreifbar (Musielak-*Musielak,* ZPO, 5. Auflage 2004, § 317 Rn 6).

Die angefochtene Entscheidung wurde dem Beschwerdeführer am ▰▰▰▰▰ zugestellt. Die Notfrist des § 569 Abs. 1 S. 1 ZPO endet damit am ▰▰▰▰▰ und wird durch den vorliegenden Schriftsatz gewahrt.

Für die Entscheidung über die sofortige Beschwerde ist nach § 72 GVG das Landgericht berufen.

❏ Soweit zunächst der originäre Einzelrichter beim zuständigen Beschwerdegericht nach § 568 ZPO zuständig ist, weil die angefochtene Entscheidung von einem

  ❏ Einzelrichter
  ❏ Rechtspfleger

erlassen wurde, wird gebeten, diese nach § 568 S. 2 ZPO der Kammer vorzulegen, da die Rechtssache grundsätzliche Bedeutung hat, was sich daraus ergibt, dass

  ❏ die Rechtsfrage, ob eine Verpflichtung zum Hinausschieben der Zustellung des Urteils auf Antrag beider Parteien besteht, zwar in der Literatur angenommen, bisher höchstrichterlich aber noch nicht entschieden ist.
  ❏ ▰▰▰▰▰

II.

Die angefochtene Entscheidung erweist sich im Ergebnis als unzutreffend.

Die angefochtene Entscheidung beruht auf § 317 Abs. 1 S. 3 ZPO. Danach ist die Zustellung eines Urteils hinauszuschieben, wenn beide Parteien dies beantragen.

Der Klägervertreter hat den Antrag mit Schriftsatz vom ▩▩▩▩▩, der Beklagtenvertreter mit Schriftsatz vom ▩▩▩▩▩ gestellt.

Das Ausgangsgericht ist danach verpflichtet, die Zustellung des Urteils hinauszuschieben (Musielak-*Musielak*, ZPO, 5. Auflage 2004, § 317 Rn 6; Zöller-Voll-
kommer, ZPO, 26. Auflage 2005, § 317 Rn 2). Allein dies entspricht auch dem Ge-
danken der Dispositionsbefugnis im Zivilprozessrecht, welche grundsätzlich bei den
Parteien liegt.

❏ Soweit das Ausgangsgericht der Auffassung ist, dass ▩▩▩▩▩, ist diese Auffassung unzutreffend, weil ▩▩▩▩.

III.

Soweit das erkennende Beschwerdegericht der diesseitigen Auffassung nicht zu folgen
vermag, wird schon jetzt beantragt,
   die Rechtsbeschwerde zum Bundesgerichtshof zuzulassen.

Die Rechtsfrage, ob eine Verpflichtung zum Hinausschieben der Zustellung des Urteils auf Antrag beider Parteien besteht, wird zwar in der Literatur bejaht. Eine
höchstrichterliche Entscheidung liegt hierzu bisher jedoch noch nicht vor.

(Rechtsanwalt)

E. Sofortige Beschwerde des Zeugen gegen die Auferlegung der Kosten und die Verhängung von Ordnungsmitteln nach § 380 Abs. 3 ZPO

An das   762
Landgericht/Oberlandesgericht
– Beschwerdekammer/Beschwerdesenat –
in ▩▩▩▩

über das
Amtsgericht/Landgericht[724]
in ▩▩▩▩

Sofortige Beschwerde nach § 380 Abs. 3 ZPO

In dem Rechtsstreit
des ▩▩▩▩

– Kläger –

Verfahrensbevollmächtigte: RAe ▩▩▩▩▩

724 Ausgangsgericht.

245

gegen

den ▨▨▨▨

— Beklagter —

Verfahrensbevollmächtigte: RAe ▨▨▨▨

zeige ich an, den als Zeugen benannten

Herrn ▨▨▨▨

— Beschwerdeführer —

zu vertreten.

Namens und in Vollmacht des Beschwerdeführers wird gegen die Entscheidung des AG vom ▨▨▨▨, Az: ▨▨▨▨, Beschwerde eingelegt.

Es wird beantragt:

Der Beschluss des ▨▨▨▨ vom ▨▨▨▨ wird aufgehoben.

Zur **Begründung** wird Folgendes ausgeführt:

I.

Mit der angefochtenen Entscheidung vom ▨▨▨▨ hat das Ausgangsgericht dem Beschwerdeführer die durch sein Ausbleiben im Termin zur mündlichen Verhandlung und Beweisaufnahme vom ▨▨▨▨ verursachten Kosten auferlegt. Zugleich hat es gegen ihn ein Ordnungsgeld in Höhe von ▨▨▨▨ EUR, ersatzweise für den Fall, dass dieses nicht beigetrieben werden kann, Ordnungshaft in Höhe von ▨▨▨▨ Tagen verhängt.

Die Entscheidung ist unzutreffend und im Sinne des vorstehenden Antrags durch das Ausgangsgericht nach § 572 Abs. 1 S. 1 ZPO oder aber das angerufene Beschwerdegericht zu ändern.

Die Entscheidung ist nach § 380 Abs. 1 ZPO ergangen und dementsprechend nach § 380 Abs. 3 ZPO mit der sofortigen Beschwerde angreifbar.

Die angefochtene Entscheidung wurde dem Beschwerdeführer am ▨▨▨▨ zugestellt. Die Notfrist des § 569 Abs. 1 S. 1 ZPO endet damit am ▨▨▨▨ und wird durch den vorliegenden Schriftsatz gewahrt.

Für die Entscheidung über die sofortige Beschwerde ist

❏ nach § 72 GVG das Landgericht berufen. Eine abweichende Fallkonstellation nach § 119 Abs. 1 Nr. 1 GVG liegt nicht vor.
❏ nach § 119 GVG das Oberlandesgericht berufen.

❏ Soweit zunächst der originäre Einzelrichter beim zuständigen Beschwerdegericht nach § 568 ZPO zuständig ist, weil die angefochtene Entscheidung von einem Einzelrichter erlassen wurde, wird gebeten, diese nach § 568 S. 2 ZPO

    ❏ der Kammer
    ❏ dem Senat

vorzulegen, da die Rechtssache

    ❏ besondere Schwierigkeiten tatsächlicher oder rechtlicher Art aufweist,
    ❏ grundsätzliche Bedeutung hat,
was sich daraus ergibt, dass ▓▓▓▓▓▓.

II.

Die angefochtene Entscheidung erweist sich im Ergebnis als unzutreffend.

Die angefochtene Entscheidung beruht auf § 380 ZPO. Danach sind einem im Termin zur Beweisaufnahme nicht erschienenen Zeugen die durch sein Nichterscheinen entstandenen Kosten aufzuerlegen. Außerdem kann ihm ein Ordnungsgeld, ersatzweise Ordnungshaft auferlegt werden. Voraussetzung ist dabei, dass der Zeuge ordnungsgemäß geladen wurde und sein Ausbleiben nicht genügend entschuldigt ist.

Diese Voraussetzungen liegen hier nicht vor, weil ▓▓▓▓▓▓

❏ der Beschwerdeführer schon nicht ordnungsgemäß geladen wurde, weil ▓▓▓▓▓▓.
❏ der Beschwerdeführer sich
    ❏ rechtzeitig vor dem Termin zur Beweisaufnahme
    ❏ nachträglich
für sein Ausbleiben entschuldigt hat.

Der Beschwerdeführer konnte an dem Termin zur Beweisaufnahme nicht teilnehmen, weil

❏ er sich zum Zeitpunkt des Zugangs der Ladung in seinem Erholungsurlaub vom ▓▓▓▓▓▓ bis ▓▓▓▓▓▓ befunden hat und der Termin bereits durchgeführt war, als er zurückgekehrt ist und die Ladung erhalten hat.
Zur Glaubhaftmachung werden die Buchungsunterlagen in der Anlage in beglaubigter Abschrift beigefügt.

❏ er am Terminstage einen schweren Unfall erlitten hat ▓▓▓▓▓▓.
Zur Glaubhaftmachung: ▓▓▓▓▓▓

❏ es bei der Anreise zum Termin zu einem Unfall gekommen ist, so dass eine rechtzeitige Anreise nicht mehr möglich war, weil ▓▓▓▓▓▓.
Zur Glaubhaftmachung: ▓▓▓▓▓▓

❏ ▓▓▓▓▓▓

❑ Eine rechtzeitige Entschuldigung vor dem Termin war nicht mehr möglich, weil ▨▨▨▨.

Zur Glaubhaftmachung: ▨▨▨▨

III.

Soweit das erkennende Beschwerdegericht der diesseitigen Auffassung nicht zu folgen vermag, wird schon jetzt beantragt,

> die Rechtsbeschwerde zum Bundesgerichtshof zuzulassen.

Die vom Beschwerdeführer dargelegte Auffassung wird von der Rechtsprechung der Oberlandesgerichte in ▨▨▨▨ geteilt (vgl. ▨▨▨▨[725]). Soweit das angerufene Gericht dieser Auffassung nicht folgt, ist eine Entscheidung des Rechtsbeschwerdegerichts zur Fortbildung des Rechts und Sicherung einer einheitlichen Rechtsprechung erforderlich.

(Rechtsanwalt)

F. Sofortige Beschwerde nach § 387 Abs. 3 ZPO gegen ein Zwischenurteil über das Bestehen eines Zeugnisverweigerungsrechtes

763 An das
Landgericht/Oberlandesgericht
– Beschwerdekammer/Beschwerdesenat –
in ▨▨▨▨

über das
Amtsgericht/Landgericht[726]
in ▨▨▨▨

Sofortige Beschwerde nach § 387 Abs. 3 ZPO

In dem Rechtsstreit

des ▨▨▨▨

– Kläger –

Verfahrensbevollmächtigte: RAe ▨▨▨▨

gegen

den ▨▨▨▨

– Beklagter –

---

725 Fundstellen der abweichenden ober- oder höchstrichterlichen Rechtsprechung.
726 Ausgangsgericht.

Verfahrensbevollmächtigte: RAe ▨

zeige ich an, den als Zeugen benannten

Herrn ▨

– Beschwerdeführer –

zu vertreten.

Namens und in Vollmacht des Beschwerdeführers wird gegen das Zwischenurteil des ▨ vom ▨, Az: ▨, sofortige Beschwerde eingelegt.

Es wird beantragt:

> Unter Abänderung des Zwischenurteils des ▨ vom ▨ wird festgestellt, dass der Beschwerdeführer nach § ▨ berechtigt ist, im Verfahren Az: ▨ bezüglich der Beweisfrage ▨ gemäß dem Beweisbeschluss vom ▨ das Zeugnis nach ▨ zu verweigern.

Zur **Begründung** wird Folgendes ausgeführt:

I.

Das angefochtene Zwischenurteil ist unzutreffend und im Sinne des vorstehenden Antrags durch das Ausgangsgericht nach § 572 Abs. 1 S. 1 ZPO oder aber das angerufene Beschwerdegericht zu ändern.

Die Entscheidung ist nach § 387 Abs. 1 ZPO ergangen und dementsprechend nach § 387 Abs. 3 ZPO mit der sofortigen Beschwerde angreifbar.

Die angefochtene Entscheidung wurde dem Beschwerdeführer am ▨ zugestellt. Die Notfrist des § 569 Abs. 1 S. 1 ZPO endet damit am ▨ und wird durch den vorliegenden Schriftsatz gewahrt.

Für die Entscheidung über die sofortige Beschwerde ist

- ❏ nach § 72 GVG das Landgericht berufen. Eine abweichende Fallkonstellation nach § 119 Abs. 1 Nr. 1 GVG liegt nicht vor.
- ❏ nach § 119 GVG das Oberlandesgericht berufen.
- ❏ Soweit zunächst der originäre Einzelrichter beim zuständigen Beschwerdegericht nach § 568 ZPO zuständig ist, weil die angefochtene Entscheidung von einem Einzelrichter erlassen wurde, wird gebeten, diese nach § 568 S. 2 ZPO
  - ❏ der Kammer
  - ❏ dem Senat

  vorzulegen, da die Rechtssache
  - ❏ besondere Schwierigkeiten tatsächlicher oder rechtlicher Art aufweist,
  - ❏ grundsätzliche Bedeutung hat,

  was sich daraus ergibt, dass ▨.

II.

Die angefochtene Entscheidung erweist sich im Ergebnis als unzutreffend.

Die angefochtene Entscheidung beruht auf § 387 ZPO. Danach hatte das Ausgangsgericht durch Zwischenurteil über die Frage zu entscheiden, ob der Beschwerdeführer als Zeuge in dem vorbezeichneten Verfahren berechtigt ist, das Zeugnis nach § ▮▮▮▮ zu verweigern.

Zu Unrecht hat das Ausgangsgericht dem Beschwerdeführer ein Zeugnisverweigerungsrecht verweigert.

Nach § ▮▮▮▮ ZPO kann das Zeugnis verweigert werden, wenn ▮▮▮▮.

Diese Voraussetzungen liegen hier vor, weil ▮▮▮▮.

Soweit das Ausgangsgericht der Auffassung ist, dass ▮▮▮▮, ist dies rechtsfehlerhaft, weil ▮▮▮▮.

Die angefochtene Entscheidung ist damit aufzuheben, und zugleich ist festzustellen, dass der Beschwerdeführer nach § ▮▮▮▮ ZPO berechtigt ist, sein Zeugnis zu verweigern.

III.

Soweit das erkennende Beschwerdegericht der diesseitigen Auffassung nicht zu folgen vermag, wird schon jetzt beantragt,

die Rechtsbeschwerde zum Bundesgerichtshof zuzulassen.

Die vom Beschwerdeführer dargelegte Auffassung wird von der Rechtsprechung der Oberlandesgerichte in ▮▮▮▮ geteilt (vgl. ▮▮▮▮ [727]). Soweit das angerufene Gericht dieser Auffassung nicht folgt, ist eine Entscheidung des Rechtsbeschwerdegerichts zur Fortbildung des Rechts und Sicherung einer einheitlichen Rechtsprechung erforderlich.

(Rechtsanwalt)

---

727 Fundstellen der abweichenden ober- oder höchstrichterlichen Rechtsprechung.

G. Sofortige Beschwerde nach §§ 371, 144, 387 Abs. 3 ZPO gegen die Verpflichtung zur Vorlage eines Augenscheinsobjektes

An das   **764**
Landgericht/Oberlandesgericht
– Beschwerdekammer/Beschwerdesenat –
in ▮▮▮▮▮▮

über das
Amtsgericht/Landgericht[728]
in ▮▮▮▮▮▮

      Sofortige Beschwerde nach §§ 371 Abs. 2, 144, 387 Abs. 3 ZPO

In dem Rechtsstreit

des ▮▮▮▮▮▮

                          – Kläger –

Verfahrensbevollmächtigte: RAe ▮▮▮▮▮▮

gegen

den ▮▮▮▮▮▮

                        – Beklagter –

Verfahrensbevollmächtigte: RAe ▮▮▮▮▮▮

zeige ich an, den als Zeugen benannten

Herrn ▮▮▮▮▮▮

                – Beschwerdeführer –

zu vertreten.

Namens und in Vollmacht des Beschwerdeführers wird gegen das Zwischenurteil des ▮▮▮▮▮▮ vom ▮▮▮▮▮▮, Az: ▮▮▮▮▮▮, sofortige Beschwerde eingelegt.

Es wird beantragt:

    Unter Abänderung des Zwischenurteils des ▮▮▮▮▮▮ vom ▮▮▮▮▮▮ wird festgestellt, dass der Beschwerdeführer nach § ▮▮▮▮▮▮ berechtigt ist, im Verfahren Az: ▮▮▮▮▮▮ die Vorlage des ▮▮▮▮▮▮ als Augenscheinsobjekt gemäß dem Beweisbeschluss vom ▮▮▮▮▮▮ zu verweigern.

---

728 Ausgangsgericht.

Zur **Begründung** wird Folgendes ausgeführt:

I.

Das angefochtene Zwischenurteil ist unzutreffend und im Sinne des vorstehenden Antrags durch das Ausgangsgericht nach § 572 Abs. 1 S. 1 ZPO oder aber das angerufene Beschwerdegericht zu ändern.

Die Entscheidung ist nach §§ 371, 144, 387 Abs. 1 ZPO ergangen und dementsprechend nach § 387 Abs. 3 ZPO mit der sofortigen Beschwerde angreifbar.

Die angefochtene Entscheidung wurde dem Beschwerdeführer am ▓▓▓▓▓▓ zugestellt. Die Notfrist des § 569 Abs. 1 S. 1 ZPO endet damit am ▓▓▓▓▓ und wird durch den vorliegenden Schriftsatz gewahrt.

Für die Entscheidung über die sofortige Beschwerde ist

❏ nach § 72 GVG das Landgericht berufen. Eine abweichende Fallkonstellation nach § 119 Abs. 1 Nr. 1 GVG liegt nicht vor.
❏ nach § 119 GVG das Oberlandesgericht berufen.

Soweit zunächst der originäre Einzelrichter beim zuständigen Beschwerdegericht nach § 568 ZPO zuständig ist, weil die angefochtene Entscheidung von einem Einzelrichter erlassen wurde, wird gebeten, diese nach § 568 S. 2 ZPO

❏ der Kammer
❏ dem Senat

vorzulegen, da die Rechtssache

❏ besondere Schwierigkeiten tatsächlicher oder rechtlicher Art aufweist,
❏ grundsätzliche Bedeutung hat,

was sich daraus ergibt, dass ▓▓▓▓▓▓.

Entsprechend den vorstehenden Ausführungen wird sodann beantragt, die Rechtsbeschwerde zuzulassen, soweit nicht im Sinne der diesseitigen Anträge entschieden wird.

II.

Die angefochtene Entscheidung erweist sich im Ergebnis als unzutreffend.

Die angefochtene Entscheidung beruht auf §§ 371, 144, 387 Abs. 1 ZPO. Danach hatte das Ausgangsgericht durch Zwischenurteil über die Frage zu entscheiden, ob der Beschwerdeführer in dem vorbezeichneten Verfahren berechtigt ist, aufgrund eines ihm sonst zustehenden Zeugnisverweigerungsrechts nach § ▓▓▓▓▓▓ die Herausgabe des ▓▓▓▓▓▓ als Augenscheinsobjekt zu verweigern.

Zu Unrecht hat das Ausgangsgericht dem Beschwerdeführer ein Zeugnisverweigerungsrecht verweigert.

Nach § ▨▨▨▨ ZPO kann das Zeugnis verweigert werden, wenn ▨▨▨▨.

Diese Voraussetzungen liegen hier vor, weil ▨▨▨▨.

Soweit das Ausgangsgericht der Ausfassung ist, dass ▨▨▨▨, ist dies rechtsfehlerhaft, weil ▨▨▨▨.

Die angefochtene Entscheidung ist damit aufzuheben und zugleich festzustellen, dass der Beschwerdeführer nach § ▨▨▨▨ ZPO berechtigt ist, sein Zeugnis zu verweigern.

III.

Soweit das erkennende Beschwerdegericht der diesseitigen Auffassung nicht zu folgen vermag, wird schon jetzt beantragt,

die Rechtsbeschwerde zum Bundesgerichtshof zuzulassen.

Die vom Beschwerdeführer dargelegte Auffassung wird von der Rechtsprechung der Oberlandesgerichte in ▨▨▨▨ geteilt (vgl. ▨▨▨▨[729]). Soweit das angerufene Gericht dieser Auffassung nicht folgt, ist eine Entscheidung des Rechtsbeschwerdegerichts zur Fortbildung des Rechts und Sicherung einer einheitlichen Rechtsprechung erforderlich.

(Rechtsanwalt)

H. Sofortige Beschwerde des Sachverständigen gegen die Auferlegung eines Ordnungsgeldes nach §§ 411 Abs. 2 S. 4, 409 Abs. 2 ZPO

An das   765
Landgericht/Oberlandesgericht
– Beschwerdekammer/Beschwerdesenat –

in ▨▨▨▨

über das
Amtsgericht/Landgericht[730]
in ▨▨▨▨

Sofortige Beschwerde nach §§ 411 Abs. 2 S. 4 409 Abs. 2, 567 ff. ZPO

In dem Rechtsstreit

des ▨▨▨▨

– Kläger –

---

729 Fundstellen der abweichenden ober- oder höchstrichterlichen Rechtsprechung.
730 Ausgangsgericht.

Verfahrensbevollmächtigte: RAe ▨

gegen

den ▨

– Beklagter –

Verfahrensbevollmächtigte: RAe ▨

zeige ich an, den als Sachverständigen bestellten

Herrn ▨

– Beschwerdeführer –

zu vertreten.

Namens und in Vollmacht des Beschwerdeführers wird gegen die Entscheidung des AG vom ▨, Az: ▨, Beschwerde eingelegt.

Es wird beantragt,

> den Beschluss des ▨ vom ▨ aufzuheben.

Zur **Begründung** wird Folgendes ausgeführt:

I.

Mit der angefochtenen Entscheidung vom ▨ hat das Ausgangsgericht dem Beschwerdeführer die durch die bisher unterbliebene Erstattung des mit Beweisbeschluss vom ▨ angeordneten Gutachtens verursachten Kosten auferlegt. Zugleich hat es gegen ihn ein Ordnungsgeld in Höhe von ▨ EUR festgesetzt.

Die Entscheidung ist unzutreffend und im Sinne des vorstehenden Antrags durch das Ausgangsgericht nach § 572 Abs. 1 S. 1 ZPO oder aber das angerufene Beschwerdegericht zu ändern.

Die Entscheidung ist nach § 409 Abs. 1 ZPO ergangen und ist dementsprechend nach § 409 Abs. 2 ZPO mit der sofortigen Beschwerde angreifbar.

Die angefochtene Entscheidung wurde dem Beschwerdeführer am ▨ zugestellt. Die Notfrist des § 569 Abs. 1 S. 1 ZPO endet damit am ▨ und wird durch den vorliegenden Schriftsatz gewahrt.

Für die Entscheidung über die sofortige Beschwerde ist

- ❑ nach § 72 GVG das Landgericht berufen. Eine abweichende Fallkonstellation nach § 119 Abs. 1 Nr. 1 GVG liegt nicht vor.
- ❑ nach § 119 GVG das Oberlandesgericht berufen.

Soweit zunächst der originäre Einzelrichter beim zuständigen Beschwerdegericht nach § 568 ZPO zuständig ist, weil die angefochtene Entscheidung von einem Einzelrichter erlassen wurde, wird gebeten, diese nach § 568 S. 2 ZPO

❑ der Kammer
❑ dem Senat

vorzulegen, da die Rechtssache

❑ besondere Schwierigkeiten tatsächlicher oder rechtlicher Art aufweist,
❑ grundsätzliche Bedeutung hat,

was sich daraus ergibt, dass ▉▉▉▉▉.

II.

Die angefochtene Entscheidung erweist sich im Ergebnis als unzutreffend.

Die angefochtene Entscheidung beruht auf § 411 Abs. 2 ZPO. Danach kann gegen den Sachverständigen ein Ordnungsgeld festgesetzt werden.

Voraussetzung ist dabei, dass der Gutachter zur Erstattung des Gutachtens verpflichtet ist, ihm Fristen zur Gutachtenerstellung und eine Nachfrist unter Androhung eines Ordnungsgeldes gesetzt wurden, er gleichwohl das Gutachten vorwerfbar nicht vorgelegt hat.

Diese Voraussetzungen liegen hier nicht vor, weil ▉▉▉▉▉.

❑ der Beschwerdeführer schon nicht verpflichtet war, das Gutachten zu erstellen, weil ▉▉▉▉.
❑ dem Gutachter wirksam keine Frist zur Erstellung des Gutachtens gestellt wurde, weil ▉▉▉▉.
❑ dem Gutachter keine angemessene Nachfrist unter Androhung eines Ordnungsgeldes gesetzt wurde, weil ▉▉▉▉.
❑ die nicht fristgerechte Erstellung des Gutachtens nicht von dem Beschwerdeführer zu vertreten ist, weil ▉▉▉▉.

Zur Glaubhaftmachung: ▉▉▉▉.

III.

Soweit das erkennende Beschwerdegericht der diesseitigen Auffassung nicht zu folgen vermag, wird schon jetzt beantragt,

die Rechtsbeschwerde zum Bundesgerichtshof zuzulassen.

Die vom Beschwerdeführer dargelegte Auffassung, wonach in der vorliegenden Fallkonstellation eine Festsetzung eines Ordnungsgeldes nicht möglich ist, wird von der

Rechtsprechung der Oberlandesgerichte in ▨▨▨▨ geteilt (vgl. ▨▨▨▨).[731] Soweit das angerufene Gericht dieser Auffassung nicht folgt, ist eine Entscheidung des Rechtsbeschwerdegerichts zur Fortbildung des Rechts und Sicherung einer einheitlichen Rechtsprechung erforderlich.

(Rechtsanwalt)

---

731 Fundstellen der abweichenden ober- oder höchstrichterlichen Rechtsprechung.

§ 6 Anhang – Die Beschwerdevorschriften nach der ZPO

§ 567 Sofortige Beschwerde; Anschlussbeschwerde

(1) [1]Die sofortige Beschwerde findet statt gegen die im ersten Rechtszug ergangenen Entscheidungen der Amtsgerichte und Landgerichte, wenn

1. dies im Gesetz ausdrücklich bestimmt ist oder

2. es sich um solche eine mündliche Verhandlung nicht erfordernde Entscheidungen handelt, durch die ein das Verfahren betreffendes Gesuch zurückgewiesen worden ist.

(2) [1]Gegen Entscheidungen über Kosten ist die Beschwerde nur zulässig, wenn der Wert des Beschwerdegegenstands 200 Euro übersteigt.

(3) [1]Der Beschwerdegegner kann sich der Beschwerde anschließen, selbst wenn er auf die Beschwerde verzichtet hat oder die Beschwerdefrist verstrichen ist. [2]Die Anschließung verliert ihre Wirkung, wenn die Beschwerde zurückgenommen oder als unzulässig verworfen wird.

§ 568 Originärer Einzelrichter

[1]Das Beschwerdegericht entscheidet durch eines seiner Mitglieder als Einzelrichter, wenn die angefochtene Entscheidung von einem Einzelrichter oder einem Rechtspfleger erlassen wurde. [2]Der Einzelrichter überträgt das Verfahren dem Beschwerdegericht zur Entscheidung in der im Gerichtsverfassungsgesetz vorgeschriebenen Besetzung, wenn

1. die Sache besondere Schwierigkeiten tatsächlicher oder rechtlicher Art aufweist oder

2. die Rechtssache grundsätzliche Bedeutung hat.

[3]Auf eine erfolgte oder unterlassene Übertragung kann ein Rechtsmittel nicht gestützt werden.

§ 569 Frist und Form

(1) [1]Die sofortige Beschwerde ist, soweit keine andere Frist bestimmt ist, binnen einer Notfrist von zwei Wochen bei dem Gericht, dessen Entscheidung angefochten wird, oder bei dem Beschwerdegericht einzulegen. [2]Die Notfrist beginnt, soweit nichts anderes bestimmt ist, mit der Zustellung der Entscheidung, spätestens mit dem Ablauf von fünf Monaten nach der Verkündung des Beschlusses. [3]Liegen die Erfordernisse der Nichtigkeits- oder der Restitutionsklage vor, so kann die Beschwerde auch nach

Ablauf der Notfrist innerhalb der für diese Klagen geltenden Notfristen erhoben werden.

(2) [1]Die Beschwerde wird durch Einreichung einer Beschwerdeschrift eingelegt. [2]Die Beschwerdeschrift muss die Bezeichnung der angefochtenen Entscheidung sowie die Erklärung enthalten, dass Beschwerde gegen diese Entscheidung eingelegt werde.

(3) [1]Die Beschwerde kann auch durch Erklärung zu Protokoll der Geschäftsstelle eingelegt werden, wenn

1. der Rechtsstreit im ersten Rechtszug nicht als Anwaltsprozess zu führen ist oder war,

2. die Beschwerde die Prozesskostenhilfe betrifft oder

3. sie von einem Zeugen, Sachverständigen oder Dritten im Sinne der §§ 142, 144 erhoben wird.

§ 570   Aufschiebende Wirkung; einstweilige Anordnungen

(1) [1]Die Beschwerde hat nur dann aufschiebende Wirkung, wenn sie die Festsetzung eines Ordnungs- oder Zwangsmittels zum Gegenstand hat.

(2) [1]Das Gericht oder der Vorsitzende, dessen Entscheidung angefochten wird, kann die Vollziehung der Entscheidung aussetzen.

(3) [1]Das Beschwerdegericht kann vor der Entscheidung eine einstweilige Anordnung erlassen; es kann insbesondere die Vollziehung der angefochtenen Entscheidung aussetzen.

§ 571   Begründung, Präklusion, Ausnahmen vom Anwaltszwang

(1) [1]Die Beschwerde soll begründet werden.

(2) [1]Die Beschwerde kann auf neue Angriffs- und Verteidigungsmittel gestützt werden. [2]Sie kann nicht darauf gestützt werden, dass das Gericht des ersten Rechtszuges seine Zuständigkeit zu Unrecht angenommen hat.

(3) [1]Der Vorsitzende oder das Beschwerdegericht kann für das Vorbringen von Angriffs- und Verteidigungsmitteln eine Frist setzen. [2]Werden Angriffs- und Verteidigungsmittel nicht innerhalb der Frist vorgebracht, so sind sie nur zuzulassen, wenn nach der freien Überzeugung des Gerichts ihre Zulassung die Erledigung des Verfahrens nicht verzögern würde oder wenn die Partei die Verspätung genügend ent-

schuldigt. [3]Der Entschuldigungsgrund ist auf Verlangen des Gerichts glaubhaft zu machen.

(4) [1]Die Beteiligten können sich im Beschwerdeverfahren auch durch einen bei einem Amts- oder Landgericht zugelassenen Rechtsanwalt vertreten lassen. [2]Ordnet das Gericht eine schriftliche Erklärung an, so kann diese zu Protokoll der Geschäftsstelle abgegeben werden, wenn die Beschwerde zu Protokoll der Geschäftsstelle eingelegt werden darf (§ 569 Abs. 3).

§ 572 Gang des Beschwerdeverfahrens

(1) [1]Erachtet das Gericht oder der Vorsitzende, dessen Entscheidung angefochten wird, die Beschwerde für begründet, so haben sie ihr abzuhelfen; andernfalls ist die Beschwerde unverzüglich dem Beschwerdegericht vorzulegen. [2]§ 318 bleibt unberührt.

(2) [1]Das Beschwerdegericht hat von Amts wegen zu prüfen, ob die Beschwerde an sich statthaft und ob sie in der gesetzlichen Form und Frist eingelegt ist. [2]Mangelt es an einem dieser Erfordernisse, so ist die Beschwerde als unzulässig zu verwerfen.

(3) [1]Erachtet das Beschwerdegericht die Beschwerde für begründet, so kann es dem Gericht oder Vorsitzenden, von dem die beschwerende Entscheidung erlassen war, die erforderliche Anordnung übertragen.

(4) [1]Die Entscheidung über die Beschwerde ergeht durch Beschluss.

§ 573 Erinnerung

(1) [1]Gegen die Entscheidungen des beauftragten oder ersuchten Richters oder des Urkundsbeamten der Geschäftsstelle kann binnen einer Notfrist von zwei Wochen die Entscheidung des Gerichts beantragt werden (Erinnerung). [2]Die Erinnerung ist schriftlich oder zu Protokoll der Geschäftsstelle einzulegen. [3]§ 569 Abs. 1 Satz 1 und 2, Abs. 2 und die §§ 570 und 572 gelten entsprechend.

(2) [1]Gegen die im ersten Rechtszug ergangene Entscheidung des Gerichts über die Erinnerung findet die sofortige Beschwerde statt.

(3) [1]Die Vorschrift des Absatzes 1 gilt auch für die Oberlandesgerichte und den Bundesgerichtshof.

Titel 2:   Rechtsbeschwerde

§ 574   Rechtsbeschwerde; Anschlussrechtsbeschwerde

(1) [1]Gegen einen Beschluss ist die Rechtsbeschwerde statthaft, wenn

1. dies im Gesetz ausdrücklich bestimmt ist oder

2. das Beschwerdegericht, das Berufungsgericht oder das Oberlandesgericht im ersten Rechtszug sie in dem Beschluss zugelassen hat.

[2]§ 542 Abs. 2 gilt entsprechend.

(2) [1]In den Fällen des Absatzes 1 Nr. 1 ist die Rechtsbeschwerde nur zulässig, wenn

1. die Rechtssache grundsätzliche Bedeutung hat oder

2. die Fortbildung des Rechts oder die Sicherung einer einheitlichen Rechtsprechung eine Entscheidung des Rechtsbeschwerdegerichts erfordert.

(3) [1]In den Fällen des Absatzes 1 Nr. 2 ist die Rechtsbeschwerde zuzulassen, wenn die Voraussetzungen des Absatzes 2 vorliegen. [2]Das Rechtsbeschwerdegericht ist an die Zulassung gebunden.

(4) [1]Der Rechtsbeschwerdegegner kann sich bis zum Ablauf einer Notfrist von einem Monat nach der Zustellung der Begründungsschrift der Rechtsbeschwerde durch Einreichen der Rechtsbeschwerdeanschlussschrift beim Rechtsbeschwerdegericht anschließen, auch wenn er auf die Rechtsbeschwerde verzichtet hat, die Rechtsbeschwerdefrist verstrichen oder die Rechtsbeschwerde nicht zugelassen worden ist. [2]Die Anschlussbeschwerde ist in der Anschlussschrift zu begründen. [3]Die Anschließung verliert ihre Wirkung, wenn die Rechtsbeschwerde zurückgenommen oder als unzulässig verworfen wird.

§ 575   Frist, Form und Begründung der Rechtsbeschwerde

(1) [1]Die Rechtsbeschwerde ist binnen einer Notfrist von einem Monat nach Zustellung des Beschlusses durch Einreichen einer Beschwerdeschrift bei dem Rechtsbeschwerdegericht einzulegen. [2]Die Rechtsbeschwerdeschrift muss enthalten:

1. die Bezeichnung der Entscheidung, gegen die die Rechtsbeschwerde gerichtet wird und

2. die Erklärung, dass gegen diese Entscheidung Rechtsbeschwerde eingelegt werde.

[3]Mit der Rechtsbeschwerdeschrift soll eine Ausfertigung oder beglaubigte Abschrift der angefochtenen Entscheidung vorgelegt werden.

(2) [1]Die Rechtsbeschwerde ist, sofern die Beschwerdeschrift keine Begründung enthält, binnen einer Frist von einem Monat zu begründen. [2]Die Frist beginnt mit der Zustellung der angefochtenen Entscheidung. [3]§ 551 Abs. 2 Satz 5 und 6 gilt entsprechend.

(3) [1]Die Begründung der Rechtsbeschwerde muss enthalten:

1. die Erklärung, inwieweit die Entscheidung des Beschwerdegerichts oder des Berufungsgerichts angefochten und deren Aufhebung beantragt werde (Rechtsbeschwerdeanträge),

2. in den Fällen des § 574 Abs. 1 Nr. 1 eine Darlegung zu den Zulässigkeitsvoraussetzungen des § 574 Abs. 2,

3. die Angabe der Rechtsbeschwerdegründe, und zwar

   a) die bestimmte Bezeichnung der Umstände, aus denen sich die Rechtsverletzung ergibt;

   b) soweit die Rechtsbeschwerde darauf gestützt wird, dass das Gesetz in Bezug auf das Verfahren verletzt sei, die Bezeichnung der Tatsachen, die den Mangel ergeben.

(4) [1]Die allgemeinen Vorschriften über die vorbereitenden Schriftsätze sind auch auf die Beschwerde- und die Begründungsschrift anzuwenden. [2]Die Beschwerde- und die Begründungsschrift sind der Gegenpartei zuzustellen.

(5) [1]Die §§ 541 und 570 Abs. 1, 3 gelten entsprechend.

§ 576 Gründe der Rechtsbeschwerde

(1) [1]Die Rechtsbeschwerde kann nur darauf gestützt werden, dass die Entscheidung auf der Verletzung des Bundesrechts oder einer Vorschrift beruht, deren Geltungsbereich sich über den Bezirk eines Oberlandesgerichts hinaus erstreckt.

(2) [1]Die Rechtsbeschwerde kann nicht darauf gestützt werden, dass das Gericht des ersten Rechtszuges seine Zuständigkeit zu Unrecht angenommen oder verneint hat.

(3) [1]Die §§ 546, 547, 556 und 560 gelten entsprechend.

§ 577 Prüfung und Entscheidung der Rechtsbeschwerde

(1) [1]Das Rechtsbeschwerdegericht hat von Amts wegen zu prüfen, ob die Rechtsbeschwerde an sich statthaft und ob sie in der gesetzlichen Form und Frist eingelegt und begründet ist. [2]Mangelt es an einem dieser Erfordernisse, so ist die Rechtsbeschwerde als unzulässig zu verwerfen.

(2) [1]Der Prüfung des Rechtsbeschwerdegerichts unterliegen nur die von den Parteien gestellten Anträge. [2]Das Rechtsbeschwerdegericht ist an die geltend gemachten Rechtsbeschwerdegründe nicht gebunden. [3]Auf Verfahrensmängel, die nicht von Amts wegen zu berücksichtigen sind, darf die angefochtene Entscheidung nur geprüft werden, wenn die Mängel nach § 575 Abs. 3 und § 574 Abs. 4 Satz 2 gerügt worden sind. [4]§ 559 gilt entsprechend.

(3) [1]Ergibt die Begründung der angefochtenen Entscheidung zwar eine Rechtsverletzung, stellt die Entscheidung selbst aber aus anderen Gründen sich als richtig dar, so ist die Rechtsbeschwerde zurückzuweisen.

(4) [1]Wird die Rechtsbeschwerde für begründet erachtet, ist die angefochtene Entscheidung aufzuheben und die Sache zur erneuten Entscheidung zurückzuverweisen. [2]§ 562 Abs. 2 gilt entsprechend. [3]Die Zurückverweisung kann an einen anderen Spruchkörper des Gerichts erfolgen, das die angefochtene Entscheidung erlassen hat. [4]Das Gericht, an das die Sache zurückverwiesen ist, hat die rechtliche Beurteilung, die der Aufhebung zugrunde liegt, auch seiner Entscheidung zugrunde zu legen.

(5) [1]Das Rechtsbeschwerdegericht hat in der Sache selbst zu entscheiden, wenn die Aufhebung der Entscheidung nur wegen Rechtsverletzung bei Anwendung des Rechts auf das festgestellte Sachverhältnis erfolgt und nach letzterem die Sache zur Endentscheidung reif ist. [2]§ 563 Abs. 4 gilt entsprechend.

(6) [1]Die Entscheidung über die Rechtsbeschwerde ergeht durch Beschluss. [2]§ 564 gilt entsprechend. [3]Im Übrigen kann von einer Begründung abgesehen werden, wenn sie nicht geeignet wäre, zur Klärung von Rechtsfragen grundsätzlicher Bedeutung, zur Fortbildung des Rechts oder zur Sicherung einer einheitlichen Rechtsprechung beizutragen.

Stichwortverzeichnis

Die mit M gekennzeichneten Fundstellen beziehen sich auf Muster.